权威·前沿·原创

皮书系列为

“十二五”“十三五”国家重点图书出版规划项目

智库成果出版与传播平台

中国家族财富管理发展报告（2020~2021）

ANNUAL REPORT ON THE DEVELOPMENT OF CHINA FAMILY WEALTH MANAGEMENT (2020-2021)

主　编 / 李　文
执行主编 / 范勇宏　芮　萌　高　皓　李　萌

社会科学文献出版社
SOCIAL SCIENCES ACADEMIC PRESS (CHINA)

图书在版编目(CIP)数据

中国家族财富管理发展报告. 2020－2021 / 李文主编
. -- 北京：社会科学文献出版社，2021.9
(家族财富管理蓝皮书)
ISBN 978－7－5201－8014－6

Ⅰ. ①中… Ⅱ. ①李… Ⅲ. ①家族－私营企业－企业管理－财务管理－研究报告－中国－2020－2021 Ⅳ. ①F279.245

中国版本图书馆 CIP 数据核字（2021）第 168909 号

家族财富管理蓝皮书
中国家族财富管理发展报告（2020～2021）

主　　编 / 李　文
执行主编 / 范勇宏　芮　萌　高　皓　李　萌

出 版 人 / 王利民
组稿编辑 / 邓泳红
责任编辑 / 吴　敏
责任印制 / 王京美

出　　版 / 社会科学文献出版社 · 皮书出版分社（010）59367127
地址：北京市北三环中路甲 29 号院华龙大厦　邮编：100029
网址：www.ssap.com.cn
发　　行 / 市场营销中心（010）59367081　59367083
印　　装 / 天津千鹤文化传播有限公司

规　　格 / 开 本：787mm × 1092mm　1/16
印 张：30.75　字 数：462 千字
版　　次 / 2021 年 9 月第 1 版　2021 年 9 月第 1 次印刷
书　　号 / ISBN 978－7－5201－8014－6
定　　价 / 158.00 元

本书如有印装质量问题，请与读者服务中心（010－59367028）联系

《中国家族财富管理发展报告》
编辑工作组

名誉顾问　高云龙　王忠民　姚江涛　王连洲　吴念鲁

学术顾问　白瑞明　尉立东　蔡概还　陈　凌　郑宏泰
段国圣　石俊志　李树林　李宪明　韩　良
田　唯　毛凤丽　艾　诚　刘持金

指导单位　中国信托业协会
中国银行法学研究会信托法专业委员会
中国证券投资基金业协会母基金专业委员会
中国法学会商业法学会
中国保险资产管理业协会
全国工商联（并购公会）家族财富管理委员会
北京青年企业家商会
北京财富管理行业协会

编　　著　企业卓越与传承智库

主　　编　李　文

众禄基金销售股份有限公司
中贵保设备租赁有限公司
北京道富家族投资顾问有限公司
MSCI Inc. （ Morgan Stanley Capital International Inc. ）
行健资本（StepStone Group）
清科集团（母基金）

主要编撰者简介

李　文　清华大学五道口金融学院国际金融博士，硕士研究生导师。中国家族财富管理行业的实践者和推动者，中国财富管理行业领军人物，多次获中国银行业协会颁发的中国私人银行业卓越贡献奖，带领团队于2017～2019年连续两次获得欧洲货币中国最佳家族办公室奖；在上海《中国经营报》主办的中经财富管理高峰论坛荣膺“2020财富管理意见领袖”。现任中国银行业协会私人银行家俱乐部主任，兼任全国工商联并购公会常务理事，财富管理50人论坛专家理事，主持进行中国家族财富管理及家族信托法律研究，国际信托与资产规划学会（STEP）中国理事会理事。2008年8月负责创建中国民生银行私人银行，中国民生银行香港代表处负责人，民生加银基金管理有限公司筹备组副组长、副总经理，民生私人银行副总裁等。多年来专注于推动中国家族财富管理行业的发展，在信托法及法律实践、家族办公室运营等方面有较丰富的实践经验，出版“家族财富管理”系列丛书。

范勇宏　经济学博士，鹏扬基金管理有限公司董事长，曾任华夏基金管理公司总经理、中国人寿资产管理公司首席投资执行官。专注于家族资产的长期投资和资产配置研究，著有《基金长青》等书籍。

芮　萌　美国休斯敦大学财务金融博士，中欧国际工商学院金融与会计学教授。香港中文大学终身教授。曾任香港中文大学经济与金融研究中心高级研究员，香港中文大学公司治理研究中心副主任。获得中欧国际工商学院杰出研究奖，获评中国青年经济学人。主要研究领域为金融学，在国际知名期刊《法律经济学》《美国管理学会期刊》《银行与金融学报》等上发表了70多篇文章。在国内顶尖的期刊《管理科学学报》《金融研究》等上发表了20多篇文章。著有《中国股票市场实证研究》《公司理财》《财富管理从改变你的认知开始》《社会责任：企业发展的助推剂》等书籍。曾任香港联合交易所考试委员会委员和上海证券交易所高级金融专家、美的集团股份有限公司独立董事，现任中远海运能源运输股份有限公司、碧桂园服务股份有限公司等A股和香港上市公司的独立董事。

高　皓　清华大学工学学士、管理学博士和金融学博士后，首位哈佛商学院公司董事证书获得者。现任清华大学五道口金融学院全球家族企业研究中心主任，兼任世界经济论坛（达沃斯论坛）全球未来理事会理事、全国工商联智库委员会委员、中国企业改革与发展研究会理事/研究员、中华遗嘱库学术委员会副主任、国际信托与资产规划学会（STEP）中国理事会理事兼公共政策委员会主席、“家族企业治理”丛书和“家族财富传承”丛书主编、《财富管理》期刊联席主编等。主要研究领域包括家族企业、财富管理、公司治理、公司金融及公益慈善等，在国内外学术与财经期刊上发表150多篇论文/案例，出版16部学术专著、译著，合著被哈佛案例库收录为首个中国家族办公室/亚洲私人银行案例。

李　萌　全国工商联青年企业家委员会执行副主任兼秘书长，北京青年企业家商会会长，北京市三八红旗手，北京三替城市管理（集团）公司总裁等。2018年10月发起成立全国工商联青年企业家委员会，同年在北京成功举办首届全国青年企业家峰会，创立全联青委会品牌，以搭建全国年轻一代民营企业家交流平台，促进行业交流与合作，开展与海外合作交流，引导年轻一代民营企业家履行社会责任、积极参与扶贫攻坚等公益事业，进一步提升全国工商联影响力。主要研究领域包括家族企业、家族治理、二代接班及公益慈善等。

企业卓越与传承智库

企业卓越与传承智库（以下简称“智库”）是由中国家族信托法律体系研究机构共同发起的一个基于家族企业发展需要的专门促进企业产业战略发展和家族代际传承的非营利性研究中心，由北京财富管理行业协会指导，得到全国工商联相关机构、银行、信托、基金等各大金融机构的大力支持，是专门为家族企业提供企业治理研究、家族传承咨询、培训和方案设计等服务的咨询平台。

近年来，联合商业银行、信托公司、证券公司、基金公司、律师所和行业协会等的专家举办各类学术研讨会，主题包括：家族信托法律体系研讨、家族治理结构设计、上市公司实控人家族财富管理规划、民营企业财富传承的价值、家族慈善公益、家族信托落地实践遇到的难点、中国家族办公室监管沙箱及家族办公室标准等。

“家族财富管理蓝皮书”的出版是智库深度研究中国家族财富管理的一个里程碑事件，得到了业内30多位专家学者的鼎力支持，对推动中国企业健康传承、提高治理水平、参与国际竞争有着重要的指导意义。本书的出版满足了中国民营经济发展的迫切需要，也顺应了民营企业国际化发展的需要。

序　言

在国际国内经济形势不确定的当下，中国民营经济发展面临着诸多挑战，民营企业普遍存在传承和转型风险，在此背景下，家族财富管理不仅成为家族企业实现财富传承和可持续发展的必然选择，而且是政府、社会大众，尤其是金融机构、法律界、学术界关注和研究的全国性重大课题。“家族财富管理蓝皮书”秉承前沿、权威、原创、实用的创作原则，在各金融业协会及工商联各商会共同研究的基础上，汇聚了全国各方最强的研究力量，形成了对中国家族财富管理的共识。蓝皮书的出版是中国家族财富管理领域的一个里程碑事件。凭借其资讯价值、智库功能和社会影响力，有助于推动政府及监管部门针对民营企业财富保护的法制建设，尤其是推动对《信托法》及相关制度条例的完善和修改，同时推动社会各方对民营企业财富传承服务水平的提高，让企业卓越与传承智库成为带动社会各方力量为民营企业家族传承进行制度研究、手段创新、有效实践的全国性最强融合力量。

本蓝皮书聚焦中国家族企业发展与二代接班、家族治理与传承、家族财富管理与家族慈善、金融监管与家族信托法制建设、家族办公室的发展及投资等主题，全面系统地展示了中国家族财富管理的实际情况，深入分析了我国私人银行、信托公司、保险公司、证券公司等金融机构围绕财富传承工具即家族信托的应用和难点，讨论了高净值客户的需求案例，以及家族信托的创新和发展方向，提出了各种家族财富管理综合服务建议。面对突发疫情，企业家客户开始重新考虑财富保障措施安排的预见性、整体性、多维性和长期性，同时也重新审视财富保障的长期目标。企业家客户需求的转变要求财富增长方式更为专业化。客户风险意识增强，关注点从单一金融产品和业绩发展为以家族资产负债表为中心的多样化资产投资配置。企业家客户更加重视企业百年基业和可持续发展，对家族财富的长期规划需求增加。家族慈善是企业家客户体现企业社会责任的有效行为，慈善信托是一种具有代表性的创新模式，在完全尊重委托人意愿的同时，高效地发展社会慈善事业。

本蓝皮书的顺利出版是大家辛勤劳动的成果，在此我向参加编撰工作的同人表示最诚挚的感谢。感谢社会科学文献出版社的支持，感谢北京财富管理行业协会、全国工商联（并购公会）家族财富管理委员会和北京青年企业家商会等机构的鼎力支持。范勇宏、赵兹、李宪明、韩良、傅强、刘干霄、陈进、王俊、刘之、陈德仪、陈辉、顾宁珂、刘巍等为本书的出版做了大量的编辑、校队和翻译工作，在此也表示衷心的感谢。

李　文

2021 年 5 月 18 日

摘　要

改革开放至今，中国经济发展走过了40多年波澜壮阔的历程，综合国力和人民生活水平得到了极大提升。在此过程中最为突出的是以家族企业为主体的民营经济的蓬勃发展，其已成为国民经济的重要组成部分。中国的家族企业在经济发展中发挥了填补市场经济空缺、解决农村和城市富余劳动力就业问题、引导市场经济观念形成等不可替代的作用，被称为“中国经济奇迹背后的隐形发动机”。然而，家族企业发展面临着诸多挑战，内部存在企业传承和转型风险，外部受到疫情与经济增速放缓等影响。在此背景下，家族财富管理成为家族企业实现财富传承和可持续发展的必然选择。

本书主要分为总报告、市场篇、机构篇、顶层设计篇、专题篇、家族办公室及家族投资篇等六个部分，围绕家族企业发展、家族传承、家族治理、家族财富管理、金融监管分析、家族信托法制建设及实际操作中存在的问题进行深入的讨论。目前国内越来越多的高净值人群开始关注家族信托这一财富管理工具，私人银行、信托公司、保险公司、证券公司等传统的金融机构及拥有高净值客户资源的非持牌金融机构等都在积极布局家族信托业务。与此同时，客户需求的变化也促使家族信托的具体服务内容实现质的飞跃，从家庭财产的保值增值发展到家族财富的保护、管理与传承，从私人财富管理服务发展到家族财富管理综合服务。

尽管客户的需求多样化，但是保值增值始终是家族财富管理中的重要一环。在常规社会经济环境下，通常采取规避方式，防止各种内外部因素对财富的侵害，尽可能减少财富减值的风险。2020年新冠肺炎疫情突袭而至，财富减值风险和健康不能再拥有的风险可能同时发生，高净值人士面临着突发的综合性风险挑战。许多客户开始重新考虑财富保障措施安排的预见性、整体性、多维性和长期性，也重新审视财富保障的目标。家族客户需求的转变要求财富增长方式更趋专业化，促使中国财富管理市场更加成熟。于是，在2020年财富增长的过程中，底层资产的质量、产品形态和投资策略等被客户列为重要的选择因素。更多的客户从关注财富管理机构品牌或基金经理业绩转向对适应家族自身发展的多样化工具配置，对家族、家庭成员不同生命周期的更长期规划的需求增加。

在市场环境、客户需求的影响下和监管政策的引导下，家族财富管理机构的专业化水平进一步提升，开始基于财富传承工具进行产业布局，并积极探索跨境和跨生命周期财富传承专业化管理。根据2020年财富传承实践和专业报告的数据，新型创二代的青年企业家也开始综合考虑财富创造与传承问题。在新生代的推动下，家族财富管理中出现了新颖的财富治理构架，越来越多的家族客户将家风、家规等文化信念通过集体决策和奖惩机制的形式与家族信托进行实质性结合，进而利用信托法律工具进一步改善家族治理。

随着民营经济的发展，越来越多的民营企业家在追求利润的同时，开始积极反哺社会，以家族慈善的模式开展慈善事业。主要家族慈善实现模式有基金会、慈善信托、直接捐赠和公益性投资等。家族慈善中最为主流的落地形式是个人或企业基金会。而慈善信托是家族慈善的另一种具有代表性的模式，较之其他慈善模式，其设立门槛较低且能完全尊重委托人意愿，开展的慈善活动具有较高的运营透明度，以及专业化的财产管理等特质，发展快速。

家族财富管理需求从私人财富管理服务拓展到家族财富管理综合服务，得益于国内日益完善的监管环境。未来，事务管理的数字化、投资管理的专业化、信托财产种类的多元化以及制度协同的常态化将成为家族财富管理领域的大趋势。但较之国际经验，虽然行业监管政策及法律环境不断完善，但信托登记和税收等配套制度仍有待建立健全，行业统一规范有待制定，投资顾问制度需进一步完善，科技赋能需要进一步强化。为此独立资产管理人应运而生，并通过家族办公室的形式为高净值人士提供专业的财富管理服务。家族办公室是独立的平台，独立于商业银行、保险公司、证券公司和信托公司等金融机构之外，依托境内私人银行业务及财富管理行业而发展，受到高净值人士的青睐，目前国内的家族办公室已成为家族财富传承中重要的服务力量。中国内地客户已从分散、独立状态下对家族财富的单个内容管理转向对家族的物质财富、精神文化、人力资本和运行机制的整合管理。

立足现在，展望未来，要做好家族财富管理，家族财富保障制度顶层设计是当务之急，要不断提高家族财富管理法律法规的综合性和完整性；要坚持独立家族办公室“引进来”、综合金融机构“走出去”，探索产品服务互利共赢的可持续发展之路，构建开放的财富管理生态系统；信托制度需要与其他的法律制度协同，提升家族信托品类的多样性，完善信托信息系统；企业家要提高自身及家族成员的能力，增强家族财富传承的风险意识，做好财富管理的同时不忘践行企业社会责任，使家族企业做大做强。

关键词： 家族企业　家族信托与财产保护　家族办公室

目 录

Ⅲ 机构篇

Ⅳ 顶层设计篇

Ⅴ 专题篇

Ⅵ 家族办公室及家族投资篇

皮书数据库阅读使用指南

总报告

General Report

B.1
2020年中国家族财富管理发展综述

李文 朱闵铭*

摘　要：在2020年这一特殊年份，人们以最大的跨度认知了家族财富的内涵，经历了同时发生的众多不确定性事件，见证了最多的历史事件。这一年，家族财富管理朝着更加成熟的方向发展，财富创造依旧保持增长；财富保障经受住了多重风险的挑战。家族财富管理需求呈现复杂化，包括对于财富增长需要更多的组合安排、创二代纷纷加入财富传承的行列、家族财富传承与家族治理相结合的尝试开始出现等。在市场环境和客户需求引导下与监管政策的鼓励下，家族财富管理机构的专业化进一步加强，包括通过财富传承工具实施新的产业布局、探索跨境财富传承专业化管理。同时，顶层制度的设计和实施关系着国民财富的可持续发展。除此之外，家族客

* 李文，清华大学国际金融博士，民生私人银行创始人；朱闵铭，外贸信托财富管理中心副总经理兼财富管理中心投资配置部总经理。

户的财富传承和管理理念的更新、家族财富管理行业的从业规范和准入标准建设，以及建立符合财富传承逻辑的长期资产配置方案等是家族财富管理中的重要因素。应进一步加快家族财富传承制度的顶层设计和实施，促进海南自由港离岸信托试点，形成具有中国特色的家族财富管理文化和受托管理文化，逐步建设家族财富的长期风险管理体系等。

关键词： 家族财富　顶层设计　家族治理

一　2020年中国家族财富管理发展情况

财富创造、保障、传承和慈善是家族财富管理的主要内容。2020 年新冠肺炎疫情突袭而至，家族财富管理通过各种调整措施，在非常态环境下迅速建立了常态管理适应机制。家族财富服务机构以深厚、沉稳的专业服务成功地应对了各种突变和常变。所以，2020 年是中国家族财富管理历程中意义非凡的一年。许多家庭和个人对财富管理有了新的认识。疫情并没有影响中国家族财富管理市场的发展，反而是在此特殊因素触动下，使其朝着更深、更广、更有前瞻性的方向发展。管理实践的成熟化步伐不断加快。

（一）市场发展更加成熟化

1. 国内财富创造依旧保持增长势头

2020 年中国经济快速复苏并表现出增长韧性，在克服了许多不确定因素的影响后，实体经济带动资本市场发展。年内 A 股各大指数全面上行，上证指数涨幅为 13.86%，深证成指涨幅为 38.73%，创业板指涨幅为 64.96%。财富增长主要动力为资产价格上涨。2020 年全年成立新公募基金 1441 只，募资总规模为 3.16 万亿元，创造公募基金成立 22 年以来最高纪录，超过以往三年新发行基金的总和。公募基金全年累计为基金投资者实现了2万亿元收益，继2019年后再创历史新高。[①] 2020年，普通股票型基金指数上涨55%，远高于上证指数。这些获利表现来自宏观政策的及时调整、市场信心的重塑，包括资本市场在内的财富创造机制的正常运行，使得家族财富在特殊环境下仍保持增长势头。

2. 财富保障经受住了多种风险并发的挑战

财富保障是家族财富管理中的重要内容。在常规社会经济环境下，财富保障一般是采取规避措施，尽量减少风险可能带来的财富减值，包括加强所有权安排，防止各种内外部因素对财富的侵害。2020年的新冠肺炎疫情使得财富减值的风险和财富所有人（个人或多人）面临的健康风险可能同时发生。高净值人士面临着罕见的综合性突发风险的挑战。许多客户重新考虑财富保障措施安排的预见性、整体性、多维性和长期性，同时对财富保障目标的预期予以重新考虑。这一过程意味着中国财富管理市场朝着更加成熟的方向迈出了一步。

（二）客户需求多样化

1. 财富增长需要更多、更长期的投资组合

随着市场的不断成熟，家族客户需求促使财富增长方式更趋专业化。2020年财富增长过程中，关注底层资产的质量，与关注产品形态、投资策略一起被客户列为重要选择因素。更多的客户从关注财富管理机构品牌或基金经理业绩，转为需要多样化工具配置来适应家族自身发展阶段要求，以及对家族、家庭成员不同生命周期进行更长期的规划，以期跨越不同的经济周期或市场周期，实现相对稳定的保值增值目标。为实现长期规划目标，2020年财富管理市场出现了基于中长期因素资产挖掘、金融工具运用及配置策略制定等方面的操作。

2. 创二代企业家财富传承需求开始出现

财富传承是近几年在国内家族财富管理市场中出现的。根据2020年的

① 《公募基金去年累计为基民赚逾2万亿元》，《中国证券报》2021年1月28日。

财富传承实践和专业报告，新型创二代的青年企业家有意将财富创造与传承予以综合考虑。在新生代的推动下，家族财富管理出现了新颖的财富治理构架，即在整体传承和风险控制框架下实现财富的增值保值，这明显区别于创一代家族传统的先创富、后积累、再传承的顺序。可以看出，国内家族财富管理市场进入了创一代和创二代同时考虑财富传承安排的阶段。这一现象是为实现社会财富管理有序、持续、有效发展而进行的有益探索。

3. 财富传承工具与家族治理相结合

自2018年1月家族宪章与家族信托相结合的财富分配实践出现以来，越来越多的家族客户将家风、家规等文化信念通过集体决策和奖惩机制与家族信托进行实质性的结合，从而利用信托法律工具促进家族治理的进一步完善。家族宪章、家族委员会、家族信托的有机结合，形成了一个有序化、显性化、结果化的现代家族财富管理机制，是在过去家族文化精神的隐形化、意会化、认知化基础上的升级。家族财富与家族精神的一体化管理和传承，加强了家族文化自觉履行的约束力度和激励效果。这一具有实质性内涵和管理效用的现代家族治理机制安排，使中国小康社会阶段的社会、家族财富能够更加稳固地根植于积淀深厚的中国传统文化和家族文化之上。

（三）服务机构更加专业化

1. 监管规制督促服务机构更加专业化

2020年家族财富管理市场更加规范和专业。随着资管新规细化政策的出台，围绕“降杠杆”“去通道”等的约束和处罚力度不断加大。不同领域持牌金融机构的财富管理业务更加规范。监管政策的升级，要求金融财富管理机构放弃以产品销售获利为主要目的的短期行为，而是根据客户的真实需求，将合规风控与产品收益风险同等对待，在产品设计、销售、运营和投资人权益保护等环节形成规范、专业的家族财富管理市场生态。

2. 财富管理市场专业化发展不断加强

外资机构进入使市场竞争加剧。随着中国资本市场开放步伐的加快，外资财富管理机构基于其积累的管理经验、技术优势和服务模式，尤其是相应的现代理念，参与中国家族财富管理市场。这将会加剧家族财富管理市场的竞争。境外机构以客户为中心的服务模式会从客户深层次需求入手，制定个性化解决方案，通过线上、AI 等数字技术手段降低个性化定制的运营成本。这种财富管理模式如果与中国文化习惯和客户真实需求相匹配，将给以产品销售、资产融资为主要导向的境内财富管理方式带来很大的挑战。

财富管理和资产管理模式并驾齐驱。资产管理模式是金融机构根据底层资产融资需求，按照风险收益匹配设计，通过多种策略和跨资产组合方式来实现最优的风险收益均衡。这种由资产投融资需求驱动的资产管理模式一直主导着中国的财富管理市场。资金端的家庭、家族、机构的财富管理目标实现则是另一种逻辑，即需要根据客户不同生命周期的需求形成相对应的长期、稳定的财富管理方案。这不仅包括财富增长，还包括生活品质、教育养老、医疗健康等多目的的风险收益长期匹配方案。这些需求仅靠资产端投融资产品需求模式是难以满足的。随着国内资本市场、股权市场投资品种的丰富，配置技术的完善，资金端财富管理模式已在实践中与资产管理并驾齐驱。

数字化技术参与财富管理风生水起。2020 年公募基金存量总额约 18 万亿元，私募基金存量总额近 16 万亿元。庞大的投资数据、策略组合为数字化模型归类奠定了基础，通过治理变成数字化信息，投资策略与交易数据结合能够完成交易策略的迭代升级，这为形成资产配置模块化、提高资产管理效率奠定了很好的基础。在家族财富管理过程中，通过对运行多年的家族需求、信托目的、框架结构、利益分配、资产配置、保护策略等众多数据的分析，财富管理机构可以形成具有规律性特征的市场行为的共性模型，进而推动个性化传承模式下的数字化升级，以此提高家族信托运用的管理效率和节约成本。2020 年，越来越多的服务机构尝试通过线上、线下方式将数字、AI 技术运用于投资配置、传承模式中，也有机构开始推动智能投顾、TAMP 平台的发展。在传承服务过程中，数字化技术更多的是运用在需求诊断、目的归类、配置管理等方面。

3. 财富传承下的资产管理与产业布局相结合

2013 年国内财富传承元年开启以来，家族信托多功能性变成财富管理中的一个重要功能。在探索现有的现金、金融产品、人寿保险、不动产、股权等多种资产传承需求和创新服务中，通过运用家族信托实现存量财富保障与传承已成为许多家族的首选。基于专业服务机构和客户之间的配合和推动，以及现有法律框架、受托人信任和专业机构，许多家族开始重视家族信托锚定财产所有权这一独特的保障功能，尝试制定新的财富传承配置战略，即一方面形成新一轮的现金资产长期投资管理配置策略，另一方面以长期股权、金融投资等方式通过家族信托进行新的家族企业布局和投资战略布局。在家族财富管理顶层设计阶段就主动利用有效的法律保障工具，通过合理分工，在合法权益得到维护的前提下，开启家族新的一轮产业发展周期。这一财富保障与传承模式下的资产管理和产业布局的结合是家族财富管理结构化安排的升级。这种模式对实现社会、家族、家庭、个人财富新一轮的有序发展是非常有意义的。

4. 跨境财富管理服务需求不断增加

跨境财富管理服务需求日益增加。中国高净值家族和人士跨境经营、投资、教育和生活等变得更为普遍。具备跨境税收身份的财富拥有者及其家属、子女，作为家族信托委托人、受益人的当事人和信托受托人一起不得不需要面对跨境税收政策对财富的影响。如果没有专业的机构服务，是很难达到合法合规、长期有效的财富管理保护效果的。

国际税收机制不断规范使专业服务非常重要。随着国际税收信息交换机制的不断完善，客户和服务机构开始重视和谨慎参与跨境业务实践，并注意到此项业务的特殊性。一是，谨慎对待跨境税收事务。跨境税收身份及其国际税收的复杂性和强制性，要求与跨境财富管理活动有关的高净值人士和专业服务机构审慎判断此问题。二是，谨慎参与实践。在财富保障和财富传承的跨境税务事务处理过程中，客户和机构应明确传承法律构架和税务处理的合法合规性，需要通过经验丰富、国际声誉卓越、具备跨境专业支持能力的机构来完成。由涉及跨境信托法律、跨境税务的国际专业机构协作的服务方

案一般包括对需求的诊断、评估、设计、运作、检视，这明显区别于普通境内传承服务的要求。三是，专业付费的合理性。跨境财富保障与传承构架的建立和运行是家族客户长期的规划安排，为此所支付的费用是必不可少的，也是客户履行纳税人义务、维护自身既得财富安全所必须要付出的。这不能单纯从费用支出的角度来理解，为节省不必要的费用支出，忽视或遗漏一些跨境法律和税收制度带来的影响，进而可能带来更大的财富损失。四是，跨境财富业务的动态调整。税收征收政策经常变化，故跨境财富保障和传承安排也是变化的。税务身份、信托构架、税收政策等单一或多重因素的变动将直接影响财富价值。定期审视服务方案中这些影响因素是非常重要的。

二　市场发展中存在的问题与解决机制

（一）法制环境与监管环境

长期以来，中国内地的财富创造、保障和慈善公益的法律监管环境相对成熟，而在财富传承方面，由于法系法域环境不同，面对市场刚刚出现的传承需求，涉及财产权益保障和所有权传承转移等的法制监管制度及环境还有待完善。（1）信托财产独立性方面，2019 年颁布的《九民纪要》对信托合法拥有的财产不得强制执行的精神，在 2020 年个别民事诉讼案例中得到体现。而在刑事案例中，在无证据证明财产非法来源或委托人故意欺诈的情况下，对已设立信托财产进行随意追索、查封、冻结的现象仍旧存在。在刑事阶段保证合法信托财产的独立性是目前高净值客户最为关心也是顾虑最大的问题。建议在司法具体操作层面，对已合法设立信托的财产的强制执行，无论是民事还是刑事诉讼都取消“回溯冻结”“未判先冻”方式，而是采取“有据查封”“先判后缴”的方式，从委托人如果存在故意欺诈和侵害其债权人利益的角度，在有充分证据的前提下，司法机关才可以或者根据法院判决对信托财产予以冻结、查封或收缴。具体来讲，可以参照亚洲大陆法系一些国家或地区的做法，并依据具体条件做出判断，即在信托设立时债权人利益受到侵犯，并且因信托设立而使得债权人利益受到侵犯，以及在债权人向司法机关提请权利主张之前设立信托的委托人不具备偿还能力时，司法机关才能对信托财产予以民事和刑事的冻结查封，并由法院依据判决进行冻结查封信托财产和撤销信托。（2）信托财产登记方面，2020 年中国信托登记中心除对资金类信托财产实施登记外，也开始对非资金信托财产进行登记统计，逐步实现信托财产信息及其变动情况的集中记录，开展未上市公司股权和不动产两类信托财产信息报送试点，以更好地满足监管监测需要，配以信托财产登记制度的建设。信托登记本意是英美法系信托财产物权在大陆法系物权法律环境下的适用性安排，这有助于作为“一物两权制”的信托财产在大陆法系“一物一权制”环境下实现信托财产保障。中国内地中信登围绕信托登记规范对包括资金、财产权在内的业务积极实践，为逐步建立信托财产受益权保障的法治体系进行了有益的探索。信托行业监管机构不断推动财富权益保障方面的基础设施建设，为完善信托财产登记的法律、监管体系做出贡献。随着信托财产法律登记制度的完善，内地市场的家族财富链式管理秩序体系日益优化，社会财富运行体系不断完善。

（二）客户理念更新与期望

1. 家族财富提前规划的理念需要加强

许多高净值家族客户在财富层面未对一些未来可预见或不可预见的风险进行思考，更谈不上提前规划，理念缺失表现在以下几个方面。

（1）回避或忽视财富规划。不愿意提前规划的原因：一是有碍于东方文化的一种忌讳，不愿意主动提及一些风险或无常事件。二是太多的精力用于财富创造，总是认为规划之事可以延后，或者在财富积攒一段时间后再予以考虑，相比于企业经营和投资管理，其不是最着急的事。三是将提前规划理解为特别抽象或者分散的事情。其实，财富的提前规划属于提前准备的范畴，是一种风险管理方式，是在家族不同需求、目标之间进行合理的预期分配和风险防范安排，与企业经营和投资管理的提前规划意义相同。

（2）没有认识到家族财富管理的系统性特征。到了一定年龄的客户在面对家族财富现状，或者结合某些具体事件所引发的思考后会感觉到，如果提前对财富管理有较为合理的预期或预判，将其诸多阶段予以统一考虑，可以发现其系统性特征非常明显。有规划和无规划的财富管理，结果是完全不同的。家族财富管理涉及较多维度，不仅财富创造、财富保障、财富传承和慈善公益等多项内容都有所涉及，还要处理好与这些财富相关的企业经营、家族资产投资、成员婚姻，以及法律、税务、跨境身份、继承等因素带来的影响。

（3）没有认识到缺乏财富管理规划的弊端。对于许多家族财富掌门人来讲，没有意识到以“顺其自然”的方式管理家族财富存在的不足。对家族财富不提前进行规划，一旦面对突如其来的风险事件，有可能引发家庭纠纷、企业股权不稳定，甚至企业新老股东或高管之间的矛盾。缺乏平稳交接机制有可能导致一代创业积累的财富瞬间消失。当突发因素冲击家族财富时，许多负面影响的严重性是财富掌门人未预料到的。

2. 高净值人士开始统筹思考家族财富健康发展机制

从广义的家族财富管理对象来讲，涉及家族的物质财富、精神文化、人力资本和运行机制四大内容。过去，中国内地客户大多数是在分散、独立的状态下对家族财富的单个内容进行管理，很少将四大内容统筹起来加以审视。不过，随着家族信托的发展，部分客户开始考虑家族财富管理的体系化发展。

（1）家族精神与财富治理相结合的实践。2018 年初首次出现通过家族信托机制使家族宪章、家族委员会相结合的家族财富管理创新案例。这种家族信托所有权下的物质财富在家族精神文化引导下有效地与奖惩约束和分配机制相衔接，为家族财富管理现代化奠定了基础。

（2）健康家族财富构架的期望。健康家族财富构架基于稳定、顺利、风险防范有效的运行机制。家族信托可以在具体信托利益分配条款中引入精神文化条件，以促进财富健康发展目标的实现。这些现代财富管理方式逐渐被有前瞻性眼光的家族掌门人所采用。2020 年，在多种不确定因素同时发生的情况下，财富健康遭受来自各个方面的挑战。受疫情影响，越来越多的客户开始意识到仅有财富保障、传承机制还远远不够，需要从财富健康发展的角度出发，建立健全运行机制，统筹物质财富、精神财富、人力资本及公益慈善等，以实现协调发展。

（3）家族信托促进健康财富机制的发展。从健康财富机制来讲，家族信托方式是与之适宜的法律金融工具。在家族信托解决物质财富所有权的前提下，通过一系列机制的设计和运行，统筹物质财富、精神文化、人力资本、公益慈善等，通过当事人在信托法律层面进行执行、监督和评价，在多层抗风险屏障保护下实现家族财富长期、持续、有效发展。这一家族信托牵引的家族财富治理机制是目前家族财富健康发展中较为实际且可行的选择。

3. 财富管理的周期逻辑需要思考

内地客户和服务机构一直在讨论、探索和实践家族财富管理的总体逻辑。大家深刻感觉到，在家族范围内审视财富逻辑的主线与长周期有关。这个周期表现为财富所处的环境周期和财富自身的生命周期。受 2020 年多种变数影响，家族财富管理的周期论涉及两个深层次问题，即现今环境下的财富创造路径和已获得财富的周期管理。

双循环宏观经济周期下新财富的创造逻辑。过去几十年中财富创造一般通过产业经营和投资来实现。这些获利大都是利用市场短期波动差异来实现的。在内外部经济发展环境下，具备新特征的经济周期和投资周期正在形成。许多客户和专业机构开始考虑新的财富创造和积累如何适应这一结构性转变。

已获得财富如何形成跨周期的管理特征。如果说财富创造更多的是关注中短期经济周期和投资周期，那么已获得财富的保障、传承乃至公益慈善的管理逻辑明显与创造新财富不同。已获得财富跨周期的长期预期和行为认知非常重要。落袋为安的财富保值增值目标，尤其是进入保障、传承、慈善阶段的财富管理，不应停留在获得最大收益的理念阶段。稳健、长期、持久、有效是已获得财富管理周期的重要特征，尤其是进入家族信托保障传承框架下的资金类投资配置策略需要与长周期、中性、稳健的管理方式相匹配。

4. 家族财富管理应形成付费理念

家族财富管理明确区别于企业经营和投资管理，需要将整个家族成员和财富置于整个生命周期中进行管理，家族的人、财、物涉及众多的管理内容，管理费用越少越好的传统观念应被摒弃。

目前的家族财富管理付费理念需要更新。国内历史上的信托引入以营业信托为主，直到八九年前才开始有财富保障和传承的家族信托需求和服务出现。由于内地金融机构的分业管理和资源差异，许多客户和服务机构对家族财富管理的付费理念仍旧停留在与增值保值业绩挂钩上，仍认为这是“资产交易”行为，而不是“财富保护传承机制”运行方式。整个行业都没有形成针对家族财富的长期、持久、多阶段、多目标、复杂运营等集约化功能保障付费的理念。

家族财富保障、传承付费理念的逻辑。财富传承和保障的关键是依靠法律增强其运行的牢固性，对抗外部的侵权风险，维护财富稳定，与以交易获利为目标的资产管理付费方式完全不同。客户还没有意识到，通过合理的成本投入，保证保障和传承体系的稳定运转是付费的基础和目的，也体现了受托人和管理人的权利、义务、责任。

家族信托服务内涵不同决定了付费水平不同。基于中国内地信托产生的历史原因，持牌信托机构兼有信托法律构架搭建、维护和传承管理的综合职能。中国内地家族信托管理的责任远远大于境外以法律构架搭建为主、维护为辅、没有资产管理职能的信托服务。因此，将境外以信托服务法律构架搭建为主要内容的收费水平与境内家族信托组合服务收费水平进行简单对比，是不合理的。境内家族信托的管理责任范围和成本付出要符合家族财富管理体系全阶段要求，实事求是地遵从专业原则，形成家族财富管理付费理念是非常有必要的。目前“交易性”家族财富管理付费理念需要改变。

“交易性”付费理念对家族财富管理专业化的影响。“交易性”付费思维方式源于买卖交易，其涵盖的服务内涵和责任范围与长期、稳定保障和传承资产的家族财富管理服务相比是非常单薄的。针对家族财富风险诊断、法律框架的搭建、对抗外部侵占、处理家族成员纠纷、税收筹划咨询、投资管理、信托持有股权和不动产管理、子女教育等内容，受限于当前付费水平和服务理念，服务内容的专业性有待提高，否则会影响家族财富长期、持续、有效发展的根本目标的实现。相关服务机构之间的协作也切忌参照普通商业业务开展“价格战”，从而影响家族财富管理市场的发展。

（三）行业从业标准与准入标准

1. 家族财富管理法律法规综合性要求不断提高

家族财富管理涉及内容比较丰富，除资产管理内容之外，与之有关的法律法规较为复杂。

复杂的法律体系。财富内涵包括物质财富、精神财富、人力资本，财富管理包括财富创造、保障、传承和慈善等阶段。财富管理行为的法律规范涉及大陆法系下的民法、商法、经济法，具体来讲涉及民法典、婚姻法、继承法、物权法、合同法、慈善法、公司法、证券法、保险法、企业破产法、个人所得税法、城市房地产管理法等，以及依据普通法系制定的财产转移保障传承制度的信托法。所有这些法律还通过各领域的行政法规贯穿于财富管理的各个阶段，需要予以统筹运用，解决可能出现的冲突。

法律规制延展性较强。相对于财富创造，财富保障、传承的法律法规需要融会贯通、组合运用。在法律框架搭建方面，基于信托目的与法律法规实现有效衔接，尤其要辨别合法财产来源、财产合法转移、分配实现来保障架构设计的效果。

需要提前考虑之后可能面对的第三人权利挑战。从业人员在方案、条款运作过程中需要处理好现在与未来之间的措施设计的勾稽关系，防止未来几十年以后外部因素给信托或受托人带来的挑战。切忌以简单的商业获利的交易心态等非专业心态来代替受托人、管理人的尽职尽责的操守。

2. 家族财富管理的从业标准需要统一

家族财富管理的链条。家族财富管理内容链条长、阶段多、目标多样化，除物质财富和精神财富之外，还涉及家族成员的教育、健康、社会关系、慈善捐赠等；针对这些财富的财产权利和人身权利保障需要财务、信

托、投资、法律、税收等方面的专业服务。

家族财富管理从业标准的特征。目前家族财富管理从业标准分散在各个专业领域的行业标准规范中。这些从业标准与普通的服务标准的区别不是很大，不能体现家族财富管理体系的特征。家族财富管理体系的主要特征为统一性、凝聚性、长期性、平稳性、可控性、可分配性、可传承性等，与普通的财富管理有很大的区别。

家族财富管理从业标准建立。家族财富管理的从业标准应该围绕其特征来逐步统一。第一，在财富创造方面，对于企业经营和投资获利成长，可以根据家族集群的统一性、长期性进行制定。第二，在财富保障、传承方面，应该形成具备家族特色的信托文化和受托文化标准。第三，在慈善回馈方面，应在家族范围中倡导通过回馈社会履行企业社会责任。第四，在从业标准方面，从事家族财富管理服务的专业人员，必须具备专业能力，而不只是销售普通的理财产品，或者是单个法律、税务服务的商业营销。第五，在长期持续服务方面，家族财富管理存在后续专业的持续服务，也存在动态的法律、税务、长期金融资产配置等再平衡服务。家族财富管理从业标准制定应将服务规范、人员认知、客户需求等与信托受托文化实现有机结合。

3. 受托文化和受托服务标准需要完善

大陆法系与普通法系不同：中国内地和东亚部分国家或地区一样是大陆法系法域，遵循成文法，司法判决的依据是以对届时法律规章进行解释执行为主。相关民商事行为规范、标准制定大都比较原则。而普通法系法域国家或地区主要是根据案例判决进行规律性总结运用，更具灵活性，相较于成文法对行为规范所作出的规定会更加详细。在家族财富管理过程中，不同形式的管理行为都会涉及受托义务、责任和服务标准，法规的原则性规定对实际操作的影响是不同的。

信托服务的受托文化特征：在中国内地，明确适用于信托法律关系的是持牌信托公司的财富管理、传承保障和特殊目的信托服务，以及公募证券投资基金业务。受托文化和信托文化要求受托人必须遵守受信文化或信义文化。

受托行为标准的制定：从目前的发展情况来看，家族财富管理中对受托服务标准可以进一步明确，其方式可以先从行业自律开始，成熟后形成行政规章，最终补充到相应的法律中。这些自律或规范需要具有可操作性，不能进行简单的原则性规定，避免出现较大的争议。尤其是对于需要运行长达几十年的法律规定，当下的约定应考虑未来的变化和挑战等因素。

受托人服务标准：受托人服务标准包括义务标准和操作标准。受托人义务标准包括注意义务、忠诚义务、公平义务及其他义务。首先，在注意义务中，受托人管理信托财产时在同等情况下需要与其他具有相同专业和地位的人相一致，除非相关信托法律文件明确修改了注意义务的程度。在实际操作中，无论是信托构架还是资产管理，都应本着在委托人作为非专业人士场景下，受托人切实遵循勤勉尽责原则，包括向当事人进行详细的风险揭示、确认签署前的专业解读、管理实施过程中持续的信息披露，以确保当事人动态知晓信托财产管理情况等。其次，在忠诚义务中，受托人根据受信原则为受益人利益自动化行使管理信托财产的权利，而不能为了受托人自身利益或其他目的滥用权利。如果发生利益冲突，受托人必须基于受益人的利益进行管理。最后，在公平义务中，在遵从委托人意愿和信托目的的条件下，当存在多个受益人时，受托人必须同等对待受益人。

受托人行为规范：受托人的服务标准需要在其操作行为中予以落实，尤其是在明确运用信托法律时要予以重视，如信托财产的合法性来源、信托财产持有管理的责任、信托财产管理当事人的合法性、信托财产的独立性、信托财产受益权保障、信托目的在信托存续期的完整有效体现、委托人在信托财产管理中权利保留的界限、委托人保留权信托对信托财产独立性的影响、信托受托人拥有和管理信托财产的义务和权利边界、刑事和民事认定信托财产非法来源的条件、营业信托的事务性管理结构是否适用于家族信托结构、信托受托人相关专业职责转授的权责利划分、信托受托人的自由裁量权范围等。从本质来说，受托文化是信托机构及其他服务机构应该进一步坚持和夯实的受托人责任和义务。只有在这个原则下才能主张其合理追求的商业

原则。

受托文化的覆盖范围：家族信托的受托人文化和服务范围需要覆盖信托关系建立、信托财产管理和信托关系终止全过程。非信托的其他专业服务也要参照受托文化的职责实施全过程管理，而不能仅仅看重合作关系的开始，而忽视过程管理和终止管理。家族财富管理与短期商业服务有明显的不同。

（四）资产配置与投资管理

1. 家族财富资产管理特征与普通投资管理不同

家族财富管理特征：家族财富管理范畴主要是现金资产创富创造、保障、传承和慈善，其不同阶段中的管理与普通单笔资产管理有明显的不同。家族财富管理的特征表现为“多”“久”“和”“稳”“公”“善”。“多”是指服务对象是家族成员，而非财富掌门人。服务目标不仅包含保值增值，还有家族基业长青的物质精神等多种财富管理。“久”即几代家族整体和成员几十年甚至上百年的年限周期目标预期。“和”是在物质财富上，通过奖惩约束机制实现家族和谐。“稳”是指通过法律构架和专业管理，财富保障能够基础牢固、框架坚实、保护有效。“公”是指对于现在和未来单个和多个的家族成员，无论是客户本身还是管理机构都应体现公平公正原则。“善”是指家族作为社会单元，其财富管理的同时要服务社会，履行慈善公益责任。

家族财富管理原则：家族财富管理主要表现在管理的目标、要求和方式等方面。第一，在财富管理目标方面，财富创造更多的是在风险和收益之间权衡，在风险可控的情况下尽量收益最大化。而在财富拥有和保障阶段更多的是确保财富的法律框架稳定，不被外部风险所侵害。在财富传承方面，更多的是实现财富掌门人的意愿和信托目标，终极目标是达到稳定、和谐、传承、持续、发展。在公益慈善管理方面，更多的是在风险可控的情况下，通过稳定的保值管理来更好地达到慈善公益的目的，让社会有更多的受益者。在财富管理要求方面，在高净值客户目标明确的情况下，相关持牌服务机构应该根据不同财富管理阶段的不同要求，坚持专业、谨慎、注意原则，在风险、流动、收益性方面进行科学的安排，不应该草率地以满足本机构商业利益需求为动因，仅仅提供短期管理服务，而需要根据家族财富管理共性和个性特征提出专业化的一揽子服务方案。在财富管理方式方面，在创造财富阶段更多的是实现大类资产配置以及采取各种策略组合，获得更高的收益。而在财富保障和传承的资产管理方面，无论是客户还是服务机构都应该达成共识，其根本目标是为多名家族成员实施长期财富管理、跨周期策略运用、财富和谐稳定拥有的长远规划。这是家族财富保障传承管理中应该重视的资产管理方案。

2. 资产配置的家族财富管理视角尚未形成

作为一种投资策略，资产配置的目的和依据是对收益风险偏好组合进行技术安排，这需要根据所处的市场环境予以制定。（1）家族财富管理目的不同于投资管理目的。由于中国内地家族财富全过程管理需求才刚刚产生，尚未出现可以涵盖家族财富全生命周期的配置管理模式。无论是客户还是服务机构都没有按规律性操作的经验，仍习惯于过去的金融投资配置做法。2020 年多因素引发的市场波动，促使人们开始思考覆盖家族财富管理整个阶段的资产配置模式。从逻辑上看，至少人们都认同不能用静态、短期的视角来看待动态、长期的变化，不能用“投资业绩最大化”来代替“财富生命周期化”。在财富创造方面，市场表现卓越的明星基金经理业绩斐然，优秀的投资配置策略层出不穷，人们依旧会坚持财富持续增长的观点以获得丰厚的收益，而基于财富长期传承阶段的资产配置和投资管理的视角却一直没有形成。（2）家族财富管理的环境。资产配置期限预期与经济市场环境密切相关。内地资产配置市场的观察期限最长也就与国家五年规划一致，而且非常粗略，更多的是 1 ~2 年配置预期，本着“挣一年是一年，年年达到极致，年年积累，年年满意”的资产配置观念。这种用短期投资配置策略代替长周期传承资产配置策略的观念需要改变。来自瑞银 2019 年全球家族办公室报告以及一家北美家族办公室的投资观点认为，“投资策略相对较少关注短期市场波动，而是更加关注长期投资前景”；“我们是长期投资者。我

们所有投资预期都在10~15年。反过来，我们不会关注市场的短期波动”。[①] 现阶段，中国内地家族财富传承资产配置期限长达十年的预期还不够现实，但是至少可以从五年的配置预期开始探索。

三 中国家族财富管理展望

（一）家族财富保障制度顶层设计成为当务之急

1. 家族财富管理制度的顶层设计

合理的家族财富管理对于社会财富有序流动、稳定积淀和赋能发展具有重要意义。应该重视与之相关的基础设施建设和制度体系建立。法律制度体系是家族财富管理的重要环境支撑。

（1）家族财富管理法律制度体系构成。家族财富管理制度的顶层设计分为宏观、中观和微观。微观层面是指家族内部自上而下的有效运转。中观层面涉及行业、行政区域法律法规的建立健全。宏观层面是国家有关家族财富管理法律法规制度与普通法系法律的进一步融合。

（2）宏观层面认可大陆法系适用信托法的融合。在国家宏观制度法规层面，需要解决顶层大陆法系与普通法系融合部分的进一步协调落实问题。东亚国家或地区根据本土大陆法系法域的实际需求引入信托法，并根据实施情况进行了相应的调整和修改的经验值得借鉴。中国内地基于《信托法》，根据实际需求将信托概念化和一般化的规定予以细化。在《信托法》修改中对营业信托和涉及个人财富管理部分进行调整。特别是需要解决信托财产所有权不可分割和法定物权在大陆法系环境下的适用性问题。这一点与东亚国家或地区过往修改信托法时更注重金融信托有所不同，中国内地的财富保障和传承业务处于初级发展阶段，需要在大陆法系绝对所有权“一物一权制”环境下促进普通法系信托财产“一物两权制”的协调落实和实际操作。

① UBS Global，“UBS Global Family Office Report 2019，”2019.

这对于现阶段保护财富创造成果，保障有序流动转移，减少财富分散能耗，建立社会财富可持续发展机制具有积极作用。在建立家族财富管理法律顶层设计方面，加快对信托法律“一物两权制”的认可以及与特别法律和法规的操作衔接是当务之急。如果需要制定赠与法和遗产法，建议对信托拥有财产的合法方式予以承认。在遗产法中明确制定与信托法相衔接的规定条款，即他益信托安排的财产不认定为遗产，免交遗产税。

（3）中观层面鼓励实践探索。一是，如果顶层大陆法系中给予信托法财产所有权的合理定位，在信托行业和一些行政区域内允许信托财产权属的“一物两权制”的存在，鼓励在相关行政区域进行与信托财产管理相匹配的实践，包括：受托人对信托财产所有权的物权认定，受益人对信托财产受益权的物权认定，大陆法系的合同关系与信托关系效力衔接，信托财产所有权和受益权的物权登记可以对抗第三人的认定以及信托财产有限责任界定，既定信托登记下财产转移的税收中性的认定，既定信托登记下不动产、股权、动产等非交易过户的认定，委托人保留信托权利与信托财产独立性和受托人责任范围的认定，上述法规适用与持牌信托公司的所有业务经营合法性认定，等等。二是，在中观行政区域层面，在执行行业法规前提下，选择包括海南自由港区等在内的有条件的行政区域开展落地操作。将行业有关信托财产的法规与行政试点区域的操作相结合。可以认可中国信托登记中心的信托物权登记法律在海南自由港等的试点。

2. 海南自由港离岸信托服务试点建议

信托法律制度适用性改革：英格兰和美国普通法系的信托发展是基于家庭财产的传承和继承替代制度。随着市场的发展，美国信托开始运用于商业，东亚大陆法系国家或地区在融资和投资方面引入信托。中国内地的信托引入也是基于融资和投资需要的。随着全球经济增长，家族财富管理需求与民法和商法的适应性相匹配，推动了东亚国家或地区的法律改革。财富保障、传承乃至公益慈善等多种类型财产向信托转移，尤其是企业股权的转移需要相应法规制度和实践操作的支持。为满足此类需求，相应的离岸岛国家或地区开始进行改革，运用灵活的方式来满足实际需要。

建议海南自由港进行信托法律制度适用性实践。目前，中国内地的信托法及配套修改和司法实践重点应该是将信托工具作为匹配家族财富保障、传承安排的重要措施。参照离岸岛以及 VISTA 信托框架的做法，在海南自由港等试点区域实施大陆法系环境下适用普通法系信托财富管理操作。鼓励海南自由港或其他试点区域完善普通法系信托法制体系，优先与境外信托法制体系衔接。

海南自由港信托法制实践的具体措施包括：第一，海南自由港区域中的物权法规中信托项下财产绝对所有权可以分割，即允许信托“一物两权制”的存在，承认已经登记的全国范围信托名下的各类财产的信托性质。第二，在信托财产所有权“一物两权制”前提下，修改相应的公司法、证券法、所得税法、房地产交易法等，使其与海南自由港区域法规衔接。第三，在相应的海南自由港等试点区域承认全国性信托项下上市股权、非上市股权、房产、动产等需要物权登记财产的非交易性过户登记的合法性。第四，全国性信托名下财产权的信托交付、信托持有、信托分配给受益人环节在海南自由港区域适用于税收中性政策。第五，允许委托人拥有信托项下一定程度的企业经营管理权，并且按照法律规定不影响其信托财产的独立性。允许 VISTA 相关规定、反巴特莱条款等受托人免责规定的合法性。第六，全国在海南自由港等合法设立的信托财产，可以认定其在司法方面有效对抗第三人的效力。在没有证据证明委托人非法财产来源以及欺诈信托设立的情况下，不能对合法设立的信托执行查封冻结等民事、刑事方面的强制措施。第七，允许委托人与受托人双方在信托合同中对受托人责任和义务通过条款进行相应的约定，兼顾委托人参与管理和受托人责任的平衡。第八，按照离岸岛信托法制惯例，海南自由港等试点区域内承认的合法信托财产具有独立的效力，而试点区域外相关司法可强制执行信托财产。第九，允许中信登登记的家族信托作为股东参与海南自由港等试点区域的企业境内外上市的合法合规性。第十，海南自由港等试点区域与境外相关信托法律法规以及操作环节相衔接，解决内地人士、境外华侨在海南自由港等试点区域境外信托财产的集中有效认定问题，方便客户对境外财产的集约管理。第十一，结合海南自由港资本项目外汇改革节奏，允许信托项下境外受益人信托利益的人民币换汇及其向境外受益人汇出的相应政策。第十二，全国范围内的遗嘱信托设立，获得海南自由港等试点区域的合法认定。受托人承诺信托时，委托人财产不属于遗产，而属于信托财产。被继承人不得对遗嘱信托项下的信托财产主张遗产继承权和特留份权。

（二）家族财富管理行业逐渐发展成熟

1. 家族财富管理文化加快形成

家族财富管理行业的发展成熟应该表现为文化沉淀增厚和生态顺利运转，具体包括贯穿整个体系中的法律环境、客户需求目标实现、专业服务机构行为规范。社会财富的持续、有序、积累、传承发展最终能够实现，社会经济实现高质量发展。

法制体系更加完善。信托法律结构不断优化。（1）信托立法、司法的有效融合解决了普通法系的“一物两权制”和本土法域大陆法系的“所有权不可分割性”的冲突，即建立独善其身的信托财产制度机制，促进信托财产独立性效果的实现。（2）完善信托财产全面登记及相关公告制度，以对抗善意第三人的权利主张。（3）善意第三人通过有效证明方式来维护自己的权利，以强制执行非法设立信托的信托财产。（4）合法设立信托可以对抗第三人对信托财产的强制执行的具体操作细则比较清晰。

客户有效需求得以满足。在适用性和可执行性的法律法规保障下，家族财富管理需求在无后顾之忧的认知下，根据专业机构的服务可以构建较为成熟的管理生态，实现财富持续、有序、积累和传承发展的目标。

专业服务机构诚实谨慎。专业的信托、金融、法律、税务等各个机构能够基于细致的受托业务标准规范，丰富家族财富管理受托文化，具体包括服务机构能够妥善处理短期商业盈利与长期职业操守坚守之间的关系、兼顾商业的短期利益与长期利益、统筹行业利益与机构自身利益、建立家族财富管理体系中相关风险的合理分担机制。这些潜在无形的受托人文化应当通过服务规范来予以体现。

中国家族文化具有上千年的历史，无论是精神文化还是物质财富，都是按照一种意识且可意会的规则在运转。目前，在家族财富管理文化氛围下，尤其是在有法律保障和专业机构服务的环境下，可以通过相应的载体对家族文化进行系统的梳理，使得精神层面的文化内涵更加清晰，通过法律金融工具与物质财富管理相结合，形成一种有效的、具备现代意义的、与国际惯例衔接的、能够可持续发展的中国东方家族文化体系。

2. 客户集约体系化需求不断增加

中国家族财富管理是一项社会活动，其主要特征为动机多样、需求繁杂、法律适用跨界、运行内涵丰富、服务机构众多、冲突协调频出、掌门人控制力强、合作信任建设期限长、服务结果评价动态集中等，为此，可以简单归纳为“单—多—单—单”的“三单一多”特点。

第一个“单”是家族财富管理的总体目标是单一概念，如家族可以选择“繁荣昌盛”目标表达，具体就是家族成员和谐、家风清正、长久兴隆的总体目标。实现形式可以通过“家族宪章”来完成。

第二个“多”是家族财富管理的内容。家族在一个总体目标下，将管理服务需求分解成物质财富、精神文化、人力资本和运行机制等内容。具体是指各自目标的分解和服务需求的内涵。

第三个“单”是在一个载体上承接服务。上述多种服务需求需要一个合法专业载体或合法机构与之归口对接，再通过其职责分散协同多个专业机构，形成服务体系，具体包括文化总结宣贯传承，财富创造、保障、传承和慈善管理，家庭成员人力资本的建设等。具体可细分为财富资产管理、税务、法律、健康、教育、身份规划、公益慈善、接班人培养、生活管家、养老保障等。

第四个“单”是统一管理和评价。在一个合法载体或机构管理下，在责任统一、监督完整的机制运行中，一个家族客户对该服务机构及其众多服务的结果与当初的总体目标进行评价、验收、调整。这就是集约体系化家族财富管理需求的表述。这种一体化家族财富管理模式在中国东方文化环境下不断发展。

3. 受托人服务制度更加专业

广义受托人服务是指服务于家族财富管理的各专业机构的尽职责任。狭义的受托人服务是指家族信托服务中合法受托人的管理责任。从法律法规的角度来看，家族信托的受托人制度要求和服务内容更广泛。广义的服务机构受托责任和义务表现在其提供的各项服务中，主要履行注意义务、勤勉义务、谨慎义务、忠诚义务。在中国内地信托法律环境下，持牌信托公司的受托服务制度具体如下。

受托服务文化认知更加深入。中国传统文化中的信任通过信托法律金融制度显性化和制度化，经过近二十年的实践，建立了包括且远高于“商业文化”“交易文化”的“信托文化”“受托文化”，而且通过家族财富的跨周期、跨专业、跨代际管理的积累，促使社会财富稳定、可持续发展。

受托服务更加专业化。（1）信托公司服务定位。无论是由客户需求端驱动，还是由金融服务端驱动，信托公司都要按照信托的本质去实现委托人意愿，达到信托目的，维护受益人权益，并贯穿于整个信托服务过程。（2）信托原则的坚实执行。受托人作为信托财产的合法所有人，不仅要遵守信托原则，在将部分服务职责转授其他专业机构时，还要使信托原则贯穿于其他机构的服务中，并按照法律承担相应的责任。（3）信托财产运营管理的谨慎、高效。充分发挥中国内地信托公司的信托法律与金融资产管理双重功能优势，在信托存续期间的资产管理和投资管理中，本着实现信托目的和维护受益人利益的原则，做好资产管理的风险适应性匹配工作，实施投资分散管理，合法合规进行信息披露，提高运营效率，推广数字化管理。

受托服务不断体系化。（1）家族财富管理构架设计升级。经过财富管理业务的多年实践，高净值家族逐步尝试以“单—多—单—单”为特征的服务体系化方式。信托作为法律和金融工具，可实现对财产权的管理和特殊目的。通过信托载体可以实现高净值家族“基业长青”的目标，并以一个信托或多个信托为工具对财富、文化、慈善、税务、法律、教育、健康、身份规划等多种服务进行集约管理。这些集合也可以通过家族办公室来实现。（2）过程服务的监督评价体系深化。针对信托服务中的人、财、物以及精

神文化等不同内容，建立科学的监督评价体系，通过“优中选优”的方式进行监督、筛选和调整。(3) 家族事业发展的二次曲线。通过法律、金融工具整合的家族财富在规范的构架下，可以根据家族人才培养、精神文化引导、财富增长等不同驱动点培育家族成员，这有利于家族财富创造的第二次成长曲线形成。

4. 家族办公室服务模式专业化

家族办公室服务定位：中国内地家族办公室发展迅猛，除理财销售机构转变而来的“伪”家族办公室外，大多数家族办公室在家族财富管理过程中发挥了重大作用，其服务范围涉及家族财富不同的阶段。目前，中国内地接受家族办公室服务的客户更多的是基于以下动因：资产的保值增值管理、以风险管理为主的信托事务安排、不同经济周期下产业资产参与新增长的重新整合。这些分散需求促成了内地家族办公室的初级发展，形成了家族办公室服务的不同定位。然而，通过家族办公室实现大一统的顶层家族财富管理的模式还非常少。

家族办公室控制模式：在资源拥有和管理能力方面具有优势的家族，会采取自建家族办公室的方式，在整个运营当中占据控制地位，将家族办公室作为一个管理整合工具。有的高净值家族将家族事务管理委托给外部家族办公室，通过一个载体将家族相关的诉求整合在运营平台中，外部家族办公室占据控制地位，家族成员处于被动参与地位。

自我服务与外包服务方式选择：自建家族办公室自我服务主要内容包括家族战略、家族规划、专业技术咨询、家族治理、家族冲突解决、执行效率等。(1) 自我服务。选择自建家族办公室自我服务的家族，主要基于企业发展战略与家族事务的协调，家族内部占有较丰富的资源，家族产业和人员结构复杂，家族管理私密性要求高，注重运营管理效率。(2) 外包服务。采取外包服务方式的家族更强调与企业分立管理，关注专业技术的特殊性，注重管理成本、税收信托服务、资产管理、健康管理、人才培养教育、家族风险管理、家族信息技术平台建设等。外包服务越多，家族控制力越弱，家族个性化特征就越少，所以需要一个外部法律载体进行统一管理。外包服务下，有的只与一家服务机构合作，有的与几家服务机构合作，以满足家族不同服务内容的差异化要求。

家族办公室结构模式：（1）单一家族办公室，是针对单一家族提供服务的机构，其优点在于可以了解家族需求，适用于家族私密性要求高的情况，需要提供专属化的信托、资产管理、法律、税务、财务等服务，也可以提供综合化的金融服务。（2）联合家族办公室，是根据自身的专业特长，以及市场资源整合能力同时为多个家族提供财富管理服务。内地家族办公室一般是从联合模式发展起来的。这类机构更多地体现在通过专业服务规模化来降低管理成本。这类家族办公室主要是依赖长期信任而提供单一领域的服务。联合家族办公室多是由商业银行私行或信托公司财富管理部门运营，其特征是基于综合金融服务优势，以及自身拥有的或通过市场合作获取的法律、税务、跨境事务等丰富资源的整合。联合家族办公室面临的挑战是对客户深层次需求的挖掘和服务深化。

5. 竞合发展的家族财富管理服务模式

家族财富管理进入综合解决方案阶段。家族财富管理需要服务机构对客户需求、服务环境、服务方案及结果评价进行综合管理，由客户和机构共同配合来完成。受金融机构“分业管理”历史的影响，持牌金融机构在客户资金、产品技术、资产运用、增值服务等方面拥有不同的禀赋和比较优势。随着家族财富管理内容不断丰富，金融机构服务模式从产品销售开始步入工具整合使用阶段，再发展到综合解决方案阶段。服务机构“一家独大”、通吃全服务流程的运营模式较难实现。各机构之间通过优势互补、合理分工、有效协同为共同的客户实现长期目标。这一市场业态较为适合出于家族财富管理生态需求的服务要求。随着需求的变化、法律制度的完善，家族财富管理的竞合发展模式将大行其道。

以专业能力为中心的协同服务方式。竞合模式由过去以资源为中心转为以能力为中心，通过机构间的互助协作形成共享的家族财富管理服务系统。这种模式的逻辑是以高净值家族需求为原点放射出不同需求服务的组合。由一家管控协调能力较强的机构牵头，为客户提供框架稳定、保值增值、风险

防范、服务优质的综合性服务。服务机构之间既在专业和品牌上合作又在服务质量上竞争的竞合模式将有助于满足系统性服务需求。目前以客户资金资源为中心，围绕商业利益开展“价格战”的传统产品营销思维模式将不适用于家族财富系统化服务的需求。

从家族财富管理的内容、总体目标以及各服务机构禀赋优势来看，针对系统化服务的要求，接受协同合作模式的不同机构可以围绕共同的客户，基于共同目标进行有效的分工合作，形成链式发展趋势。（1）商业银行私行。商业银行因历史原因在客户拥有和服务方面拥有较强的优势。以客户需求作为原点出发，把握链式发展的重点，通过相关的财富保障传承、资产管理团队、精神文化总结、家族治理实施等，整合信托公司、律师、税务师及相关资产管理公司，以实现职业能力的集合，形成综合解决方案。商业银行的定位更多的是做广做大，实现规模效应化。（2）信托公司。信托公司作为信托法律载体受托人管理机构，可以在财产保障、财产传承、公益慈善和资产管理方面发挥专业优势。信托公司的使命是保证法律总体框架的长期稳定性，抵御不同的风险挑战，实现资产的保值增值。（3）家族办公室。家族办公室可以根据禀赋特长，在资产管理、家族治理或财务法律咨询等方面提供专业化服务，形成比较优势。（4）专业机构。税务师、律师需要在法律、税务、风险管理、移民政策等方面提供跨领域的跨境法律和税务服务，同时围绕家族财富长达几十年乃至上百年的法律、税务、移民架构动态变化提供稳定、持续的保障服务。专业资产管理机构基于长期、持续、稳定的资产保值增值管理提供专业服务。相关并购投行机构可以根据客户在家族信托构架下的新产业拓展提供财务顾问服务。

（三）逐步构建家族财富的长期风险管理体系

1. 构建家族财富风险适配性理念

家族财富管理的风险适配性是投资管理在家族财富管理体系中的延展，以提升家族财富管理素养，具体包括财富管理不同阶段的风险与家族意愿和承受能力匹配度分析，以及根据意愿和承受能力分析做出的风险管理决策。

首先是指财富创造、财富保障、财富传承等阶段中风险识别和认知，包括风险实质、风险类型、风险偏好、风险边界、风险容忍度；其次是指财富管理行为的风险检测，包括财富管理行为与风险偏好目标的披露机制、集中度、偏离度、静态动态调整；再次是服务机构针对不同阶段制定风险管理方案；最后是客户与牵头机构对风险管理体系运行的整体评价。

2. 构建家族财富生命周期风险管理时间轴体系

家族财富风险管理的内容和需求目标既有整体要求，也有阶段性要求，与之相应的风险适应性内涵有所不同。这完全区别于资产配置的风险适配性管理。无论是高净值的客户还是服务机构，应根据整体和阶段性要求建立财富风险管理体系，使得家族客户通过提前安排尽量远离经济周期中的“雷区”。

家族财富生命周期整体风险适配性。首先，确定家族整体风险偏好，根据外部环境和家族发展目标确定风险底线、能够承担的风险类型和风险总量，制定相应的风险策略及风险容忍度。其次，牵头服务机构根据家族风险偏好制定整体的风险适配性管理方案，具体包括风险偏好制定依据、定性偏好、定量偏好。

财富管理生命周期阶段风险适配性。确定财富创造阶段风险适配性，如确定企业经营利润转增与分红比率、财富积累规模目标，以及能够承受的风险底线。确定财富保障阶段风险适配性，如确定财富积累后面临的系统风险、企业经营风险、财务风险、婚姻风险、人身风险、所有权风险等多种风险情况下的相应对策。确定财富传承阶段风险适配性，如整体传承框架稳定性和专业性判断，传承体系运行期间的风险管理目标，即财产交付所有权的安全性，财产存续期间资产管理、运营中的风险管理目标实现。

3. 构建家族财富生命周期风险管理内涵体系

家族财富风险管理的内涵体系也是纵向体系，包括基本风险、保障风险和所有权风险。家族财富管理的不同阶段都会面临着纵向风险管理。

基本风险主要是指与人身意外、健康有关的风险，以及风险发生导致的财富损失。

保障风险主要是指家族在不同生命周期的财富流动性保障，尤其是企业财务流动性保障、企业重大投资保障、子女教育保障、养老保障、家族重大支出保障。

所有权风险是指企业股权、不动产、现金资产等财产所有权因经营投资变化、婚姻变化、子女挥霍、税务政策变化、债务诉讼、人身意外等对财富产生的不利影响。

中国社会经济发展至今，财富积累到一定程度，确实需要有序的规则来规范、保障财富正常运转。在 2020 年的特殊时期，家族财富实践和讨论的层级不断提升，从过去具体概念性的宣贯普及、局部关联设计等到系统讨论家族财富整体面貌。无论是自下而上的实践探索和讨论，还是自上而下的规律规则的总结，逐步完善中国内地的家族财富管理体系成为从业者共同努力的目标。

市场篇

Market Perspectives

B.2

中国家族企业发展与生态

——中国家族企业40年

赵　兹*

摘　要：　改革开放至今，以家族企业为主体的民营经济经历了从无到有、从小到大的发展历程，直至今天其在国民经济中已占有重要地位。家族企业作为民营经济中“关键的多数”，在填补市场空缺、解决农村和城市富余劳动力就业问题、启蒙市场经济观念等方面起到了不可替代的作用，被学者称为“中国经济奇迹背后的隐形发动机”。然而，与国外家族企业相比，中国的家族企业还很年轻，面临着缺乏应急接班机制、家族与企业不分、年轻一代的接班意愿不强和遴选职业经理人风险等传承风险以及企业转型等诸多问题。然而，一些中国的家族企业在经济浪潮与时代更迭中做好了传承与转型工作，成为享誉全国的

* 赵兹，资深媒体人，曾任《经济日报》海外中心副主任兼港台部主任、香港《经济导报》第一副总编辑兼总经理、《香港经济年鉴》主编、中国民营经济研究会家族企业委员会秘书长。

“百年企业”，如李锦记、匹克集团、方太集团、均瑶集团等。站在新的历史起点上，家族企业应利用好年轻一代传承接班的契机，向现代企业管理制度转型，提升科技含量和产品附加值，主动承担非强制性的社会责任，谋求可持续发展，以更好地顺应新常态下经济发展的新趋势，代代传承。

关键词： 民营经济 家族企业 企业传承

改革开放走过了40多年波澜壮阔的历程，中国的综合国力和人民生活水平得到了极大的提升，经济结构和社会发展实现了根本性变化。

这种根本性的变化，就是从计划经济走向市场经济、从单一的公有制走向混合所有制经济，其中最为突出的是，以家族企业为主体的民营经济从无到有、从小到大，直至今天其在国民经济中占据重要地位。截至2020年5月，中国个体工商户达8617万户，私营企业达3702万户，民营经济市场主体超过1亿多家。

民营经济在经济社会发展中的地位举足重轻，可以用“56789”来表示，即税收贡献超过50%，国民生产总值占比超过60%，技术创新和新产品研发占比超过70%，解决城镇就业超过80%，企业数量占比达到90%，进一步巩固了中国经济发展的微观基础，促进了新兴业态的发展，成为新时代企业转型升级和转变经济发展方式的重要推动力。

改革开放40多年以来中国民营经济高速发展的历史，也是家族企业高速发展的历史。家族企业作为民营经济中“关键的多数”，其旺盛的创业精神令人印象深刻。基于家族的团结、奉献和创新精神，有相当一部分家族企业已成长为有市场影响力的大企业或行业中的领军企业。

鉴于当前家族企业作为民营经济主体形态对国民经济的重要影响，了解家族企业的发展历史和形态、理解家族企业的成长特征、关注家族企业的传承发展，是关系到中国经济发展的一个不可忽视的重要课题。

一　中国家族企业发展状况

家族企业是世界上最早的商业企业形态，涵盖了商业企业的全部特征，其实，无论是在西方资本主义经济条件下，还是在中国特色社会主义市场经济条件下，家族企业都呈现着特有的优势和魅力。时至今日，在全球主要的经济体中，大多数的企业仍然是家族企业，即便是大型的上市公司和跨国企业，其中也有相当大的比例是家族控制的企业。目前家族企业数量占全球企业的67%和上市公司的33%，在美国占67%、在德国占80%、在意大利占95%、在英国占75%、在日本占99%、在韩国占80%，在拉美国家所占比重更高于世界平均值，中国港澳台地区也多是家族企业，500强中半数是以家族命名。中国消费者出国购买最多的名牌也属于国外家族企业，这些家族企业贡献着全世界大部分的就业岗位和GDP。

中国家族企业的产生、成长和发展是一个长期的历史现象。公元前一世纪，司马迁的《史记》中就记录过一个叫巴清的寡妇和弃官从商的范蠡经营类似家族企业的故事，这是中国历史上最早的相关文字记载。早在宋朝，家族式组织就在商业活动中已见端倪，虽然这种组织形式并非真正意义上的家族企业，但这种“家族企业的萌芽”，却为近现代家族企业的兴起和发展找到了历史渊源。

近代中国家族企业的成长历尽坎坷，一直到40多年前的改革开放，家族企业才获得新生和发展。20世纪70年代末，农村包产到户，推动了农业劳动生产率的迅速提高，将家庭还原为相对独立的商品生产者和经营者，从而使得传统家庭作坊式的小企业如雨后春笋般地成长起来。如果说，1978～1992年是中国家族企业发展起步阶段的话，1992～1997年，家族企业则是在国家经济发展大潮中，乘势进入了高速发展阶段；1997年，国家把民营经济确定为国民经济的“重要组成部分”；2002年，党的十六大提出“必须毫不动摇地鼓励、支持和引导非公有制经济发展”；2005年，国务院出台“非公经济36条”；2007年，党的十七大提出“坚持平等保护物权，形成各种所有制经济平等竞争、互相促进新格局”；2010 年，国务院又颁发鼓励民间投资的“新 36 条”，2011 年，更将鼓励扩大民间投资写入“十二五”规划纲要；2012 年，党的十八大提出“要保证各种所有制经济依法平等使用生产要素、公平参与市场竞争、同等受到法律保护”；2018 年，中央召开了民营企业座谈会；2019 年，《中共中央　国务院关于营造更好发展环境支持民营企业改革发展的意见》发布；2020 年，第十三届全国人民代表大会第三次会议通过了《中华人民共和国民法典》，国家一系列政策调整，促使中国家族企业走上了快速发展的道路，并且作为天然的市场经济主体，在填补市场空缺、解决农村和城市富余劳动力就业问题、启蒙市场经济观念等方面起到了不可替代的作用。家族企业被学者称为“中国经济奇迹背后的隐形发动机”。

然而，与国外家族企业相比，中国的家族企业还很年轻，并且处于不同发展阶段，即使家族企业内部，沿海和内陆家族企业之间发展也不平衡。社会上仍有一些人用“有色眼镜”看待家族企业，没有把其视同为各种企业类型中的一种，而少数家族企业在公开场合也不愿提及自己的家族企业身份，认为会影响企业的美誉度。

现实中这种状况妨碍了人们对家族企业形成全面和客观的认识。人们在提到家族企业时，常联想到信息不透明、老板独断专行、任人唯亲等弊端，却忽视了家族企业所具备的独特优势，如有着明晰的产权和追求传承的使命、所有者与管理团队之间的高度信任、突出的成本控制力和投资的长期导向等，这些优势使新生企业在创业阶段具备克服其脆弱性的极强生存能力，同时在成长过程中也给企业带来稳定而持续的助力。因此，不应一叶障目地只看到家族企业的弱点，而忽视其内生的优势。

此外，家族企业当前面临着众多挑战，不仅内部面临着传承、转型等问题，外部又恰逢疫情与经济增长放缓等影响因素叠加，各种新情况和老问题交织在一起，这里既有制度原因、市场原因，也有自身原因，使得家族企业的发展环境不容乐观。

二　中国家族企业的转型升级与代际传承

当前，中国家族企业演绎着转型升级和传承换代的双重奏，面临着外需不足、土地与劳动力等要素价格上涨的挑战，相对于国有企业也较难获得金融支持。转型升级成为企业家的头等大事，与之相比，传承换代初看上去也显得不那么急迫。但是企业的转型升级不是一蹴而就的，而是与科技水平、产业配套、消费市场、经济周期、政府政策及企业领导人的战略素养等都密不可分。转型升级需要不止一整代人的努力，与企业接班换代相比，很难说得上孰先孰后。自古不谋万世者，不足谋一时。有些家族企业在一帆风顺且精力充沛时，很少想到交接班问题，一旦企业面临下行压力而企业主又力不从心时，便会感叹未能急流勇退，尽早给企业物色和培养优秀的接班人，使得家族企业的基业长青可望而不可即。

孟子曰：君子之泽，五世而斩。民间也流传：道德传家，十代以上；耕读传家次之，诗书传家又次之，富贵传家，不过三代。全世界有 10 多种语言都有对“富不过三代”这句谶语的表述，而支撑其的现实也一次次被不幸言中。家族企业尽管在过去 40 多年快速积累了大量财富，传承问题却成为其悬在头上的达摩克利斯之剑。

调研数据显示，中国老一辈民营企业家的平均年龄为 60 ~ 75 岁，按照传统 60 岁退休为界，中国将会有 300 多万家也就是有近七成的家族企业面临传承大考，进入关键而危险的代际传承期。无论从时间的紧迫性还是群体的数量来看，这在世界范围的企业发展史上都绝无仅有。

关于家族企业传承的重要性，有学者认为：大至国家，“如果多家大型企业的交接班都在同时进行，可能会对一个国家或地区造成系统性风险”；小到企业自身，则意味着重构既有的股权结构和管理权，塑造出新的家族人际关系。因此，如果有相当数量的家族企业在传承中出现“家不和，业不兴”的状况，明显会对企业的持续生存乃至整个民营企业的发展和全社会的和谐发展带来隐忧。

巴菲特曾对传承难度系数之高作过有趣的比喻，他说："家族企业的传承，就好像在2000年奥运会金牌选手的后代中，选择2020年奥运会的参赛选手。"数据表明，与国外家族企业相比，中国传承百年历史的家族企业可谓凤毛麟角，面对中国私营企业平均生存期仅为3～5年这一现实，更多的家族企业在传承过程中走向了衰落和消亡。

在面对家族企业传承可能出现的问题时，理性的声音告诉我们，作为家族企业传承这一重要社会现象，已不是简单的企业自身问题，甚至在一定程度上会影响到国家的经济发展。因此，我们应强调其继承与创业的内涵，是引领企业创新思维和结构转型的机遇。同时，还应鼓励家族企业将传承作为一种具有社会责任的二次创业看待，从而提醒整个社会，应从建设性角度审视家族企业发展中所遇到的这一现实问题。

与国外家族企业不同，中国家族企业的传承有自身特点，悠久的传统文化影响深远，这对于企业的制度安排、组织管理和经营模式具有决定性影响，就其思想根源而言，与儒家学说和传统的家族、宗族观念有关；就其组织架构而言，由辈分及德才决定的领导层，实施着高度集中的决策机制。具体到家族企业内部传什么、传给谁和如何传，在这一过程中，往往会演绎着所有权人、家族成员和企业利益相关方的各种博弈，其中既交织着相连的血脉和共事情感，又潜伏着内在的理念和利益冲突。

因此，家族企业的传承过程，其实就是一个不断处理各种关系的过程，这里起码会有四种关系：一是父辈与下一代之间的关系；二是两代人的兄弟姐妹之间的关系；三是家族与职业经理人，尤其是与"老臣"之间的关系；四是家族企业与外部社会大环境之间的关系。从接班这个角度来看，父辈与下一代之间的关系最为突出。

通常拥有权威的父辈往往偏向于决定下一代该做什么，而下一代则希望父辈能够尊重自己的选择；双方都希望对方能够主动为自己的利益着想，而问题就在于这两代人都没有首先采取具有前瞻性和建设性的方式沟通，这使得许多家族企业两代人之间的关系出现问题。一家著名家族企业的接班人，在回顾与父亲共同担任总裁的经历时说："那就好像是一碗米饭里插了两双筷子。”

而在一些拥有良好企业文化的家族企业，两代人之间的天平会向下一代有所倾斜。明智的父辈希望下一代完成学业之后，不管在外工作还是回企业工作，通过在增长才干的过程中，逐渐认识到自己对于家族企业的义务和责任，做一名合格的接班人。而下一代则希望，自己的职业选择应当被尊重，若将家庭企业交给自己管理，父辈要接受信息时代企业需要改变的这一事实。

总之，相当多的家族企业掌门人都认同交接班的重要性，但在行动上，却往往缺乏必要的制度和法律准备。此外，与国外家族企业的大家族和大企业或小企业状况不同，中国的家族企业多呈现为小家族和大企业或小企业的状况，这是由中国独生子女政策造成的，这种政策影响了接班人的遴选机制，但与此同时也会降低传承成本，且有利于更多女企业家的出现。

三　中国家族企业的传承风险

在家族企业的传承与转型中，老一辈企业家应先认识到有可能遭遇的风险并准备预案和提出对策，帮助企业平稳过渡。拥有百年历史的李锦记家族提出家族企业传承最重要的问题就是“治未病”，没有人能预测未来会发生什么，但是两代人要一起准备，采取各种措施把传承风险降到最低。观察近年来家族企业案例会发现在传承过程中常遇到以下风险和问题。

（一）缺乏应急接班机制

一旦老一辈企业家身体出现状况或不幸遭遇意外，整个企业及家族极易陷入混乱境地。海鑫钢铁集团的李海仓如果提前进行家族传承的部署，对企业的股权及管理继承做出妥善安排，就不至于让儿子李兆会仓皇回国接手企业。使其空有不能让父亲的企业倒闭的决心，却力不从心，最终使40多亿元的企业走向破产。而另一个不同的事例，发生在同样陷入危机处境的国美电器，当黄光裕锒铛入狱时，其妻子杜鹃利用家族信托化解了企业经济危机，避免大权旁落、公司股份被稀释的风险。2015 年 5 月 18 日，黄光裕案在北京二中院一审判决，法院认定黄光裕犯非法经营罪、内幕交易罪、单位行贿罪，三罪并罚，决定执行有期徒刑 14 年，罚金 6 亿元，没收财产 2 亿元。而杜鹃作为黄光裕背后的女人，利用家族信托为家庭、企业铸造了一个遮风挡雨、东山再起的坚实屏障，重铸国美 200 亿元帝国，为其他家族企业做出示范。

（二）家族与企业不分

家族企业中的“家族”和“企业”是遵循不同价值导向的独立系统，“家族”与“企业”的运行规则存在差异。如果家族承诺能够与企业目标有效融合，则能充分发挥家族企业的资源优势，如果家族承诺不能支持企业目标或者两者是相互冲突的，则家族对企业的“双刃剑”效应可能会导致家族企业陷入困境。家族和企业两个系统的冲突，关乎企业的长久发展。以传承的角度来看，家族企业也需要职业经理人，但企业家作为父母，又希望继任者是自己的子女。然而，中国商业文明有典型的“关系治理”和“面子文化”特征，创始人的权威不仅仅因为其是法律意义上的企业拥有者，其丰富的经验、广泛的人脉乃至独特的个人魅力，都是其获得价值权威的重要因素。但显然这些社会网络资本，难以由子女完全“继承”。

再以家族成员在企业中的任职为例，家族成员是否必然有资格在企业中任职，是困扰许多家族企业的难题。就家庭规则而言，人才评价标准主要体现为亲情以及亲情距离，而企业规则之下则完全以知识、能力和成就作为评价标准。以不同标准衡量家族成员是否应在家族企业任职，会有不同的结论。因此，在家族成员能否在家族企业任职这一问题上，科学的做法应该是对家族成员和非家族成员秉持同一标准。

因此平衡处理家族和企业两个系统，是家族企业健康发展和有序传承的基础，过度重视家族会侵害企业沟通、企业关系、业绩评估甚至企业战略选择；反之，过度重视企业，则会侵害家族沟通、家族身份、家族忠诚度和家族情感。家族企业治理结构的设计，既需要确保企业的发展，也要有助于促进家族和睦。

（三）年轻一代的接班意愿

中国民营经济研究会家族企业委员会编著的《中国家族企业传承报告》显示，相比于父辈较高的交班意愿，家族企业二代的接班意愿并不高，明确表示愿意接班的二代仅占样本的40%，有15%的二代明确表示不愿意接班，另有45%的二代对于接班的态度尚不明确。由此可见，家族企业在传承过程中面临老一辈愿意交班而子女不愿意接班的窘境。而且，家族企业“权杖”的交接是一个复杂的系统体系，不仅包括企业股权、管理权、现金、不动产等财富的传承，还包括核心价值观、家风、家规、一代创始人的企业经营管理经验和人脉关系等精神财富的传承。在当前全面深化改革、企业结构转型的大背景下，传承问题不仅关系到企业自身能否持续成长，而且对整个国民经济发展、就业问题解决乃至保持社会稳定都具有重要意义。

此外，我们在看到年轻一代多是循着接班和创业这条常规路径奋斗时，也不应排斥其中还有一部分人在按照自己的兴趣和理想选择生活与事业。他们较老一辈接受过更系统的教育，拥有更多彩的经历和更开阔的眼界、更多元的价值观和更丰富的生活乐趣。他们可能会像欧美一些古老家族企业下一代那样，仅仅持有股权，把精力投注于自己所喜爱的领域，如艺术教育、公益慈善、社会活动等，以自己的所长为社会作出贡献。其实，也正是老一辈创造的财富，让他们有了更多机会来实现自身追求。这对于两代人乃至整个社会而言都大有裨益，同时也体现出财富的价值所在。

（四）婚姻的风险

婚姻风险包括：一是家族企业一代自身婚姻风险，二是子女婚姻风险。婚姻出现变故，首先要分割夫妻共同财产。要区分公司设立时是基于个人资产还是基于家庭资产投资设立。即使企业是基于企业家以个人资产投资设立的，那么婚后财产增值部分也属于夫妻共同财产，也将面临财产分割的局面。此外，家族企业子女获得的股权，有可能也会变成其夫妻共同财产，如果子女发生婚变，将会导致子女配偶要求分割企业的股权。

曾经的山西首富、海鑫钢铁集团董事长李兆会与车晓举办的世纪婚礼，席开500桌，婚车200余辆，盛大场面令人震惊。不过这段婚姻一直不被外界看好，被认为是“男财女貌”的结合。正如大众所预言，该段婚姻只维持了一年零三个月，两人就宣告离婚，李兆会支付了巨额分手费。

2006年9月，国内最大的中式餐饮连锁机构“真功夫”创始人夫妻婚变。随后，一切危机接踵而来：夫妻反目，兄弟成仇，对簿公堂，进而演变为蔡达标与潘敏峰两个家族之间旷日持久的“战争”。

（五）遴选职业经理人的风险

当前大部分家族企业为顺应传统制造业发展而兴起，而年轻一代对此既缺乏兴趣又缺乏经验。加上与父辈在管理理念、价值观等方面的差异，更放大了代际间交接班意愿的分歧，对于独生子女家庭来说，如果二代不想子承父业，家族企业就会面临无人可传的局面。

这种情况下，家族企业会面临两种选择：一是将企业的股权整体转让，套现获利；二是将企业的经营权委托给职业经理人，将企业的股权所有权交给二代，这就形成了企业的所有权和经营权分离的局面。

而现实是，一方面家族企业尚缺乏对职业经理人的高度信任和充分授权，另一方面人力资源市场上又缺乏具有良好道德操守和专业能力的职业经理人，也没有健全的法制有效遏制和震慑职业经理人的欺诈和犯罪行为。所以，一旦将企业交给外人管理，会不会等到家族继承人成长起来去接管时，公司已被掏空？这也成为困扰家族企业的一个问题。

知名运动品牌李宁，就是因创始人李宁离开、职业经理人接棒而出现了危机。2012年7月，品牌重塑失败、高层动荡、股价大跌，行政总裁张志勇的离任使得企业雪上加霜。随后金珍君受命于危难出任公司执行董事及执行副主席，一上任便大刀阔斧对企业进行一系列改革，然而，这并没有将企业带出困境。2012～2014 年，李宁公司累计亏损 31 亿元。直到 2014 年底，李宁不得不重回 CEO 岗位，企业这才慢慢回到正轨。

四　中国家族企业传承与转型范例

（一）李锦记：让家族企业代代相传

李锦记自 1888 年诞生起，已有超过 130 多年的历史。在家族企业代际传承过程中，李锦记家族企业经历了三个世纪、五代人。

作为典型的家族企业，李锦记在百年传承中也曾经历过两次家变，正是因为这种惨痛的教训，使得其成为高度关注家族企业传承问题的标杆性企业。

李锦记家族第四代成员李惠森在家族企业传承问题上将中医传统中的“治未病”思想引入家族企业治理体系，强调家族企业领导人“要未雨绸缪，防患未然”。近年来，在许多家族企业中开始流行的“家族宪法”传承制度，正是由李锦记首倡，并迅速蔚然成风。

李锦记的“家族宪法”，是李锦记家族治理的基本规章，也是所有家族成员必须遵守的行为准则。“家族宪法”是李锦记家族的创新之举，其产生的模式是由家族第三代和第四代共同协商的结果。“家族宪法”作为李锦记家族内部的正式契约，确定了家族价值观、家族使命和家族宏图，确定了家族的治理结构及其组织，确立了家族与家族企业之间的关系与接口，确立了血缘关系在传承家族股权过程中的基本原则，确立了家族成员的接班机制，也确立了“家族宪法”的制定和修订机制。其目标是确保家族关系的和谐与平衡、家族事业的健康发展，有效维护家族成员的利益。

现在李锦记家族中，第四代兄弟姐妹五人集体领导企业，第三代扮演着总教练的角色，而第五代 15 个孩子中，已有 4 人走进家族委员会，参与家族委员会的各种会议，直接学习如何传承接班。第五代的加入，对于李锦记家族而言具有里程碑意义。一方面，说明李锦记家族在家族企业代代相传方面所开展的工作是有效的；另一方面，有助于引进新思想，架设第三代、第四代与第五代之间的代际沟通桥梁，为明日领袖的培育做准备，为家族企业代代相传付诸真正的行动。

（二）匹克集团：继承与创新的融合

绝大多数子承父业的家族企业在传承过程中往往容易出现激烈的冲突。一方面，创始人的历史业绩和权威往往成为下一代不易走出的“阴影”，加之创始人对一手创办的企业有着强烈的情感，难以放松对企业的把控；另一方面，任何一个有雄心的儿子似乎天生就是父亲的竞争者，绝不甘心止步于父辈的成就，更愿意追求突破传统的观念、商业模型和组织架构，打造自己的功业。传统与创新之间的冲突往往导致父辈与子辈之间的冲突激烈，这也是很多家族企业第二代不愿接手父辈的权杖，更愿意在外创业的原因。

相比之下，福建匹克公司显示出其特殊之处，许景南夫妇的两个儿子都进入父亲创办的公司工作，而且与父亲和原有管理层之间的磨合顺利，随着两个儿子的成长，父亲逐步将日常经营管理的权力交给了下一代，退到了战略决策层面，而企业也在父子三人的共同努力下在激烈的市场竞争中实现突围，并走向国际市场。

许景南董事长曾提出“传承最重要的是价值观”。在许志华和许志达两兄弟的成长过程中，许景南最重视培育的正是他们的价值观。作为家族与企业双系统的融合，家族企业的兴盛有赖于两个系统同步发展，而这正是许景南传递给两个儿子的成功标准——家庭要和谐、企业要繁荣。他坚持通过以身作则来向两个儿子诠释一个企业家对家庭、企业和社会的责任感，还经常给兄弟俩讲一些本地成功企业家的故事，鼓励他们做一个对家庭、对事业都有高度责任感的人。许景南认为企业家最重要的就是为员工、社会和客户创造价值和承担责任，而做人则要有宽广的胸怀，强调吃亏是福。

许多年后，两个儿子都体会到了父亲言传身教的苦心。许志华说：“父亲对我最大的影响是教会我如何做人，对企业、家庭和社会要有责任感，同时树立起正确的价值观以及敬业精神。”许志达说：“父亲很少对我们说教，对于我们的影响通常是通过行动来教会我们为人处世。父亲对我们最大的影响就是对企业和社会的责任心和对事业成就的追求，以及如何对待朋友和员工。”

许景南的用心培育换来了收获，正是认同父辈对家庭的责任感，两个儿子在企业最困难的时候都先后回到父亲身边，并借助新科技助推企业走上新的坦途。

（三）方太集团：边创业、边传承、边转型

方太集团创始人茅理翔是20世纪40年代生人，曾在社队企业做过10年会计，在乡镇企业跑过10年销售，到1985年创办慈溪无线电九厂时，45岁的他才真正乘着改革开放的春风，走上了创业这条路。1985～2018年，他在自己创办的飞翔集团和方太集团各做了10年董事长，到2006年又创办了家业长青接班人学院，迄今担任十几年的院长职务。可谓50年经营、30年创业。

在家族企业的传承方面，茅理翔认为与儿子茅忠群的关系“不是简单的接班，某种意义上是合伙创业”。

1994年从上海交大研究生毕业后，26岁的茅忠群站到了人生首个岔路口：或到美国读博士，或留交大做老师，或到国企做工程师，而父亲则召唤他回家接班。生长于创业家族的土壤，受到父母言传身教的影响，在父母殚精竭虑之时，茅忠群毅然决定回到家族企业。

当时，茅理翔的飞翔集团生产的小小的电子点火枪远销欧美市场，产销量居世界第一，但由于没有自主技术和自主品牌，在整个行业大打价格战时，企业生存举步维艰，多次尝试新产品转型均以失败告终。对此，茅忠群冷静思考，经过半年多的观察，他与父亲约法三章：第一，不在点火枪业务上接班，要另起炉灶创业；第二，不在长河乡下办厂，要搬到市里的开发区；第三，不带老厂人，要重新招聘人才。在获得茅理翔同意之后，父子两代人共同二次创业，成立了方太集团。面对这一张白纸，茅忠群写下了自己的梦想：“我们要么不干，要干就要一心一意干出中国家电行业第一个中国

人自己的高端品牌。”

经过连续八个月的奋战，方太终于开发出第一台由中国人自主设计的适合中国人烹饪习惯的油烟机——大圆弧 A 型机，当年销量就达到 3 万台。自此，方太迅速走上了发展的快车道，产品不断引领行业潮流，销售量年均增长超过 20%，累计上缴税收逾 50 亿元，连续 12 年稳居行业翘楚地位，成为中国厨房电器行业名副其实的领导者。

茅忠群走了一条创业中传承、转型中接班之路，方太亦因此成为中国家族企业领域各界人士研究与关注的焦点。有人问茅忠群，你从父亲那里继承的最大的财富是什么？他回答道：“为了梦想而奋斗的创业精神和创新精神。”

事实上，茅忠群早已超越传承。茅理翔曾评论这一过程：“创办方太之成功与否，是关乎家族命运与企业命运的大事，也是关乎忠群能否成为一个‘为梦想而奋斗之人’的关键考验。看到在他带领下方太所取得的巨大成果，我感到无比高兴。”

（四）均瑶集团：临危不乱的家族传承

20 年前，温州商人王氏三兄弟“胆大包天”，开通了长沙至温州的包机航线，成为中国民营包机先行者。多年来，三兄弟合力创办的均瑶集团纵横航空、乳业、地产、文化等多个领域，之后面临重大转折：38 岁的企业领衔创始人、掌舵者王均瑶因病英年早逝，二弟王均金、三弟王均豪从习惯隐身于大哥光环之后的左膀右臂，渐渐走到前台成为新的掌舵者，带领均瑶集团不断朝着现代化、规模化和国际化发展。

均瑶集团的发展充分体现了传统文化、道德精神在家族企业传承中所起的重要作用和巨大影响力。王均金和王均豪一直认为，家族传承必须提前筹划。如果说，大哥病逝后，均瑶集团顺利完成了首次兄弟间“传承”的话，那么，今后更为重要的是要准备实质性的代际传承。尽管兄弟二人还远未到退休年龄，二代亦未到接班年龄，但他们认为，任用优秀的职业经理人，充分调动其积极性，为企业以及为未来接班人打下良好的业务基础，衔接起两代人之间的时空，也属于变相的家族式传承过程。

与此同时，他们把用正确的价值观和文化教育第二代，作为企业传承的重要因素。可喜的是，王均豪当年曾积极鼓励大哥的儿子出国留学，如今侄子已从英国学成归来，并进入家族企业，和两位叔叔一起经营家族的事业。

（五）贵州百强集团：转型中传承，传承中创新

20 世纪中期，张芝庭、张之君兄弟二人共同创造了驰名中外的“贵州神奇”，之后为克服“兄弟企业”的弊端，弟弟张之君在 2000 年离开神奇，进行二次创业，创建了百强集团，经历了首次创业、扩张、守成、分拆、重组、再次创业等转型和传承的艰难历程。

百强集团涉足制药、百货、地产、酒店、铁合金、食品饮料等十多个行业，组建了 30 多家企业；从事过企业并购、资产重组；尝试过与跨国公司、央企、国企和众多民营企业合作；投资过银行、银行类金融资本和非银行金融资本，进行资本运营，并使主业转向资本市场。张之君经过 30 多年的砥砺前行，获得不少成功的经验和失败的教训。特别是从 2000 年以后，与子女两代人共同探讨家族企业的变迁，系统地研究家族企业的战略选择、制度安排、文化塑造和资源配置，特别是在产权制度和公司治理上，以自己的体会和理解，提出了许多新的理论，践行了不少操作案例，使百强集团用 10 多年时间顺利地完成了转型和传承。如今，儿子张沛和女儿张娅分别走上了董事局执行主席和集团总裁的接班之路。

张之君认为家族企业的本质是传承。接班是家族企业每一代人的使命，家族传承是一项极其复杂的工程，要求两代人之间不断地沟通，当下较为流行的传承模式是“世袭传承、制度传承、混合传承，也包括隔代传承”。但不同的家族秉承不同的传承方式，选择最适合自己家族的传承方式才是最有效的。

张之君说，财富传承分为物质财富和精神财富，更重要的是事业和品牌的传承，如何能让物质财富自由生长，使精神财富境界不断升华，应是家族企业所追求的。家族传承不是分资产、分权利，这两个问题在亲情面前往往显得苍白无力。他认为一定要从产权入手，在公司治理上重视七种权利的制

衡：所有权、经营权、控制权、决策权、管理权、监督权和享受权，使股权更加优化，治理更加规范。

学习、授权、放权、交权是交接班的整个过程。可以从幼年开始培养二代的商业兴趣、商业智慧、综合素质、人格魅力、合作精神和创造财富、驾驭财富、超越财富、运营财富的能力和企业家精神。老一代还要解决好下一代不愿接班的问题，要引导他们接班，鼓励他们创业，给他们留有足够的发展空间和平台，子女在走向成功的道路上有多种渠道，创业和守成都可以选择，要根据他们的知识结构、性格、爱好进行职业生涯的规划，还有在家族中一定要互相信任，建立良好的沟通机制。

张之君认为，家族企业要为企业创造价值，为社会积累财富，义利兼顾，以义为先，家国相依，以国为大，诚信守法是最大的社会责任。财富有独占性，也有公允性，巨大的财富最终要归于社会，财富一定会为绝大多数人服务，所以财富要兼善天下，企业要树立科学的财富观，企业家要造福一方，一定要践行大众的价值观，这样才能得到民众的尊重。同时还要怀着一颗敬畏之心，要具有对法律和道德的敬畏、对财富的敬畏、对权力的敬畏、对民众的敬畏，有敬畏精神的人才能承担起社会责任。

（六）中联永亨集团：用心做事，感恩做人

中联永亨集团位于美丽的厦门，但如今已成为集团旗下中联永亨建设集团董事长的林惠斌曾认为这里的生活太过安逸。他回想起当年在美国留学结束前，就毕业后的去向和当时的董事长父亲林瑞龙有过多次交谈，由于他一度想去一线大城市发展，父子两人“为此还冷战了很长一段时间”。

但有件事情对他产生极大触动。父亲有一次摔伤了腿，几乎不可能完全康复，而家人怕影响他学业隐瞒了实情，当父亲后来拄着拐杖出现，看到一直在他面前表现坚强的父亲也有脆弱的一面时，他内疚万分。尤其是父亲谈起，在从小靠地瓜渣果腹的日子里，自己还是成为村里唯一的尖子高中生，并跟随爷爷学木工，由于不甘平凡，又跟随村里长辈外出打工，一天工作十几个小时是家常便饭，就是凭着这股韧劲，很快开始独立承揽工程，踏上了

建筑工程师的道路，并且使自己的公司入选为厦门百强企业，如今更被福建省建筑业协会授予“1989～2019 年期间创国家优质工程突出贡献单位”等多项荣誉。听着父亲的创业经历，看到父亲双鬓已白，林惠斌感到自己不应再那么任性。他说，正是看到父亲用心血规划的宏伟蓝图后，促使自己成为积极的拼图者。他会铭记父亲“用心做事，感恩做人”的教诲，担当起维系企业和所有员工生计与梦想的责任，为家族也为社会贡献力量。

五　中国家族企业发展之路任重道远

综观家族企业的成长轨迹，尤其在传承期间，具体到家族内部传给谁、传什么和如何传，时常会演绎着所有权人、家族成员和利益相关方的各种博弈，其中既交织着相连的血脉和共事情感，又潜伏着内在的理念和利益冲突。

中国家族企业的老一辈，多从产业链最低端开始打拼，建基立业，赢得了财富和荣耀，成为大浪淘沙中的佼佼者。尽管在创业初期，他们“白天当老板，晚上睡地板”，多数人并没有多少时间陪伴孩子，但在成长中的年轻一代眼里，他们就是英雄、就是传奇。两代人之间存在的是一种亲切而复杂的关系，但无论是生活阅历、知识结构还是思想观念、价值取向均存在巨大的差异，故也被称为“熟悉的陌生人”。

然而，家族企业年轻一代又属于社会上的特殊群体，正如哈佛大学公开课《公平的起点是什么》所说：“即使是努力本身，很大程度上也依赖于幸运的家庭环境。”因此，他们的一举一动总会招致不同的目光，当然，也不排除有人是戴着有色眼镜。人们在赞扬和羡慕接班有成的青年才俊时，也会对含着银匙的炫富者嗤之以鼻。

长期以来，家族企业大多属劳动密集型企业，在所从事的传统行业中，管理模式还属于早期的家族式。相当多的企业缺乏自主品牌、核心技术和市场竞争力，在严酷的市场竞争和高科技日新月异的今天，一些家族企业面临着严峻的生存困境。因此，利用好年轻一代传承接班这一契机，向现代企业管理制度转型，提升科技含量和产品附加值是家族企业实现可持续发展的机遇期。能否顺应新常态下经济发展的新趋势，抓住机遇，是当前家族企业面临的新挑战。

改革开放40多年来，中国家族企业从小到大、从少到多，不断成长，其发展始终与改革开放进程紧密相连，是改革开放的重要成果。中国家族企业怀着延续自身的强烈动机和长期发展的愿望，以旺盛的生命力和进取的身姿，活跃在市场经济的舞台上。其正在经济、社会中发挥着举足轻重的作用，成为转变中国经济发展方式的重要参与者和完善市场经济体制的重要推动力。

中国家族企业在初创期间，由于经济实力薄弱，会首先关注自身，积极创造利润，较少主动承担非强制性的社会责任。进入成长期后，企业开始注重品牌培育和市场信誉，对股东和员工、消费者、社区和环境负起责任，在履行法定义务的同时，能主动开展更多社会公益和环保活动。到了成熟期，一些成功家族企业的经济利益与社会责任开始相互促进，为谋求可持续发展，会更多地践行非强制性的社会责任，通过不断累积企业的道德资本，为消费者和社会树立标杆，提升企业影响力。

现实告诉我们，社会责任不仅仅是企业的义务，还需要完善的制度环境和法制环境。企业的社会责任不可能无限扩张，不能也不应把本属于政府的责任全部转移给企业。政府部门应发挥引导、组织和协调作用，客观公正地采取政企分开的责任原则，树立典型，表彰先进，推广成功的企业社会责任模式，激发家族企业承担社会责任的积极性和主动性。政府可以在社会责任的内容、管理和绩效评价等方面设定标准，同时尊重企业的个体差异，鼓励家族企业拥有选择承担社会责任形式的自主权，从而符合企业自身经营的特点和发展阶段的要求。这将有助于实现企业利益和社会责任的有效统一，促进社会责任在家族企业群体中的推广。

由于历史原因，相当一段时期内，家族企业不易摆脱被歧视的成见，妨碍了人们对其进行全面了解和认识。如果我们客观地回顾，家族企业的主流从来都不是冷酷的经济动物，而是中华民族一个有信仰、有追求的独特群体，其含辛茹苦、历经磨难，力图将实业救国、经世济民的基因一代代传承下去。古代商人的社会责任观对于家族企业社会责任的演进有着深远影响，并成为中国现代家族企业在理解和践行社会责任时和西方不尽相同的重要原因。中国家族企业自古就有以财富回报乡土的传统，不乏“富且仁”真诚回馈社会之士。

家族企业是中国特色社会主义进入新时代的有生力量，是社会主义市场经济的建设大军，这一群体已引起社会的广泛关注。当前，如何传承创新，进行转型升级，完善治理结构，践行社会责任是摆在所有家族企业面前的重要课题。事实上，这些工作不仅是家族企业的“家事”，也是事关非公有制经济健康发展和非公有制经济人士健康成长，乃至建立和谐社会的一件大事。

B.3

新生代企业家观察：从富二代到创二代的蜕变之路

《家族企业》等

摘　要：　新生代企业家主要涉及三类：接班家族企业的新生代企业家、创业的青年企业家、新生代企业家组织管理层及成员。新生代企业家一方面没有放弃家族责任，在家族企业内承担应尽的事务;另一方面，也没有放弃自己的理想，谋求创业。这是新生代企业家应对企业接班的一种方式。随着市场环境的变化，企业传承必然伴随着企业转型。新生代企业家更希望选择在家族企业外完成企业的转型，一方面可以建立团队，树立权威；另一方面可以减少来自家族企业制度和人员的制约。一代企业家虽然觉得子女创业困难重重，但是也希望子女可以成功，以应对极速创新对家族企业带来的冲击。

关键词：　家族企业　企业家　新生代

改革开放 40 多年来，创一代企业家陆续到了退休年龄，众多“创二代”——“75 后”“80 后”“90 后”新生代企业家逐渐成为主力。对于新生代企业家而言，他们背后是父辈经过几十年拼搏奋斗创造的财富。与创一代企业家截然不同的外部环境，与上一代人完全不同的进取精神和开拓创新的理念，以及如何创造新的辉煌是这一代人共同面对的课题。新生代企业家的作为还需要经过时间的考验，但身兼家族企业继承者、创新者、创业者多重角色的他们显然正逐渐成为社会发展的新动力。家族培养了下一代，但这些新生代显然不仅仅属于家族，他们还属于全社会。《家族企业》杂志从2016年起持续记录和观察新生代企业家群体的萌芽和成长。从2017年起，北京银行与《家族企业》杂志合作，共同开展针对新生代企业家及企业家组织的调研，通过五年来的数据积累与对比分析发现了中国新生代企业家及企业家组织的特征及变化。

一　新生代企业家概述及调研简介

新生代企业家主要涉及三类：接班家族企业的新生代企业家、创业的青年企业家、新生代企业家组织管理层及成员。新生代企业家综合素质较高，大都受过高等教育甚至有出国留学的经历，拥有较高专业知识和技能，更加容易接受新理念、新技术、新事物。由于个人经历、教育背景、社会环境等方面的差异，这一群体的思想观念、经营理念呈现多样化特征，规则意识普遍较强，更加注重运用现代企业制度经营企业，高度认同依法依规办事，尊重契约、崇尚规则、信奉法律，借鉴国内大企业和国内行业标杆企业的管理经验，在经营决策、人力资源等方面推进制度建设和精细化管理。他们普遍比较注重企业以及个人的社会影响，热心参与社会公益和慈善事业，通过捐资助学、扶贫济困等形式回馈社会。

调研显示，新生代企业家中约72%为男性，28%为女性。年龄集中分布在31～40周岁，占64.6%；21～30周岁占18.6%；41周岁以上占15.0%；20周岁以下仅占1.8%。48.7%的新生代企业家选择自主创业，38.1%的正在家族公司工作，两者占到所有样本数的86.8%；12.4%的新生代企业家从事其他工作。新生代企业家所在公司的创业年限集中分布在1～20年这个区域，其中创业1～10年的公司约占36%，创业11～20年的公司约占36%；企业家所在公司创业年限为21～40年的，约占27%；约1%的企业家所在企业经营年限为41～100年；约1%的企业家所在企业经营年限超过100年。

二　新生代企业家的生涯矩阵

（一）新生代企业家的教育背景与职业规划

在对自己职业生涯的具体规划上，42% 的新生代企业家希望在企业的管理岗位上任职；31% 的新生代企业家希望在创新研究岗位上任职；希望在业务支撑、销售和技术岗位任职的新生代企业家分别占 11%、10% 和 6%。

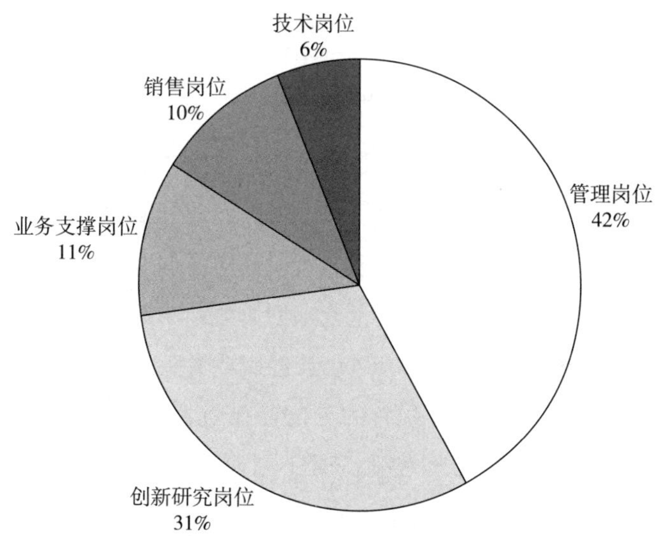

图 1　新生代企业家理想工作岗位

资料来源：2018 年《中国新生代企业家组织暨中国新生代企业家调研白皮书》（以下简称“调研白皮书”）。

经过数据对比发现，新生代企业家的岗位选择与其在家族企业中的工作时间及受教育背景显著相关。2018 年的新生代企业家受教育背景的调研结果与 2017 年的调研结果基本一致，管理学、经济学、工学、理学等排名前四，分别占比为 37%、21%、16%、12%。根据学科选择的不同，新生代企业家对于目标岗位的选择也有一定的差异。管理学专业的新生代企业家明显更偏爱管理岗位，超过半数（53%）的新生代企业家希望在管理

岗位工作。近一半（45%）的经济学专业背景的新生代企业家希望在创新研究岗位工作。理学专业背景的新生代企业家中，各有36%选择了管理岗位和创新研究岗位。从岗位的角度来说，选择技术岗位较多的是工学背景的新生代企业家，而销售岗位上经济学专业背景的新生代企业家最多，理学专业背景的新生代企业家是业务支撑岗位的主力军。结合受教育背景和岗位选择的数据，我们可以看到岗位选择在很大程度上受到新生代企业家受教育背景的影响。换个角度来说，新生代企业家的岗位选择在大学进行专业选择时就已经明确，专业学科的学习为其未来满足岗位要求奠定了知识基础。

（二）新生代企业家的创业活动

大部分的新生代企业家都希望自己可以超越父辈的成就。除了将已有的企业发扬光大外，他们更希望可以开辟全新的商业领域并且获得成功。这无异于一次全新的创业，而且从某种意义上说这样的创业比起父辈的初创企业可能更需要厚积薄发。关于新生代企业家创业活动的调研结果也很好地诠释了这一现象。57%的受访者表示有过创业经历或者正在创业。在没有创业经历的新生代企业家中，同样有14%的受访者有创业的想法或者计划。可见，共有71%的新生代企业家希望创业。对于创业的定义包括家族企业外部和内部两种不同形式，这表明新生代企业家有着很强的自尊心，希望获得尊重和认同。71%的有创业计划的新生代企业家中，大部分人（57%）的项目/公司处于成长阶段。12%的新生代企业家只有关于创业项目的初步想法，正在完善其框架与模式。5%的新生代企业家已经结束了创业活动。针对这5%的新生代企业家进行分析，可以发现他们几乎全部在家族企业工作。无论他们的创业是成功还是失败，都为他们接班家族企业积累了经验。新生代企业家创业的另一个特殊之处在于，对于草根创业而言最艰难的创业启动金筹集，对他们来说并不是一个特别难以跨越的门槛。我们对新生代企业家的创业启动资金来源进行了调查，49%的新生代企业家表示是自有资金，41%的新生代企业家表示来自父母，而家族企业进行注资的占10%。

专业投资人/机构和家族创业基金进行注资的新生代企业家创业活动只占3%左右。

三 新生代企业家的传承问题

（一）新生代企业家对于接班并不排斥，但心理压力大

调研白皮书显示，44%的新生代企业家表示未来会接班家族企业并且已经在企业工作；19%的新生代企业家表示将来会接班家族企业，但是先实现个人发展；29%的新生代企业家对于未来接班家族企业表示不确定；只有8%的新生代企业家表示完全不愿意接班家族企业。82%的已经在家族企业工作的准接班人面临各种心理压力。有接近六成（58%）的在家族企业工作的新生代企业家认为在接班的过程中和在家族企业内部管理上遇到了较大的阻力。另有15%的新生代企业家认为其知识储备无法满足工作和生活的需要。心理压力来自感情生活和家族内部矛盾的新生代企业家各占4%。

企业的顺利传承，需要一代企业家的“交班”和二代企业家的“接班”同时发力。调研发现，在中小家族企业中一代企业家和二代企业家的传承意愿都不强烈。在市场经济环境中，发展相对成熟的产业中必然存在大量的中小企业，其中的大多数企业很难成长为大中型企业。其实现长期发展的最有效方式就是继续保持现有模式。但是这类企业获取资源能力相对较弱，处于劣势地位，缺乏谈判资本，全凭企业经营者的个人能力与魅力。除了外部资源，中小家族企业还要面临来自企业内部人力资源的压力。企业很多核心员工是因一代企业家的个人魅力而留在企业的，二代企业家接班之后，是否会遇到核心员工流失的问题，需要提前予以关注。中小家族企业的一代企业家并非不认同新生代企业家的经营能力，担心新生代企业家是否可以在复杂的环境下正确判断方向，并为企业制定相应的战略，以及平衡各种利益关系。

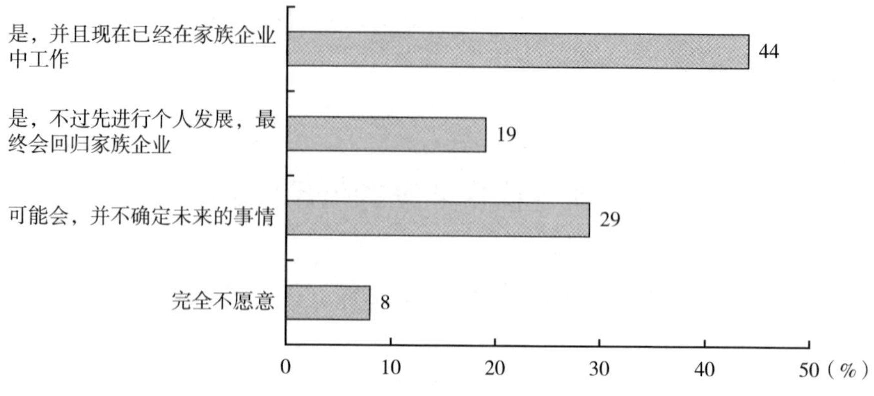

图 2　新生代企业家接班家族企业的意愿

资料来源：2017 年调研白皮书。

（二）新生代企业家应对企业接班的方式之一：创业式传承

调研发现，很多新生代企业家“身兼数职”，一方面没有放弃家族责任，在家族企业内承担应尽的责任；另一方面，也没有放弃理想，继续进行着创业项目。从数据上看，大多数新生代企业家在家族企业内担任职务的同时进行着创业项目。这是新生代企业家应对企业接班的一种方式，随着市场环境的变化，企业传承必然伴随着企业转型。新生代企业家更希望在家族企业外完成企业的转型，一方面可以建立团队，树立权威；另一方面可以减少来自家族企业制度和人员的制约。一代企业家虽然觉得子女创业困难重重，但是也希望子女可以成功，以应对极速创新对家族企业带来的冲击。

（三）传承的难点

家族企业最难以继承的通常是两个部分：一个是创始人的创业精神，另一个是创始人的社会资本。这两项是企业最重要的无形资产，既难以量化又难以传承。而事实上最容易传承的恰恰是家族的金融资产。这也是很多家族继承者宁可选择做金融投资，也不希望参与企业管理的原因。避重

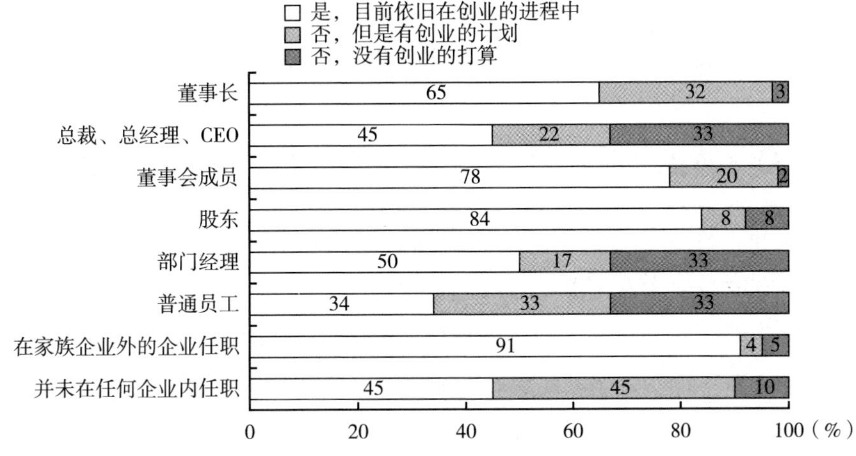

图3　新生代企业家创业经历

资料来源：2019 年调研白皮书。

就轻以及渴望自由和走捷径是人的通性。创始人和继承人具有完全不同的创业导向。创业精神如果不通过独立创业是很难形成和拥有的。体验创业不仅是享受成功的果实，更是体验创业的过程，即使是失败的教训也是宝贵的，经历过创业和没有经历过创业的继承者，在回到企业之后其融合度也会有很大差异。对于拥有较多资源和较高容错能力的继承者，应该把创业当作接班的必修课，哪怕是在企业内部创业，也是难能可贵的锻炼机会。非常可喜的是，有超过三成的受访二代正在进行创业的尝试，而超过两成的新生代企业家在家族企业内部开始创业。通过创业，新生代企业家可以锻炼协作能力，处理各种内外部复杂的关系，提升应变能力和整体战略思维高度。当然通过创业还可以培养和磨砺自己的团队。创业无论成功或失败，对于继承者接班都不是时间和精力的浪费，而是真正的捷径。当今家族企业面临转型，转型的契机也是鼓励二代创业的契机，新生代独立领导以转型为目标的内部或外部创业不仅可以培养二代的创业精神，还可以为企业长期发展寻找新的方向，同时避免新生代直接进入企业内部因受到上下夹击而丧失接班的兴趣和信心。

四 新生代企业家的创新、创业与机遇

（一）不愿做“富二代”，新生代企业家对于创业热情高昂

2017 年的问卷调研发现，绝大多数新生代企业家对于创业抱有极大的热情，一方面是受大众创业、万众创新的经济环境和政策鼓励，另一方面是需要向父辈们证明自己在企业经营管理方面的能力和决心。

36% 的新生代企业家希望被外界称为“创业者”，21% 的新生代企业家希望被称为“创二代”，只有 1% 的新生代企业家希望被外界称作“富二代”，究其原因，一是“富二代”一词近年来在舆论中是带有贬义的称呼，二是新生代企业家希望通过努力改变外界对自己的看法。

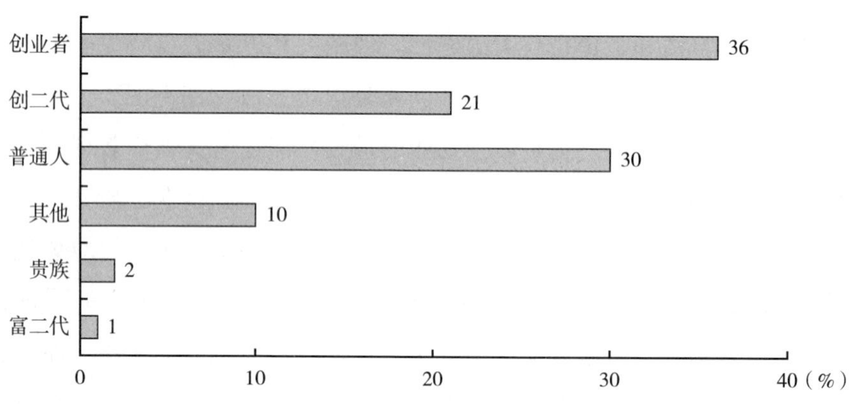

图 4　新生代企业家对外界所贴标签的认可程度

资料来源：2017 年调研白皮书。

新生代企业家的创业带有很强的家族性质，普通人创业最大的难题是启动资金的筹集，而新生代企业家有强大的家族财力支撑，在创业初期更多的是把精力放在项目的策划和运作上。62% 的新生代企业家表示在创业初期接受了来自家族的天使投资，22% 的新生代企业家表示并未接受来自家族的资金。在所有的受访者中，只有 16% 的新生代企业家表示并未创业。

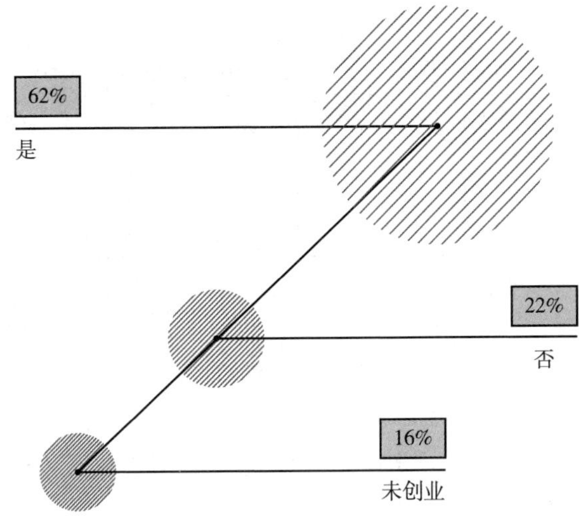

图 5　新生代企业家在创业初期是否接受了来自家族的投资

资料来源：2017 年调研白皮书。

2018 年的调研继续关注新生代企业家创业相关问题。首先新生代企业家之间对于“创业”这一概念的理解不尽相同。86% 的新生代企业家认为，以创新的产品或模式为基础，成立一家新的独立公司可以被称为创业。55% 的新生代企业家认为，在企业内开展新的业务或项目也可以被称为创业。虽然这两项占比排“创业”概念认知的前两位，但是两者相差较多。这也说明大部分新生代企业家认为只有成立一家新的独立公司才可以被称为创业。

在家族企业内部工作的新生代企业家，很多是从单独负责一个新项目开始的。我们同样可以将之算作创业，因为他们面临着与外部创业相似的问题和困难。家族企业内的创业因为涉及家族人文与伦理亲情，可能会面临更多的挑战和障碍。对于电商销售，更多的新生代企业家认为其只是实体销售的一种渠道，并不能被称为创业，只有 23% 的新生代企业家认为开通网络店铺，通过互联网进行线上产品销售可以被称作创业。

通过线上问卷和线下走访的方式对新生代企业家的创业现状进行调查，57% 的受访者表示有过创业经历或者正在创业。

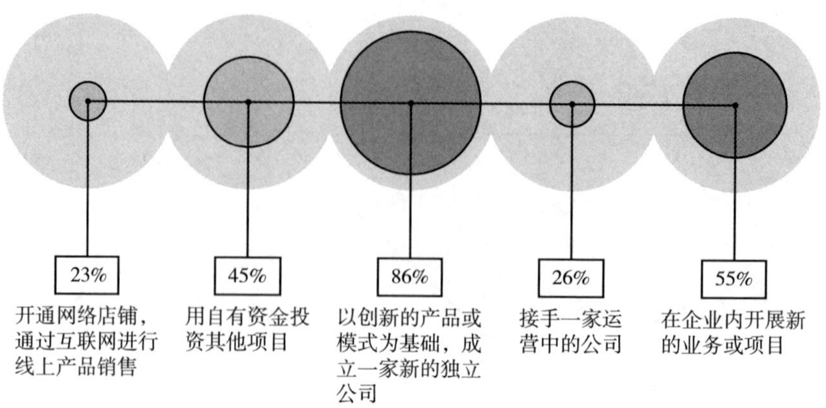

图 6　新生代企业家对创业概念的理解

资料来源：2018 年调研白皮书。

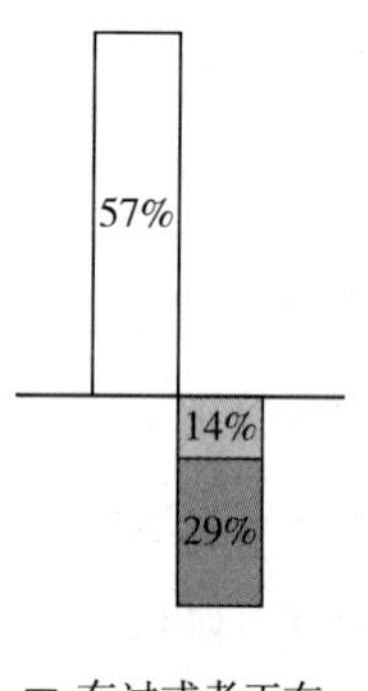

图 7　新生代企业家创业比例

资料来源：2018 年调研白皮书。

（二）与时俱进，企业转型升级："生产制造"到"互联网 IT"

2019 年的调研对于企业的转型升级予以相应的关注。在企业注册时所处的行业中，"贸易/批发/零售/租赁业"占比最大，占总数的 24%，而

“生产/加工/制造”次之，占19%。但是对企业目前所处行业的调查发现，传统的“生产/加工/制造”行业占比从19%减少到9%。取而代之的是“IT/通信/电子/互联网”行业占比增加，从14%增加到20%。“贸易/批发/零售/租赁业”占比也有一定程度的收缩，从24%减少到20%。除此之外，转型至服务业的企业也有相应比例的增加，从7%增加到11%。

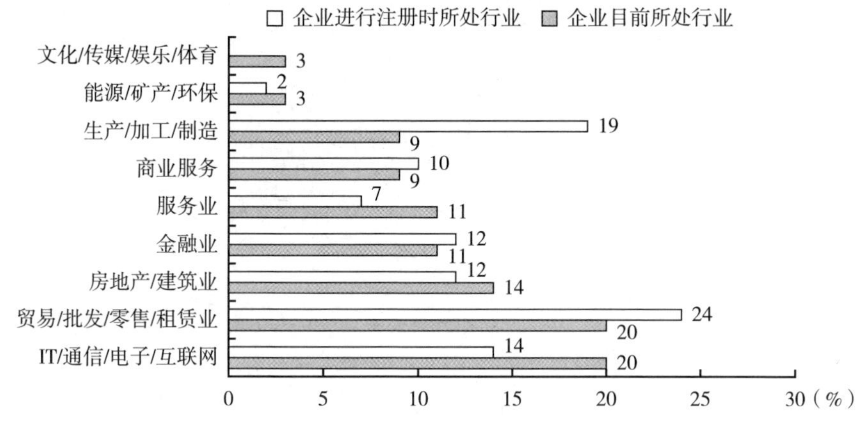

图8 调研家族企业的行业转型

资料来源：2019年调研白皮书。

从调研数据可以看出企业在转型时所选择的方向。大部分金融、房地产和商业服务等行业企业选择了原有跑道。传统的贸易和制造行业企业中，较多的企业选择了转换跑道，其中互联网行业企业和服务业企业是转换跑道的首选。随着时代发展与技术进步，IC集成电路与芯片、人工智能与AI技术等把精密制造注入传统制造业，并且随着5G技术的广泛应用，数据的传输成本大幅下降。传统制造业企业将会加速向智能制造业企业转型升级。

（三）后疫情时代的家族企业创新

全球新冠肺炎疫情使企业经营面临困境，同时也倒逼企业创新与转型。危机之下，不少企业通过创新实现“危中掘机”，成功将危机转变为创新和转型升级的重要契机。2020年的调研数据显示，近六成（58%）的家族企业在新冠肺炎疫情期间对企业的运营模式进行了升级。已经从疫情中恢复运营的企业中，有73%的对运营模式进行了升级，27%的仍然以过去的模式运营；正在恢复运营的企业中，也有58%的进行了运营模式的升级。

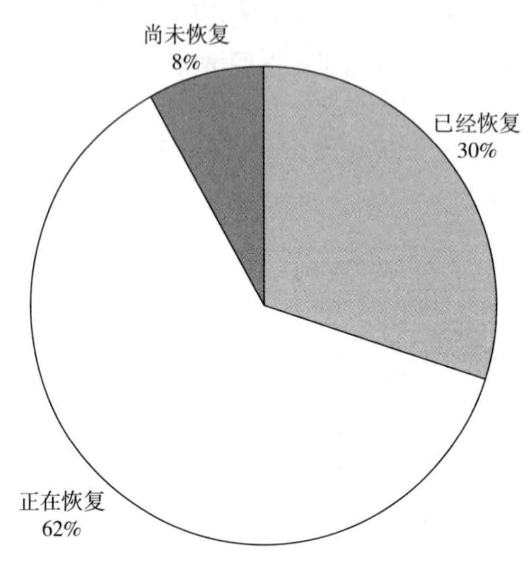

图9　您的企业恢复情况如何

资料来源：2020年调研白皮书。

调研发现，在后疫情时代，所有受访者对企业进行了不同程度的变革。有58%的受访者对管理模式进行了变革；其次是销售渠道的变革，55%的企业对销售渠道进行了变革；人力资源是排名第三的变革领域，有43%的受访者表示公司进行了这一方面的革新。

（四）新基建、大健康带来新机遇

2018年底召开的中央经济工作会议明确新型基础设施建设包括5G基站、特高压、城际高速铁路和城际轨道交通、新能源汽车充电桩、大数据中心、人工智能、工业互联网七大领域。区别于传统基建，新型基础设施建设更加注重数字化、智能化等硬核科技。推进新基建是2019年以来的明确方向。2020年初，尤其是受新冠肺炎疫情影响，新基建被提至更加重要的位

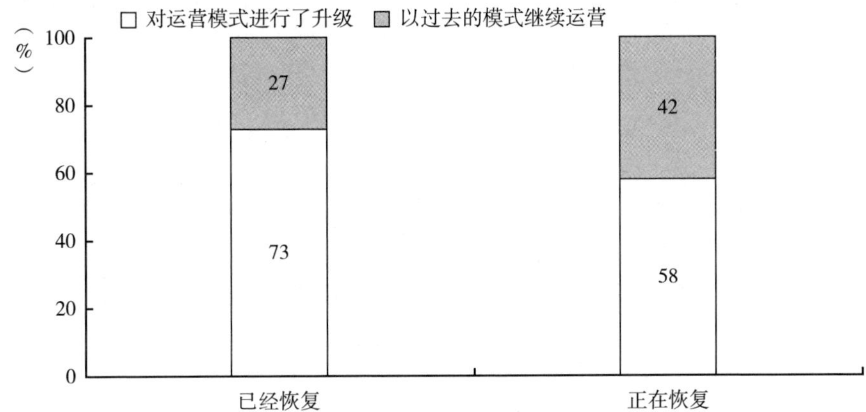

图 10　企业恢复与转型情况

资料来源：2020 年调研白皮书。

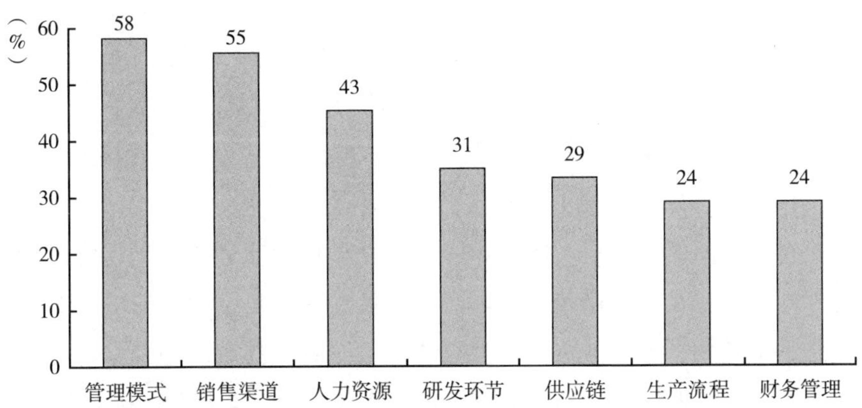

图 11　后疫情时代，您的企业管理在哪些方面进行了革新

资料来源：2020 年调研白皮书。

置，加速推进新基建成为必然。

2020 年的调研显示，95% 的受访新生代企业家对新基建表示感兴趣。在新基建七大领域，大数据中心是最受关注的，63% 的受访者表示感兴趣；人工智能次之，59% 的受访者表示感兴趣；5G 基站、工业互联网和新能源汽车充电桩分别排第三、第四、第五位，有 54%、46% 和 30% 的受访者表示感兴趣。

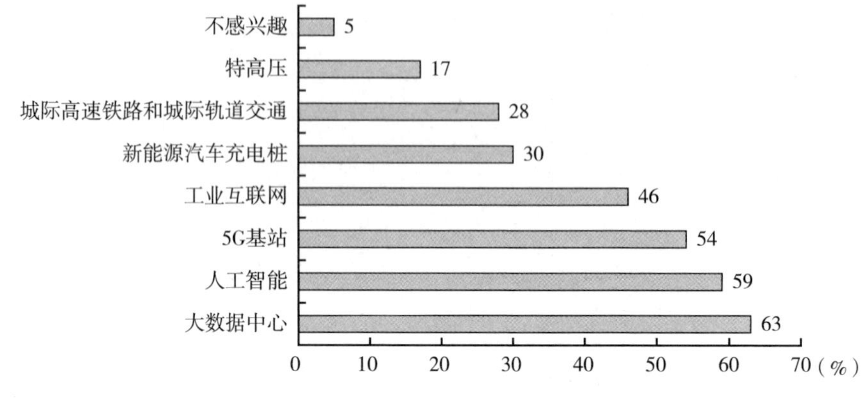

图 12　新基建七大领域关注度

资料来源：2020 年调研白皮书。

40% 的受访者已经在研究如何进入新基建领域；13% 的受访者表示已将新基建写入公司战略，但并没有具体投资计划；8% 的受访者表示对该产业已有投资计划，但尚未落实具体项目；3% 的受访者表示已经直接投资了该产业，4% 的受访者表示通过金融工具参与了该产业的投资。

受新冠肺炎疫情影响，2020 年一季度全国医疗服务人次同比出现明显下滑，同时，互联网医疗和“云”医院发展加快。疫情深刻影响了其产业结构与整个链条，包括产业链、供应链与服务链。其中生物经济产业与防疫抗疫产业（也称“抗疫健康产业”）对健康产业结构的影响和冲击最大、最明显和最长远。无论是在国家健康产业的结构与分类目录中还是在健康产业结构内涵与边界界定中，防疫抗疫产业均占据突出位置，是重点发展领域。

调研显示，96% 的受访者表示对大健康产业感兴趣。在大健康产业的各个细分领域中，康养和健康养老产业以及医院与医疗服务是最受关注的，各有 50% 的受访者表示感兴趣；医药产业次之，42% 的受访者表示感兴趣；健康地产、健康园区、健康小镇占比排第三，38% 的受访者表示感兴趣。

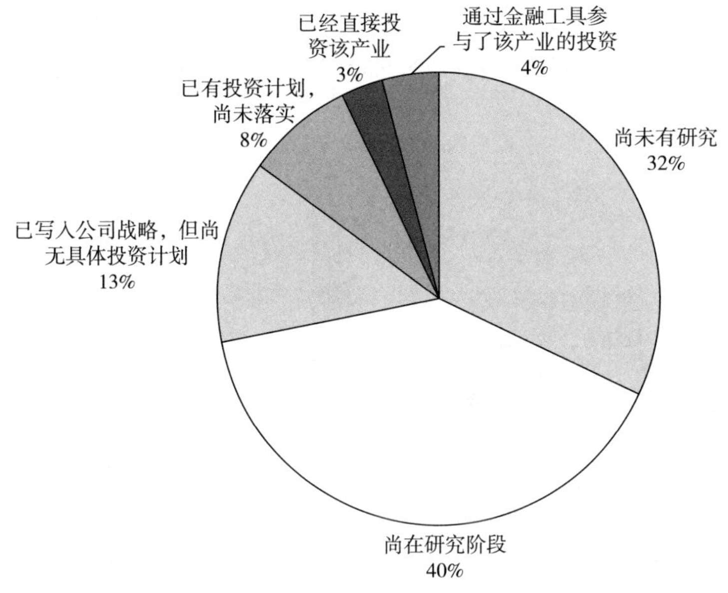

图 13　对新基建的参与程度

资料来源：2020 年调研白皮书。

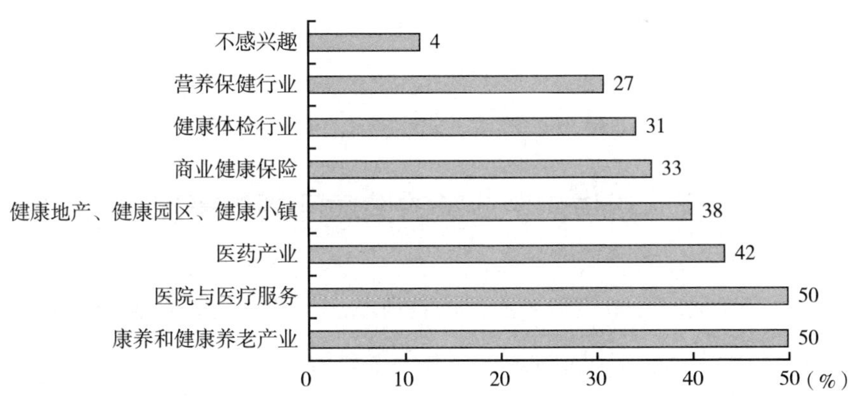

图 14　新生代企业家对大健康领域关注度

资料来源：2020 年调研白皮书。

38% 的受访者已经在研究如何进入大健康产业；8% 的受访者表示已将大健康产业写入公司战略，但并没有具体投资计划；6% 的受访者表示对该产业已有投资计划，但尚未落实具体的项目；13%的受访者表示已经直接投资了该产业，4%的受访者表示通过金融工具参与了该产业的投资。

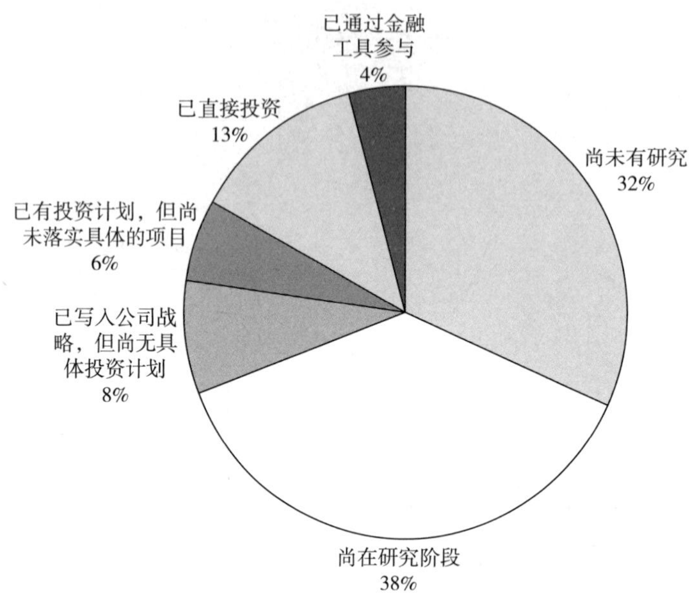

图15　新生代企业家在大健康领域的参与程度

资料来源：2020年调研白皮书。

五　新生代企业家的健康问题与管理

2019年调研时对新生代企业家的健康状况进行了追踪调查，结果显示作为企业接班人的新生代企业家的某些健康数据不容乐观。

（一）新生代企业家的某些健康数据不容乐观

新生代企业家健康被忽视的状况要比想象中更加严重。与同龄人群相比，肩负家族和企业重任的新生代企业家的心理压力巨大，频繁出差和应酬，身体压力增大。经过调研发现，“肩颈/腰椎不适”是新生代企业家最普遍的健康困扰，有超过三成的受访者选择了这一选项。新生代企业家久坐、伏案，肩颈部以及腰部的肌肉一直处于紧张强直的状态，容易出现肌肉僵硬、劳损及肩颈不适等症状。长时间坐姿不当，如低头看手机或坐在床上工作等，这样的长期强制性前屈姿势，容易诱发颈椎病、腰椎间盘突出症等疾病。根据中国产业信息网的统计，20 世纪 80 年代中国颈椎病患病高发年龄为 55 岁，而 2015 年下降到 39 岁。同时，30 岁以下的颈椎病患者增加显著，从 1996 年的 26% 提升至 2016 年的 37%，提升了 11 个百分点。本次参加调研的新生代企业家的平均年龄约为 33 岁，肩颈/腰椎不适的比例高达 36%，远远高于现阶段全国同年龄人群的平均水平（15%）。

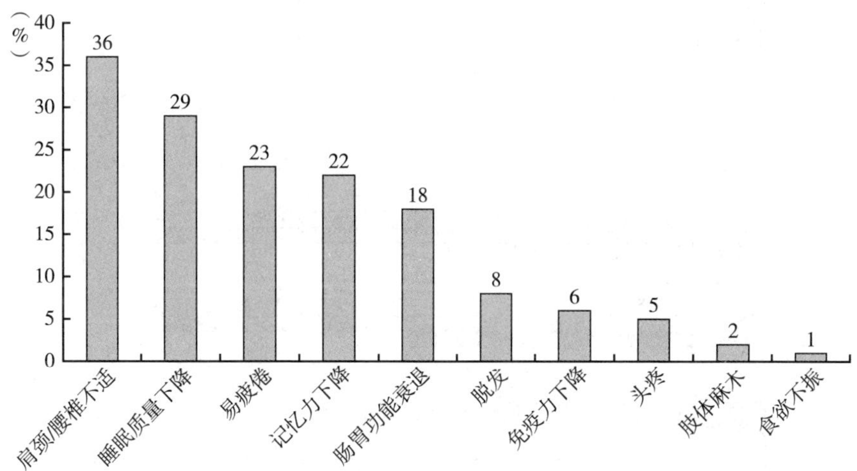

图 16　新生代企业家的健康困扰

资料来源：2019 年调研白皮书。

“睡眠质量下降”和“易疲倦”分别占据了新生代企业家健康困扰的第二位（29%）和第三位（23%）。长期睡眠不足会导致神经内分泌紊乱，使人产生抑郁、焦虑、紧张等情绪，也会导致日间的疲倦。睡眠障碍的高发有生活环境变化的原因，如雾霾、光污染、噪声污染等，也有日常工作节奏紧张的原因。调研发现，新生代企业家由于工作繁重、出差频繁和生活作息不规律等，睡眠质量下降，尤其是入睡困难、多梦和早起乏力等状况较同龄人更为严重。

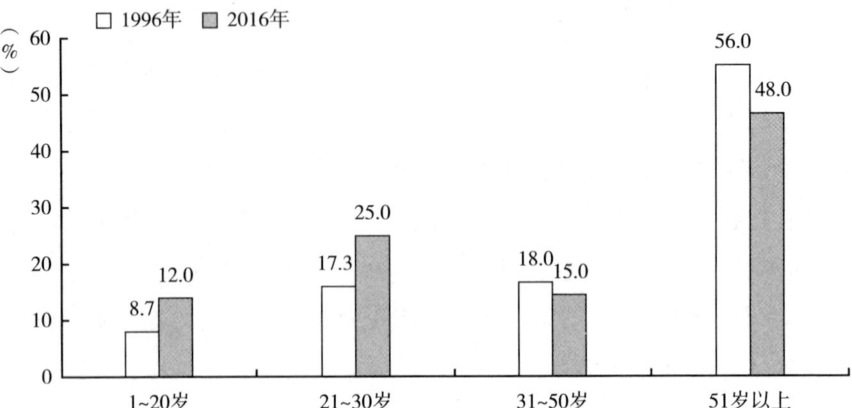

图 17　中国颈椎病发病率变化

资料来源：中国产业信息网。

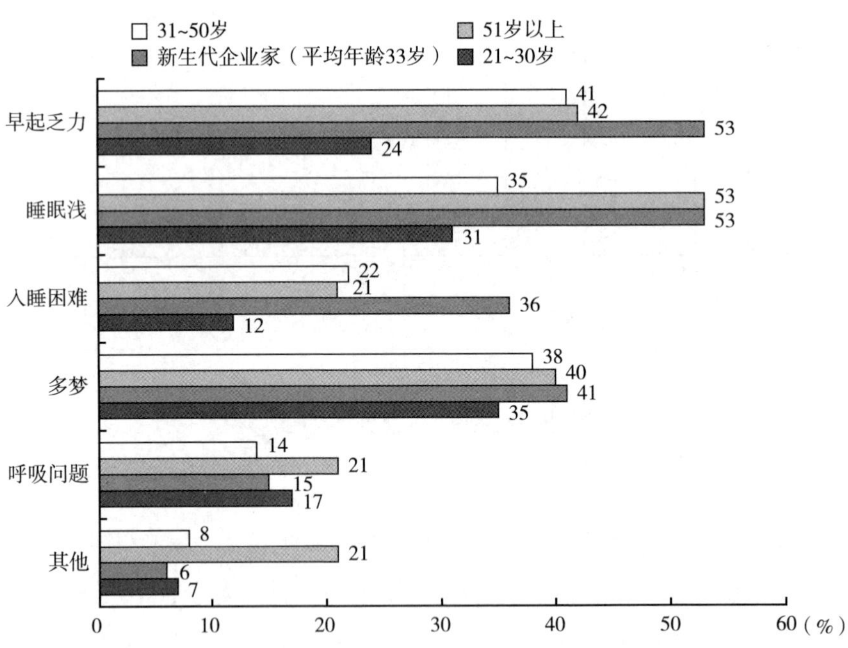

图 18　不同人群睡眠问题的比较

资料来源：2019 年调研白皮书。

在传统慢性病“四高”（高血糖、高血压、高血脂、高体重指数）方面，新生代企业家的状况同样不容乐观。根据本次调研的结果，新生代企业家的体重指数超标成为最严重的问题。29%的受访企业家表示体重指数超过正常标准，23%的受访企业家有高血脂的问题。

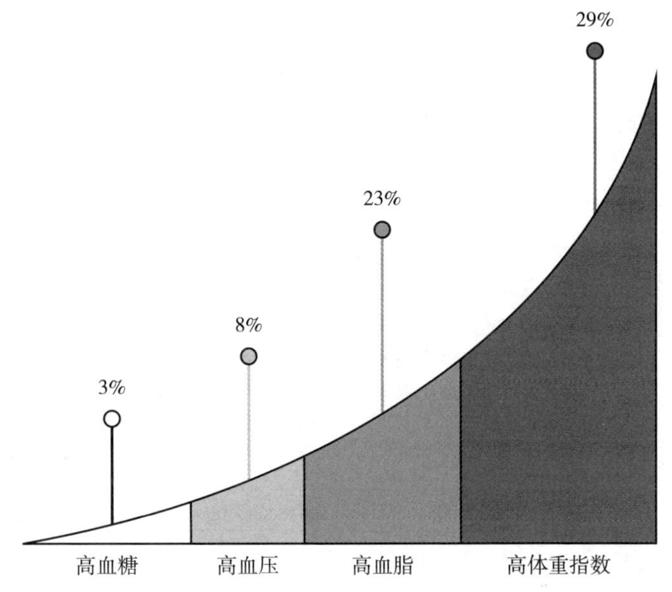

图19　新生代企业家“四高”状况

资料来源：2019年调研白皮书。

新生代企业家群体有成为慢性疾病“后备军”的危险。在每日九大类食物摄入量中，新生代企业家的肉类、油脂摄入量过多，水果、蔬菜、粗杂粮摄入量过少。饮食分配和营养摄入的不合理，除了造成肠胃功能衰退以外，也是体重指数高和血脂比例过高的主要原因。

另外，新生代企业家心理问题高发，需要予以重视。新生代企业家是心理健康问题易发人群。其中男性心理健康状况整体低于女性。工作成为最大压力源，其次是人际关系。而女性方面则是人际关系超过工作，居压力源的首位。通过数据对比发现，出现心理健康问题的新生代企业家大多伴有颈椎/腰椎不适、肠胃问题、睡眠障碍、高血脂等健康困扰。

（二）新生代企业家人群的健康管理

对新生代企业家健康管理现状进行的调查发现，70%的受访新生代企业家对进行健康管理的时间不规律表示不满意。65%的新生代企业家也无奈表示因为工作强度大，没有足够的精力进行健康管理。58%的新生代企业家认为生活中的不良习惯（如饮食等）导致了健康问题。新生代企业家有意识进行健康的管理，但是如何系统、规律地进行管理还需要进一步予以规划。

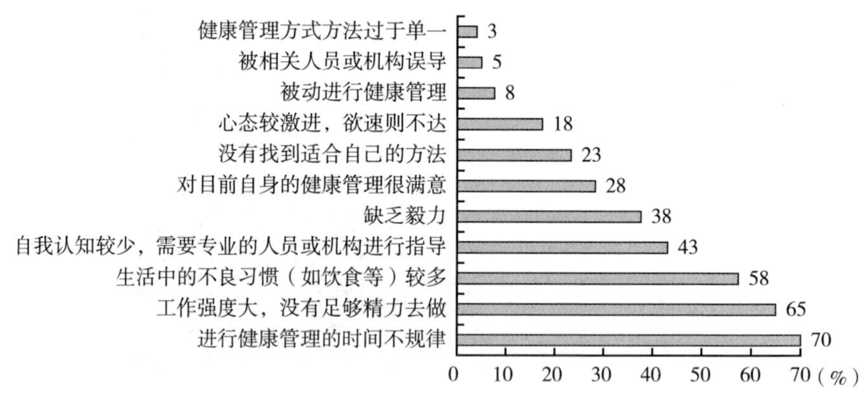

图 20　新生代企业家对自身健康管理不满意的原因

资料来源：2019 年调研白皮书。

随着慢性疾病发病率上升，“有病早治、无病早防”的健康理念深入人心。防治疾病首先需要的是进行身体检查，也就是通常所说的体检。对新生代企业家对待体检的态度的调查结果显示，58%的受访者表示近一年内有去正规医疗机构进行全身体检的经历。正常体检的频率应是一年一次全身体检，也就是说42%的受访者并没有进行规律的体检，其中，有超过七成的人认为体检是很有必要的，只是因为工作太忙而没有时间，或是因为对国内体检机构的不信任而没有规律地进行体检。另外24%的新生代企业家认为自己身体很好没有必要体检。

一个人健康与否，很大程度上取决于自身是否全方位追求健康的生活方式。为了健康，为了让自己的身体状态和精神面貌得以改善，很多人选择了

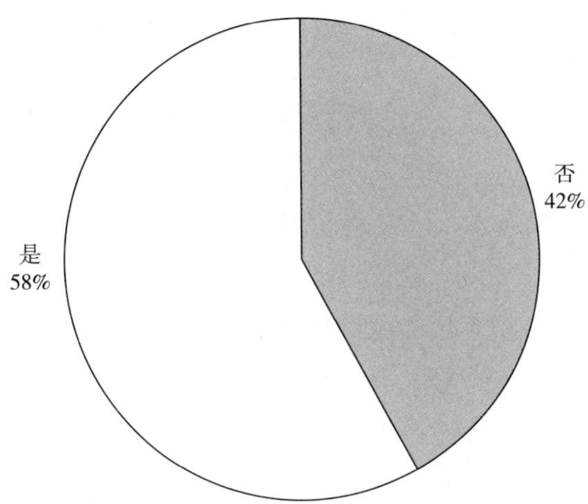

图 21　近一年内是否前往正规医疗结构进行全身体检

资料来源：2019 年调研白皮书。

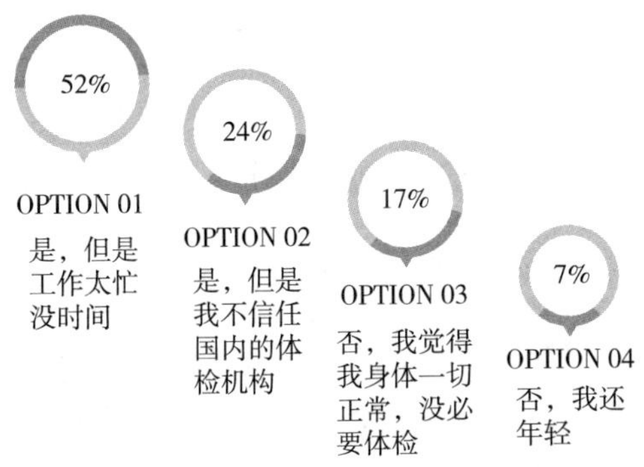

图 22　认为自己是否有必要体检

资料来源：2019 年调研白皮书。

健身。新生代企业家中健身的人数占比非常高，仅有 5% 的受访者表示完全没有进行体育锻炼。但是常年进行系统化的健身和锻炼的受访者仅有约三成（31%），42% 的新生代企业家表示偶尔有时间会锻炼一下，有 22% 表示近一年内有进行系统的健身和锻炼。“健身” 成为新生代企业家必不可少的项目，但是“没有时间”却又成为无法健身的理由。

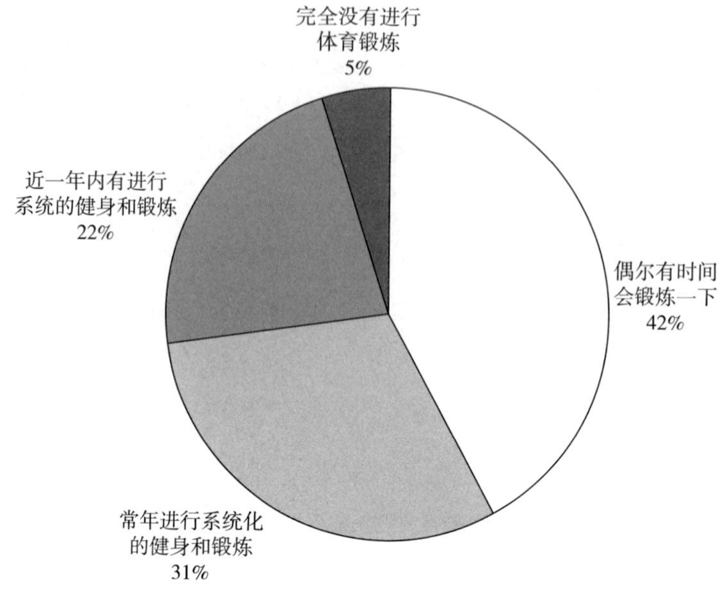

图 23　新生代企业家健身频率

资料来源：2019 年调研白皮书。

（三）财富是不是健康的“绿色通道”

多数专家及机构都预测高端医疗的市场潜力巨大，其原因是财富人群尤其是企业家人群对于健康的更高需求。无论是对健康管理还是医疗他们都提出了更高的要求，希望可以得到更加定制化、更加先进的健康服务。

据统计，在企业家人群的健康管理需求调查方面，癌症预防和慢性疾病预防位居前列。而体检是筛查癌症和慢性疾病的有效办法。因此，企业家人群对于体检也有更高的要求。根据本次对新生代企业家体检机构要求的调查，64% 的受访者希望体检机构医疗设备足够先进；56% 的受访者希望体检机构的医护团队足够专业；53% 的受访者希望体检机构除了可以进行体检外，也可以针对健康问题提供全方位的解决方案。这些标准已经不是普通的体检机构和体检项目可以满足的。目前海外体检越来越普遍的原因也在于其可以满足上述需求。

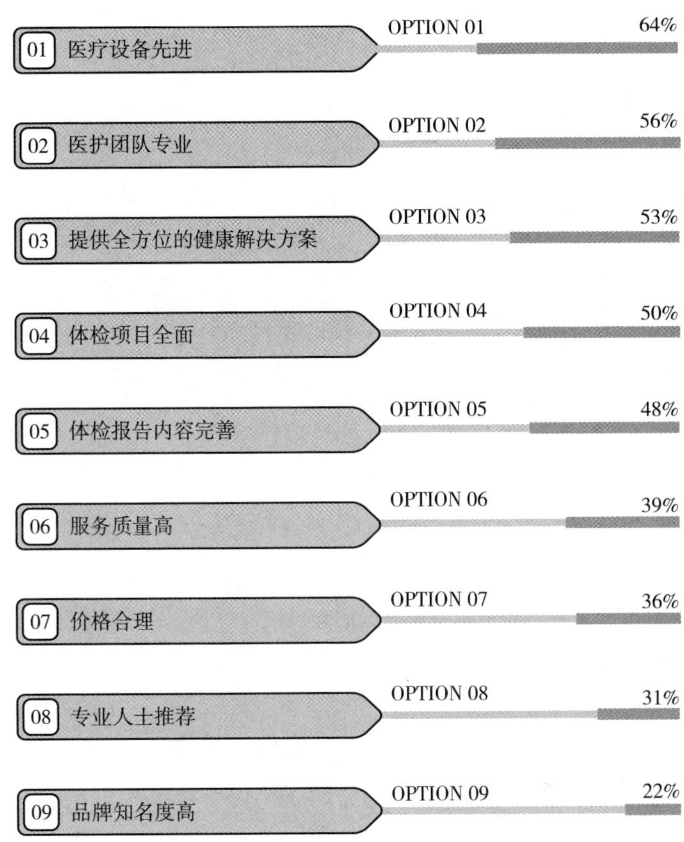

图 24　新生代企业家对体检机构的要求

资料来源：2019 年调研白皮书。

花钱买不到健康，但是可以买到健康“特权”。这里所说的特权并非占用公共资源，而是针对企业家个人情况提供更加精细化的健康服务。例如，很多私人银行、保险公司等金融机构根据高净值客户的这一需求在产品的增值服务上大做文章。因此与健康相关的增值服务也成为高净值客户判断和选择金融机构的标准之一。从本次调研的结果也可以看到，44% 的新生代企业家对于金融机构的非金融类增值服务中的高端医疗服务非常感兴趣。

目前新生代企业家对于高端医疗服务的获得渠道较少，上述金融机构的增值服务远远满足不了其需求。目前市场上也有各种高端医疗机构，但是水

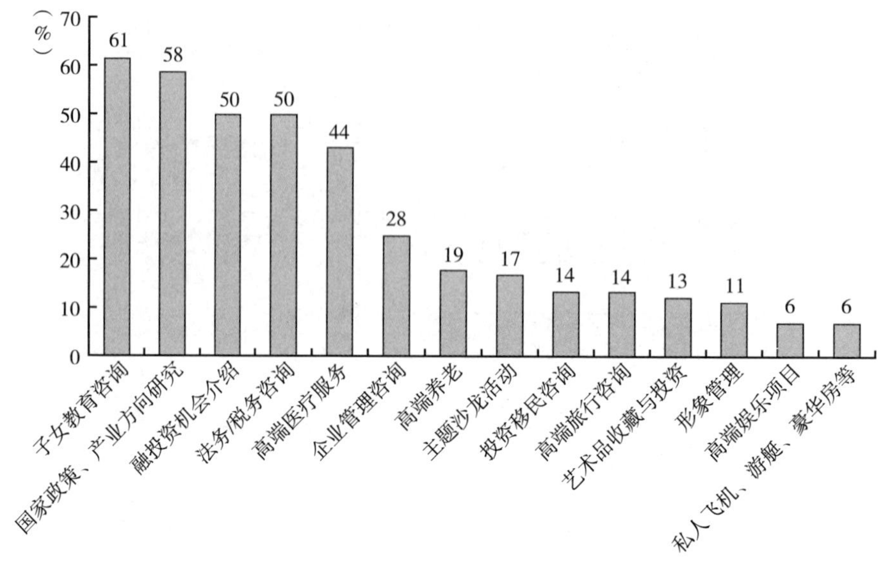

图 25　新生代企业家最感兴趣的金融机构的非金融类增值服务

资料来源：2019 年调研白皮书。

平参差不齐，让人难以判断，如海外医疗和体检的项目，更是因语言障碍而无法判断真伪。因此无奈之下，大部分的新生代企业家人群依旧会将三甲医院作为体检和医疗的第一选择。

六　新生代企业家的生活消费和财富管理

从 2017 年开始，调研持续对新生代企业家的消费习惯与财富管理需求和习惯进行观察，其原因不仅在于对普遍舆论的求证，更加希望可以根据数据对家族资产配置和企业传承中遇到的问题进行多角度的辩证思考。

（一）新生代企业家消费行为变化及奢侈品购买行为分析

通过对比 2017 年和 2019 年新生代企业家日常消费最高的项目调研数据可以看到，旅游和聚会一直是占比最高的两项，并且逐年增加。2017 年的

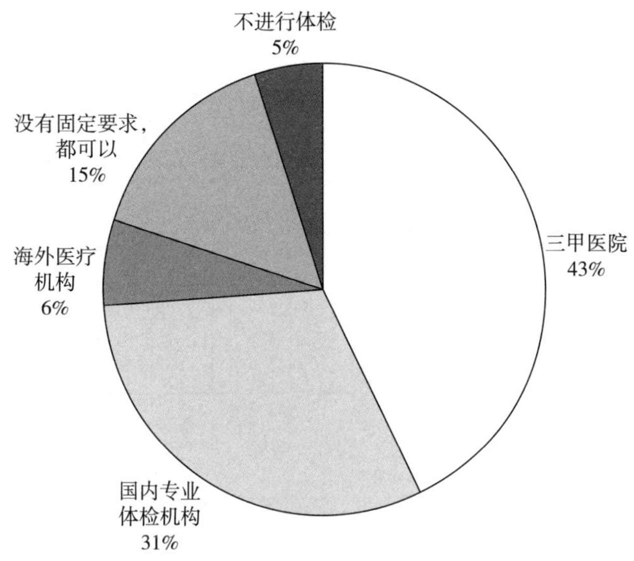

图 26　新生代企业家对体检机构的选择

资料来源：2019 年调研白皮书。

调研结果显示，聚会支出排名第一，占比 28%，旅游支出排名第二，占比 27%，两项超过总数的 50%。新生代企业家平均每年旅游次数为 2. 79 次。

2019 年调研中新增加的学习培训类别，在新生代企业家日常支出中占比较高。除此之外，新生代企业家对于健身、运动的投入增幅较大，2017 年新生代企业家在健身、运动方面支出占比较小，但 2019 年新生代企业家在健身、运动方面支出明显增加。

我们可以看到，当代新生代企业家更崇尚知识和构建文化资本，更喜欢把钱花在服务、教育和人力资本投资等方面，而不是购买纯实物商品。新生代企业家逐渐从物质享受转向投入教育、人脉和医疗等领域。这些虽然都是无形消费，但费用比很多物质消费昂贵很多。更深刻的意义在于，在教育、人脉和健康上的投资会潜移默化地影响新生代企业家的工作和生活，乃至影响家族企业未来。

奢侈品是一种超出人们生存与发展需要范围的，具有独特、稀缺、珍奇特点的消费品，而新生代企业家群体常被认为是奢侈品消费的主力群体。调

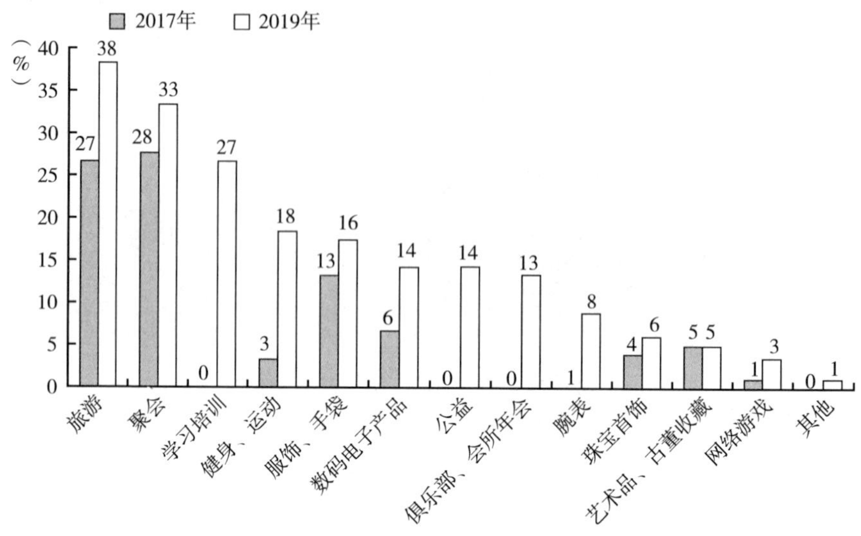

图 27　新生代企业家消费行为变化趋势

资料来源：2019 年调研白皮书。

研也一直关注新生代企业家的奢侈品消费。

2017 年我们对新生代企业家最常驾驶的汽车品牌及其购入价格进行了调研。“80 后”新生代企业家的常驾车中，购入价格在 100 万 ~ 300 万元的最多，占 30%。“70 后”对于汽车品牌观念较为朴素，48% 的“70 后”新生代企业家的常驾车购入价格在 50 万元以下。34% 的“90 后”新生代企业家的常驾车购入价格也在 50 万元以下。虽然“70 后”和“90 后”新生代企业家常驾车的购入价格区间主要在 50 万元以下，但是在本次调研中，价格最昂贵的私家车也是出现在“70 后”和“90 后”这两个年龄段中，“80 后”新生代企业家中并无人购入 500 万元以上的私家车。

腕表可以满足个人形象建设以及身份象征的需求，同时具有巨大的收藏增值潜力，近年来新生代企业家对于腕表越来越重视。2018 年的调研以腕表作为切入点，对新生代企业家的消费和收藏习惯进行了问卷调查。结果显示，有购买和佩戴腕表习惯的新生代企业家占 53%，其中购买价位主要集中在 5 万 ~ 10 万元商务款和 10 万 ~ 30 万元经典款，分别占比 23% 和 18%。

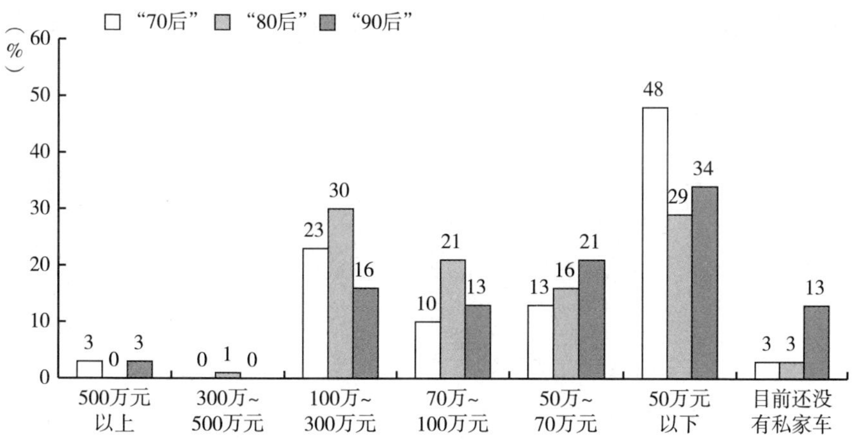

图 28　新生代企业家最常驾驶的私家车的购入价格

资料来源：2017 年调研白皮书。

大多数新生代企业家选择了商务款和经典款的腕表，侧面反映了他们购买腕表更多的是基于不同场合的佩戴需要，而进行腕表收藏的玩家只是少数。

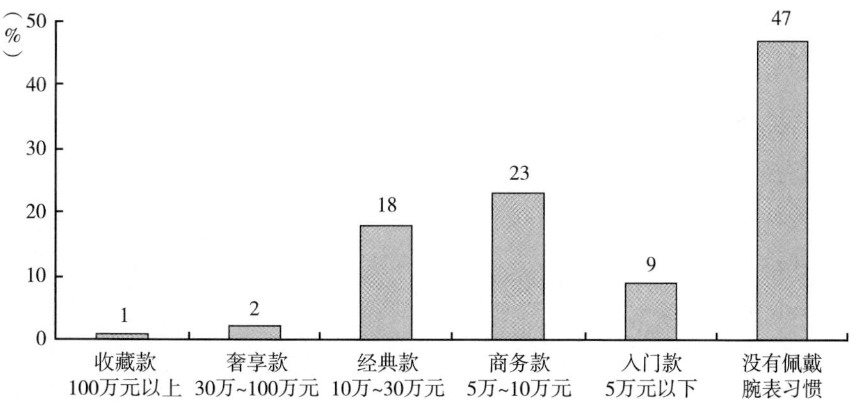

图 29　新生代企业家腕表购买习惯

资料来源：2018 年调研白皮书。

2019 年的受访者中，有近七成（69%）表示自己平时会购买名牌商品/奢侈品。他们购买奢侈品的主要原因并非仅为了社交，更多的是追求品质。在这近七成购买奢侈品的新生代企业家中，64% 的表示购买奢侈品的原因是其质量有保证，48%的表示是因为人际交往需要，44%的新生代企业家表示购买奢侈品是“想对自己好一点”。

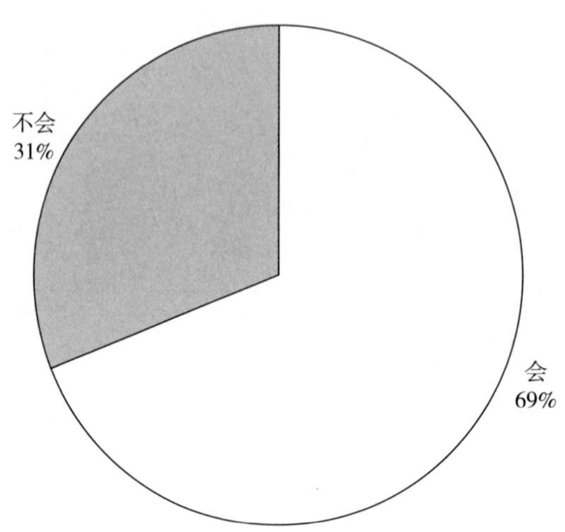

图 30　新生代企业家是否会选择购买奢侈品

资料来源：2019 年调研白皮书。

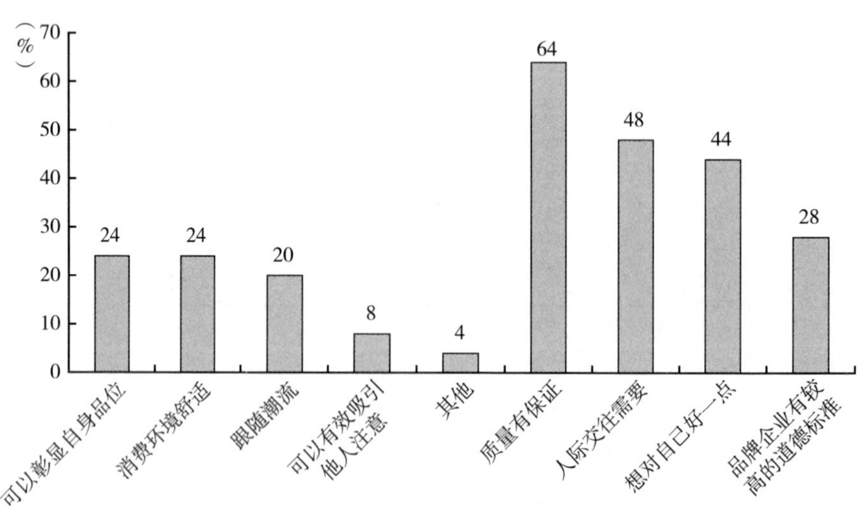

图 31　新生代企业家购买奢侈品的原因

资料来源：2019 年调研白皮书。

一般而言，“新富阶层”更加倾向于炫耀性实物消费，这是因为他们的经济资本雄厚但文化资本相对薄弱，购买奢侈品的主要原因是希望彰显其在物质上的富有，并借此获得满足。但对于拥有高等教育背景的新生代企业家来说，他们购买奢侈品的目的不再是彰显自身的地位和财富，奢侈品消费已经成为他们日常消费中的习惯和“常态”。他们更加看重奢侈品的优良品质、精美设计及品牌方良好服务所带来的愉悦感和满足感。奢侈品成为他们追求精致的生活方式以及进行自我奖励和自我成就暗示的途径与载体。

（二）新生代企业家财富管理变化：专业性、多元化需求递增

改革开放 40 多年来，中国经济保持高速发展，已成为世界经济格局中的最大亮点。个人财富随之快速增加，相应地拉开了金融机构个人客户的资产层级，而不同资产层级客户的需求是截然不同的。千人一面的标准化服务显然难以适应客户和市场的变化，这也给金融机构提供了更多、更复杂、更有价值的业务机会，机构间的竞争格局也会因市场的变化而被打破。2007 年开始，中国的高净值客户不同程度地受到了全球金融危机的影响，他们开始意识到多元化、整合化和个性化金融服务的重要性。

对新生代企业家选择金融机构标准的调查结果显示，新生代企业家对金融机构的要求不断变化。新生代企业家对金融机构所提供的定制化服务愈发看重：2018 年仅有 30% 的新生代企业家看重金融机构的定制化服务；2019 年已经有超过半数（56%）的新生代企业家表示看重金融机构的定制化服务；2020 年的调研中，同样有一半（50%）的新生代企业家将定制化服务作为选择财富管理机构的标准。另外，新生代企业家对于金融机构服务团队的专业化要求明显增加，从 2018 年的 51% 到 2019 年的 61% 再到 2020 年的 63%。

调研发现，新生代企业家对客户经理服务质量的关注度回升，2018 年 22% 的受访者将“客户经理服务好”作为选择财富管理机构的标准，2019 年该比例有所下降，约为 11%，2020 年则回升到 21%。客户经理是做好高净值客户服务的关键，这是毋庸置疑的，当然，客户经理的专业素质需要通

过金融机构系统化的培训来提升。

值得注意的是，投资产品选择与收益率的重要性逐年下降，2018 年，60% 的新生代企业家看重这一标准，2019 年降低为 53%，2020 年则进一步降低为 42%。2020 年，线上交易的便利程度受到更多的重视，2018 年和 2019 年分别仅有 6% 和 9% 的受访者将其列为选择财富管理机构的标准，2020 年，23% 的受访者选择了这一因素。同时，日益受到新生代企业家关注的因素还包括好的品牌、隐私性强、增值服务满意等标准。

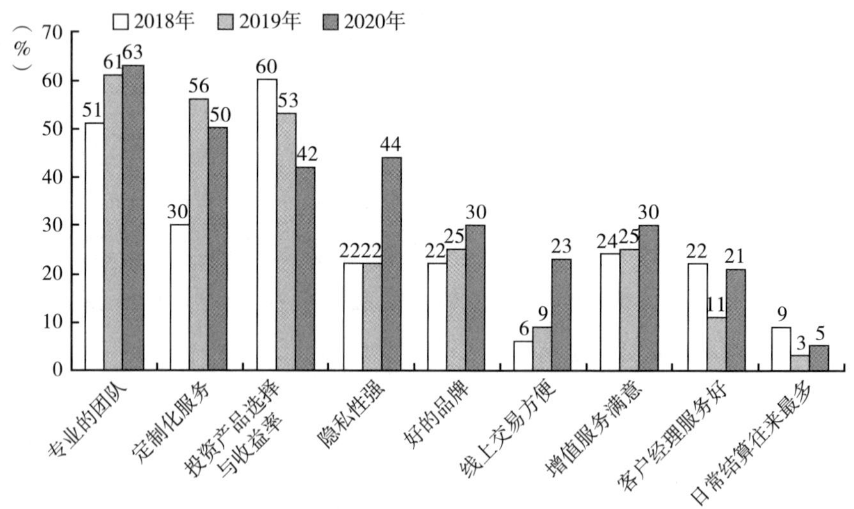

图 32　新生代企业家选择财富管理机构的主要标准

资料来源：2020 年调研白皮书。

金融机构除了为高净值客户提供投资理财和财富管理类的专属服务外，涵盖客户工作和生活各个方面的增值服务也为机构服务锦上添花。增值服务也在一定程度上体现了金融机构业务的水平。增值服务会更深度地触及客户，如何恰到好处地提供客户所需要的增值服务一直是各大金融机构在研究和探讨的问题。对新生代企业家人群对增值服务的期望的调研结果显示，新生代企业家对增值服务的需求一直在变化。数据显示，对企业管理咨询的需求明显上升，从 2018 年的 32% 上升到 2020 年的 50%，成为排名第一的增值服务偏好。投融资机会介绍紧随其后，47% 的受访者表示对这一增值服务的偏好，与 2019 年（50%）几乎持平。受到疫情和国际环境的影响，受访者对子女教育咨询这一增值服务的偏好明显降低，45% 的受访者偏好这一服务，远低于 2019 年的 61%，甚至低于 2018 年的 48%。然而，子女教育咨询依然在受访者偏好的增值服务中排名第三。高端医疗服务排名第四（43%），占比与 2018 年（45%）和 2019 年（44%）基本持平。而税务、法律咨询占比则从 2018 年的 53%、2019 年的 50% 下降到 2020 年的 43%，排名第五。

调研结果显示，新生代企业家对财富管理机构提供的增值服务的需求更加多元化，对形象管理以及私人飞机、游艇、豪华房产购置等服务的需求日益增加。

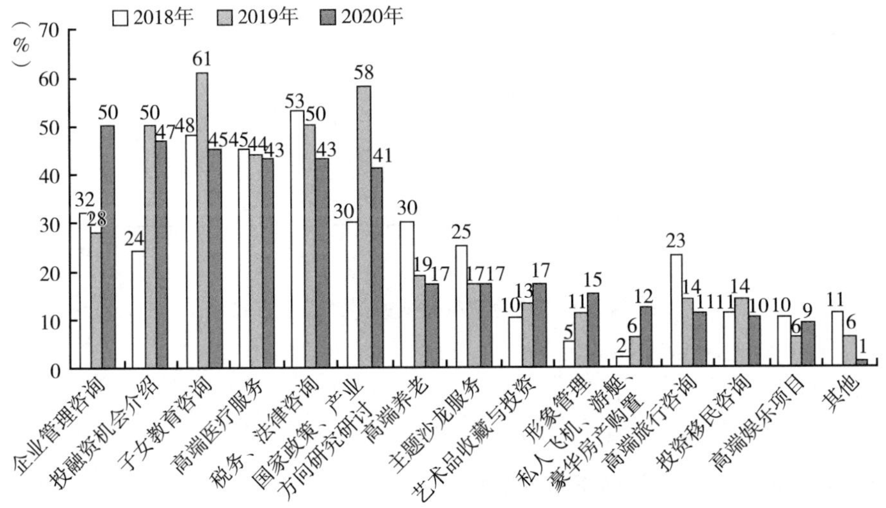

图 33　新生代企业家对增值服务的偏好

资料来源：2020 年调研白皮书。

“让专业的人来做专业的事”日益成为人们的共识。调研显示，新生代企业家选择专业的财富管理机构为其量身打造资产配置方案的现象越来越普遍。我们发现，疫情后 38% 的受访者表示倾向于商业银行的普通理财，另外 36% 的受访者倾向于选择私人银行，还有 24% 的受访者会选择其他理财机构。大部分人（69%）更加喜欢将财富管理的主动权掌握在自己手里。这意味着专业财富管理机构依然有较大的潜在市场待挖掘，同时也说明市场依然需要继续培育。

对疫情前后新生代企业家财富管理方式的调研结果显示，疫情后受访者在财富管理机构选择方面发生了变化。私人银行的位次提前，从第 4 位上升到第 3 位，比例从 29% 上升到 36%；商业银行普通理财位次从第 3 位上升到第 2 位，比例从 32% 上升到 38%，其他理财机构的比例下降幅度比较明显，从 36% 下降到 24%。

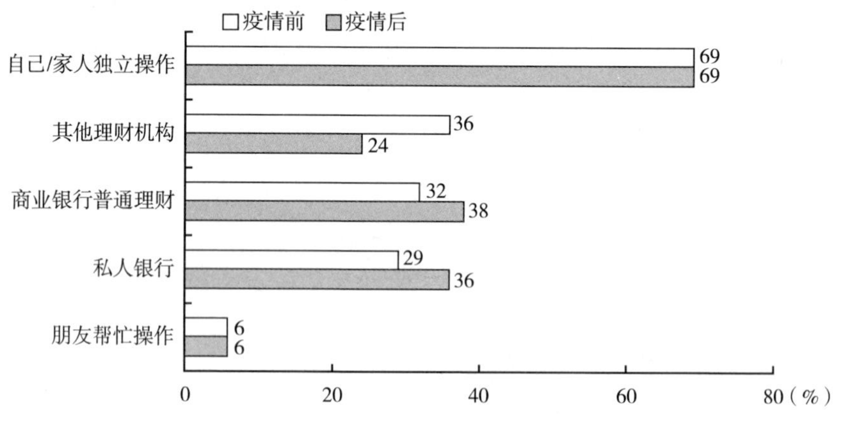

图 34　新生代企业家倾向的财富管理方式

资料来源：2020 年调研白皮书 。

虽然经历疫情，但是新生代企业家对风险的接受程度并没有明显变化。45% 的受访者表示对风险的接受程度在疫情前后没有变化，21% 的受访者表示对风险的接受程度更低，19% 的受访者表示对风险的接受程度更高，15% 的受访者表示不确定。

在财富管理的目标方面，受访者的目标更加明确。虽然财富增值依然是财富管理的第一大目标（62% 的受访者选择了这一目标），财富保护、资产隔离的目标也相应受到重视。57% 的受访者选择财富保护作为其财富管理最重要的目标之一，选择家族资产与企业资产隔离的受访者占比也达到了 51%。

B.4

家族信托2.0时代：风来帆速 水到渠成

建信信托财富管理事业部

摘 要： 十年磨一剑，自2012年中国首单境内家族信托落地，中国的家族信托经历了10年之久的努力和探索，意气风发地迈进2.0时代。在家族信托1.0时代，信托业金融机构的发展模式与服务产品都处于探索阶段。家族信托2.0升级版的服务是以家族信托1.0时代的标准化产品为基础，在发挥财产保全、财富传承、隐私保护等基础功能的同时，对于家族信托这项工具的运用更加灵活，其范围也更为广阔，即服务视角着眼于资产在境内且是中国税务居民的超高净值个人的财富传承，着眼于其资产多元化、投资全球化、受益人身份国际化的需求，为其提供多元资产传承与分配、全球大类资产配置、多国税务筹划最优解等全方位的服务。进入2.0时代，家族信托服务方案正在综合化、定制化、个性化的发展道路上更迭升级。

关键词： 财富规划 股权家族信托 家族投行 家族基金

境内家族信托市场越来越受到关注，并且具有很大的爆发潜力，正所谓恰同学少年，风华正茂。

一 境内家族信托市场面面观

2018 年，《关于加强规范资产管理业务过渡期内信托监管工作的通知》

（以下简称“37 号文”）的发布正式定义中国家族信托，为家族信托正式开具了“准生证”，这一年也因此被业内称为“中国家族信托元年”。此后行业进入高速成长期，家族信托设立规模和市场渗透率呈快速上升态势，逐渐成为中国超高净值人群财富管理规划和家族财富传承的工具之一。

（一）服务机构乘势而上加码布局

中国超高净值人群设立家族信托呈现几何式增长态势的同时，对于财富管理服务方案的要求趋于多元化、精品化和特色化。受此推动，活跃在市场上的各大信托业机构乘势而上，加码布局家族信托，积极拓展顶端人群财富管理业务。

（二）参与主体与模式：厘清买方与卖方业务的边界

国内参与家族信托业务的相关主体包括商业银行、信托公司、证券公司、保险公司、家族办公室、律师事务所、会计师事务所等。其中，商业银行私人银行部与信托公司的合作是当前国内家族信托业务开展的主流模式，即商业银行依托其庞大的线下线上营销体系触及客户，并由银行集成“信托公司家族信托专业服务牌照和能力”以及“律所或会计师事务所的法税服务”后，为客户构建综合解决方案；客户设立家族信托后，由银行进行客户关系维护，信托公司则主要对家族信托客户进行管理。

除此之外，证券公司、家族办公室等机构亦在整合其掌握的客户资源，并且制定符合各自特点的解决方案。与银行不同的是，证券公司和第三方财富管理机构目前处于更偏前端销售的模式，即为客户设立家族信托是希望客户更多地配置其推荐的产品，从而在产品端收取佣金或代销费。而银行因有庞大的客群和综合金融体系支撑，摊薄了零售客户的整体服务成本，便可以接受家族信托买方顾问收费模式，尽管当年费率较低，但“细水长流”，仍可聚沙成塔。

需要指出的是，家族信托管理业务属于买方业务，而以收取佣金作为盈利模式的推介业务模式属于卖方业务。当下不少开展家族信托的机构仍未厘清买方与卖方业务的边界，或将存在利益输送和道德风险问题。

（三）培育市场需以匠心博采众长

当前境内的财富管理市场正处于一个黄金时代，面临蓬勃的发展机会。建信信托调研显示，企业家对于家族信托的话题接受度与关注度相比往年有明显提升。从事财富管理的金融或非金融机构通过此前十年逐渐积累了服务经验，也形成了各自优势。未来十年，则需要各家机构进行多方资源整合，博采众长，汇聚力量。例如信托公司已经与各方机构（银行、券商、律所、会计师事务所、家族办公室等）开始合作，提供家族治理、传承、投资、税务筹划、慈善等综合化服务。

家族财富管理的产业链条犹如一个复杂的“生产队”，围绕财产规划、风险隔离、资产配置、子女教育、家族治理、公益（慈善）事业等需求，各家机构其实都能找到自己的用武之地，或是“设计师”，或是“施工方”，抑或二者兼具。家族财富管理需各家机构联手深耕拓展，以专业严谨的素养和专注服务的态度积力之所举。

但与此同时，家族企业对财富管理的需求多、要求高，服务机构也应坚持有所为、有所不为，逐步明确产业分工，明晰产业链参与者的定位，不断提升服务客户的深度。

当前的家族财富管理市场还需要从业者以匠心慢慢培育市场，围绕家族财富管理服务求精求专，最终才会行稳致远。从这个角度而言，每一位从业者任重道远。

二　家族信托2.0时代的财富管理方案实践

家族信托2.0时代的财富管理方案以家族信托为核心工具，综合考虑家族的资产个性化分配、税居身份筹划、受托资产属性、家族企业投融资需求、继承人培养等因素，在《信托法》《民法典》等相关法律政策的指引下，制定整体的家族财富规划方案，对于家族财富进行最优筹划。财富管理方案于“家”解决风险隔离、资产配置、财富传承等问题，于“企”提供并购重组、产业整合、引战融资、市值管理、资产证券化、现金管理等综合化解决方案，让全球华人通过中国家族信托持有祖业，根植中国同时永葆基业长青。

（一）“上医治未病”——财富规划篇

根据中国建设银行联合 BCG 发布的《中国私人银行 2019》对高净值人士的调查，客户的财富管理目标与其所处的人生阶段密切相关，年龄处于 50 岁以下的高净值人士的财富管理目标是财富增值；而 50 岁后，他们的财富管理目标纷纷变成财富保值和传承。

根据同一调查，基于对高净值人群在 2012 ~ 2018 年年龄分布的研究，已有近 50% 的客户迈过 50 岁的门槛，说明大部分的高净值人士对于财富管理的需求主要集中在财富传承方面。

而中国的超高净值人群对于财富管理有着更多元、更复杂的诉求，需求正从“增富、创富”发展到“守富、传富”。在此过程中，财富的合理规划至关重要，否则可能会有大量的财富在守富、传富的过程中流失。超高净值人群面临太多的风险。有的风险来自家庭内部，如继承风险、婚姻风险、接班人培养的风险、未成年人没有能力继承家业的风险；有的风险则来自外部环境，如法律法规特别是相关税法变化的风险、企业生产经营的风险和各种各样小概率突发事件的风险。越来越多的高净值客户体会到，勿临渴而掘井，宜未雨而绸缪。种一棵树，最好的时间是十年前，其次是现在。财富规划亦然。

财富规划的主要内容，是对家族的财富进行整体梳理，关注其潜在的风险并针对性地提出解决方案。超高净值人群及其家族企业可能面临的潜在风险如下。

第一，资产代持的风险。资产代持的原因可能多种多样，如为了规避被代持人因特殊身份导致的资产持有限制、规避特殊行业规定或竞业禁止义务、出于私密性或者操作便捷效率的考量等。但是资产被代持于其他自然人名下，天然地会产生各种潜在风险。这些风险包括代持人的婚姻风险、债务

风险、继承风险、恶意处分代持资产的风险等。

第二，家企不分的风险。很多中国的企业家将家族企业视为自己和家庭开支的提款机，用个人账户收取企业的应收款项。殊不知，股东和公司之间发生大量复杂的经济往来，可能令有限责任公司这一天然的风险隔离屏障失去功效。公司的法人人格一旦被否认，将导致股东个人对公司的债务承担无限连带责任，令公司经营的风险衍射至家庭。

第三，资产传承的风险。若对于资产传承不进行任何事先规划，万一企业家发生意外情况，资产传承可能产生纷争；若涉及家族企业股权的话，还会影响公司股权架构和控制权的稳定；若继承人的财富观与人生观不足以驾驭巨额财富，继承人一次性取得的巨额资产甚至可能对继承人产生负面影响。

第四，跨境法律适用冲突的风险。超高净值人士及其家人很多具有外籍身份，或者在多个法域生活并且拥有资产，很容易产生不同法域法律适用冲突的情况，一旦涉及诉讼，将增加诉讼的成本和难度。

第五，企业家自己或者下一代的婚姻风险。曾经甚嚣尘上、沸沸扬扬的某网站创始人夫妇夺权事件，充分说明了假如不进行事先财富规划，一旦昔日爱侣反目成仇，很可能是一地鸡毛，最终双双赔了夫人又折兵。

为避免上述各种风险，超高净值人群应当综合利用各种工具对财富进行全面的规划。以建信信托为例，我们将客户资产类别、税务属地、金融资产配置等因素与财富管理短、中、长期目标相结合，为客户提供最优组合的财富规划方案，从而尽早规避上述风险。在成熟的财富管理市场，财富规划是家族财富管理的第一步也是最重要的一步。

（二）股权平稳传承——股权家族信托篇

相较于其他资产形态，股权传承的难度最大，对家庭成员的影响也最大。具体而言，股权传承面临着一系列困难，如接班人的能力及主观意愿、企业股权权属是否清晰、股权传承所导致的企业控制权稀释或旁落等问题。家族企业股权如果通过家族信托持有并且传承，则能够为以上难题提供有效

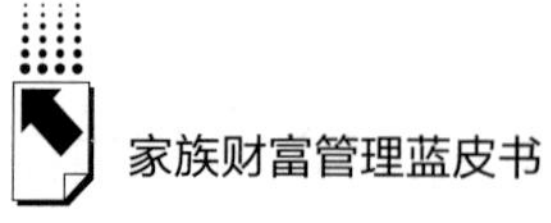

的解决方案。伴随着未来几十年企业股权传承浪潮迭起，股权家族信托也必将迎来快速发展期。

1. 家族信托持有企业股权的优势

（1）有助于企业家厘清权属关系，清理代持等不规范的权属安排，避免企业股权不清晰导致潜在的法律纠纷。

（2）避免因通过遗嘱、赠与或法定继承等传统方式传承股权给家族成员，产生股权分割所导致的持股比例分散、对企业的控制权稀释，甚至家庭成员失去对企业控制权的情形。

（3）家族信托持有企业股权可将股权锁定在家族信托的框架内，企业股权不因企业家或其后代个人的生老病死、婚姻、债务甚至移民状况而发生变化，有利于企业股权的长期稳定，实现家族成员资产的成功隔离。

（4）家族信托有效实现了企业所有权与经营权的分离，有利于建立现代企业制度，引入市场机制和职业经理人机制。即使后代缺乏接班意愿和能力，企业仍有可能实现永续经营。

（5）通过家族信托建立起灵活有序的利益分配机制，企业家可以在生前就对家族财富分配做出安排，减少纷争，并且根据不同受益人的年龄、需求、所处人生阶段等设置不同的信托利益分配机制。同时，通过制定合理的正向和反向激励措施，有效引导受益人的行为习惯，树立正确的人生观和价值观，最终有效地实现家族财富和家族精神的双重传承。

（6）通过家族信托持有企业股权，能够有效地实现税务筹划，在法律允许的最大限度内，降低企业家的税务成本。

2. 股权家族信托的设立案例

（1）企业家某先生的基本情况

刚刚花甲之年的某先生夫妇，经过几十年的打拼拥有了自己的商业帝国，家族企业涵盖众多行业。

随着中国经济结构的整体升级，某先生夫妇正谋求企业商业模式的转型，他们对于AI、生物技术等新兴行业非常有兴趣，正在与东部沿海地区的地方政府商讨有关新设企业进入生物技术行业的相关事宜。

某先生夫妇获利最为丰厚的一个家族企业采用的是“返程投资”[①]的架构，即某先生在香港设立一家公司，由香港公司再投资于境内设立一家外商独资企业（WFOE）。在新的企业所得税法实施即2008年之前，外商独资企业可以享受较为优惠的税收待遇。但是，随着外资企业待遇国民化，这些税务优惠都不复存在。“返程投资”的架构不再具有税务优惠的优势，而且该外商独资企业利润从WFOE通过香港公司再分配到某先生个人，将产生高达30%的税负成本。因此，导致某先生本人对分红持谨慎态度，大量利润因此沉淀在WFOE账面；夫妇俩开始考虑接班的事情，对家族财富的规划也有一些初步的想法。

（2）需求和痛点

某先生拟投资生物技术等商业领域，希望可以采用最优化的税务架构，节省税务成本。

新公司预计能够很快产生利润，结合之前“返程投资”的架构，某先生希望新公司的利润能够在境内和境外之间进行合理分配，既能保障境内家人衣食无忧，同时也保留资金向境外流出的渠道，这样可进可退、可攻可守。

希望新公司的控制权保持稳定和集中，同时希望子女都服务好家族企业，进行正向激励，从他们中间挑选企业的接班人。

（3）解决方案

某先生设立家族信托作为LP，其或其家人控制的另一有限责任公司作为GP，共同设立有限合伙企业，有限合伙企业和现有的WFOE共同投资设立新设企业，用于新的生物技术的经营。

（4）方案优势

对于新设公司而言，这是最优的税务架构，因为引入了有限合伙企业和家族信托。新设公司向WFOE的分红不需要缴纳企业所得税，向有限合伙

① 返程投资是指一个经济体的境内投资者将其持有的货币资本或股权转移到境外，再作为直接投资投入该经济体的行为。

企业分红不需要在有限合伙企业层面缴税，但是在 GP 和 LP 层面缴税，但基于目前的税务立法和征管环境，LP 家族信托层面在实践中并无所得税负担。

新设公司的大部分股权置于家族信托的架构之下，保证了股权和控制权的稳定和集中，当未来某先生选定了企业接班人，只需在 GP 层面进行股权和公司治理的设计，就能够实现对于新设公司大部分股权的传承。

对比承受 30% 的税务成本将 WFOE 的利润最终分配给某先生个人，该方案利用 WFOE 大量的未分配利润新设公司。未来新设公司一旦盈利，通过将利润分配给有限合伙企业，进而分配给家族信托 LP 的方式，可将部分 WFOE 的利润通过再投资的形式，以免税收入（在目前的税收征管环境下）的形式分配给某先生的家人，从而保障家人在国内的生活。同时，这一架构保留了 WFOE 的利润分配渠道。未来如果需要，通过新设公司将利润分配给 WFOE，WFOE 再将利润分配给香港公司的方式，将资金合法地留在境外，打通境内外资金流转的通道。

通过设置个性化的分配方案（如按照受益人是否在家族企业任职、所担任的职务及其对家族企业贡献的大小对每一位受益人进行赋值，根据赋值来决定每年的分配数额），对儿子儿媳进行正向激励，鼓励他们为了家族企业的壮大同心同力。某先生的儿子未来即使没有接班家族企业的意愿或者能力，也能够通过受益人的安排从家族信托中分享企业经营发展的经济利益，保障后代优渥的生活。

需要提示的是，企业传承是一个长期规划、及时调整的过程。某先生应当及时确定接班人选，在 GP 的股权和公司治理结构中实施该接班方案，保证整个企业架构的稳定性。

本架构的最大优势是将新设企业的大部分股权置于家族信托之下，并且因势利导，运用之前的“返程投资”架构合理分流新设企业的境内外利润，将境内外资金进出的灵活性嫁接到新设架构下，同时也较好地解决了原架构下个人股东取得利润产生较高税负问题。由于 WFOE 的股权增值较大，在目前的法律税务环境下将 WFOE 的股权置于家族信托之下将会导致较高的税务成本。有关 WFOE 的股权传承也可以通过遗嘱等方式综合考量，避免可能的纷争和对企业经营的影响。

（三）服务企业融资——家族投行篇

家族投行业务与普通投行业务有何区别？事实上，无论广义或狭义的投行业务，服务对象均为企业法人，服务内容包括为企业提供股权融资、债务融资、保荐上市、债券承销、并购重组、再融资服务等，需要金融机构不断提升资产证券化能力，以及为满足企业融资需求不断提升金融服务水平。不过，大部分的投行从业人员，不同程度地缺少财富管理知识，很难站在企业家的角度全面思考资本工具的合理运用方案，且难以契合企业家的长期财富规划需求。

1. 家族投行更具个性化

借鉴海外成熟财富管理机构的模式，境内资产管理机构均有在财富管理部门设置家族投行岗位的倾向，即着眼于企业家积累财富的愿望，运用投行的专业知识与方案，为其制定合理的家族发展与企业发展的长期规划。同时，与普通投行不同，家族投行团队将从家族客户的视角，结合金融机构的资金、专业方面的优势，为家族客户定制更有效的投融资类产品与解决方案，使大股东利益、家族企业利益、金融机构利益形成闭环，实现各方共赢。例如，建信信托的家族投行业务便是集成公司多年积累的财富管理与投行服务能力，创新形成对客户家族与企业一站式的服务体系，并且细化出多项家族投行产品，满足客户创业上市、价值管理、投融资一体化、家业顺利传承等全周期的需求。

简而言之，普通投行服务对象是企业，金融机构将自下而上地为企业级客户制定、执行、交付相关方案，较为标准化。家族投行服务对象则是企业家及其家族，金融机构将自上而下地为家族客户规划、量身定制服务方案，更具个性化。

2. 家族投行如何为企业家创造价值

以建信信托为例，公司家族投行团队由具备券商投行、信托财富顾问、法税等专业背景的从业人员组成，具有较强的复合型跨界服务能力。基于客户所处创富、增富、守富、传富等不同阶段，精准把握客户短、中、长期需求，可为客户及其企业提供一揽子投行服务方案，包括家族授信、股权（股票）家族信托、上市财务顾问服务、家族基金与家族成员培养计划、家族资产负债表管理、家族并购投融资产品等。

3. 家族投行服务案例

（1）案例一：为优质非上市民营企业出具完整的上市规划

某民营企业的掌控人资产投资涉及固定收益类、股权类、标准化产品等。其家族企业公司治理相对完善、盈利状况良好，具备未来上市条件。建信信托作为家族办公室服务方，为其出具完整的上市规划，在企业基础的股权架构之上，为企业家、管理团队、家族成员分别设计了不同的持股方案，包含家族信托、有限合伙、员工持股计划、集团控股公司等架构。

①该方案有效地为各方合法筹税，节税比例高达55%。

②提出以构建集团公司为目标进行控股收购的方案，集团公司未来可更有效地进行可交债发行、股票质押融资等。

③持股方案为管理团队提供持股计划的同时，也提供持股型结构化产品。

④建信信托为其实现 Pre - IPO 轮的股权融资，以股权资金投入家族企业，积极支持民营企业的发展；同时引入消费行业的龙头投资人，优化股东布局的同时，也为其创造了良好的市场价值。

（2）案例二：为上市企业进行资本运作

建信信托在与某生物医药上市企业深度合作的过程中，帮助这家企业进行资本运作以及市值管理规划，制定发行股份购买资产并配套融资方案，并以机构投资人身份进行了认购。此次资本运作实现了上市公司的长期产业运作规划，并在半年时间内帮助上市公司的利润与市值均实现有效增长。另外，建信信托首发股票型家族信托，为企业家的股权稳定、传承分配提供最优解决方案。

（四）家族继承人培养——家族基金篇

1. 财富平稳传承难题

在现代家族办公室服务体系中，家族基金是投资管理服务的核心载体。与西方家族“成熟一个，交接一个”的分散式交接班模式不同，中国传承现象更为集中，未来5~10年将是中国家族企业权力交接的高峰期，涉及近60万亿元的社会财富管理权转移。“家族权力密集交接”和“社会财富平稳传承”的问题被提上家族财富传承的日程。

2. 定制方案：继承人能力培养+家族企业转型升级

“星云计划—家族基金”创造性地提出为家族客户定制“继承人能力培养+家族企业转型升级”服务方案，助力高净值人群参与私募股权投资，具体包括以下几个方面。

（1）全程参与：家族基金投资者可委派家族成员全流程、全透明参与基金治理，包含立项准入、企业尽调、投资决策和投后管理等。“以投代练”帮助家族继承人切身领悟股权投资逻辑和风险把控要点，积累丰富的投资经验。

（2）立体培养：定期组织以投资管理为主题的培训活动，包括但不限于产业研讨、宏观经济、企业管理等内容。基金管理人将安排专业投资导师为基金投资人提供“一对一”的成长伴随辅导。

（3）项目共享：建信信托已审批项目及储备项目库优先向家族基金投资人开放，包括组织投资人跟随尽调、对接产业平台资源和开放项目直投等。

（4）增值服务：家族基金的家族客户可直接享有建信信托家族办公室服务，包括家族企业上市辅导、市值管理、慈善公益影响力投资、个税筹划等系列增值服务。

（五）子女移民海外——合法税筹篇

CRS（即共同申报准则，旨在推动国与国之间税务信息自动交换，目前

正循序渐进地在各国实施）的落地标志着全球税务透明化时代的开启。受CRS影响较大的中国高净值人群，除了持有境外资产的境内家族外，还有持有中国境内资产的移民家族。而高净值人士青睐的传统移民国家，如美国、加拿大、澳大利亚等均为全球征税国，具有税负高、税制复杂、税收征管手段完善等特点。全球税收透明化会对税务问题带来颠覆性的影响，使得越来越多的高净值人士开始重视税务筹划，而专业的税务咨询也成为私人财富服务领域中必不可少的一环。

在中国的高净值人群中，子女移民海外的现象十分普遍。可以预见，未来必然有大量中国境内的财富传承给拥有境外身份的子女，而这样的跨境传承带来的税务问题不容小觑，高净值人士应当尽早开始筹划。在众多的筹划工具中，家族信托的功能优势十分明显，这些原本由外籍子女继承的中国境内资产如能提前置入家族信托，将为财富传承开启更多的税务筹划空间。

（六）社会责任担当——慈善信托篇

近十年来，中国慈善正经历着管理不断规范化、项目不断专业化、运作不断社会化的发展历程，一大批慈善家和企业家快速参与专业化的公益事业，与此同时，《慈善法》及其专章阐述的慈善信托，从制度上充分肯定并鼓励企业家和富裕阶层参与公益事业，中国家族慈善会沿着自己的发展轨迹稳健前行，慢慢摸索出一条最合理的、最有效的道路。

建信信托访谈企业家时谈及慈善，发现企业家虽有回馈社会的愿望，也认可慈善是家族不可或缺的精神财富，但对慈善的认知层次、期待程度却存在很大差距。具体而言，第一个层次为授人以鱼，强调过程监督。企业家基于自身的慈善诉求，选择需要帮助的地域或者人群，要求捐赠资金精准发放；第二个层次为授人以渔，企业家认可公益是一门专业，而不仅仅是简单的“资金扶贫”，但对如何做到专业，却因缺少公益体验而难以全面体会和理解；第三个层次为思索个人及企业如何赋能公益。企业家开始思考慈善规划问题，具备从跟随者转型为公益事业领跑者的潜力。

1. 慈善家族基金的定位

慈善家族基金即以慈善信托为架构，带领家族成员参与公益领域项目探访与实践，打造慈善圈层的交流、赋能平台，帮助家族形成系统性慈善规划思路，孵化家族慈善事业。

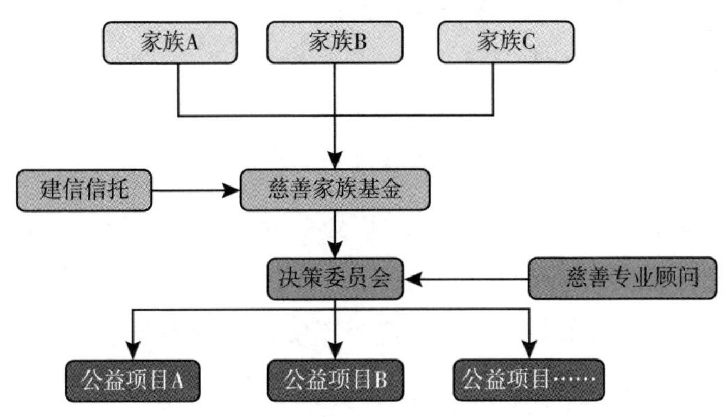

图1　建信家族慈善基金

基金宗旨：为家族提供慈善规划的“第一”理论与实践课堂。帮助家族成员形成完整的公益理念，助力家族形成长期的慈善规划。

慈善决策：家族委派成员参与慈善决策委员会。在慈善顾问带领下，家族成员可系统性学习慈善专业解决方案，决策家族慈善基金公益方向。

建立慈善交流平台：通过带领家族成员参加公益领域项目探访与实践、全球慈善家族参访对话，打造慈善家圈层的交流与赋能平台。

2. 基于慈善家族基金的定位，建信信托将与家族慈善委员共同实践

（1）公益是一门专业

家族慈善发展初期，热心公益人士经常会认为只要真实地资助公益领域就足矣，这样做确实可满足社会救助需求，但并不是社会所需要的唯一的公益行为。在物质帮助之外，从精神帮助层面来看会有着巨大的专业性差距，比如纯粹的物质帮助对人们的公平感会产生怎样的影响、受助对象接受物质帮助的同时是否丧失自主意识等，这些都需要专业化论证和实施。

公益慈善已经进入专业化运作的时代，不同类型的公益项目会有相应的专业技术，而公益项目的专业技术应当在实践中理解：如何选定受助对象？需求评估不当会否造成资源浪费或遗漏真正需要帮助的对象？如何解决生存依赖问题？避免受助人对资助产生依赖的方法有哪些？如何尊重受助对象？如何保护受助对象的隐私、意愿和自信？

（2）从跟随者转型为领跑者

慈善家族基金的委员可以从稳妥的专业化慈善开始，逐渐进入更高层次，尝试发挥企业家精神，赋能公益项目，从跟随者转型成为领跑者。

家族慈善发展初期，家族成员可以通过资助公益领域的前沿项目，从中找出与个人资源或企业资源相匹配、可以赋能合作的慈善组织或公益项目，持久深耕。例如，腾讯基金会的“筑力计划”，便是利用互联网平台和基金会的小额资助推动草根公益组织发展，提高其利用新媒体技术进行筹款和运作的能力，支持培养一批优秀的公益伙伴，共同携手助力行业的发展。即使在传统公益项目中，企业家精神和资源也可以有所作为。事实上，改良或创新传统公益项目的运作模式也体现了企业的社会责任和企业家精神。

（3）做纯粹的慈善

公益项目需要与家族企业相互独立，才能按照公益项目原本的社会化运作逻辑进行。如果将家族企业利益混入家族慈善活动之中，家族慈善的发展战略便演变成公益战略和为企业赚取名利战略两者的混合体，这种混合往往会使得公益项目深陷各种各样的困境。

大量的案例都表明，那些真正做公益的企业基金会、那些不追求企业声望与美誉度回报的企业发起方，却更能够给企业带来社会的赞许和美誉。

（七）专业全委托——资产增值篇

1. 全委托资产配置渐成主流趋势

2020 年以来，新冠肺炎疫情、中美贸易摩擦、石油危机等突发事件加剧了市场的种种不确定性，高净值人士避险情绪明显增强，分散投资意识逐步显现。与此同时，在经济增长模式转变、金融体系重心变化以及资管政策出台等多种因素作用下，中国资产管理市场深入人心的“刚性兑付”规则不复存在，无风险高收益产品渐成历史，资产的收益与风险趋于匹配。家族客户在对财富进行资产配置时，必须认清其本身的收益预期和可接受的风险波动度，具备专业的风险识别能力。

作为资产管理市场的参与者，券商、基金等专业资管机构能够凭借其对宏观经济趋势与大类资产走势的判断，结合丰富且专业的投研体系研发各类资管产品。不同于这类资管机构，家族信托财富管理团队则定位于“客户的代理人”，既能在宏观择时、资产配置之外获取更稀缺的资源，筛选更优质的产品，又能根据客户需求构建更加个性化的组合方案。在资产组合运营过程中，家族信托的财富管理团队也将对产品持续跟踪评价，并凭借其强大的风险控制能力，减少“黑天鹅”“灰犀牛”的负面影响，降低配置风险，帮助家族客户立足长远周期捕捉资产增值机会，平息短期市场波动，最大程度提升资产组合投资收益，实现客户的资产配置目标。因此，由专业财富管理机构为家族客户提供全委托资产配置服务将逐渐成为趋势。

2. 资产配置服务实践

建信信托资产配置服务着眼于超高净值人群的需求，对客户进行精准画像，运用大类资产配置走势分析、宏观择时、筛选子基金、获取稀缺资源、动态组合优化、风险处置等多方面的能力为客户提供从投前定制到投中执行再到投后跟踪管理的全流程配置服务，助力客户资产稳健增值。

（1）客户资产配置需求

某先生经营一家房地产企业，面对新经济环境下不断上升的地产行业经营风险，他一方面考虑降低经营性资本在地产行业中的占比，逐渐布局其他行业，另一方面考虑将传承性家族资产进行风险隔离，希望通过长期、稳健的投资获得资产增值，满足家人求学、养老、创业等需求。

某先生夫妇关注宏观经济动态，在股票、基金方面也有一定的投资经验，愿意获得各类投资机会的相关信息，但其主要精力用于企业经营，没有充足时间深入了解金融产品的投资策略，资产配置后也无法持续关注所投资产品并进行调整。

（2）设计全委托方案

结合某先生的情况和需求，建信信托建议客户将传承性家族资产置入家族信托架构，信托财产的投资配置主要采取全委托方式。根据某先生整体趋向稳健的投资目标，建信信托在通用模型的基础上优化了资产配置组合，制定了初步的配置方案，以对应的各类资产长期配置比例均值作为战略配置比例的中枢，并设定可容忍偏离的范围，组合方案追求低回撤的同时增强了收益弹性。

由于某先生本人较为熟悉房地产行业，投资团队也重点关注并配置部分风险相对可控的地产 REITS 基金或地产“ESG”方向基金，为组合投资获取超额回报。

（3）投资方案执行

在确定了上述配置方案后，建信信托全委托资产配置团队通过宏观择时和组合动态的调整，进一步优化组合整体表现。其中，宏观择时主要从经济基本面、货币政策、监管政策和市场环境等多个因子进行分析，并寻找其中预期风险收益较为合理的战术性投资机会。在宏观择时的基础上，配置团队根据组合整体的风险收益目标，结合定量指标和定性分析方法动态调整收益表现突出的固收类产品、低回撤策略的权益类产品以及业绩具备持续稳健竞争力的量化策略产品的投资权重，进一步增强收益弹性。

（4）增值服务

在全委托资产配置的同时，某先生希望对一部分资金保留决策权。对此，建信信托向某先生提供以“委托人指令”或“部分委托”为投资决策方式的组合方案。一方面，建信信托会为某先生提供宏观经济形势、行业趋势、大类资产方面的最新观点；另一方面，对于某先生主动筛选的投资产品，建信信托也将对其进行业绩归因，并对拟投资产品提供咨询服务。

三 境内家族信托发展建议

财富管理的美好时代，需要政策层面和参与主体的共同努力，需要创新也需要融合。财富管理服务机构应共同建立分工明确、合作共赢的行业生态，合力打造更有活力的家族财富管理市场。本研究在分析境内外家族信托市场现状的同时，也归纳了业内专家、从业人员和企业家的相关建议，期许未来境内家族信托能更有效地助力民营企业家实现家族永续、基业长青的传承目标，最终更好地解决就业、民生等社会经济发展的诸多问题。

（一）法律体系与配套政策有待完善

近三年来，备受鼓舞的财富管理市场热切期待相关配套政策的进一步完善，从而确保信托财产的安全以及家族信托的私密性。对于家族信托规避风险的有效性，部分超高净值人群仍有顾虑。

与此同时，非现金类资产（如不动产、艺术品、古董、珠宝等）因存有登记障碍难以纳入家族信托管理的范畴。令人欣慰的是，对此，中国信托登记有限责任公司正在着手完善，正以信托登记夯实基础、以交易流转拓展服务，积极探索信托财产登记的发展路径，进而为家族信托的发展构建良好的制度环境。

（二）境内家族信托的税收问题有待进一步明确

国内目前对信托的税收问题（如遗产税、赠与税等）尚未明确规定，股权类资产还不能非交易过户，如要置入家族信托仍存在提前完税的问题，无法满足市场的需求。同时在全球反避税的形势下，超高净值人群将面临税务安排国际化的复杂情况，基于税务合规性的考虑，他们会更加谨慎地考虑税居身份、资产架构、资产配置等一系列问题。

税收无疑已成为家族信托进一步发展的掣肘，目前已经受到监管层的高度关注，全国人大代表、中国银保监会信托监管部主任赖秀福于2021年全国两会期间提交了《关于完善中国家族信托税收政策的建议》，明确家族信托下的财产转移视同继承或赠与，按照业务实质课税；借鉴信托税制国际经验，明确信托税收原则和政策，为家族信托业务丰富发展提供税制保障；探索家族信托税收优惠试点，吸引境内外财富参与国家经济建设，提升财富管理的国际竞争力。

在家族信托的发展方面，只有税收问题得以明确，才能更好地引导信托公司顺应财富管理时代需要，加强家庭财富管理能力建设，以高质量供给激发需求、创造实践，同时，促进居民财富有效管理，向社会资本有效转化。

（三）超高净值人群认知亟待深入

欧美国家设立家族信托有明确目的，如资产保护、财富传承和税务筹划等。相较于此，境内超高净值家庭还需要更加清晰的家族传承理念和规划，很大一部分家庭多持有投资增值的传统观念，将收益率视为家族财富管理的首要需求。比如，一部分超高净值个人仍将家族信托当作理财专户，缺乏家族长期的治理理念。又如，中国正处于一代企业家向家族二代或职业经理人团队交班的前期，如何利用家族信托维护股东利益，同时与现代公司治理相结合，对此，无论是家族还是专业服务机构都缺乏相应的经验。这是挑战，但同时也是家族信托未来展业的巨大机会。

需要指出的是，家族财富管理并不是一种“金融产品”，在受托服务过程中，服务机构与客户之间并不仅仅是商品销售与购买的关系。除了为个人管理财富外，家族信托的独特功能在于要为其家族成员、家族产业和家族企业服务，并对家族产业的未来可持续发展做战略性安排。

受全球政治经济环境影响，国内金融市场波动愈发加剧，无风险收益率持续下降，传统非标准化债权及银行理财在收益率下降的同时，供给量越来越小。超高净值个人的配置理念需要加速转变，家族信托的资产配置周期方面，应该着眼于长周期且保持稳健，但很多超高净值个人暂时还无法接受净值型产品和风险可控、收益较低的产品。

家族信托概念的普及仅机构单方面的宣传还远远不够，希望未来能有更多业内企业家相互交流的平台，推动相互之间的交流。

（四）境内机构应持续提升专业服务能力

《左传》说：“以欲从人则可，以人从欲鲜济。”如此利己利他的大道理对于境内信托机构而言，就是以客户为中心，在家族信托财产的多样性、国际化的受益人身份所涉及的税务筹划、资产配置方面持续发力。近两年，建信信托在股权资产或股票置入家族信托方面已有突破性的进展，对于房产、艺术品、轮船、飞机类型的家族资产管理正处于探索阶段。

此外，各家信托公司或商业银行在管理家族信托时，很多在资产配置方面缺乏组合能力以及布局全市场的眼光，大部分机构仍为管理的家族信托资产配置其自身发行的产品。在海外，这类模式颇受诟病。因此，信托机构应加强对客户的了解，对每个客户的家庭结构、成长经历、从事产业、资产负债状况、风险偏好、分配需求、传承理念等有所了解后，制定有温度的方案，为客户创造更高价值。也只有如此，境内机构才能更好地培养客户的信任度，通过机构的品牌信用背书和团队的专业服务能力取信客户、赢得青睐。

（五）家族信托应实施长期的专业人才培养战略

面对超高净值个人更多国际化的资产配置需求，家族信托服务机构应能提供高度定制化、综合性的服务方案，这需要大量精通法律、财税和金融等专业的复合型人才予以支撑。未来信托机构应积极实施长期的专业人才建设战略，打造一支家族信托管理的精锐队伍，为超高净值客户提供精确的需求分析、专业的解决方案、高效的项目执行和全流程的尽职管理。此外，信托机构也可以与不同行业的机构（如投行、专业律所等）合作，相互借鉴，共同进步。

四　境内家族信托的未来展望

站在2021年展望未来，在政策环境端，金融监管力度不断加强、国内减税降费趋势不变、相关配套政策陆续出台都表明“政策面友好委托人、受益人、投资者”的导向将长期不变；在供给端，家族信托将是群雄逐鹿的市场，境内机构在摩拳擦掌的同时，境外机构也在虎视眈眈地琢磨如何降

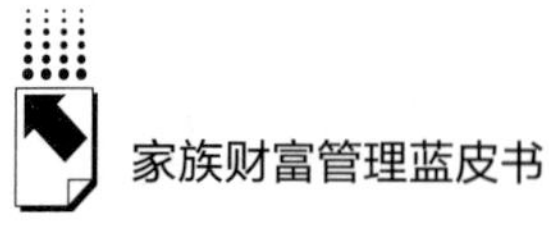

维打击；在客户端，境内家族信托将成为超高净值家族的标配。可以说，财富管理整个行业面临巨大的变革，机遇与挑战并存，越来越多的财富管理机构将家族信托视为战略业务。未来境内家族信托将呈现以下趋势。

（一）品牌效应更加凸显

从未来的内外部经济环境来看，家族客户更看重对财富的保护，家族信托、保险金信托等防守性金融工具将得到极大的发展。在行业快速发展期，大量属于境内法律体系的传承、纠纷、判决案例将出现，超高净值人群在选择设立境内家族信托的同时，也不可避免地将面对许多未知的挑战，因此，具备相对成熟的经验、处理过较多案例且具有良好品牌效应的专业受托人将被超高净值人士所看重。

（二）财富可持续发展内涵更丰富

境内家族信托的经营理念、模式、种类和装入资产类别等将趋于多元化，如从过去的单一信托资产转向多元信托资产、从生前信托到遗嘱信托、从资产类家族信托拓展到家族慈善事业等。同时，家族财富的可持续发展也将包含社会贡献与社会影响力，即以公益慈善的方式回馈于社会，通过与社会的良性互动循环，家族不仅能塑造良好的社会形象，也能对社会大众产生积极的示范效应，为家族财富可持续发展赋能。

（三）高效的家族信托产业链将形成

家族信托服务一般包括四大层次：第一层是专业受托人，为委托人及受益人按合同约定提供及时准确的分配、投资、财产管理的执行服务；第二层是主动型资产管理服务，即财富管理机构凭借自身的资产管理能力，为客户提供大类资产配置的宏观、中观、微观咨询与投资管理服务，根据客户的风险偏好主动为客户获取相应收益；第三层是法律税务解决方案服务，即着眼于客户的多元化需求，结合当地的法律和税务政策，运用家族信托工具实现最优解；第四层是家族投行服务，即利用家族信托将客户私人与企业进行链接，为客户提供涵盖家族与家族企业全生命周期的投融资综合财务顾问服务。

（四）境内家族信托的角色双重化："财富保险箱"与"财富百宝箱"

在法律法规不断完善、相关配套法律相继出台的情况下，中国家族信托将逐步成为超高净值客户实现资产配置全球化、受益人身份国际化、信托财产类别多元化的最重要的工具。一方面，在国内金融持续对外开放的政策背景下，国内家族信托政策持续友好的环境中，境内家族信托有望成为中国企业家"走出去"的财富保险箱。另一方面，在实现中华民族的伟大复兴进程中，企业家不忘本源的家族精神愈发显现。泉竭则流涸，根朽则叶枯。境内家族信托也将成为华人家族的"财富树根"，是扎根中国的"财富百宝箱"，承载与延续家族的有形财富和精神财富。

展望未来，中国家族信托业的发展，基于国内"政策面友好委托人、受托人、受益人"的导向，越来越多的财富管理机构将家族信托列为战略业务。进入家族信托2.0时代，财富管理整个行业将迎来巨大变革。

B.5

中国慈善基金会：需求逐渐显现，发展模式有待探讨

曾祥霞*

摘　要：社会治理体制改革需要我们重新理清政府在公共管理中的定位，即由政府主导转变为多元参与和发展社会组织。作为重要的非营利组织，慈善基金会的发展，不论是在实现社会资源的再分配、调节社会贫富差距，还是在推动政府体制改革和职能转变、完善国家治理体制上，均可以发挥积极的作用。但是，由于中国慈善事业发展历史较短，经验欠缺，在慈善基金会组织管理和运作过程中均存在许多问题。这不仅会影响中国公益事业健康、可持续发展，更会阻碍慈善基金会作为“第三部门”发挥其协调或补充政府不足的作用，进而影响社会稳定与发展。从内部来看，中国慈善基金会机构定位不明确，设立慈善基金会的动机不尽相同，专业化和职业化水平较低、公开度和透明度低，组织公信力建设薄弱，慈善基金会“造血功能”不足；从外部环境制约来看，政策法规不完善，行业自律建设缺位，社会监督与舆论环境不成熟，社会民众慈善文化教育缺乏，财税优惠政策不明晰。这些现实困境使得慈善组织的发展受到制约，其在参与社会公益事业中的作用发挥受到限制。本报告针对破解慈善基金会参与社会公益事业困境、充分发挥慈善基金会在社会公益事

* 曾祥霞，国际认证私人银行家（CPB），北京财富管理行业协会副秘书长。

业中的作用等提出了相关建议，包括内部能力建设与组织发展和外部制度建设与组织支持等。

关键词：　慈善基金会　社会公益事业　家族传承

一　慈善基金会概论

（一）慈善基金会的起源

现代意义上的慈善捐赠文化和制度起源于400多年前的英国，工业革命给英国带来了经济繁荣也带来了贫富分化，以教会为主导的捐赠文化日趋盛行，社会资源通过从富裕阶层向贫困人口的流动促进社会的公平和平衡。为了应对日趋扩大的贫富差距和满足新兴中产阶级的捐赠欲望，1601年英国议会通过《济贫法》（*Poor Relief Act*），与此同时伊丽莎白女王颁布《英格兰慈善用途法规》（*The English Statute of Charitable Uses*），通常把两者统称为《伊丽莎白法规》①。这两部法规对强制征税的财产和捐赠的对象做了详细分类，尤其是《伊丽莎白法规》还涉及税收调节和慈善事业世俗化，以及对援助对象的有效管理和监督，可谓现代慈善事业的先声。

这种起源于英国宗教捐赠的文化传统随着英国移民一起登陆美国。早期的美国人认为捐赠钱财给社会尤其是扶贫助教是巨大的荣光，他们不喜欢积蓄大量财富更不喜欢保留钱财给子孙，安德鲁、卡耐基在《财富的福音》一书中写道，“在巨额财富中死去是一种耻辱”。美国现代慈善基金会兴起和发展的另一个原因是经济繁荣大背景下社会矛盾日趋尖锐，贫富两极分化，穷人没有购买力，以及穷人对富人如何花费自己的巨额财富的关注和期

① 资中筠：《财富的责任与资本主义演变：美国百年公益发展的启示》，上海三联书店，2015。

许迫使富人回馈社会，帮助政府解决各种无力解决的社会矛盾，如环境污染、穷人教育、医疗卫生等问题。美国作为一个新兴移民国家，不存在欧洲根深蒂固的贵族和平民阶级文化，美国人鼓励努力奋斗创造财富的同时也认同财富取之于社会应回馈到社会，这种财富理念和社会传统也促使富人争相捐赠钱财做慈善。

20 世纪初最具有代表性的三大基金会是赛奇（Russell Sage Foundation，1907）、卡耐基（Carnegie Corporation，1911）和洛克菲勒（Rockefeller Foundation，1904）。这些基金会投入较早、资金量大、理念和运营模式先进，为后来基金会的发展奠定了基础。进入 20 世纪，慈善基金会开始在美国蓬勃发展。1900 年的卡耐基基金会和洛克菲勒基金会是最早成立的一批基金会中比较知名的两家。1936 年成立的福特基金会，由福特家族资助，拥有数十亿美元，项目遍布全球，影响范围很广。2000 年，比尔及梅琳达·盖茨基金会成立，成为全球最大的慈善基金会，旨在促进全球卫生和教育领域的平等。根据美国基金会中心的统计，在 160 万个美国慈善组织中有 9 万个可以被认为是基金会。年度捐款总额方面，2011 年为 3058 亿美元，其中 72% 是来自个人捐款，还有一些小额信贷的形式；8% 来自遗产捐赠，多数捐给教会组织；接近 20% 的捐款来自企业基金会。

中国是世界上最早出现慈善行为的国家，根基深厚的慈善文化成就了得天独厚的历史条件。但就建立制度完善、管理规范的基金会来说，中国与西方发达国家相比有不少差距。1981 年第一家慈善基金会成立，中国开始走向现代慈善之路。在中国，慈善基金会是利用个人或组织捐赠的资产从事公益活动的民间非营利组织。基金会是中国慈善组织的一种重要形式，《中华人民共和国慈善法》第八条规定，慈善组织是指依法成立、符合《慈善法》规定，以面向社会开展慈善活动为宗旨的非营利性组织。慈善组织可以采取基金会、社会团体、社会服务机构等组织形式。同时对慈善组织应当符合的条件进行了规定：以开展慈善活动为宗旨；不以盈利为目的；有自己的名称和住所；有组织章程；有必要的财产；有符合条件的组织机构和负责人；符合法律、行政法规规定的其他条件。《基金会管理条例》对中国的基金会进行了界定。所谓基金会，是指利用自然人、法人或者其他组织捐赠的财产，以从事公益事业为目的，按照本条例的规定成立的非营利性法人。慈善基金会具有非营利组织的基本特征，如非政府性、非营利性。

（二）中国慈善基金会的历史背景

第三部门（The Third Sector）或称志愿部门（Voluntary Sector），属于社会学与经济学名词，是在第一部门或公共部门（Public Sector）与第二部门或私人部门（Private Sector）之外，既非政府单位又非一般民营企业的事业单位的总称。第三部门是介于政府部门与盈利性部门之间，依靠会员缴纳的会费、民间捐款或政府拨款等非营利性收入，从事前两者无力、无法或无意作为的社会公益事业，从而实现服务社会公众、促进社会稳定发展的社会公共部门。虽然各国对于第三部门的定义各不同，但一般来说第三部门单位大都是由政府编列预算或私人企业出资，交由非政府单位维持经营的事业体。一般常见的社团法人、基金会或非政府组织（NGO）都属于第三部门的范畴，虽然每个第三部门单位成立的背景与营运方式都有不同，但普遍来说第三部门单位通常具有以社会公益为目的与不用缴税等特质。那些以服务公众为宗旨，不以盈利为目的，其所得不为任何个人牟取私利的机构，都可以被划入第三部门。几乎所有社会都有其久远的历史渊源和文化传统根基，但和公共部门、私人部门相比，第三部门不像公共部门那样具有强制性和普遍性的国家权力作后盾，从效率上看也比不上私人部门，因此它在现代社会中所起的作用一直没有受到足够的重视。但近二三十年来，第三部门的重要性越来越受到关注，人们认识到第三部门可以在一定程度上弥补市场失灵和政府失灵带来的社会负面影响，从而促进社会进步。

美国著名学者阿瑟·奥肯提出，市场经济追求的是更高的效率，而在这种模式下几乎无法避免会发生不平等现象。如果要使一个社会和谐稳定地发展，就必须在经济社会中形成人道主义思想，通过一种更加美好的方式来实现资源的倾斜，帮助困难者。[1] 慈善便以“第三次分配”的形式出现。法国学者托马斯·皮凯蒂指出，“从长期来看，资本收益率（特别是顶级资本的收益率）明显超过经济增长率”。[2] 为了尽量缩小地区之间的贫富差距，体现社会主义的公平公正，社会第三次分配的落实很重要。慈善作为第三次分配的主要形式，在解决贫富差距问题上有着显著的成效。

在中国，三次分配理论最早由著名经济学家厉以宁教授在其 1994 年出版的《股份制与现代市场经济》一书中提出，即市场经济条件下的收入分配包括三次分配：第一次分配是由市场按照效率原则进行的分配，强调的是市场经济的高效性；第二次分配是由政府按照兼顾公平和效率的原则、侧重公平原则，通过税收政策、社会保障制度建立等这一收一支所进行的再分配；第三次分配是在道德力量的推动下，通过个人自愿捐赠而进行的分配。[3]

伴随着经济的腾飞和政治文化各方面的发展，社会的组织方式和秩序建构模式也进行了相应的调整和改革，由传统意义的社会管理走向现代意义的社会治理。2012 年，党的十八大提出了“国家治理体系和治理能力现代化”重要思想。2017 年党的十九大报告旗帜鲜明地提出了“新时代中国特色社会主义思想和基本方略”。十九大报告明确了人民日益增长的美好生活需要和不平衡不充分的发展之间的矛盾是中国社会的主要矛盾。对社会主要矛盾的新界定决定了新时期社会建设的主要方向和目标。在实现国家现代化治理体系与治理能力这一建设目标上，要求理顺政府运行机制，并处理好政府同各方的关系。

社会治理体制改革需要我们重新理清政府在公共管理中的定位，创新社会治理内容。其中很重要的一项内容就是社会组织形式创新，这为中国的公益慈善事业迎来了发展的契机。2014 年国务院发布的《关于促进慈善事业健康发展的指导意见》指出，中国要致力于发展慈善事业，目前中国慈善

---

① 〔美〕阿瑟·奥肯著《平等与效率——重大的抉择》，王奔洲译，华夏出版社，1987。

② 〔法〕托马斯·皮凯蒂：《21 世纪资本论》，巴曙松译，中信出版社，2014。

③ 厉以宁：《股份制与现代市场经济》，江苏人民出版社，1994。

事业已经欣欣向荣，随着市场经济的发展，慈善事业也应该紧跟时代发展的步伐。《慈善法》的颁布对中国慈善事业的发展具有里程碑式的意义，对慈善组织的定义、慈善活动主体等进行了法律层面的规定，为规范慈善活动、促进慈善组织发展奠定了法律基础。

与此同时，改革开放40多年来，中国的社会经济取得了举世瞩目的成就，社会财富也得到大幅度提升。中国众多企业家用勤苦、智慧与胆识，创造了堪称世界奇迹的一部财富增长史。慈善转型中的中国，国内经济运行平稳，呈现缓中趋稳、稳中有进的发展态势，中国先富起来的“创一代”企业家们在积累了大量的财富之后，面临着较为迫切的财富传承问题，不少企业家开始思考如何践行社会责任以及回馈社会的问题。近年来悄然兴起的慈善基金会便引起了很多中国企业家的关注。2004 年，牛根生创立了中国第一个非公募慈善基金会——老牛基金会，截至2017年底，老牛基金会公益总支出超过12.02亿元，位列中国非公募基金会之最。在此之后，很多企业家纷纷设立慈善基金会，慈善基金会开始在中国慈善事业中占据一席之地。

然而，由于中国慈善事业发展历史较短，经验欠缺，在慈善基金会组织管理和运作过程中均存在许多问题。不论是内部运作机构还是外部监管环境，不论是在社会公益事业参与程度还是在整个慈善事业中的话语权，都有很大的提升空间。其面临的问题不能得到妥善解决，不仅会影响中国公益事业健康、可持续发展，更会阻碍慈善基金会作为“第三部门”发挥其协调或补充政府不足的作用，甚至还会影响中国社会的安定、发展。因此，分析中国当前慈善基金会发展中存在的问题、社会影响及其根源，并提出相应的治理措施与政策建议，具有十分重要的意义。

（三）中国慈善基金会的发展阶段

作为重要的慈善组织形式，中国的基金会发展迅猛。随着社会发展和政府政策的变化，中国慈善基金会行业发展经过了以下五个阶段。

第一阶段：1981～1987年，为起步时期，法律法规缺失。1981年中国第一家基金会中国儿童少年基金会成立，基金会经历了从无到有的过程，关于基金会的运作管理尚无相关法规。这个时期注册的基金会寥寥可数。

第二阶段：1988～1996年，为三重监管时期。1988年，《基金会管理办法》出台，确立了三重监管制度，严格限制基金会发展。《基金会管理办法》（以下简称《办法》）是改革开放以来中华人民共和国国务院制定的第一部专门规范中国民间组织登记管理的行政法规。《办法》于1988年9月9日由国务院第21次常务会议通过，1988年9月27日国务院令第18号发布，共14条。《办法》主要规定了基金会的定义、设立条件、审批体制、资金筹集规则、资金使用保值规则、资助协议和行政费用的规范以及监管规范等。《办法》虽然简单，但对促进中国基金会的成立、发展，尤其是促进中国"官办"基金会的发展发挥了重要作用。《办法》被2004年3月8日国务院颁布的国务院令第400号《基金会管理条例》所取代，于2004年6月1日起废止施行。

第三阶段：1997～2003年，为清理整顿、严格限制时期。1996年，中共中央办公厅、国务院联合下发《关于加强社会团体和民办非企业单位管理工作的通知》，开始对基金会进行清理、整顿，基金会发展处于停顿状态。

第四阶段：2004～2015年，为快速发展时期。2004年《基金会管理条例》出台，明确规定了基金会内部治理、财务会计制度和善款使用等内容。全国很多省份下放基金会登记管理权限，在市县级民政部门就可以注册非公募基金会。十八届三中全会报告中明确规定要进一步促进社会组织的发展。中国基金会发展速度加快，其社会影响力进一步提升。近几年的政策变化进一步促进了非公募基金会的发展。老牛基金会也在这个时期注册成立的，而壹基金也在深圳民政部门注册成立，脱离了对红十字会的挂靠，获得基金会牌照，从此独立发展。但是《基金会管理条例》存在明显问题：一是双重监管，设立一个基金会必须有一个业务主管部门和行政主管部门，这就限制了基金会的设立和发展；二是公募基金会门槛比较高，非公募基金会和公募基金会之间缺乏相应的升级转换渠道，这一定程度上限制了非公募基金会的发展。

第五阶段：2016 年至今。2016 年 3 月 16 日全国人大第四次会议审议通过《中华人民共和国慈善法》，这是中国慈善事业发展史上具有里程碑意义的一年。2016 年 9 月 1 日《慈善法》正式颁布，逐步纠正了双重监管问题，并且规定非公募基金会运营两年后满足一定条件可以申请成为公募基金会。这有利于基金会募集更多慈善资金，支持其日常运营和发展。在此之前，慈善捐赠主要依赖《基金会管理条例》《合同法》《企业所得税法》《个人所得税法》等法律规范调整。《慈善法》出台是第一次以法律形式来调整和规范中国慈善事业的发展，这部法律不仅规范了慈善基金会等慈善组织，还第一次单章规范了慈善信托，表明了中国大力鼓励和支持慈善事业发展的决心。紧随《慈善法》出台，《企业所得税法》也于 2017 年 2 月修订，提高了企业慈善捐赠税收优惠抵扣的额度。

《慈善法》的出台有特殊的时代背景。首先，民间财富的增长和先富起来的人迫切渴望参与慈善事业。这一批先富起来的中国人内心情怀觉醒，热心参与社会公益、承担企业家的社会责任。其次，中国目前面临着人类历史上最大规模的代际传承，许多高净值、超高净值家族把公益慈善列为家族财富传承规划的一部分，《慈善法》的出台也回应了这种需求。先富起来的群体积极参与公益慈善事业，有利于民间资本参与高风险领域，如环保、医疗卫生、教育、养老、人工智能等，在缓解社会矛盾的同时促进行业变革、提升中国科技实力。最后，《慈善法》的出台可以很好地遏制资本外流和锁定民间财富于境内，鼓励企业家将财富捐赠到慈善公益领域，从而促进社会稳定发展。

二　中国慈善基金会的发展现状

（一）中国慈善基金会的发展规模

根据募捐对象的不同，基金会可分为面向公众募捐的基金会（以下简称“公募基金会”）和不得面向公众募捐的基金会（以下简称“非公募基金会”）。公募基金会按照募捐的地域范围，又可以分为全国性公募基金会和地方性公募基金会。两者的区别主要在于：第一，收入来源不同。公募基金会依法可以向全社会开展募捐；非公募基金会则是自己出资，将一定款项用于慈善事业，也可依法接受来自特定范围的捐助，捐助者是企业或个人。第二，支出比例不同。公募基金会依法将上一年总收入的70%用于第二年的支出，人员和办公经费不超过支出的10%；非公募基金会则是第二年的支出不少于上年结余的8%，人员和办公经费不超过支出的10%。

1981年7月26日，中国第一个公募基金会——中国儿童少年基金会成立，由此拉开了基金会在中国发展的序幕。20世纪90年代初，随着改革开放的深入，市场经济体制改革，政府开始对慈善事业有了进一步的认识，鼓励部分社会力量参与慈善事业。1994年12月在中国厦门南普陀寺成立的慈善基金会和1995年成立的上海慈善教育培训中心，是这一时期慈善组织的典型代表。1995年之后，中国慈善事业的发展进入全新时期。尤其是在一些极端条件下，国民的慈善意识不断增强，慈善组织与慈善救助活动兴起。

经过近四十年的发展，截至2020年1月4日，全国①共有8459个基金会，其中公募基金会1591个，非公募基金会6868个。图1显示了中国1981年至今基金会发展的趋势，自2004年以来，中国基金会经历了高速发展时期，尤其是非公募基金会的整体比例从2004年的25%提高到2010年的50%，与公募基金会持平，再到2019年的79%，数量远超公募基金会。非公募基金会在《基金会管理条例》出台之后蓬勃发展，年均增长率达到25%，比公募基金会高了18个百分点，比全国均值上升了9个百分点。尤其是近年来，中国非公募基金会增长势头强劲，公募基金会数量变化不大。

（二）中国慈善基金会捐赠资产分析

1997~2006年，平均每年社会捐赠款物不足百亿元，但是到2008年，

① 不包含港澳台地区。

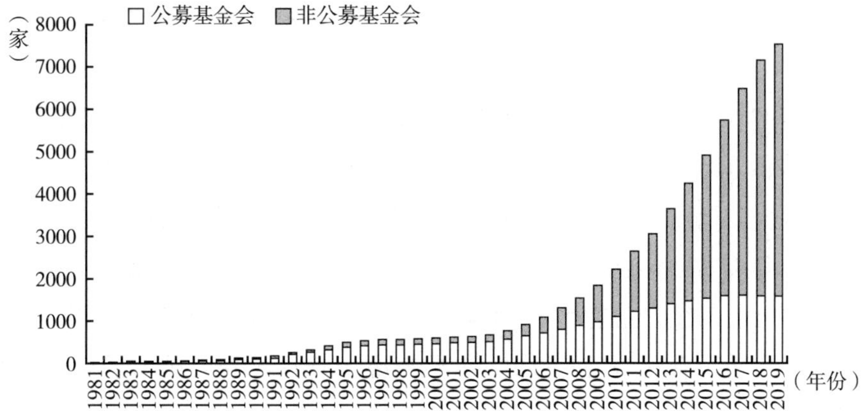

图1　中国基金会数量趋势

资料来源：基金会中心网，最后访问日期：2021 年 3 月 15 日。

国家收到的社会捐赠款物合计 764.8 亿元。2015 年末中国慈善基金会净资产达 1203.51 亿元，捐赠收入 379.96 亿元，公益支出 313.06 亿元，投资收益 36.40 亿元。在慈善事业的发展过程中，社会各界捐款最多的一年是 2008 年，这一年是中国受自然灾害侵袭非常严重的一年，如年初南方地区的寒流袭扰、年中的汶川大地震等。全年累计捐款总额达到 1070 亿元人民币，同比增长 350%；累计捐赠物资总额 934.61 亿元人民币，相较上年增长 420%。在灾害面前，国人空前团结，捐款捐物，境内公民个人捐款总额达 458 亿元人民币，在捐款总额中占比 54%，人均捐款 34.66 元。①

2017 年 6 月 14 日，中国社会科学院社会政策研究中心发布的《慈善蓝皮书：中国慈善发展报告（2017）》显示，2016 年中国社会捐赠额约为 1346 亿元，其中，基金会系统接收的捐赠总额预估为 489 亿元，在所有的捐赠渠道中贡献最大，② 约占总体捐赠额的 36.33%。另外，中国的慈善基金会在社会公益事业中发挥的核心作用日益凸显，在消除贫困、突发性灾难

① 民政部慈善协调办公室、中民慈善捐助信息中心：《2007 年度中国慈善捐赠情况分析报告》，2008 年 1 月 31 日。

② 杨团主编《慈善蓝皮书：中国慈善发展报告（2017）》，社会科学文献出版社，2017。

救助、教育、助医、助残等社会公益事业领域出现了越来越多的慈善基金会的身影。

在西方社会，有很多热心慈善、回报社会的企业家和大众。据美国施惠基金会报告，2007 年美国慈善捐款总额创历史新高，达 3060 亿美元，其中 82.4% 为个人捐款，12.6% 为基金会捐款，5.1% 为企业捐款[①]。更难能可贵的是，与拥有巨大财富的人相比，低收入者的捐款额占其总收入的比例更高。美国社会的慈善已脱离了个体层面，上升为全社会的普遍价值观和自觉行动，慈善传统有其深远的历史、文化根源。美国 2007 年公布的对于 2004 年的估算报告指出，公民部门正式组织的现金收入为 12000 多亿美元，当年美国经济总收入为 13 万亿美元。这样，公民部门组织收入约占美国国内生产总值的 10%；同时，雇员占劳动力市场的 10%，志愿者人数达成年公民人数的 27%。

相较而言，2008 年美国慈善捐款累计 3076.5 亿美元，个人捐款占比 75%，达到 2292.8 亿美元，人均捐款约为 800 美元。[②] 同年美国 GDP 为 14.72 万亿美元，慈善捐款占 GDP 的 2.09%。2016 年中国社会捐赠额为 1346 亿元，其中，基金会系统接收的捐赠总额预估为 489 亿元，在所有的捐赠渠道中贡献最大。同年中国 GDP 为 74.41 万亿元，社会捐赠收入占中国 GDP 的比例为 0.18%，与美国 2008 年慈善捐款占 GDP 的比例相比依然有很大的差距。

中国企业参与慈善事业捐款的数量仅为中国企业总数的 1%。中华慈善总会统计数据显示，在所有的捐款中，有七成来自国外和港台等地区的捐款，内地富豪捐款不足 15%。由此可见，中国慈善事业普及率是比较低的，并且举办的慈善活动数量也相对较少。

（三）中国慈善基金会捐赠方向

中国慈善基金会捐赠方向可通过图 2 以窥一斑。联合国可持续发展目标

---

① https：//givingusa. org/ Giving USA 2008，13.

② 民政部社会福利和慈善事业促进司、中民慈善捐助信息中心：《2008 年度中国慈善捐助报告》，2009 年 3 月 10 日。

（Sustainable Development Goals，SDG）为全球公共事业提供了一个参考维度。SDG 是一系列新的发展目标，旨在于 2015～2030 年以综合方式彻底解决社会、经济和环境三个维度的发展问题，转向可持续发展道路。2015 年 9 月 25 日，“联合国可持续发展峰会”在纽约联合国总部通过了一份由 193 个会员国共同达成的成果文件，即《改变我们的世界——2030 年可持续发展议程》（*Transforming Our World：The 2030 Agenda for Sustainable Development*）。以这份报告的发布作为时间节点，中国的基金会工作已涵盖全部 17 个可持续发展目标，具体包括：消除贫困；消除饥饿；良好健康与福祉；优质教育；性别平等；清洁饮水与卫生设施；廉价和清洁能源；体面工作和经济增长；工业、创新和基础设施；缩小差距；可持续城市和社区；负责任的消费和生产；气候行动；水下生物；陆地生物；和平、正义与强大机构；促进目标实现的伙伴关系。

对于以上 17 个可持续发展目标，中国的慈善基金会基本上全部覆盖，具体涉及目标 4（优质教育）、目标 1（无贫穷）、目标 11（可持续城市和社区）、目标 10（减少不平等）、目标 3（良好健康与福祉）的基金会最多，总计超过 60%。截至《慈善与可持续发展——中国行动》报告发布，根据不完全统计数据，中国基金会涉及目标 4、目标 1、目标 11、目标 10、目标 3的数量仍然保持领先，而在其他目标上企业数量有小幅增长。总体来看，在 17 个可持续发展目标下，中国基金会的公益项目支出与基金会数量基本匹配。在 2011～2015 年的发展历程中，在目标 4（优质教育）、目标 3（良好健康与福祉）、目标 17（促进目标实现的伙伴关系）上企业数量呈现大幅度增长。[①] 作为重要的公益组织形式，慈善基金会的发展，不论是在实现社会资源的再分配、调节社会贫富差距，还是在推动政府体制改革和职能转变、完善国家治理体制上，均发挥了积极的作用。随着国民经济的飞速发展，慈善基金会在社会公益事业中所起的作用将日益增大。

① 基金会中心网，http：//data.foundationcenter.org.cn/foundation.html，最后访问日期：2018 年 3 月 10 日。

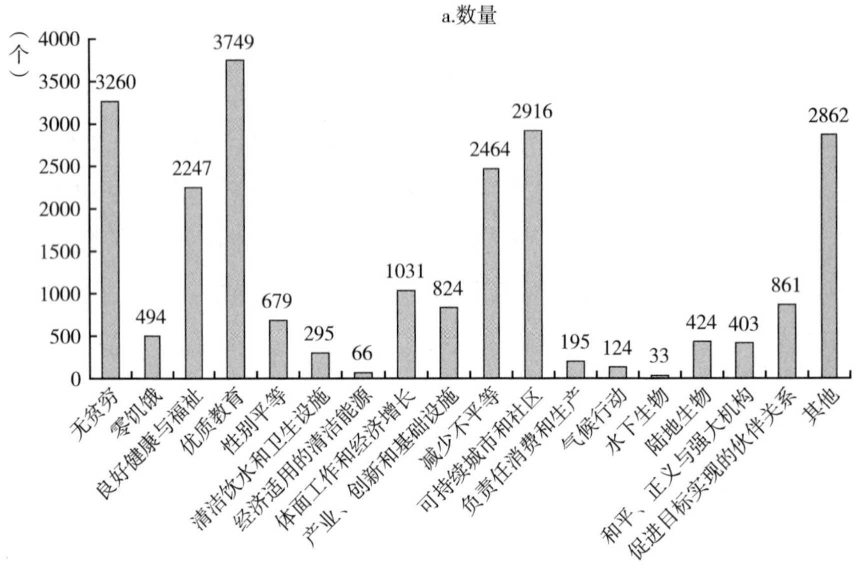

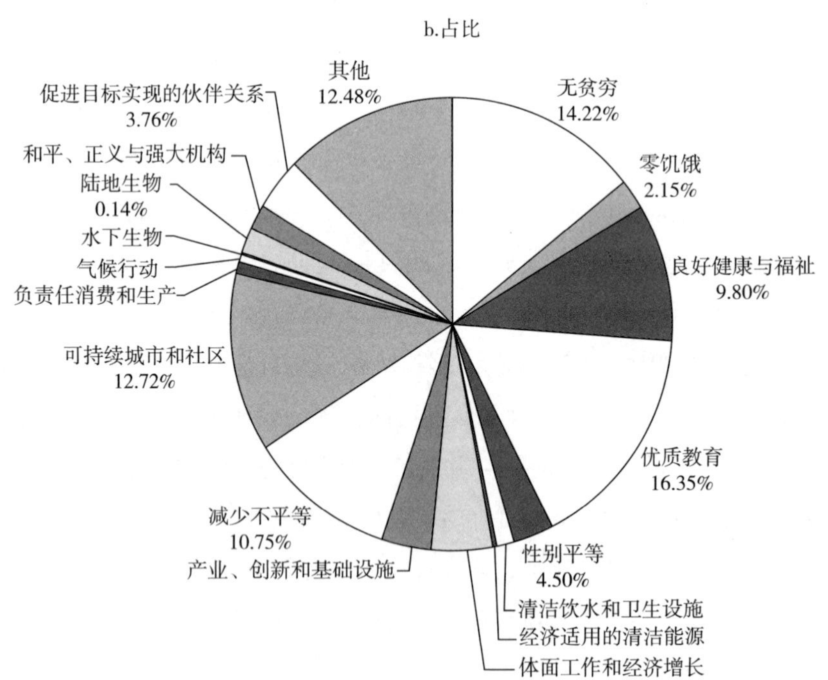

图 2　2015 年中国慈善基金会参与 SDG 基金会情况

在2020年7月14日举行的联合国经社理事会可持续发展高级别政治论坛部长级会议上，联合国秘书长古特雷斯警告称，2019年以来新冠肺炎疫情加剧了所有国家原有的系统性和结构性不平等，人类在实现可持续发展方面可能倒退数年甚至数十年。疫情给各国带来巨大挑战，对生活在贫困或脆弱环境中的人们来说，带来的风险更高：全球有7100万人被拉回绝对贫困；最严峻时，学校的关闭让全阶段90%的学生不能进入学校；一些国家家庭暴力事件的发生率增长了30%，全球30亿人因缺少家庭洗手设施而面临健康风险等。《2019年可持续发展报告》揭示，中国仅实现了SDG4优质教育与SDG8体面工作和经济增长，其余目标的推进仍面临挑战，其中挑战最大的包括SDG10减少不平等、SDG13气候行动和SDG14水下生物等。

（四）中国慈善基金会资产的增值保值

关于基金会资产的保值增值问题，《基金会管理条例》第二十八条规定“基金会应当按照合法、安全、有效的原则实现基金的保值、增值”。《关于规范基金会行为的若干规定（试行）》中也有规定：“基金会进行保值增值活动时，应当遵守以下规定：基金会进行保值增值应当遵守合法、安全、有效的原则，符合基金会的宗旨，维护基金会的信誉，遵守与捐赠人和受助人的约定，保证公益支出的实现；基金会可用于保值增值的资产限于非限定性资产、在保值增值期间暂不需要拨付的限定性资产；基金会进行委托投资，应当委托银行或者其他金融机构进行”。

表1显示了中国慈善基金会投资理财情况。以2015年为例，基金会全部资产1274.10亿元；基金会投资资产513.61亿元，投资资产占基金会总资产比例为40.31%，共有1549个基金会有投资行为，投资收益总额为36.40亿元，平均收益率为7.09%。有投资行为的基金会占基金会总数的24%，投资收益占收入总额的7.51%。纵向来看，从2011年至2015年，除了2015年比上年微降，投资资产占基金会总资产比例总体趋势是上升的；投资收益占收入总额比例逐年提高，从2011年的

2.06%到2015年的7.51%。平均收益率也逐年提升，从2011年的3.28%到2015年的7.09%。这里固然有市场的影响因素，但是总体来说，慈善基金会与金融的结合更为紧密。另外，高校基金会是基金会领域资金量、数量、影响力都比较显著的一类，既高度依赖高校的发展也支持高校的发展，在中国教育事业的建设中具有重要作用。高校基金会的资金量增长迅猛，其资产的保值增值问题值得关注。高校基金会更倾向于参与公益金融。

表1　2011～2015年基金会投资理财情况概览

单位：亿元，%

年份	基金会总资产	投资资产总额	投资收益总额	收入总额	投资资产占基金会总资产比例	投资收益占收入总额比例	平均收益率
2011	719.37	238.43	7.83	379.66	33.14	2.06	3.28
2012	860.56	319.12	14.40	346.35	37.08	4.16	4.51
2013	989.83	377.36	21.24	407.75	38.12	5.21	5.63
2014	1126.27	464.19	28.59	424.02	41.21	6.74	6.16
2015	1274.10	513.61	36.40	484.93	40.31	7.51	7.09

资料来源：基金会中心网，http://data.foundationcenter.org.cn/foundation.html，最后访问日期：2018年3月10日。

表2　2015年投资资产前五基金会

单位：万元

排名	基金会名称	金额
1	北京大学教育基金会	376119
2	河仁慈善基金会	355900
3	清华大学教育基金会	338742
4	浙江大学教育基金会	166750
5	上海市慈善基金会	124516

资料来源：基金会中心网，http://data.foundationcenter.org.cn/foundation.html，最后访问日期：2018年3月10日。

三　中国非公募慈善基金会发展中存在的问题

（一）慈善基金会的定位不清晰

作为第三部门组织形式之一，慈善基金会在推动经济行动促成更大的社会效益、推动公民参与社会公益方面起到了重要的作用。然而对于中国慈善基金会的定位依然不清晰，处于形成阶段。对于慈善基金会定位的问题，乔尔·L. 弗雷施曼在《基金会：美国的秘密》一书中有所描述。他认为，“第一种角色是推动者。当某种特定的社会、经济、文化目标清晰可见，以及某种战略有发展潜力时，基金会可能会充当推动者的角色。在这种情况下，基金会会亲自设计、运作和主导相关项目，并向能够执行基金会战略的组织提供资金支持。第二种角色是合作者。基金会以分权的方式形成战略并和其他合作组织一同做出重大决策，同时，也会资助这些合作组织和其他执行基金会战略的组织。第三种角色是催化剂，基金会可能会不计回报地帮助一些组织去解决因战略不可行、不匹配或不成熟导致的问题”。①

中国处于重要的社会转型期，是整体体制和全面结构状态的过渡，而不仅仅是某些单项发展指标的实现。社会转型的具体内容是结构转换、机制转轨、利益调整和观念转变。在社会转型时期，人们的行为方式、生活方式、价值体系都会发生明显的变化，老旧体制亟待转变，更合理更有效率的创新式体制将取而代之。慈善基金会作为新兴的慈善组织，应该在政府失效和市场失效的时候发挥其作为“第三部门”的作用，然而由于中国传统的社会治理体制是以政府为主导的大家长式管理，慈善组织不论是运营机制还是人员管理都带有浓厚的官办色彩。政府和社会职能长期混同，使得中国慈善基金会的资金和管理等严重依赖政府，独立性差，效率不高。在中国社会治理

---

① 〔美〕乔尔·L. 弗雷施曼著《基金会：美国的秘密》，北京师范大学社会发展与公共政策学院社会公益研究中心译，上海财经大学出版社，2013。

迈向现代化的过程中，政府越来越清楚地认识到，如果只是从原有的制度渠道获取资源，通过政府和市场进行调节，在解决当前面临的社会问题尤其是社会公共问题方面明显乏力。一个健全的社会运行系统应当是由政府、市场、社会三个方面共同发挥作用的有机系统。

（二）设立慈善基金会的动机不同

作为公益性组织，慈善基金会成立的初衷是增进人类福利。例如，美国塞奇基金会的目标是“改善美国的社会生活条件”，卡耐基基金会的宗旨是“促进相互理解和知识的发展与传播”，洛克菲勒基金会把“促进全人类的共同富裕”作为追求目标，福特基金会强调“基本价值、自由、权利、社会责任”，哈克尼斯共同基金会旨在促进人类福祉。不论设立的初衷和动机如何，现代慈善基金会在社会发展中都发挥了非常重要的作用。一方面它与政府形成了日益密切的合作关系，通过发展公益事业来缩小贫富差距等社会矛盾，通过为民众提供多元化的诉求途径来缓解社会压力，构建国家稳定的制度化机制；另一方面，作为社会自治的一种形式，它有效整合了社会资源，实现社会资源配置的最优化，从而弥补政府失灵和市场失灵的弊端。

在中国企业家设立基金会的过程中，由于发展初期，相关配套制度并不完善，企业家在是否在国内设立慈善基金会这个问题上有所疑虑。在这样的情况下，不少企业家选择在境外设立慈善基金会，如此也可见一斑。目前，在中国设立慈善基金会通常出于以下三种考虑：第一种是出于资产传承和股权治理之目的而设立的基金会，这种基金会的特色是基金会持有商业实体相当比例的股权，而且如何实现对基金会的控制权、对商业实体的控制权以及持有多少比例的企业分红是核心问题，如老牛基金会，这种企业家基金会往往物质基础雄厚，不依赖外部捐赠就可以顺利运营。第二种是出于企业品牌推广的目的或者是为提高身份认同感和影响力而设立的基金会，这种基金会的运营资金需要企业“供血”，受到企业经营状况的影响非常大。甚至有可能因缺乏资金而导致基金会运营困难。第三种是出于保护环境、关心弱势群

体、提高社会公众医疗福利等情怀而发起设立的基金会（慈善组织），如全国最大的环保组织阿拉善，其从创立之初就按照商业模式运营，既带有创始人个人色彩，又完全独立于创始人，是一种比较有生命力的企业家基金会类型。

（三）专业化和职业化水平较低

在国内，越来越多的企业家开始尝试用慈善基金会做慈善甚至传承家族财富。在不同类型的慈善基金会中，那些具有政府背景的基金会，有些运营比较好，经验丰富，开发和执行了很多有意义的公益项目，在公益界影响力巨大，如中国青少年发展基金会；当然也有一些基金会虽然背景强悍，但是由于行政色彩浓郁，缺乏专业团队运营和管理，对基金会的宗旨定位模糊不清，缺乏具体发展目标，存在诸多问题和困难，生存或发展艰难。基金会发展去行政化、走专业化道路是必然趋势。

中国慈善捐赠总量与经济发展水平不相适应，人均捐赠量与人均收入水平不对应，慈善法规还不能完全涵盖慈善发展的方方面面，慈善组织需要更多地承担社会责任，但是现有的水平无法满足这一要求。慈善事业要有长远的发展必须致力于人才的储备，当前组织中的人员结构也无法满足组织发展的要求。《2014 中国公益行业人才发展现状调查报告》指出，现阶段，慈善组织工作人员普遍面临着工作强度大、薪资待遇低的问题，离职率较高，其中，家人反对的占31.4%，薪酬水平较低的占20%。[①] 该报告同时指出，家庭原因、薪酬水平低和有更好的工作机会是导致公益人才流失的三大原因，而最让从业者不满意的是公益组织没有提供明确的职业发展规划，而这种不确定性使他们体验到了更多的不安全感。另外，“尚德诈捐门”“郭美美事件”“天价公务餐”等负面事件，这也引起国内广大民众高度关注以及对中国慈善公益事业的深切忧虑，从而在很大程度上影响了中国慈善公益组织的

① 《2014 中国公益行业人才发展现状调查报告》，南都公益基金会、壹基金、阿拉善 SEE 公益机构、浙江敦和慈善基金会、成美慈善基金会、澳门同济慈善会、宁波鄞州银行公益基金会、拜耳集团和零点研究咨询集团，2014。

公信力。慈善与感恩的探讨、高调行善等问题也在社会生活中产生了广泛的影响并引发讨论。

（四）基金会的“造血功能”不足

《基金会管理条例》第29条规定：“公募基金会每年用于从事章程规定的公益事业支出，不得低于上一年总收入的70%；非公募基金会每年用于从事章程规定的公益事业支出，不得低于上一年基金余额的8%，基金会公募工作人员工资福利和行政办公支出不得超过当年总支出的10%。”非公募慈善基金会每一年都需要对慈善事业“输血”。由此产生两个问题，每年慈善基金会中大部分的资金有可能闲置，同时如果没有“造血”功能，慈善基金会的资金终有一天会消耗殆尽。为了基金会的长久发展，公益资产的管理及保值、增值便成为非常重要的课题。

一个特别有借鉴意义的例子就是诺贝尔基金会。诺贝尔奖学金自1901年颁发开始，已有100多年的历史，最初的资金只是阿尔弗雷德·贝恩哈德·诺贝尔馈赠的部分遗产3158万瑞典克朗（大约相当于现在的2亿美元），但在向约900人颁发了慷慨奖金之后，每年大概发放4800万瑞典克朗，诺贝尔基金会还掌握着约40亿瑞典克朗（折合4亿美元）的财富。这得益于诺贝尔基金会的投资组合。事实上，诺贝尔基金会的投资发展史并非一帆风顺。诺贝尔奖学金共设有六个单项奖：化学奖、物理学奖、生理学或医学奖、文学奖、和平奖，以及1968年开始设立的经济学奖。其设立的初衷就是让学者衣食无忧，不需要担心生活问题，每一个奖项的奖金标准相当于大学教授20年的薪水。从基金会设立之初到1953年，基金会投资的对象是安全债券，如国债、存款等，收益率相对较低。同时，随着奖金的逐年发放以及相关税负支出，诺贝尔基金会的资金总额减少了，到1953年，基金会只剩下了2000多万瑞典克朗。1953年，瑞典政府允许基金会独立投资，诺贝尔基金会调整投资策略，投资对象开始多元化。基金会将钱投向股市和不动产等，经济状况得以改善，到现在有近40亿瑞典克朗。根据基金会年报披露的信息，基金会在每一个部分选择的工具都是指数基金。以2014年为例，诺贝尔基金会的投资组合中，房地产占55%（44%是MSCI国家指数，11%是另一只指数SIX Return Index），固定收益占20%（债券指数Handelsbanken All Bond Index），债券、股权、对冲基金占25%（全球FoHF对冲基金指数）。

《中华人民共和国慈善法（草案）》明确指出，国家为慈善事业提供金融政策支持，鼓励金融机构为慈善组织、慈善信托提供金融服务，并以单独的一章对慈善信托做出了具体规定。应如何建构公益金融体系，推动金融资本进入公益慈善领域，提高资金的使用效率，这不仅仅是慈善领域也是金融领域创新的问题。

（五）配套之政策法规尚不完善

依据《基金会管理条例》设立基金会，其最大问题就是双重监管，设立一个基金会必须有一个业务主管部门和行政主管部门，先找业务主管单位批准，才能到民政部门进行申请登记。这就限制了基金会的设立和发展。《慈善法》实施后，明确了民政部门为基金会的监管部门，不再需要业务主管单位，可以在民政部和县级以上民政部门登记为基金会形式的慈善组织。同时，公募基金会门槛比较高，非公募基金会和公募基金会之间缺乏相应的升级转换渠道，这在一定程度上限制了非公募基金会的发展，对此，《慈善法》也提供了新的转化路径。

根据胡润研究院调查数据，截至2017年1月1日，大中华区千万资产的“高净值家庭”数量达到186万，增长率高达8.6%，其中拥有亿万可投资资产的“超高净值家庭”数量达到7.1万。[①] 此外，中国面临着人类历史上最大规模的“代际传承”，慈善成为财富传承中的一种重要方式。“创一代”普遍老去，接班问题被提上了议事日程。除了家族成员的财富传承，不少企业家开始考虑回馈社会，慈善基金会既能满足自己和家人的慈善诉求也能借此帮助传承家族文化和理念。在这样的时代背景下，中国适时出台《慈善

① 招商银行、贝恩公司：《2017中国私人财富报告》，2017年8月8日。

法》，在很大程度上满足了民间社会大众尤其是企业家群体对慈善的需求，同时对于稳定民间资本和巩固国内经济基础具有长远的意义。当今社会发展迅速，全球化愈演愈烈，中国慈善事业蓬勃发展的过程中，不断遇到新的复杂的问题和挑战，如境外大额捐赠、公益金融创新等。虽然中国在公益慈善领域政策法规不断完善，但是还缺乏细化的规定，相关的法律法规有时候也无法跟上行业发展的速度，从而出现滞后的情况。

（六）财政税收优惠政策不明晰

2016 年 9 月颁布的《慈善法》固然填补了用股权做慈善的立法空白，但是配套的税收优惠规则依然模糊。2016 年春，财政部、国家税务总局出台了《关于公益股权捐赠企业所得税政策问题的通知》（简称“45 号文”），股权捐赠的税收优惠政策终于出台。依据 45 号文和《企业所得税法》（2017 年修正案）第九条规定，企业发生的公益性捐赠支出，在年度利润总额 12% 以内的部分，准予在计算应纳税所得额时扣除；超过年度利润总额 12% 的部分，准予结转以后三年内在计算应纳税所得额时扣除。捐赠股权以其取得时的历史成本计价，以年度利润总额 12% 为参数，股权捐赠额可以在当年或者以后的三年内在计算应纳税所得额时扣除。股权捐赠额根据股权取得时的历史成本确定，这解决了股权捐赠中的股权价值评估难题。

这里股权既包括非上市公司的股权也包括了上市公司的股票，然而对于两者的公允价值评估依然存在困难。非上市公司股权价值评估的难点在于某些公司股权的客观市场价值，如轻资产的设计、科技类公司，确定其客观真实的市场价值并不容易；上市公司股权评估的难点在于公司股权的价值会受到股票市场价格波动的影响。而依据 45 号文，捐赠股权以取得时的历史成本计算，指的是股权或者股票买入时的交易价格及合理的税费，以这样的标准核定上市公司股票或者非上市公司股权价值变得简便快捷、可操作性强。

不过也存在一个问题，如果捐赠股权之前是通过无偿赠与的方式取得的，那么其历史成本又该如何计算？如果计算为零，则捐赠企业无法获得税收优惠，有失公允。然而，当企业获得股权后如果增值幅度比较大，而捐赠时仍然以获得时的历史成本计价则导致得到的税收优惠非常有限，打击企业捐赠股权的积极性。若捐赠股权取得时的历史成本高于现在的公允价值时（市场评估价值），企业要把该部分已经贬值的股权捐赠给慈善组织，慈善基金会又该如何应对？由此可见，税收优惠政策还有待细化。

四　推动中国慈善基金会发展的策略

通过前文的分析我们会看到，《慈善法》及相关政策的出台，无疑为慈善基金会的发展提供了强有力的支持。但同时因为经验的缺乏以及制度的不完善等种种原因，慈善基金会在发展过程中也存在诸多问题。从内部来看，慈善基金会的定位不明确，各企业设立慈善基金会的动机不同，专业化和职业化水平较低，慈善基金会的“造血功能”不足；从外部来看，慈善基金会政策法规不完善，行业自律组织缺位，社会监督与舆论环境不成熟，财政税收优惠政策不明晰，老百姓公益意识薄弱。在内外因素的相互作用下，慈善基金会在发展的过程中面临着各种困境，这就需要政府强而有力的引导、支持、培育。

当然，任何新生事物的发展都不是一蹴而就的。慈善事业惠及百姓，现阶段的慈善活动是由生产力发展水平决定的，这是促进社会资源再分配、缩小贫富差距、帮助解决现阶段人民对美好生活的需要和发展不充分不平衡之间矛盾的需要。希望通过对慈善基金会的历史起源和发展、慈善基金会的政策法规、慈善基金会与慈善信托的创新模式以及其他各种因素进行分析，发现慈善基金会在参与社会公益事业时所面临的问题和困境，从而探讨中国慈善基金会的发展道路。下文将从内部治理和外部建设两个方面对基金会参与社会公益事业提出建设性意见。

（一）提高专业职业化运作水平

固然基金会在应对重大社会问题时可以发挥不凡的影响力，但同时基金会的作用有比较明显的局限性，如果一个社会问题不是个别现象且脉络清

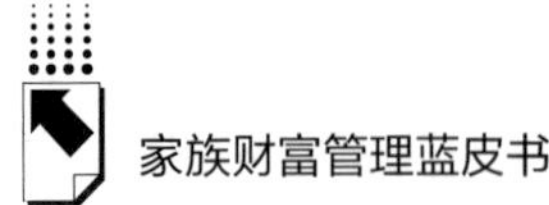

晰，并且已经蔓延和渗透到社会的大多数地方，抑或是由同一个利益集团所引起，那么基金会也一筹莫展，只能通过研究和试点一些项目，提出一些可能解决问题的方案，起到改善的作用。[①] 例如中小学的教育问题、贫困问题和医疗卫生问题。从现实来看，唯有政府才能有如此多的资源。因此，基金会创造美好生活的过程中，扮演什么样的角色，以及应该扮演什么角色，这是需要我们关注的，并找到相应的解决方案。在进行专业化运作中，不仅需要清楚“应该做什么”，还需要弄明白的就是“不适合做什么”，找到适合慈善基金会解决的社会问题。

慈善基金会参与社会公益事业所遇到的阻碍是多种因素共同作用的结果。慈善组织想要实现使命，最核心的就是不断优化组织建设，一是基金会自身的组织架构建设，二是基金会运作慈善项目的能力，三是培养一支专业化、职业化的人员队伍。可喜的是，我们看到一些民间慈善的力量正在发挥作用。天使妈妈最初是一个志愿者团队，团队成员和大部分捐款者均为富有爱心、有良好教育背景和某些特长的妈妈。工作方式主要是通过网络宣传和筹款，并同国内外各种医疗机构、媒体、基金会、志愿者等广泛合作，为孩子们募集医疗资金、安排手术和提供康复援助。帮助生活在机构中的弃婴和孤儿改善其生存发展。2008 年和 2012 年，天使妈妈团队先后获得了中国慈善公益领域最高奖项“中华慈善奖”。2017 年 5 月，天使妈妈通过公募资质审核，成为具有公开募捐资格的公募基金会。[②]

提升慈善工作人员的职业化程度。可以将慈善服务固定为一种专职、支付薪水的从业岗位。这要求通过一定的方式，逐步使慈善职业拥有共同专业的社会服务知识结构和独特的慈善公益思维方式，具有强烈的社会责任感和服务信念，具有鲜明的职业特质与职业行为方式。因此，需要不断完善慈善组织内部的人力资源制度，加强职业培训，通过提高慈善工作者薪酬待遇、社会认同等方式提高和增强其职业地位和归属感，从而不断扩大人才队伍。

---

① 〔美〕乔尔·L. 弗雷施曼著《基金会：美国的秘密》，北京师范大学社会发展与公共政策学院社会公益研究中心译，上海财经大学出版社，2013。

② 北京天使妈妈慈善基金会官网，最后访问日期：2018 年 5 月 18 日。

（二）创新中国慈善事业模式

《慈善法》第四十四条规定，慈善信托属于公益信托，是指委托人基于慈善目的，依法将其财产委托给受托人，由受托人按照委托人意愿以受托人名义进行管理和处分，开展慈善活动的行为。“慈善信托的开展将对中国慈善事业产生积极影响，率先推出慈善信托将形成良好的示范效应”。中国公益研究院特聘研究员高传捷表示，“慈善信托作为新型的慈善方式，能够更好地反映委托人的意愿，将有助于有针对性地解决慈善机构发展中存在的系列问题，带动慈善事业向更透明、更高效的方向发展，成为推动中国慈善事业发展的重要力量”。

慈善基金会和慈善信托是现代公益慈善事业中最重要的两种机制，尤其是一个企业或家族在考虑其财富传承问题时经常采取的两种基本模式。具体来说，两者在制度渊源、法律路径、资金筹集方式、财产所有权和独立性、财产保值增值能力等方面存在比较大的差别。总体而言，慈善基金会的设立与运行成本比较高，需要专职人员、办公地点等，与其法人形式相匹配，机构运作也可以长期存在，更适合开展管理成本较高的社会公益事业，能够更有效率地完成规模偏大的慈善任务。在捐赠协议中也可以约定具体的慈善目标，甚至设计相关的慈善项目。慈善信托则更为灵活，运行成本低，能够非常好地实现慈善财产的保值和增值。另外，慈善信托还可以采取长期甚至永续的方式进行慈善活动，也可用少量资产资助短期的慈善活动，慈善目标的实现更为直接和高效。对于积累了大量社会财富的企业家族来说，慈善信托在他们的家族财富管理中，可以更高效地“发善心、行善举”。实务中，信托公司可与慈善基金会合作形成“双受托人”模式。实现两者专业化分工，相互配合和促进，共同推动慈善信托的发展。

（三）加快信息披露制度建设

“透明是现代慈善之魂”。慈善组织不断壮大发展，对社会的影响力也进一步增长，公民在慈善组织的引导下会更加积极地参与慈善事业。然而，因为慈善事业涉及公共利益事业，其在信息披露方面面临更高的要求。加快中国慈善基金会信息披露制度的建设，能够保障慈善事业在社会民众中的公信力，能够有效防止慈善组织出现权力寻租、贪污腐败现象，能够增强慈善组织的自律。

《慈善法》第八章详细规定了慈善组织信息披露的范围、信息公布平台及时间节点要求，还补充规定：具有公开募捐资格的慈善组织，需公开募捐情况、款物的处置情况；向受益人告知其资助标准、工作流程和工作规范；国务院民政部门要求公开的其他信息；不得公开涉及国家秘密、商业秘密、个人隐私的信息以及捐赠人。在第六十九条、第七十二条、第七十三条特别强调了信息披露的渠道由县以上政府建立统一的信息发布平台；必须披露公开募捐和慈善项目实施过程中的募捐情况和款物使用情况；信息公开应当符合真实性、完整性、及时性的要求。尽管如此，并不是每一个慈善基金会在信息披露方面做得都尽如人意。

对此，基金会中心网推出 FTI 指数。FTI 指数即基金会透明指数，由基金会中心提出。FTI 满分为 100 分，由 41 个指标加总求和而得，其中基本信息总分为 13.2 分，财务信息总分为 24 分，项目信息总分为 39.2 分，捐赠信息及内部建设信息总分为 23.6 分。目前，早期建立的慈善基金会 FTI 指数得分达到最高 100 分，然而，即使如河仁慈善基金会这样资产排到前五的基金会，其分数依然也只有 70 分，并没有达到完全透明，因此，透明披露制度还有待完善。

（四）积极推动慈善金融发展

根据 2014 年耶鲁大学捐赠基金年报的数据，2014 年耶鲁基金市值达到 238.95 亿美元，是 1997 年基金市值的 4.1 倍。2014 年的投资收益率为 20.2%，投资所得为 40 亿美元。过去 20 年，年均净收益率为 13.9%；过去 10 年，年均净收益率为 11.0%，高于全美捐赠基金的平均回报率。因此，我们可以看到，慈善基金会的资产通过策略化的运作，是可以经受住考验的，实现长远的发展。“慈善 + 金融”的模式，或许将是现代化慈善事业的

必由之路。那么，在现阶段，中国如何建构慈善金融体系，让金融资本为慈善基金会赋能，从而推动慈善事业的发展？

《慈善法》和《基金会管理条例》对于慈善组织参与投资有明确的规定：慈善基金会需遵循“合法、安全、有效”的原则，确立投资风险控制机制，慈善组织的重大投资方案应当经决策机构组成人员三分之二以上同意。政府资助的财产和捐赠协议约定不得投资的财产，不得用于投资。在此，提出以下建议。

第一，尊重慈善基金会等社会组织从事金融活动的主体地位，公益金融体系的建设需要注重基金会的金融功能，鼓励基金会参与公益创投，推动其他社会组织以慈善信托等更灵活的方式从事相关的金融活动，同时制定合理的退出机制，形成较为完整的公益投资链。另外，可以通过优惠政策吸引商业投资者参与，将“风险投资”嵌入公益创投。

第二，借鉴国际经验成立公益银行，形成完整的现代银行系统。慈善组织作为第三支力量，可以在市场和政府同时失灵的领域发挥积极的作用，如果希望长久发展，必须增强其“造血功能”。“将公益事业与金融市场融合，一方面靠金融手段保值增值，另一方面以公益价值约束规范金融市场，从而引导金融功能与价值的本位回归。公益银行作为流动的资金池，可为公益创投、公益信托和小额信贷提供支持，形成多元互补、协调共济的公益金融体系”。

第三，积极创新“金融＋公益”的模式，推动公益金融的运转。借鉴传统金融体系中丰富的创新产品和设计理念，试点社会效益债券；创新小额信贷发展模式，借力公益银行落实整体扶贫计划；要对社会价值投资、互联网公益众筹等公益金融领域的创新活动予以包容性支持，推动公益金融的创新发展。

第四，加强慈善信托与慈善基金会的模式建设，利用公益信托在公益财产独立性、公益财产多元化、公益资金渠道多样化、机制规范管理透明运作、公益财产保值增值等方面的优势，创新公益模式，引导社会资金投向，从而实现慈善财产的保值增值。可以先开展试点，并总结经验，发现问题，改进机制，完善相关配套设施，推动公益金融发展。

第五，建立科学有效的监管机制和绩效评价机制，建立对公益银行绩效的科学评价体系。其中，社会投资回报是对公益银行绩效评价非常有借鉴和参考意义的工具。社会投资回报不仅关注经济效益、政策效益，更关注由投资带来的对社会、社区的改变。

（五）积极完善税法制度

完善的税法制度是慈善基金会健康发展的重要助推器。税优政策也是很多企业家选择设立慈善基金会的一个重要动因。依据财政部、国家税务局发布的《关于公益股权捐赠企业所得税政策问题的通知》，企业捐赠股权视同转让股权，并应按照股权的公允价值（市场评估价值）确定转让收入额，而捐赠人需要就股权增值部分缴纳所得税，这就造成了以 35 亿股权设立河仁慈善基金会的福建富豪曹德旺需要缴税 5 亿多元人民币的困局。2016 年 9 月颁布的《慈善法》固然填补了用股权做慈善的立法空白，但是对配套的税收优惠则依然模糊。《关于公益股权捐赠企业所得税政策问题的通知》明确股权捐赠的税收优惠，不仅从税收政策上明确了股权捐赠问题，也彻底改变了股权捐赠领域税务沉重的历史，从此，企业可以更轻松地投入慈善事业。

税法制度的完善，还需要加强对公众宣传，让公众充分了解慈善领域的税收优惠政策，从而更积极地投身于慈善事业。在实际业务中尽可能为人们提供便捷的配套服务，在互联网高速发展的时代，电子凭证的使用将大大提高税收优惠服务的效率，让人们真正享受到税收优惠带来的益处，并提升参与慈善活动的体验。当然，作为贫富差距调节的重要工具，遗产税和赠与税是非常重要的工具。西方国家的遗产税较高，参与慈善不仅可以享受税收优惠计划，也可以更好地按照自己的意愿开展慈善活动。国家通过税收优惠政策大力支持企业将其持有的其他企业的股权、股票等进行股权捐赠，但是并未直接通过税收优惠政策鼓励慈善组织将受赠股权再次进行转让，这种“宽进严出”的税收政策有利于在鼓励企业用股权做慈善的同时，促使慈善组织长期、稳定地持有受赠股权，使股权逐渐“沉淀”，形成永续存在的“股权池”，造福子孙千秋万代。

（六）加强社会公益慈善教育

英国哲学家休谟指出，“人性中任何性质在它的本身和它的结果两方面都最为引人注目的，就是我们所有的同情别人的那种倾向”，“同情是人性中的一个很强有力的原则”。① 慈善的心理基础就是人类本身所拥有的怜悯心和同情心，在现代社会中，慈善是每一个公民都应该承担的社会责任。中国民众普遍慈善公益意识薄弱、对《慈善法》了解有限，这不利于中国慈善公益事业的发展。因此必须加强社会公益教育，培育公民慈善意识。不仅注重传统文化中仁爱精神和人文精神的熏陶，而且注重现代文明中平等、诚信、友善、契约精神的培养。最重要的是正确引导公民对慈善内涵及意义的理解，树立社会榜样，强化公民对慈善的观感和认知，启发公众慈善意识和慈善热情，激发公民积极参与慈善事业。

《中国慈善事业发展指导纲要（2011—2015 年）》针对中国慈善事业提出了相关要求，“以社会主义核心价值体系为指引，慈善文化全面普及，慈善理念广泛传播，公民、企业和社会组织的社会责任意识逐步增强，越来越多的公众、企业和社会组织参与慈善活动，慈善逐步成为社会风尚和人们的生活方式”。

五　结语：中国慈善基金会的未来展望

中国社会主义核心价值观中追求的是“富强”这一目标，因此中国始终朝着共同富裕的方向不断前进，但是由于市场经济不断发展，社会的贫富差距逐步加大，社会产生了诸多不利因素。因此，在新的历史时期，必须通过不同的分配机制，承接和弘扬中国自古所崇尚的和为贵、和为美的和谐社会理想，建设人民和睦相处、和谐共治的和谐社会，这也正是社会主义精神文明建设所追求的目标。慈善公益的本质就是要增进社会弱势群体的福利，

① 〔英〕休谟：《人性论》，关文运译，商务印书馆，1980。

缩小贫富差距和缓解社会矛盾。无论是政府主导的慈善公益事业还是企业以及其他机构力量参与的公益事业，都必须转变思路，从“输血式”慈善公益向“造血型”公益慈善过渡，积极采用企业思维和金融手段来发展公益事业，才能让公益深入人心，汇聚成一股强大的力量造福民众、造福社会。慈善公益的力量在民间，社会民众的慈善公益意识的增强是中国慈善事业发展的基础。

从国际经验来看，慈善基金会在世界社会公益事业的舞台上发挥了举足轻重的作用。中国的慈善基金会方兴未艾，尚处于初级发展阶段。就宏观层面而言，现阶段大力发展慈善事业是由中国的生产力发展水平决定的，这是促进社会资源再分配、缩小贫富差距、帮助解决现阶段人民对美好生活的需要和发展不充分不平衡之间矛盾的需要。同时，这也是企业家履行社会责任的必由之路，企业家的财富首先得益于时代红利和国家政策，然后才是个人及家族集体智慧，由此企业家要承担社会责任自然也是要还富于民、还富于社会。这与国家保护企业家精神和企业财富的政策是相吻合的。从微观层面而言，慈善在家族财富传承、企业治理领域具有许多功能和用途。这不仅有助于高净值尤其是超高净值家族的财富传承和家庭成员关系的和谐，还加强股东对企业的控制权，提升企业品牌形象和家族美誉度。例如福耀玻璃的曹德旺把价值30多亿元的上市公司股权捐赠给河仁慈善基金会。

一个稳定的社会也将依托于环境的多元化。因此，如何调动并管理潜在的民间资源，将是社会治理体制变革中不可或缺的一个手段。慈善是通过助他来实现自我完善的途径。同时也与商业密切结合，促进行业进步和社会发展、繁荣。香港富豪中首屈一指的大慈善家邵逸夫曾经说过：“一个企业家最高的境界是慈善家”。这一句话将企业家们心中经常感到困惑的“舍与得”“施与受”诠释得淋漓尽致。放眼国内外，越来越多的富豪尤其是超级富豪开始笃信新的财富观念——“财富取之于民众，应回到民众”，这也是越来越多的企业家开始关注公益事业的原因。在这样的情况下，慈善基金会作为一种新型的社会组织，不仅能更好地调动民间潜在慈善资源，还能间接地使企业家实现财富的终极归属，谱写中国“善时代”的新篇章。

B.6
MSCI：2021年 ESG 趋势展望*

Linda－Eling Lee，Meggin Thwing Eastman，Arne Klug**

摘　要： 本报告系统探讨了 ESG 领域最重要的话题，深入分析了2021年对企业和投资者而言最关键的五大 ESG 趋势，包括："残酷的气候现实：当巴黎已成往事""超越荣衰周期：ESG 投资立足已稳""保护还是毁灭：投资者应对生物多样性危机""ESG 数据洪流：是沉是浮，但看企业和投资者如何应对""拨正失衡的天平：社会不平等考验投资者的创造力"。另外，解决系统性问题也需要容忍一些（声誉）风险。

关键词： 气候　ESG　生物多样性　信息披露

一　残酷的气候现实：当巴黎已成往事

《巴黎协定》自2015年签订以来，一直是全球投资者的"北极星"。它指明了逃离气候灾难的路径，提出了防止全球变暖超过2℃的行动纲要。五

---

* 感谢下列人员对本报告的贡献：Laura Nishikawa、Nathan Faigle、Kenji Watanabe、Stuart Doole、Mike Disabato、Bentley Kaplan、Guido Giese、Navneet Kumar、Zoltan Nagy、Leslie Swynghedauw、Samantha Sue Ping、Olga Emelianova、Frank Li、Gaurav Trivedi、Meghna Mehta。

** Linda－Eling Lee，MSCI ESG 研究部全球主管；Meggin Thwing Eastman，MSCI ESG 研究部执行总监；Arne Klug，MSCI ESG 研究部副总监。

年过去，领先的投资机构均展现出向《巴黎协定》看齐的决心，表示与“一切如常”（Business As Usual，BAU）的基准情景相比，它们如今的投资组合更有助于地球“降温”。[①] 然而，2021 年，难度小的任务已经完成，更严峻的挑战即将到来；根据《巴黎协定》的目标，投资机构必须实现投资组合的去碳化，以满足一系列硬性要求。虽然很多企业的温室气体排放减少，但与过去五年相比，未来五年必须发生根本性变化，因为只有加快减排，才有可能实现控温目标。

难点在于，如果政策和技术上没有重大突破，企业也不采取实质性行动，随着实现净零排放所需要的减排幅度越来越大，符合《巴黎协定》要求的投资机会将逐年减少。为此，投资机构可以要求企业从根本上转变商业模式或发挥创造力，在现有投资范围之外，寻找符合《巴黎协定》要求的投资机会。

通过分析全球可投资的上市公司可以说明这一困境：MSCI 全球可投资市场指数（MSCI ACWI IMI）共包含 8900 多个成分股。我们采用 MSCI 的 Warming Potential 指标来代表企业未来的商业活动在多大程度上符合全球控温目标的实现路径要求。[②]

据估算，截至 2020 年 11 月 30 日，MSCI 全球可投资市场指数成分股合计升温潜能约为 3.6℃，低于全球经济目前预计约 4.0℃ 的升温路径。这是因为在一个市值加权的宽基指数中，成分股公司活动的总体碳

① 例如，“The Bank of England's Climate – Change Related Financial Disclosure 2020”，英格兰银行，2020；“GPIF Publishes the Analysis of Climate Change – Related Risks and Opportunities in the GPIF Portfolio”，日本政府养老投资基金，2020 年 10 月 2 日；“Addressing Climate Change Risk，CalPERS' First Response to Senate Bill 964”，加利福尼亚公共雇员退休系统，2019 年 12 月。

② MSCI ESG 研究的“升温潜能”方法可计算公司活动对气候变化的贡献。它能提供精确的温度值，代表公司目前活动所对应的升温情景（如“一切如常”的基准情景、3℃、2℃、1.5℃等）。之后，可以通过计算每家公司升温潜能的加权总和，得出“投资组合升温潜能”。升温潜能方法既可用于公司，也可用于房地产。

强度会低于整个全球经济活动（科技行业在指数中的权重更大）。①

从2100年的目标温度出发，向后推算出所需要的减排幅度，可以看出要实现《巴黎协定》的目标面临巨大的挑战。

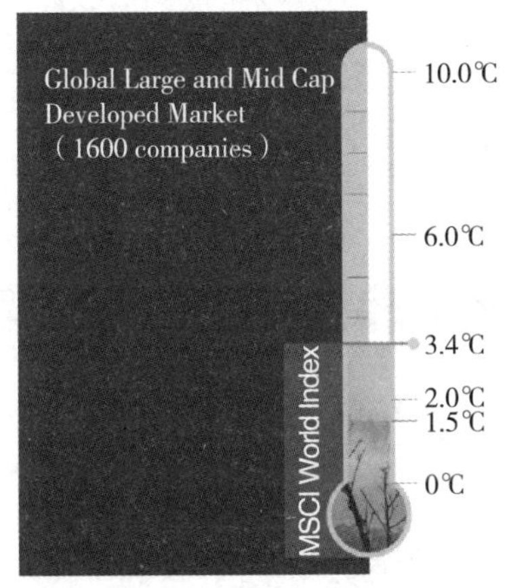

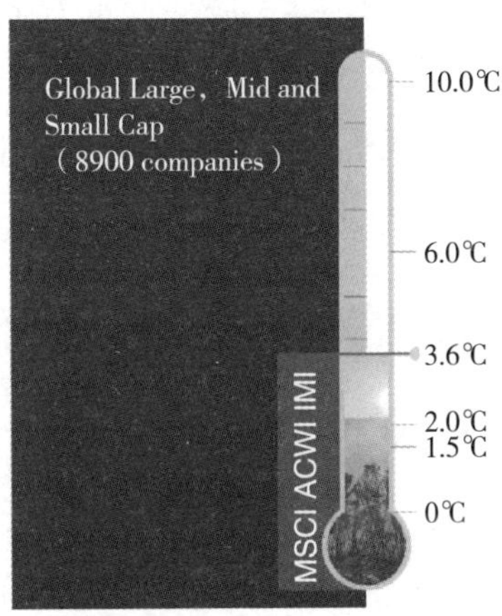

图1　市值加权指数的合计升温潜能

注："投资组合合计升温潜能"指成分股合计升温潜能的加权平均值；"投资组合合计转型风险 Climate Var"代表在综合评估可计算一般均衡模型（AIM CGE）的2℃情景下，成分股"合计转型风险 Climate Var"的加权平均值。

资料来源：MSCI ESG研究，截至2020年11月30日。

为了在本世纪末实现2℃的控温目标，全球排放量需要每年减少约5%，如果温室气体排放量并未在2019年达到峰值，减排幅度还要提高。②

① 需要注意的是，全球上市公司活动所对应的升温路径低于全球经济，这在意料之中，因为碳强度较低的行业在可投资上市公司中的占比高于其在全球经济产出中的占比。例如，根据美国经济分析局（Bureau of Economic Analysis）的数据，在MSCI美国可投资市场指数（MSCI USA IMI）中，截至2019年10月29日，科技和通信服务行业的市值比例为38%，而这些行业占2018年美国GDP的6.9%。因此，MSCI全球可投资市场指数的成分股公司对应升温幅度约为3.6℃，而根据科学家的预测，按照目前的全球经济走向，2100年全球将升温4.1℃～4.8℃（在"一切如常"的基准情景下）。

② 一些研究显示，为防控疫情所采取的封城措施使得2020年上半年全球温室气体排放量下降了8.8%。然而，2020年7月，随着经济复苏，大部分经济体也恢复了以往的排放水平和增速。Liu，Z.，Ciais，P.，Deng，Z. et al.，"Near-real-time Monitoring of Global CO_2 Emissions Reveals the Effects of the COVID－19 Pandemic"，《自然通讯》2020年第11卷。

如果要在本世纪末实现 1.5℃的控温目标，从 2019 年起，全球排放需要每年减少 9% ~15%①，并在 2050 年之前达到净零排放。

据估算，截至 2020 年 11 月 30 日，MSCI 全球可投资市场指数 16% 的成分股公司符合 2℃升温情景的要求；MSCI 全球可投资市场指数只有 5% 的成分股公司符合 1.5℃升温情景的要求。

为实现所需要的减排幅度，无论是在整个社会层面还是在构建投资组合方面都面临巨大挑战。

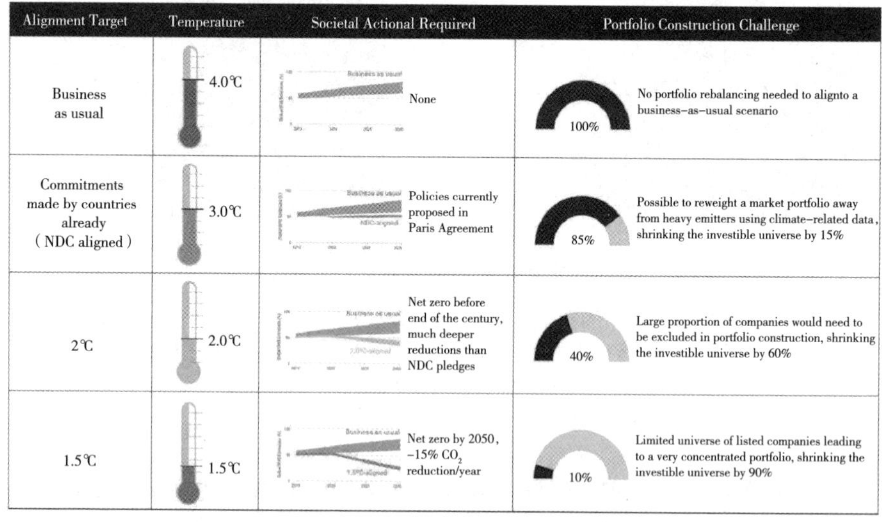

Alignment Target	Temperature	Societal Actional Required	Portfolio Construction Challenge
Business as usual	4.0℃	None	100% No portfolio rebalancing needed to alignto a business-as-usual scenario
Commitments made by countries already (NDC aligned)	3.0℃	Policies currently proposed in Paris Agreement	85% Possible to reweight a market portfolio away from heavy emitters using climate-related data, shrinking the investible universe by 15%
2℃	2.0℃	Net zero before end of the century, much deeper reductions than NDC pledges	40% Large proportion of companies would need to be excluded in portfolio construction, shrinking the investible universe by 60%
1.5℃	1.5℃	Net zero by 2050, −15% CO_2 reduction/year	10% Limited universe of listed companies leading to a very concentrated portfolio, shrinking the investible universe by 90%

图 2　气候变化：可投资的股票范围将大幅缩水

注：图中的计算基于由 MSCI 全球可投资市场指数成分股公司组成的虚拟投资组合，其中包括发达市场和新兴市场 8300 余家有气候变化数据的大、中、小市值公司，数据截止到 2020 年 11 月 30 日。关于升温路径的数据来自气候行动追踪组织（Climate Action Tracker）的“全球排放量时间序列”（Global Emissions Time Series）数据集。

资料来源：Climate Analytics、NewClimate Institute、MSCI ESG 研究。

① 根据 Huppmann, D. 等在 2018 年向国际应用系统分析研究所（IIASA）提交的《综合评估模型 1.5℃情景探索及数据》（IAM 1.5°C Scenario Explorer and Data）指出，如果包括净负排放，每年需要减排 9%；根据 Hausfather, Z. 于 2019 年 11 月 26 日在碳简报（*CarbonBrief*）网站上发布的《联合国环境署：1.5℃目标恐无法实现》（“UNEP: 1.5℃ Climate Target ‘Slipping Out of Reach’”），在不包括净负排放的情况下，每年需要减排 15%。

也许能让投资者略感安慰的是，各国政府面临着同样的挑战。继巴黎峰会之后，各国均制定了减排目标，称为“国家自主贡献”，如图2所示。如果将各国的国家自主贡献加起来，预计2100年将升温3℃，依然超过2℃或1.5℃的目标。MSCI的互动工具“气候变化：亲，可投资的股票范围要大幅缩水了哦——不同的气候变化情景将如何影响股票投资机会”（Honey，I Shrunk the Equity Universe – See How Different Climate Scenarios Might Impact Equity Investment Opportunities）显示，据计算，对于追踪MSCI全球可投资市场指数的虚拟投资组合，通过避开约15%处于3℃以上升温路径的成分股，转而配置剩余的成分股，可以在2100年之前将变暖幅度控制在3℃以内。

如果要进一步实现2100年只升温2℃或1.5℃的目标，企业和投资者将面临更大的困难。根据MSCI的升温潜能估算值，从现在到2050年，在MSCI全球可投资市场指数中，每家公司的总碳强度（范围1、2和3）每年平均要下降8%～10%。[①]

投资者的投资组合每年要实现如此大的降幅，有以下三条潜在路径。

（1）公司参与：如果要确保投资组合中的公司每年平均降低碳强度8%～10%，就必须付出巨大努力，号召公司积极参与。但这项任务十分艰巨，不同行业所承受的负担也不一样。很多公司需要做的远不止是小修小补、提高效率，其中一些要完全转变商业模式，包括退出一部分业务线。

过去五年，在MSCI全球可投资市场指数的8900余个成分股中，只有

① 根据欧盟的气候基准法规，指数必须满足年均减排要求。MSCI巴黎气候协定契合指数（MSCI Climate Paris Aligned Index）内嵌“自动去碳化”因素，形成“棘轮效应”：在指数层面上，总碳强度（范围1、2和3）每年降低10%，超过欧盟基准的最低要求，同时实现额外的目标，如绿色收入相对于棕色收入的比例高于母基准指数，控制物理风险等，每年10%的降幅对于确保指数成分股符合升温潜能分析的结论至关重要。参见“Aligning with the Paris Agreement：An Index Approach”，MSCI博客，2020年10月22日。

3%的公司每年平均直接和间接碳排放降幅达到8%及以上;① 分析显示，在承诺实现减排目标的公司中，只有32%实现了目标。② 根据MSCI的升温潜能计算，截至2020年9月30日，MSCI全球可投资市场指数只有472家或5%的成分股公司承诺的碳减排目标符合2℃的升温路径。③

但在上市公司中，一些温室气体排放大户，如荷兰皇家壳牌、意大利国家电力和沃尔沃汽车等均已宣布更雄心勃勃的减排目标。此外，谷歌、苹果、沃尔玛、巴斯夫和西班牙国家石油等公司也承诺实现碳中和、负碳排放或净零排放目标。但我们提醒大家注意，藏在小字说明里的减排目标可能与大标题完全不同。④

（2）投资组合集中化：如果公司的去碳化力度不足，投资者能够投资的、满足2℃或1.5℃目标的公司将越来越少。这会导致投资组合高度集中化，通过量化方法，将配置权重转向少数公司，或通过自下而上的选股方法，构建投资组合。

如我们的互动工具所示，基于比较乐观的假设，即MSCI全球可投资市场指数中的公司将实现已承诺的减排目标。即使是在此情况下，模拟结果显

① 据估算，从绝对水平看，3%的公司范围1和范围2排放量下降8%及以上；从强度来看（吨二氧化碳当量/美元销售额），4%的公司范围1和范围2排放量下降8%及以上；从绝对水平或强度来看，7%的公司范围1和范围2排放量下降7%及以上。请注意，上述分析仅包括公司报告的排放量，不包括范围3排放量（没有可靠的历史数据）。

② 我们查看了1190家公司设定的3500多项目标，以了解各大企业去碳化承诺的现状。在1190家有碳目标的公司中，32%的实现了之前设定的全部或部分目标，34%的未实现之前设定的目标，34%的之前没有设定目标。参见“Breaking Down Corporate Carbon Targets”，MSCI ESG研究，2020年5月。

③ 基于科学碳目标倡议组织（Science - Based Targets）提供的将在未来两年内设定目标的公司数量，我们预计这个数字在2020年底将上升至6%左右。

④ “Sustainability Report 2019”，壳牌，2020年11月25日。“Commitment to the Fight Against Climate Change”，意大利国家电力（Enel），2020年11月25日。“Climate Strategy”，沃尔沃集团，2020年11月25日。“Google Aims to Run on Carbon - free Energy by 2030”，CNBC，2020年9月14日。Kelion，L.，“Apple's 2030 Carbon - neutral Pledge Covers Itself and Suppliers”，BBC News，2020年7月21日。“WalMart Sets Goal to Become a Regenerative Company”，沃尔玛，2020年9月21日。“Our Climate Protection Goal”，巴斯夫，2020年11月25日。“Repsol will be a Net Zero Emissions Company by 2050”，西班牙国家石油，2020年11月25日。

示，2020～2030年，符合2℃升温路径的公司数量每年平均将减少5%左右。到2030年，符合条件的公司数量仅为原来的32%左右，相当于目前总市值的40%。

如此大的转变，可能会倒逼一些公司大幅减少碳排放，以继续获得资本的支持。但如果公司做不到，只有少部分上市公司符合2℃或1.5℃升温路径，由于集中度风险，大型投资机构恐怕无法继续将大笔资金配置到越来越少的公司。此外，将持仓范围限制在少数公司，不利于应对全社会的系统性挑战。这些公司依然需要在整个社会环境内运行，而气候挑战也依然存在。

（3）转向其他资产：如果符合《巴黎协定》要求的可投资上市公司数量在未来五年内大幅缩水，可以采取“出售再投资”的方式，将资金从不符合要求的公司中撤离，并转移到减缓或适应气候变化的项目上，资产类别不限，从而直接为实现2℃或1.5℃的控温目标做贡献。

一些领先的机构投资者已经在这么做了。例如，一些丹麦①和英国②的养老基金已经开始配置定向资产，包括绿色基础设施投资，这些项目未来有望推动零碳转型，同时降低整个投资组合带来升温的潜力。更多投资者选择购买绿色债券，其发行量和发行规模持续走高。例如，德国于2020年9月首次发行主权绿色债券，募集金额65亿欧元，超额认购5倍。③

愿意将资金转移到零碳或负碳排放投资项目的投资者较多，仅联合国发起的“净零碳资产所有者联盟”（Net－Zero Asset Owner Alliance）④合计资产总额就超过5万亿美元。但这些资金应该去往何方？目前，我们缺乏完善

① Gambetta, G.,“Heavyweight Nordic Investment *Trio Makes* ∊*4bn Green* Infrastructure Pledge”，负责任投资组织（Responsible Investor），2020年11月10日。

② Flood. C.,“UK Pension Scheme Pledges F5.5bn for Green Strategies”，《金融时报》2020年7月20日

③ Ainger, J., Ward, J.,“Germany Seizes on Demand for Green Debt With ＄7.7 Billion Debut”，彭博社，2020年9月20日。

④ “Institutional Investors Transitioning Their Portfolios to Net Zero GHG Emissions by 2050”，联合国环境署“金融倡议”组织，2020年11月19日。

的零碳和负碳技术，无法有效转变经济运行方式。随着时间推移，如果有更强有力政策措施的支持，加上碳市场的发展成熟，这类投资机会的供应可能会增加。[①] 在那之前，投资者可能需要发挥创造力，积极主动地寻找绿色资产，支持有待发明的突破性技术。

2020 年是发人深省的一年，即使是在疫情导致全球经济封锁的情况下，也未能打断全球升温 4℃以上的步伐。然而，我们也发现，在人类面临生存威胁时，可以汇集全人类的智慧，聚拢海量资金，在最短时间内研制出有效疫苗。随着 2021 年的到来，在关注气候问题的投资者看来，《巴黎协定》将从一盏指引明灯变成一个路标，提醒我们，在这场与气候变化的竞跑中，我们已经渐渐落后。控制气候变化，仅靠改变投资组合侧重点是不够的。新冠肺炎疫情下疫苗研发竞赛给投资者上了一课。投资者会发现，在与气候变化的竞跑中，虽然接下来的道路会更加陡峭，但通过倒逼改革、推动创新，可以加快追赶的进度。

二　超越荣衰周期：ESG 投资立足已稳

近年来，ESG 投资规模加速扩大。[②] 但关于 ESG 投资和表现的新闻标题常常让人迟疑，甚至猝不及防。前一天还是“选股提升 ESG 基金表现”，[③] 第二天就变成“ESG 投资不过又是一场股市泡沫”。[④] 究竟哪种说法才是对

① 国际金融协会（Institute of International Finance）已经设立“自愿碳市场工作组”（Taskforce on Voluntary Carbon Markets），目标是扩大自愿碳市场规模。

② “第二季度，投资者从股票基金中抽离的资金总额为 1370 亿美元。然而，ESG 投资者向股票基金净投入 93 亿美元。” Elliott. A.，“As ESG Investing Gives 2020 a Sustainable Spin，50 Best ESG Companies Revealed”，*Investor's Business Daily*，2020 年 10 月 26 日。Darbyshire，M.，“ESG Funds Continue to Outperform Wider Market”，《金融时报》2020 年 4 月 3 日。Riding，S.，“ESG Funds Attract Record Inflows During Crisis”，《金融时报》2020 年 8 月 10 日。

③ Johnson S.，“Better Stock Selection Boosted ESG Funds，Research Suggests”，《金融时报》2020 年 10 月 14 日。

④ Dillian J.，“ESG Investing Looks Like Just Another Stock Bubble”，Bloomberg. com，2020 年 10 月 5 日。

的？ESG投资会继续上涨还是由此衰落？2021年，我们认为此前的炒作和怀疑将消退，对ESG投资何时能带来金钱收益、何时不能及其背后的原理，将会有更细致的理解。

ESG投资市场日趋成熟。相关研究也已取得长足进步，与短短一年前相比，我们现在的所知所解要多很多。从对估值过高的担心到不同机构的ESG评级分歧，现在有许多工具和分析方法，可以帮助成熟投资者看破迷雾，以证据为基础采取行动。

我们首先来看关于股票泡沫的说法。一些分析指出，“ESG评级更高”的公司（对此定义十分武断）估值更高，因此，ESG基金的总体表现是不可持续的自证预言，最终会形成价格泡沫。但根据我们的研究，从只涉及财务考量的ESG投资策略来看，并没有历史证据显示存在价格泡沫。和其他ESG话题一样，在讨论之前必须先澄清定义。虽然可持续投资这个大类包含投资者的各种财务和非财务目标，但ESG整合投资策略为了获得更高的回报率，一般会将更多资金投向能够更有效管理ESG财务风险的公司，这一点往往会表现为ESG评级更高。

我们比较了MSCI全球指数成分股中，MSCI ESG评级（该评级体系具有行业中立性）最高的公司和评级最低的公司在2013年5月31日至2020年11月30日的表现。在此期间，ESG评级排名前三分之一的公司（每半年重新排名）年均表现比排名后三分之一的公司好2.56%（前三分之一上涨1.31%，后三分之一下跌1.25%）。这背后的原因是不是随着ESG投资日趋流行，投资者愿意支付更高的溢价？简单来说，并非如此。

通过分解导致双方表现差异的因素，可以发现，最主要的原因在于高评级的公司在此期间盈利增速更快，同时股息支付和股份回购的再投资回报率更高。

值得注意的是，市盈率扩张的贡献率较小，对于高ESG评级的发行人来说，甚至是略为负面的拖累因素。这些结论印证了我们之前的研究结果，即ESG财务风险管理能力优秀，可能说明公司的竞争力强于同类企业，随

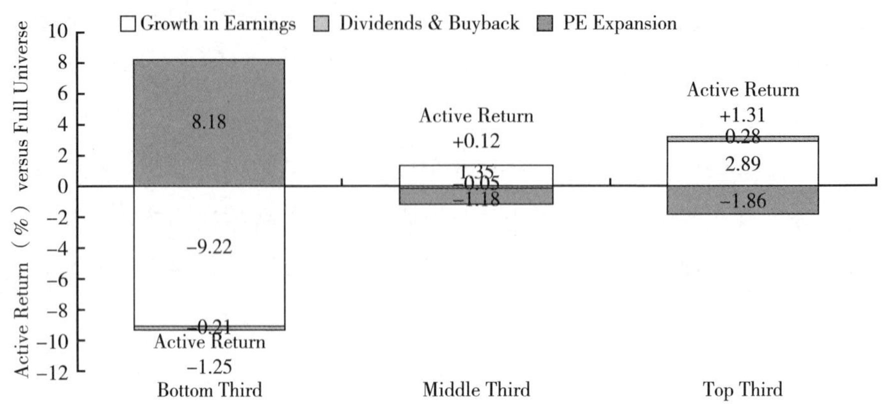

图 3　不同 ESG 评级公司的回报率分解

注：Full universe canstructed by equal weighting constituents of MSCI ACWI from May 31, 2013, to November 30, 2020 Terciles constructed by sorting the full universse semi annually by MSCI ESG Ratings。

着时间推移，其将逐渐转化为更强的盈利能力和股息支付能力。①

这类结论已经能很好地澄清 ESG 数据和财务表现之间的关系。但还不只如此。ESG 投资策略的表现不能再用过于简单的方式来解释。

例如，2020 年有很多这样的猜测：ESG 投资能跑赢大市，纯粹是因为避开了能源行业（在最近一轮周期中，能源行业股价表现较差）。但如今，新的分析工具可以排除行业、国家、货币和其他股权投资风险因子的影响，单独分析某个 ESG 因子对总体表现的贡献。这些工具显示，ESG 因子对一部分 MSCI ESG 指数 2020 年以来的表现的贡献大于其他传统财务因子，包括对能源行业的配置比例。②

现在也不能再因为不同评级机构的 ESG 评级存在分歧，就无视一切

① Giese, G., Lee, L. E., Melas, D. Nagy, Z. and Nishikawa, L., "Foundations of ESG Investing: How ESG Affects Equity Valuation, Risk, and Performance", *Journal of Portfolio Management* 2019 (45).

② ESG 因子等对 MSCI ESG 指数在 2015 年 3 月 31 日至 2020 年 3 月 31 日表现的贡献，请参见 Giese. G, Nagy. Z., "MSCI ESG Indexes during the Coronavirus Crisis", MSCI 博客，2020 年 4 月 22 日。

ESG 评级。我们经常听到这种说法：如果不同机构的 ESG 评级分歧较大，就说明它们只是主观臆测，不能代表相关公司的投资价值。但我们现在知道，ESG 评级是否有财务参考意义，取决于背后的环境、社会和治理议题如何组合，因此不应该完全摒弃这个概念。

实际上，近期经合组织（OECD）发布的一份报告比较了不同评级机构的 ESG 评级，发现大部分与回报率不存在正相关关系，只有一家评级机构的评级正确预测了跑赢大市的股票。[①] 此外，MSCI 发现，即使环境、社会和治理议题完全相同，但如果采用的权重不同，总体 ESG 评级准确代表过去 13 年股票市场表现的能力也会出现较大差异（7.4% ~11.1%）。[②]

此外，一厢情愿的猜测也不可靠。在这方面，耳熟能详的说法是“企业做好事也能赚钱”。在历史上，这样的例子比想象中更多，但也并非总能应验。[③] 从一些投资策略采用的 ESG 标准来看，很明显，它们的主要目标并不是提升财务表现，而是试图完成其他使命。

我们看到市场参与者开始更清楚地区分具体 ESG 策略的目标是什么、不是什么。例如，一个自称“可持续”的投资策略可能致力于投资符合《联合国全球契约》（UN Global Compact）或“无烟融资承诺”（Tobacco - Free Finance Pledge）的项目（一般采用排除的方式），也可能致力于推动

---

① 报告指出，“在我们的假设中，我们希望分析 ESG 得分与市场表现之间的关系，特别是 ESG 得分较高的股票是否能跑赢 ESG 得分较低的股票。在这个过程中，我们采用 Fama & French 五因子模型。我们注意到，每个评级机构都存在类似的规律，只有一个机构除外，后者的评级显示，ESG 得分最高的投资组合阿尔法值为正数”。具体参见 Boffo, R., Patalano, R., “ESG Investing: Practices, Progress and Challenges”，经合组织，2020。

② Giese, G., Lee, L., Nagy, Z., “Combining E., S., and G. Scores: An Exploration of Alternative Weighting Schemes”, *The Journal of Impact and ESG Investing*, Fall 2020, 1 (1); Giese, G., Lee, L., Nagy, Z., “ESG Ratings: How the Weighting Scheme Affected Performance”, MSCI 博客，2020 年 6 月 29 日。

③ 例如，Fulton, M., Kahn, B., Sharples, C., “Sustainable Investing: Establishing Long - Term Value and Performance”, 2020 年 6 月 12 日；Hong, H. and Kacperczyk, M., “The Price of Sin: The Effects of Social Norms on Markets”, *Journal of Financial Economics*, 2009, 93; Lee, L. - E., Nagy, Z., Eastman, M. T., “Do Corporate Controversies Help or Hurt Performance? A Study of Three Portfolio Strategies,” *Journal of Environmental Investing*, 2017, 8 (1)。

创新，解决气候变化等环境挑战（一般会从少数几个行业中选择公司）。这些投资方法，以及其他一切不以追踪市场为目标的方法，在不同时间段和市场周期内，可能跑输或跑赢大市。特许金融分析师协会（CFA Institute）计划制定 ESG 基金的信息披露标准，类似的举措反映出，市场参与者已经能够更好地区分不同的“ESG 特征”及其试图满足的不同“ESG 需求”。[①]

这些意味着什么？随着对 ESG 和气候相关投资产品的需求增加，我们认为可持续投资的市场将进一步扩张。但投资者不再需要全凭一腔对 ESG 的“信念”。投资者越来越明白哪些 ESG 投资方法与财务有关，哪些更专注于社会目标，因此能够根据以往表现，更精准地形成投资策略。更有理有据、头脑更冷静的 ESG 投资市场将为 2021 年及之后资金流入量的可持续增长奠定基础。

三　保护还是毁灭：投资者应对生物多样性危机

在疫情最黑暗的时刻，城市上方的天空一片湛蓝，[②] 没有人类干扰的野生动物漫步街头。[③] 新冠病毒提醒我们，在无意间，我们已经失去了大自然。自然环境不仅能修身怡情，对于全球经济的可持续发展也至关重要。2021 年，随着生物多样性消逝的警钟敲响，政策制定者和投资者将有所改变，也许可以像衡量和管控气候风险一样来调整生物多样性风险的管控方式。

地球上的生物处于危险之中。[④] 四分之一的现存动植物种濒临灭绝，[⑤]

---

① “ESG Disclosure Standards for Investment Products”，特许金融分析师协会，2020。

② Patak, S.，“With Coronavirus Lockdown, India's Cities See Clear Blue Skies as Air Pollution Drops”，NPR，2020 年 4 月 10 日。

③ “The Urban Wild: Animals Take to the Streets Amid Lockdown—in Pictures”，《卫报》2020 年 4 月 22 日。

④ 《生物多样性公约》，2006。

⑤ “The Global Assessment Report on Biodiversity and Ecosystem Services”，生物多样性和生态系统服务政府间科学—政策平台（IPBES），2019。

还有很多已经消失。[①] 如果生物多样性继续消逝，将对人类和经济产生灾难性的影响。[②] 为此，全球监管者开始制定更严格的生物多样性保护政策来予以回应。[③] 2021 年，《生物多样性公约》第十五次缔约方大会将在中国昆明举行，旨在审议通过“2020 年后全球生物多样性框架”，其中包括在全球和国家层面的可衡量目标。虽然几乎没有人会把昆明错当成巴黎，但此次会议有望成为生物多样性议题的重大转折点，其意义不亚于 2015 年《巴黎气候协定》对气候变化议题的影响。

这些都对投资者有影响。对投资组合的具体影响可能较为复杂，但我们可以先从单个公司入手，从“影响”和“依赖性”两个维度进行分析。一些公司对生物多样性的影响较大（如矿业和能源），一些公司的生产要素和运营需要依赖生物多样性（如旅游和消费），还有一些二者兼而有之。

这种双重负担在食品行业表现得最明显。食品生产商高度依赖于健康的土壤、作物多样性、授粉昆虫、淡水和气候稳定性。如果没有这些要素，产品产量和质量将呈断崖式下滑，届时不仅食品企业会受害，我们这些每天需要吃饭的人也要受苦。[④] 同时，农业生产也是全球约 80% 的森林砍伐的成因，[⑤] 其中牛、大豆、棕榈油和木材的影响力最大。这意味着食品生产商一边加剧着会威胁到自身业务的问题，一边还会引来更严格的监管限制和声誉损失。

---

① Ceballos, G., P. Erlich and P. Raven, “Vertebrates on the Brink as Indicators of Biological Annihilation and the Sixth Mass Extinction”,《美国国家科学院院刊》, 2020, Vol. 117, No. 24。

② 据估算，自然资源价值为 44 万亿 ~ 125 万亿美元：“Nature Risk Rising：Why the Crisis Engulfing Nature Matters for Business and the Economy”, 2020 年；世界经济论坛和普华永道；Costanza, R. et al., “Changes in the Global Value of Ecosystem Services”, *Global Environmental Change* 26, 2014。

③ 欧盟委员会目前正在制定一项更严格的法案，旨在消除供应链中的森林砍伐行为。

④《防止土壤侵蚀，拯救人类未来》，联合国粮农组织，2019 年 5 月 15 日；Haile, M., “Impact of Climate Change, Weather Extremes, and Price Risk on Global Food Supply”, 2017; *Economics of Disasters and Climate Change* 1：1 – 21; Reilly, J. R. et al., “Crop Production in the USA is Frequently Limited by Lack of Pollinators”,《英国皇家学会会刊（B 辑）》2020 年 7 月 29 日。

⑤ “Industrial Agriculture”, Global Forest Atlas, 2020.

然而，在一个行业中，并非所有公司都具有同等的影响力，或同样脆弱。以大豆为例。近期，巴西亚马孙雨林和塞拉多（Cerrado）地区的森林砍伐及山林野火使大豆备受关注。巴西的情况十分严重，以至于雀巢在2020年已经停止采购嘉吉公司（Cargill）的巴西大豆。[①] 个别大豆生产商和贸易商对森林砍伐的贡献取决于供应链上的农业生产习惯。

我们分析了全球最大的大豆加工商、贸易商和采购商，发现愿望和实际之间存在鸿沟。规模最大的大豆加工商和贸易商均已提出零森林砍伐目标，但截至2020年11月，其大部分大豆出口依然未获得第三方可持续性标准认证。[②]

它们的一些大买家也同样提出了采购"零森林砍伐"大豆的目标。但在食品行业大豆消耗量最大的企业[③]中，目前只有达能（Danone）和美威（Mowi）采购的较大部分大豆获得了可持续性标准认证。

和气候变化一样，生物多样性的危机已经到来。为此，减缓气候变化风险的经验提供了有用的蓝图。虽然如今很多机构投资者会通过复杂的建模来模拟各种情景，开展压力测试，估算投资组合的气候风险值，但在几年之前，它们都只能简单地计算投资组合的碳足迹。同样地，衡量投资组合的生物多样性足迹也顺理成章地成为保护生物多样性的起点。实际上，投资者和利益相关方已经共同制定出一套框架和指标，帮助投资者衡量和报告投资组合在生物多样性方面的影响和风险。负责这项工作的小组叫"自然相关财务披露工作组"（Task Force on Nature - related Financial Disclosures），它还有一个更知名的兄弟组织，即"气候相关财务披露工作组"（Task Force on Climate - related Financial Disclosures）。

---

① Bunge, J. , "Brazil's Shrinking Rainforest Prompts Nestlé, H&M, Others to Shake Up Supply Chains",《华尔街日报》2019年12月25日。

② 第三方可持续性标准认证涉及负责任大豆圆桌协会（RTRS）质量余额体系、国际可持续性和碳认证体系（ISCC）及ProTerra认证体系。

③ 这里既包括大豆的直接消耗（大豆作为产品或食品的成分，如豆奶、酱油），也包括间接消耗（大豆用作饲料养殖动物，并用于制成动物制品，如奶制品、肉类、蛋类）。全球生产的70%以上的大豆被用作动物饲料。

□ Soy volume non-certified ▨ Soy volume sustainably certified

	% soy volume certified as sustainable	Zero deforestation policy	Zero deforestation target year	Soy processed or traded
Bunge	11.5	√	2025	89.5% / 11.5%
Archer Daniels Midland	3.8	√	2019	96.2% / 3.8%
Cargill	0.3	√	2030	99.7% / 0.3%
Louis Dreyfus Company	1.9	√	–	98.1% / 1.9%
COFCO	0	√	–	100% / 0%
Amaggi	19.6	√	–	80.4% / 19.6%

0 2 4 6 8 10 12 14 16 18

Tons of soy（in millions）

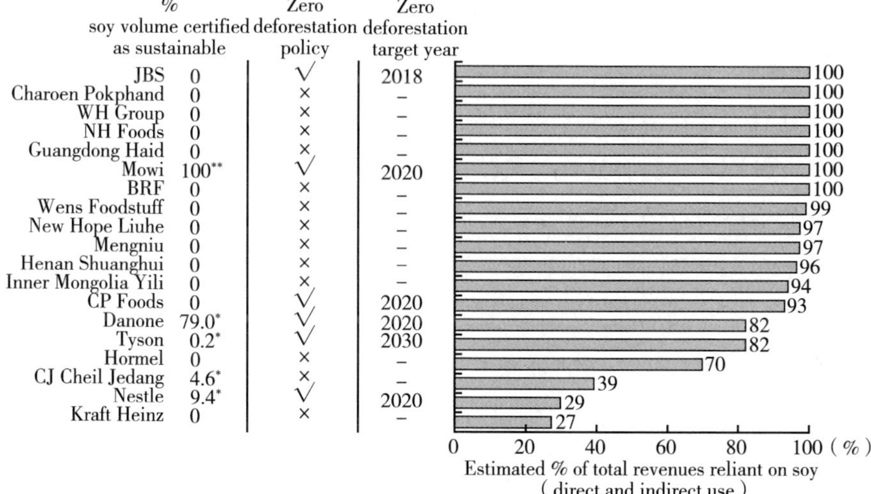

图4 大豆生产和消耗企业：收入依赖性和零森林砍伐实现进度

注：大豆生产商范围：按大豆加工及贸易量计算的前六大加工商和贸易商。大豆采购商范围：按（2019 财年）依赖于大豆消耗的总收入计算的前二十大食品公司。MSCI 全球指数食品成分股，截止到 2020 年 11 月 24 日。这里既包括大豆的直接消耗（大豆作为产品或食品的成分，如豆奶、酱油），也包括隐含/间接消耗（大豆用作饲料养殖动物，并用于制成动物制品，如奶制品、肉类、蛋类、养殖鱼类）。食品加工商一般不披露对大豆的依赖程度，尤其是当大豆隐含在供应链中，而非由其直接采购时。我们根据公司公开发布的业务介绍和常见的大豆制品，估算这些企业对大豆的依赖程度。“＊”仅包括直接消耗（CJ 集团、雀巢、达能和泰森）。CJ 集团的数据仅包括 CJ Selecta 采购的经过负责任大豆圆桌协会认证的大豆。“＊＊”代表美威的饲料产量。

资料来源：2020 年对 CDP 的回复、负责任大豆圆桌协会报告、公司披露信息、MSCI ESG 研究，2020 年 11 月 24 日。

在2015年之前，也有机构投资者关心气候变化问题，但《巴黎气候协定》通过后，才让监管机构真正行动起来，也为所有人设定了具体的目标。如今，其他几项全球危机已经让政策制定者应接不暇。但生物多样性的消逝除了本身带来的威胁，与气候变化和新型疾病的出现也有密不可分的关系。以巴黎为榜样，昆明大放异彩的时刻可能已经到来。

四 ESG数据洪流：是沉是浮，但看企业和投资者如何应对

对ESG信息披露的需求日益增加，越来越多地成为强制性要求。企业应该怎么做？

2021年会带来什么？公司是否会面临更大的ESG信息披露压力——无论是来自投资者、监管机构、员工、活跃的非政府组织，还是ESG数据提供商？如果公司犯错，即使是最微小的错误，是否也会面临媒体的更严厉拷问？员工和客户是否会进一步要求公司在各式各样的问题上“表明立场”？这些问题的答案都是肯定的。那么，这与2020年或2019年有何不同？

有部分公司是这方面的资深专家，多年来，作为企业发展战略的一部分，积极主动地与投资者及其他利益相关方进行可持续发展方面的交流。定期发布关于员工种族多样性、碳减排目标、分阶段淘汰塑料包装等一系列报告。但绝大部分公司反映，ESG信息披露要求增加让公司应接不暇，不知道如何应对。未来，ESG信息披露要求仍将增加。实际上，今天虽然看似汹涌的洪流，但与几年之后相比，可能只是一条小溪而已。这是因为在一些国家，各种新规定陆续生效，自愿报告标准也逐渐转变为强制性要求，而这些要求正在给投资者带来更大压力。

例如，2020年，向气候相关财务披露工作组（TCFD）提交报告已经成为“联合国负责任投资原则”（UN PRI）签署机构的强制性要求，[①] 未来几

① “FAQ on Mandatory Climate Reporting for PRI Signatories”，联合国负责任投资原则，2020。

年内，其在英国、[①] 新西兰[②]甚至是美国将成为强制性要求。[③] 此外，欧盟的《可持续财务披露条例》（*Sustainable Finance Disclosure Regulation*）若获批，投资机构将需要公司披露业务是否涉及生物多样性价值较高的领域等信息。此外，可能还需要公司披露男女员工的工资水平差异等信息。这些信息披露要求最早可能会在2021年3月生效。[④]

根据最新资料，MSCI全球可投资市场指数只有少数几家成分股公司报告了《可持续性财务披露条例》草案要求的全部32项“实体层面”数据。但很快投资者就会要求其余公司补充缺失的披露信息，如范围3碳排放（大部分公司目前不予披露），以及符合《欧盟分类条例》（EU Taxonomy）要求的绿色活动收入金额。从图5可以清楚看到披露缺口有多大。

越来越多的公司已经在努力应对挑战，不再被动等待，主动与投资者沟通。

首先，通过比较100家规模最大的公司（按MSCI全球指数的市值计算，截至2020年10月31日）在2020年和2015年的业绩电话会可以发现不足20家公司在2015年的业绩简报中提到了“可持续性”、“环境”或“气候”。然而，2020年，这个数字增长了一倍以上。值得注意的是，在业绩电话会的问答环节，这些词语被提及的频率也有所增加，但增幅较不明显。这说明，一直在推动相关对话的人并不是投资分析师，而是各大公司的高管，他们在积极主动地与投资者探讨这些话题。

公司主动与MSCI的发行人沟通团队交流，核实ESG数据，并询问评级结果。在五年前，只有约六分之一的公司核实ESG数据，但现今在MSCI全

---

① Holger, D. and E. Bartha, “U. K. Requires Companies to Report on Climate Change by 2025”,《华尔街日报》2020年11月9日。

② “Mandatory Climate - related Financial Disclosures”，新西兰环境部，2020年9月21日。

③ Whieldon, E. and D. Harty, “Biden Plan to Make Companies Disclose Climate Risks Key to Decarbonization”，标普全球，2020年11月2日。

④ Humphreys, N., “Demystifying the Sustainable Finance Disclosure Regulation”, Bloomberg Professional Services, 2020年8月10日。

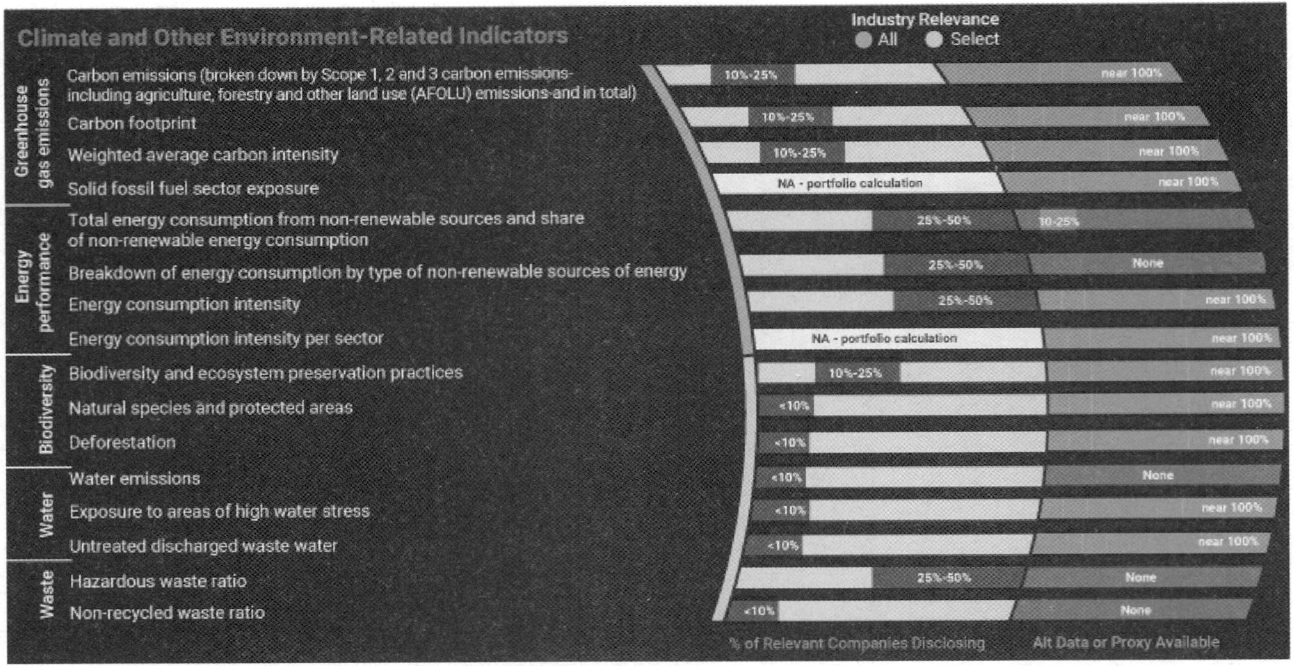

Climate and Other Environment-Related Indicators

Industry Relevance: All / Select

	Indicator	% of Relevant Companies Disclosing	Alt Data or Proxy Available
Greenhouse gas emissions	Carbon emissions (broken down by Scope 1, 2 and 3 carbon emissions-including agriculture, forestry and other land use (AFOLU) emissions-and in total)	10%-25%	near 100%
	Carbon footprint	10%-25%	near 100%
	Weighted average carbon intensity	10%-25%	near 100%
	Solid fossil fuel sector exposure	NA - portfolio calculation	near 100%
Energy performance	Total energy consumption from non-renewable sources and share of non-renewable energy consumption	25%-50%	10-25%
	Breakdown of energy consumption by type of non-renewable sources of energy	25%-50%	None
	Energy consumption intensity	25%-50%	near 100%
	Energy consumption intensity per sector	NA - portfolio calculation	near 100%
Biodiversity	Biodiversity and ecosystem preservation practices	10%-25%	near 100%
	Natural species and protected areas	<10%	near 100%
	Deforestation	<10%	near 100%
Water	Water emissions	<10%	None
	Exposure to areas of high water stress	<10%	near 100%
	Untreated discharged waste water	<10%	near 100%
Waste	Hazardous waste ratio	25%-50%	None
	Non-recycled waste ratio	<10%	None

图 5　第 1 部分:《可持续性财务披露条例》草案原则负面影响指标：公司层面数据可用性——气候与环境

注:“＊”为估算值,MSCI 全球可投资市场指数成分股的数据截止到 2020 年 11 月 12 日。

资料来源:MSCI ESG 研究。

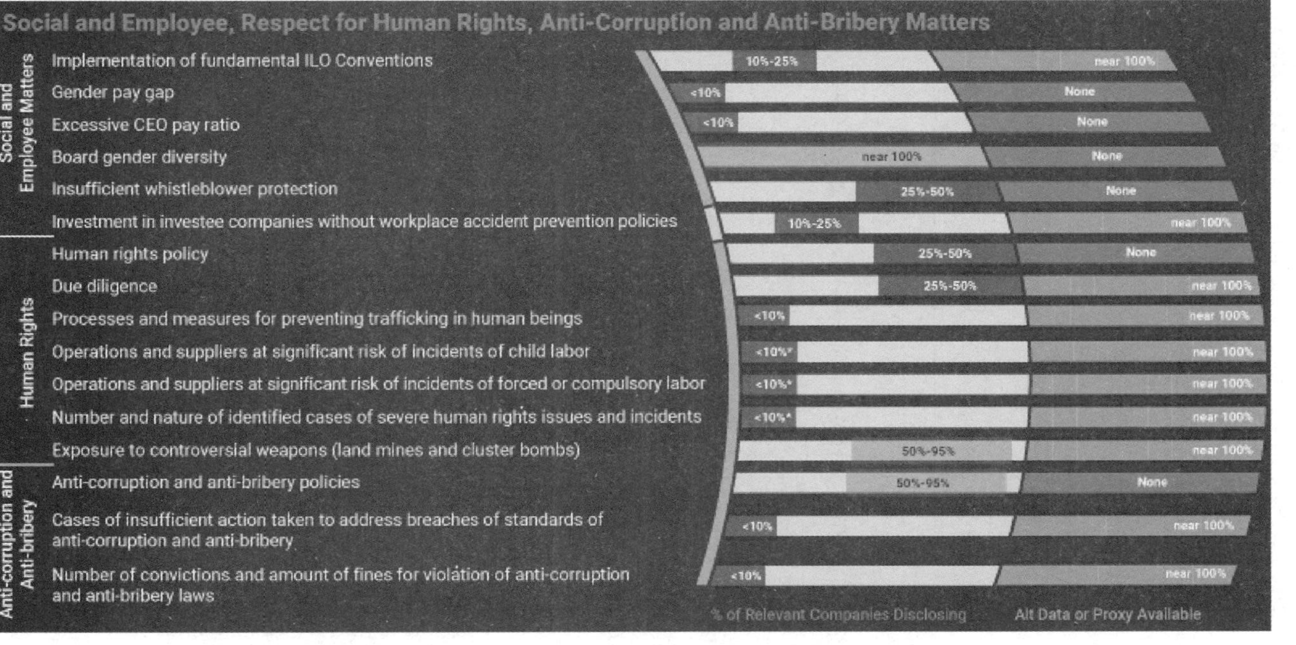

图 6　第 2 部分：《可持续性财务披露条例》草案原则负面影响指标：公司层面数据可用性——其他

注：“＊”为估算值，MSCI 全球可投资市场指数成分股的数据截止到 2020 年 11 月 12 日。

资料来源：MSCI ESG 研究。

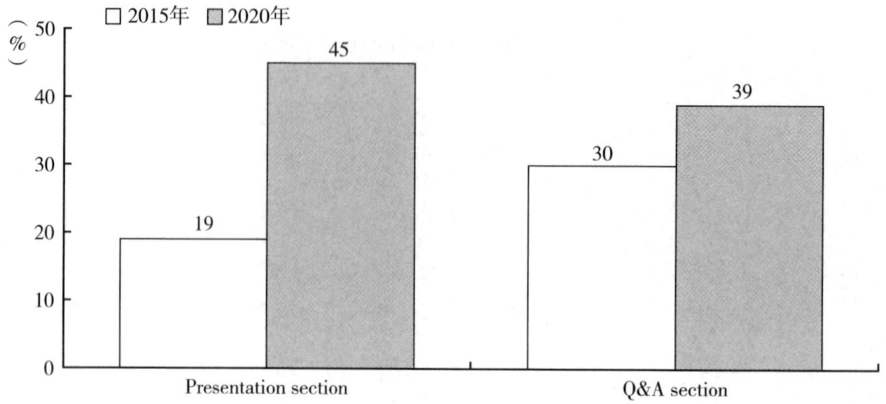

图 7　业绩电话会文字记录中提及可持续性关键词的公司——全球最大的 100 家公司

资料来源：MSCI ESG 研究、标普市场财智（S&P Market Intelligence）。

球指数成分股公司中超过半数，其中包括发达市场和新兴市场的大、中市值公司（占 MSCI 世界指数的近 70%，该指数与 MSCI 全球指数覆盖范围相同，但不包括新兴市场的公司）。2020 年，随着 ESG 数据的持续发布，各公司的数据持续增加。

此外，越来越多的公司人员开始成为 ESG 专家。五年前，基本只有企业社会责任或可持续发展部门的人愿意交流公司的 ESG 数据，如今，情况已经发生变化，交流对象拓展为公司财务、投资者关系、法务和治理部门的人员，甚至一些 C 字头的高管也参与进来。

公司正在努力提高信息披露能力。越来越多的企业顾问、银行家和其他专业人员也在积极大力协助公司编制 ESG 报告，制定可持续发展战略。实际上，公司和投资者或许可以相互学习，共同应对利益相关方提出的新一波 ESG 数据披露要求。

五　拨正失衡的天平：社会不平等考验投资者的创造力

疫情让财富的天平进一步向顶层 1% 的人倾斜，过去几十年来社会平等方面的进步一朝化为乌有。[①] 其后果包括生命逝去、经济衰退和社会不稳定。然而，投资者使用的各项传统工具不能有效地解决社会不平等问题。[②] 在社会问题上，投资者的首选办法历来是号召个别企业改变做法，但对于系统性问题，这种办法可能还不够。2021 年，我们认为投资者将采用新的办法，包括社会债券等新融资工具，以应对超越单个企业界限的挑战。为了找到真正创新性的解决方案，可能需要愿意承担偶尔折戟的风险。

在 ESG（环境、社会和治理）中，社会问题不同于治理和环境问题。公司的治理问题一般会表现为负面事件（如丑闻、辞职），而环境风险管理不善会导致竞争力和股票价值逐渐下滑。但如果在员工管理等社会问题上处理得不好，可能会遭到双重夹击：时不时发生诉讼和罢工等负面事件，同时生产效率逐渐下滑，创新也被遏制。

在更系统性的层面上，社会不平等问题可能会默默发酵，直到爆发。比如，种族主义持续侵蚀个人、企业和整个经济的长期潜力。[③] 如果叠加疫情等压力因素，种族主义会演变成和平甚至暴力示威。作为回应，阿迪达斯[④]和百事[⑤]等公司承诺向具有多元化种族背景的求职者提供更多工作岗位。投资者也拿出屡试不爽的手段，督促公司完善员工信息披露制度，实现领导层的种族多元化。[⑥]

虽然公司的行动很重要，但对于不平等问题的根源，单个公司能做的确实有限。只要根源还在，不平等现象和相关风险就会一直存在。我们看到，投资者已经认知到这个现实，并开始改变现状。

---

① "UN Report Finds COVID-19 is Reversing Decades of Progress on Poverty, Healthcare and Education"，联合国，2020 年 7 月 7 日。

② Giese, G., Nagy Z., Lee, L., "Which ESG Issues Mattered Most? Defining Event and Erosion Risks"，MSCI 博客，2020 年 6 月 22 日。

③ Losavio, J., "What Racism Costs Us All"，国际货币基金组织，2020 年秋季。

④ Cresswell, J. and K. Draper, " Adidas Pledges to Increase Diversity, Some Employees Want More"，《纽约时报》2020 年 6 月 10 日。

⑤ "The Next Step in Our Equality Journey"，百事公司新闻稿，2020 年 6 月 18 日。

⑥ McGregor, J., "Urged to Back Up Pledges for Racial Justice, 34 Major Firms Commit to Disclose Government Workforce Data"，《华盛顿邮报》2020 年 9 月 29 日。

首先，一些投资者以联合国的可持续发展目标为框架，制定解决不平等问题的办法。[①] 虽然只有可持续发展目标10明确涉及不平等现象，但其他目标也致力于解决相关问题，如贫困（目标1）、饥饿（目标2）、健康（目标3）、教育（目标4）、性别平等（目标5）和体面工作（目标8）等。无论动机是减少风险还是正义感，越来越多投资者正在审视投资组合与各个可持续发展目标的"净契合度"是正或负，以此入手，确定不足之处，寻找影响力最大的行动领域。一部分投资者考虑到私人资本的能力上限，可能决定专注于特定一项可持续发展目标，如体面工作（目标8），而非试图全盘兼顾。

其次，2020年社会债券发行量暴增，其中很多明确专注于减缓疫情的负面影响。有初步迹象显示，投资者对社会债券的需求日益增加。例如，2020年10月，欧盟发行了170亿欧元社会债券，是迄今为止规模最大的社会债券发行交易，旨在提供疫情救助，与可持续发展目标3（健康）及目标8（体面工作）明确挂钩。[②] 此次发行被大幅超额认购，投资者申购总额超过2330亿欧元。[③] 这会激励其他政府机构效仿吗？

企业发行人也加入了这个市场。2021年美银发行了两笔社会债券，充分说明这些债券可以用于各种广泛用途。其中一笔旨在为医疗行业提供融资，另一笔计划通过支持面向弱势群体的借贷计划，减少社会不平等现象。[④] 辉瑞也发行了用于医疗的社会债券，但其资金用途明确包括中低收入国家的疫苗生产以及解决全球健康紧急状况，并且资助了新冠疫苗的研发。[⑤]

---

① "The SDG Investment Case"，负责任投资原则（PRI）与普华永道，2017； "Investing to Achieve the UN Sustainable Development Goals"，美国可持续负责任投资论坛基金会（US SIF Foundation），2020。

② "World's Largest Social Bonds Support EU COVID－19 Response"，法国巴黎银行，2020年10月20日。

③ Stubbington，T.，"EU Enjoys 'Outrageous Demand' for First Covid－related Bond"，《金融时报》2020年10月20日。

④ "Bank of America Issues ＄1 Billion Corporate Social Bond, First Bond Issued by a U.S. Commercial Bank Entirely Focused on COVID－19 Pandemic"，美银，2020年5月19日。

⑤ "Pfizer Completes ＄1.25 Billion Sustainability Bond for Social and Environmental Impact"，辉瑞，2020年3月27日。

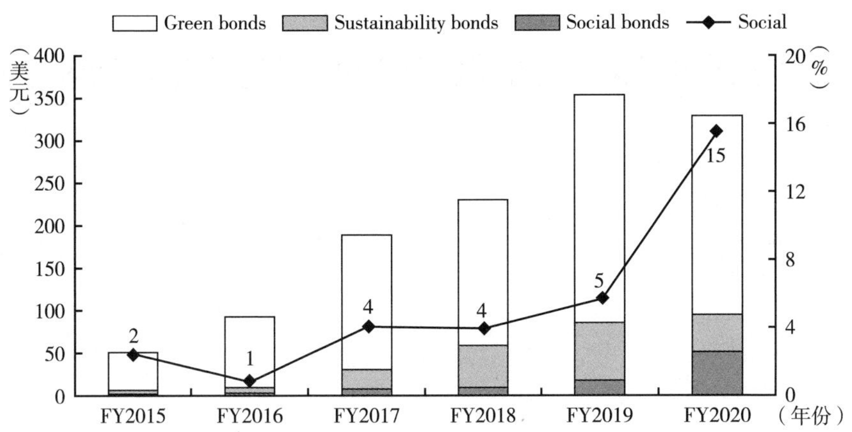

图 8　2015～2020 年社会、可持续发展和绿色债券发行量及增速

注：社会债券旨在为具有社会效益的项目或活动提供资金，就像绿色债券旨在为具有环境效益的项目提供资金一样。可持续发展债券同时包括社会和环境因素。数据截止到 2020 年 10 月 15 日。

资料来源：气候债券倡议组织（Climate Bonds Initiative）、MSCI ESG 研究。

投资者面临的一项挑战是，一方面，希望投资一定能实现预期中的社会效益，另一方面，需要在明确的定义和评估标准出炉之前，尝试新事物。投资者有时并不清楚什么样的债券具有真正的社会效益，什么样的债券只是“社会洗白”。我们看到，机构投资者非常担心会在无意中为后者输送资金。但如果因担心而裹足不前，就不可能大胆尝试规模化解决方案。2020 年最引人注目的一些社会债券希望通过募集私人资本，实现雄心勃勃、具有变革意义的社会目标。投资者需要在项目细节和实施情况不明确的情况下，衡量风险与潜在效益，这将考验投资者的（声誉）风险容忍度。

近年来，富人和穷人之间的差距越来越大，已经不容忽视，对社会稳定和繁荣造成了前所未有的威胁。① 虽然单个公司在自身影响力范围内解决不平等问题的力度有待加强，但为了降低大规模的社会不稳定风险，机构投资者不妨尝试其他方法。2021 年，社会债券领域发展迅速，但缺乏标准，意

① “UN Report Finds COVID－19 is Reversing Decades of Progress on Poverty，Healthcare and Education”，联合国，2020 年 7 月 7 日。

表 1　2020 年部分企业社会债券发行交易

Issuer	Amount	Stated Social Use of Proceeds （summary）	What We Don't Know
Pfizer Sustainability bond March 2020	6 Billions 0 1.25 billion	Provide affordable medicines and vaccines to underserved patients globally, including via "capacity expansion." Reference to funding multi-stakeholder initiatives and health systems. Focus on women, rewborns and children, the elderly, and migrants and displaced persons, especially in low- and middle-income countries	Details on specific capacity expansion planned; which multi stakeholder initiatives will receive funding and what the targeted outcomes are; which health systems would be funded
Banco Bilbao Vizcaya Argentaria Social bond June 2020	6 Billions 0 1 billion	Hospitals, medical equipment and technologies · Educational institutions at all levels · SME financing and microfinancing; access to banking and financial services in undereerved populations; financial literacy · Access to adequate, safe and affordable housing for excluded and/or marginalized populations and/or communities	For-profit or non-profit status of financed education or medical entities; lending rates; Defnition of affordable housing and how housing units will be categorized for target populations
Alphabet Sustainability bonds August 2020	6 Billions 0 5.75 billion	· Affordable housing · Advancing economic opportunities and equity for under-represented communities, including the Black+ community. May include business financing, job training, access to education, amplification of Black voices on YouTube · Support for small businesses and COVID-19 crisis response such as lending and training	Definition of affordable housing and how housing units will be categorized for target populations; lending rates and measure to prevent predatory lending or unfavorable terms
Bank of America Sustainability bond September 2020	6 Billions 0 2 billion	Reduce racial inequality by funding business and mortgage financing for Black and Hispanic Latino borrowers and communities in the U.S. Equity investments in Black and Hispanic-Latino owned or operated businesses and funds that invest in Black and Hispanic-L atino owned businesses	Lending rates and measures to prevent predatory lending or unfavorable terms

注：我们选择了 2020 年关注度较高（按媒体报道衡量）、规模 10 亿美元以上、旨在解决新冠肺炎疫情或种族不平等问题的企业社会和可持续发展债券发行交易。

资料来源：MSCI ESG 研究、发行人申报材料。

味着前进的道路免不了曲折和坎坷。但愿意砥砺前行的公司和投资者将积累宝贵的经验教训，为后来者寻找可扩展、可投资的创新性解决方案奠定基础。

机 构 篇

Organization Perspectives

B.7

中国私人银行家族财富管理业务市场需求巨大，发展模式仍在探索

刘雪梅*

摘　要：家族企业对中国经济发展作出显著贡献，中国的私人银行应帮助中国企业家管理与传承好家族财富。本报告在厘清家族财富管理的内涵与本质的基础上，分析了国内外家族财富管理模式的差异，针对中国私人银行提出“大而全”与“小而美”的家族财富管理业务发展模式，特别强调深度挖掘家族财富客户需求，整合内外部资源为客户提供一站式、综合化解决方案。

关键词：家族财富　财富管理　私人银行　综合服务方案

---

* 刘雪梅，中国民生银行总行家族财富管理资深经理，北京大学光华管理学院EMBA。

改革开放40多年来，伴随着中国经济的蓬勃发展和社会财富的急速增加，大批超高净值人群应运而生且不断快速扩大，其财富管理与传承诉求日益增强。基于对这一潜力巨大的行业的看好，家族财富管理业务已经成为各类财富管理机构尤其是商业银行的战略重点业务。深入观察中国家族财富管理市场9年来的发展历程，我们会发现服务机构、客户诉求、服务逻辑及服务技术与工具等持续优化，通过借鉴国外先进的家族财富管理经验，向“全面定制”综合服务方向迈进。定制式的综合服务和智能化的管理、家族办公室行业的充分发展、强势家族财富管理服务生态的确立都将是一种必然。但与全球领先市场相比，中国家族财富管理市场仅刚刚起步。如何发挥自身优势，采用何种发展模式制胜蓝海，是当前中国私人银行家族财富管理正在探索的课题。

一　家族财富管理业务概述

财富管理是以财富拥有者为中心，根据其需求进行相应的规划和设计，建立和财富拥有者需求相匹配的投资策略、投资组合，以实现“财富保值增值、财富运用、财富传承”全生命周期的有效管理。

家族包含所有家族成员及家族企业，家族财富管理是对钱的管理，更是对人和文化的管理。在家族财富管理中，不管是财富的保值还是增值，文化恰恰都是根本，这种文化包括家族文化和企业文化，以及家族文化和企业文化的融合。家族财富管理是财富管理领域更复杂多元的业务模块，要实现的不仅是财富投资风险与收益的匹配，更是对财富的一份长远规划，具有以下四个特征：复杂多元的服务内容、稳健持续的服务诉求、永续传承的服务目标、回馈社会的服务宗旨。因此，家族财富管理需要充分利用家族现有资源包括家族资产、家族企业、人力资本以及家族的社会资本来满足家族多元化的需求，即家族财富的保值增值、代际传承、家族治理等，从而实现家族企业与家族的基业长青。每个家族的资源财富千差万别，需求多样且各异，需要一站式、专业化、定制化和持续稳定的全面综合解决方案。

二 中国家族财富管理业务人群画像与需求

据瑞信研究院数据，自 21 世纪初到 2019 年底，中国家庭财富总额增长了 21 倍，是大多数国家增长率的 3 倍以上，总额仅次于美国，超越了日本，位居第二。根据胡润数据，截至 2019 年底，中国内地拥有千万元人民币资产的“高净值家庭”数量达到 161 万户，比上年增加 3.7 万户，增幅 2.4%，其中拥有千万元人民币可投资资产的“高净值家庭”数量达到 87 万户；拥有亿元人民币资产的“超高净值家庭”数量达到 10.8 万户，比上年增加 2760 户，增幅 2.6%，其中拥有亿元人民币可投资资产的“超高净值家庭”数量达到 6.4 万户；拥有 3000 万美元资产的“国际超高净值家庭”数量达到 7.1 万户，比上年增加 1960 户，增幅 2.8%，其中拥有 3000 万美元可投资资产的“国际超高净值家庭”数量达到 4.6 万户。

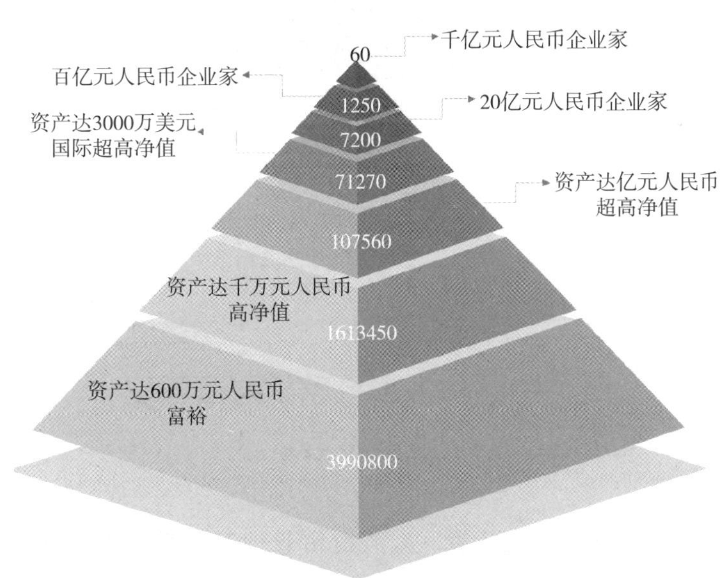

图 1 中国内地高净值人群规模

资料来源：胡润百富。

2020年福布斯第34期全球亿万富豪榜显示，中国内地的表现令人瞩目，有389位富豪上榜，财富总额达1.2万亿美元。改革开放40多年来的经济高速增长催生了中国第一批以企业家为主的高净值人群，中国财富管理市场已经成为亚太乃至全球范围内增长最快、最具潜力的地区。伴随这批创富一代集中步入退休年龄，中国“财富管理与传承”的需求日渐凸显。在全球疫情冲击、地缘政治变动等不稳定因素的影响下，国内外金融市场波动明显加剧，外部环境愈发错综复杂。国内超高净值家族的财富避险意识将进一步提升，推动其在家族财富保护、家族资产配置、家族企业治理及家族财富传承四个方面的专业服务需求，进而实现对家族成员个人、家族整体及家族企业的全方位家族财富管理。

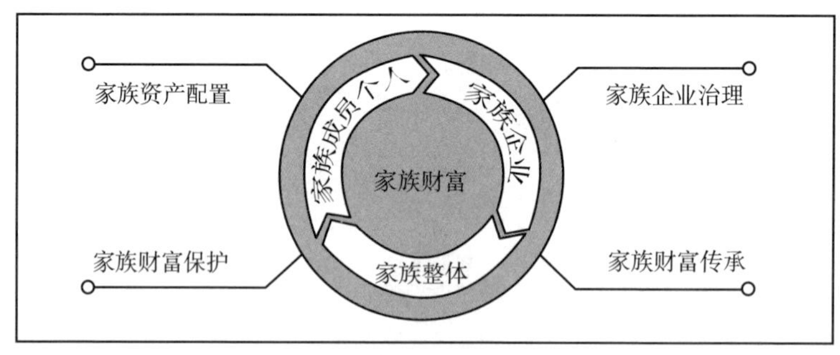

图2　家族财富

资料来源：普华永道。

三　中国私人银行家族财富管理业务发展现状

分业经营的国内金融环境，家族财富管理客户需求的多元化、复杂化，对于投资、资产配置、家族治理、企业治理等专业诉求，决定了单一的国内金融机构难以实现对家族财富客户需求的全方位满足。中国私人银行家族财富管理机构只有通过整合内外部资源，建立完整的家族财富管理

生态圈，才能形成服务家族财富管理客户的综合解决方案，满足客户核心诉求，提升客户黏性，赢得客户信任。这需要中国私人银行家族财富管理机构在整合内部资源与服务的同时形成跨越机构边界的服务能力，提高商业竞争力。为此，中国私人银行家族财富管理机构近 9 年来进行了积极的探索与实践，虽整体尚处于起步阶段，但也做出了一定的特色，产生了一定的市场影响力，其中比较突出的有招商银行、中国民生银行和平安银行。

（一）招商银行引领中国私人银行家族财富管理业务

作为市场与业内公认的私人银行业务“领头羊”，自 2007 年 8 月推出私人银行服务以来，经过近 14 年的专业沉淀与快速发展，招行私人银行业务凭借过硬的专业服务能力与良好的市场口碑，屡获国际权威大奖，也赢得了越来越多高净值客户的青睐。自 2012 年在国内推出家族办公室服务以来，招行持续创新契合中国特色的传承保障方案。

1. 专业洞见，跨越周期

招行基于对客户需求和市场机会的通盘洞察，为私人银行客户提供持续、稳健、定制化的资产配置建议，帮助其实现投资目标。截至 2020 年末，招行私人银行自主搭建的开放式产品平台，已在全市场甄选产品超过 5000 只，产品规模达 2.77 万亿元。

2. 两大创新

“模块化”智能定制和“云信托”两大创新功能的推出，让家族信托条款不再晦涩难懂，流程不再复杂冗长，以线上服务打破时空阻隔，让家族信托帮助更多有需求的家族财富人群实现传承目标。2020 年招行为客户定制并落地近千个家族信托方案，其主导的家族信托市场占有率约达四分之一。

3. 开放平台，共创价值

招行私人银行探索提供全局性协作规划的投融资咨询服务，基于全行资产平台构建开放式综合金融服务平台，为家族财富客户匹配优质商业机会，满足其综合企业发展需求，实现家与业的协同发展。

4. 全生命周期和全球视野

招行持续构建以资产配置为核心，覆盖全生命周期的产品销售和管理系统，以及全任务、高效率的客户经理工作平台，力求让客户体验更专业专属的全方位服务。同时运用集团资源，构建覆盖银行、券商、保险、信托等全牌照的跨境服务平台，助力客户实现全球资产配置及统一视图管理。通过全球甄选优质合作伙伴满足客户在健康管理、子女教育、商旅出行等领域的非金融服务需求。

显然，招商银行私人银行与家族财富管理业务领跑了中国银行业，已经初步具备为家族财富客户提供综合化、全球化、一站式解决方案的能力，并在快速持续推进完善。我们期待招商银行能够尽快比肩领先市场的家族财富管理机构，创造出国际先进的、具有本土血缘和全球视野的中国家族财富管理服务模式与标杆。

（二）中国民生银行打造具有企业家特色的民生银行家族财富管理品牌

中国民生银行家族财富管理业务始于 2009 年助力曹德旺先生家族设立“河仁慈善基金会”。十多年来，依托不断积累的家族基金、并购基金与家族财富管理经验，围绕家族客群企业与家族“全生命周期”的投融资与财富管理需求，致力于为家族客户提供“全方位、多层次”量身定制的财富管理综合服务方案，持续打造具有企业家特色的民生银行家族财富管理品牌，获得客户和同业的认可与好评。2017 年和 2018 年分别获评《欧洲货币》最佳财富管理机构和最佳家族办公室奖。2019 年荣获《银行家》杂志中国金融十佳家族信托管理创新奖。2019 年以来，中国民生银行受中国银行业协会的委托，作为牵头单位与全国工商联等政府及研究机构进行全面合作，全力推动中国家族财富管理法律体系研究，力求尽快改善相关法治生态环境。同时继续潜心研究国内外私人银行家族财富业务市场动态与家族客户需求，加强与境内外财富管理服务机构的合作，持续建立和完善内容更加丰富的海内外资产配置平台。

一方面，民生银行持续为家族企业及企业家提供“融资+融智+融商”家族财富管理服务。作为新中国第一家主要由民营企业发起设立的全国性股份制商业银行，中国民生银行自1996年1月12日成立以来，始终秉持“为民而生，与民共生”的使命，实行民营家族企业战略，推出整套金融服务体系与方案，打造民生银行家族企业及企业家金融服务之家，共同构建长期、信任、温馨的价值增长和分享空间，从家族企业与家族治理规划、信贷规模支持、资金价格优惠、特色产品创新、科技信息引领等方面持续提升家族企业及企业家金融服务的针对性和有效性。近年来，中国民生银行的家族企业融资余额一直占全行企业融资余额的近七成，总分行协作为多家超大型家族企业提供家族办公室服务与慈善规划并成功落地。

另一方面，民生银行持续优化家族财富管理业务模式，持续改进业务制度与流程，丰富业务种类，加强与信托公司、律师事务所及会计师事务所等的合作，同时加大总分行联动培训力度，为家族财富客户提供法律咨询、税务规划与资产配置一体化定制化服务。同时民生银行持续打造家族财富客户资产配置服务体系。针对家族财富客户需求，重点提升总行产品选购和创设能力，丰富产品供应与定制能力。自主创设及引入产品，包括智享、私享、鉴享、慧享、海外代销、私银财富宝等。通过与民生银行国际合作，通过其香港分行与香港保险经纪公司、公募和私募基金公司等合作，为家族客户提供境外保险经纪服务、境外银保产品、跨境及结构性产品、境外公募私募基金、境内见证开户等财富管理服务。

当前，民生银行正进一步提升组织效能与专业化团队服务能力，积极响应家族企业及企业家多样化场景需求，深入挖掘客户痛点、难点，进一步整合金融资源、创新升级产品模式和业务操作平台，创新服务手段，持续升级客户一站式定制化综合金融服务体系，助力家族企业与家族基业长青。

（三）平安银行私人银行家族财富业务以科技创新引领服务品质提升

平安银行私人银行家族财富管理业务依托平安集团“金融+科技”双

优势，持续为客户提供定制化及专业化的服务，有效解决客户复杂的金融、法律及税务问题，不断以科技创新引领服务品质提升，坚持从客户出发打造“更懂中国人”的家族财富传承服务模式，取得行业的赞誉以及客户的认可。

近年来，紧紧围绕“数据化经营、线上化运营、综合化服务、生态化发展”四化新策略，平安银行私人银行持续发力金融科技，在传承业务领域的专业程度、科技利用和客户体验达到行业领先水平。目前，平安银行私人银行家族财富管理服务涵盖投资管理、资产规划、财富传承、顶层法律架构设计、企业治理、继承人教育、慈善公益等全方位服务，满足中国家族全生命周期的财富规划、家业传承、公益慈善需求。同时，平安银行私人银行借助线上化运营和综合化服务，以精细化、科学化、专业化的态度不断创新服务模式。疫情期间，平安银行私人银行推出“传承业务在家办”服务，实现远程、无接触，足不出户设立保险金信托及家族信托。继保险金信托设立业务实现100%线上化后，2020年下半年，平安银行私人银行又率先在业内实现家族信托投资配置线上全流程，将家族信托资产投配效率、操作安全性、信息传递即时性大幅提升，显著提高客户服务体验。

平安银行私人银行家族财富业务将继续发挥自身平台资源和金融科技优势，为中国财富家族提供更高质专业、安全稳健的全方位财富服务体验，与中国企业家携手，为经济发展、企业成长注入新一代动能。

四　国外领先市场家族财富管理模式与借鉴

全球家族财富管理的发展源远流长，以现代私人银行的形式起源于瑞士，为欧洲皇室及贵族提供专属的私密性金融服务；19世纪中后期兴起于美国，一些抓住工业革命机会起家的富豪聚集了金融、法律和会计领域的专家，以研究如何保护家族财富和商业利益为出发点，推动了金融产业链最顶端的“家族办公室”的诞生。归纳起来，国外领先市场家族财富管理模式的主要特征与借鉴如下。

（一）对家族资产负债进行全面梳理，形成完整的家族资产负债表

国外领先市场会对客户的家族资产负债进行全面整理，形成完整的家族资产负债表，而国内不是被忽视，就是因种种原因做不到。家族资产既按所有权权属分散在家族成员或公司等不同主体名下，又按配置分散在不动产、公司股权、金融投资等不同类型下，还会按区域分散在境内境外，不同的法律和税务归属下，同时，还涉及夫妻财产、债权债务、代持隐名等不同的法律关系，且要考虑流动性、交易便利性等因素。只有对各类分散的财富与资产负债系统梳理形成完整的家族资产负债表，才能更好地发现不合理的分布与运用，发现隐藏的风险与机会，从而进行更科学合理的规划。比如一笔境外投资可能风险与收益较好，但有可能让某个家庭成员的国内税务成本提高很多。

（二）对财富的本质有更全面的认知

国外领先市场对财富的本质有更全面的认知，而国内通常重视现金、房产、股权等有形资产，却忽略了人力、文化加上物质才是家族财富的整体。所谓人力，就是后代的繁衍与培养。中国人注重开枝散叶、子孙满堂，繁衍后代是家族传承中不可忽视的内容。所谓文化，就是第一代创业过程中积累下来的企业文化与经营智慧和为人处世、安身立命的方法，是人力的质量，是精神财富。这是家族传承中最为重要的一点。有关调查显示，约65%的受访者认为精神财富是家族财富中最重要的部分，远高于物质财富、社会资本和人力资本。传承的关键在于培养下一代的优秀品格和能力，使下一代能继承上一辈的精神财富，正确认识和运用家族的物质财富。

（三）为客户提供定制的综合解决方案

国外领先市场家族对于如何借助专业机构帮助自己做好财富管理与传承

有充分的认识，特别是考虑家族企业之后，就更重视自上而下的制度设计，最后运用各种金融工具形成定制的综合解决方案；而国内更多的是对具体工具的关注，仍是点对点的服务，对顶层设计的理解还比较粗浅，在提供综合解决方案方面尤其欠缺。由图3、图4可见中国家族财富管理的现状和某国际领先的家族财富管理平台，中国私人银行的家族财富管理业务比较不系统、不全面，与国外领先市场相比差距很大，中国的家族财富管理业务任重道远。

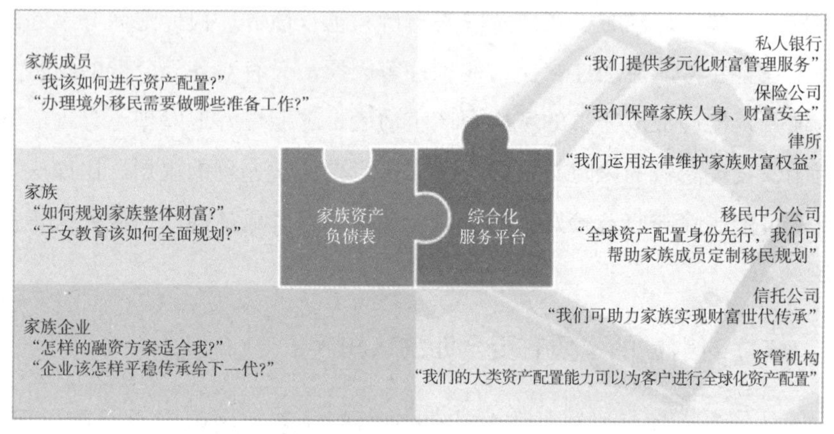

图3　家族资产负债表与综合化服务平台

资料来源：普华永道。

总体来看，中国家族财富管理市场的需求端与供给端尚未实现良好的匹配与契合。需求端方面未形成一张“家族资产负债表”的有机整合；供给端所提供的产品与服务目前也仍处于较为割裂的状态，未形成提供全面服务的综合化家族财富管理平台。因此，中国家族财富管理行业的全面发展，需从市场需求端及供给端两方面进行完善与优化，实现“家族资产负债表”与综合化服务平台的对接。不断提升家族财富管理服务质量，满足家族财富管理客户需求。中国的私人银行凭借其良好的信誉与广大的家族客户基础等优势将在其中起着主导作用并将一定大有作为。

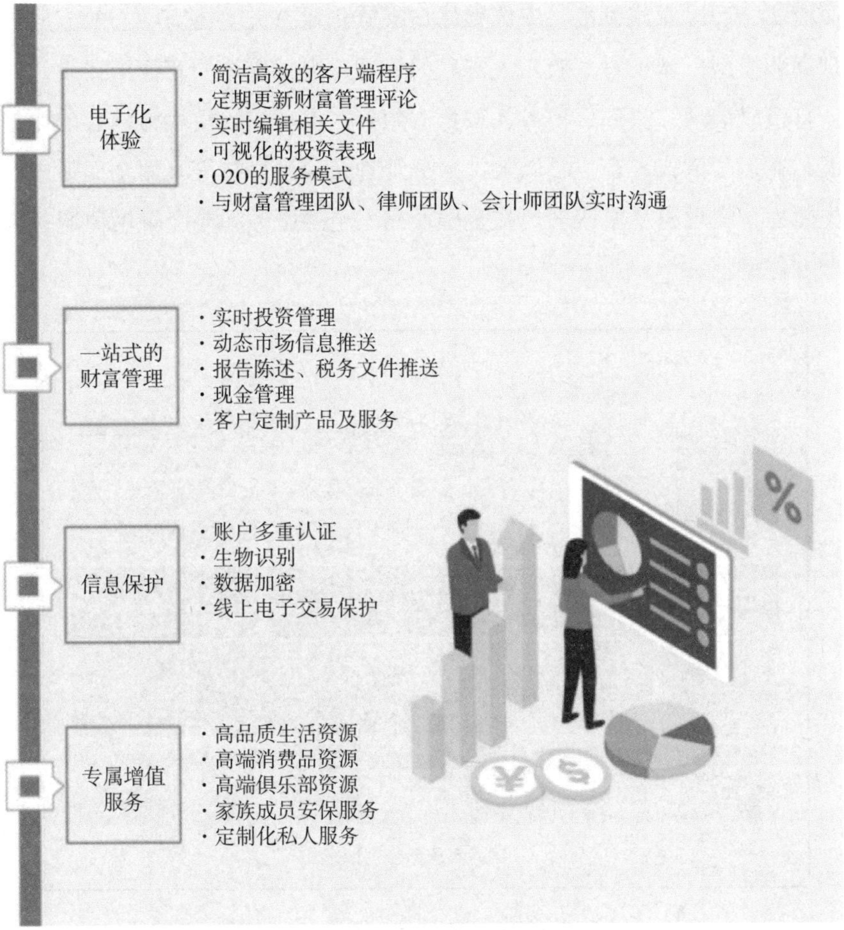

电子化体验
- 简洁高效的客户端程序
- 定期更新财富管理评论
- 实时编辑相关文件
- 可视化的投资表现
- O2O的服务模式
- 与财富管理团队、律师团队、会计师团队实时沟通

一站式的财富管理
- 实时投资管理
- 动态市场信息推送
- 报告陈述、税务文件推送
- 现金管理
- 客户定制产品及服务

信息保护
- 账户多重认证
- 生物识别
- 数据加密
- 线上电子交易保护

专属增值服务
- 高品质生活资源
- 高端消费品资源
- 高端俱乐部资源
- 家族成员安保服务
- 定制化私人服务

图4　某国际领先的家族财富管理平台

资料来源：普华永道。

五　中国私人银行家族财富管理业务发展趋势展望

中国家族财富管理业务市场需求巨大，中国私人银行看好这片蓝海与未来发展潜力，纷纷扬帆启航，虽整体处于起步阶段，但多年来各家银行根据自身的优势与对客户及业务的理解进行了卓有成效的探索与实践。

对标国际领先的家族财富管理模式，普华永道提出中国的家族财富管理商业模式，即以家族成员、家族整体与家族企业三大主体为中心的家族财富管理商业模型。基于对家族六大资本的管理，进行整体的商业模式设计与规划，打造以治理、法务、税务、教育、慈善、生活六大模块为核心的业务生态圈，在运营模式、客户、风险、财务管理及信息科技等方面全面形成行业领先能力，实现满足家族客户在金融产品、金融服务和非金融增值服务方面的全方位需求。

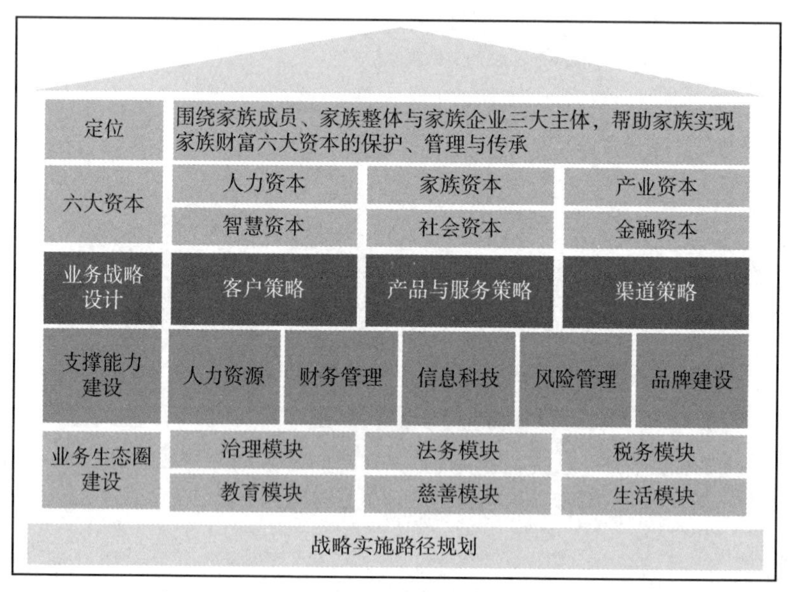

图5　家族财富管理商业模型

显然，这是大而全系统完美的商业模型，是中国私人银行家族财富管理业务模式的最终目标与方向。这一目标的实现需要投入大量的人力物力，而且耗时很长。中国的私人银行可根据自身优劣势、家族财富客户定位与发展战略参照此商业模型，采取“大而全”或“小而美”的适合自己的业务发展模式，然后持续提升自身能力，做实做精业务服务，实现自身战略。当前行业“领头羊”招商银行采用的是“大而全”的发展模式，即服务大中小所有家族财富客群，全面塑造自身能力，全面建设业务生态圈，为客户提供金融与非金融综合解决方案。对于多数其他商业银行，目前采用“小

而美”而不是“大而全”的发展模式应该是更好的选择，有所为有所不为，聚焦深耕，针对家族财富管理业务的细分市场，集中内外部资源做深、做透、做实，提供一站式定制的综合解决方案。如从某个中小客群和重点工具及产品做起，赢得此细分市场客户的信赖，在不断打造提升此细分市场品牌形象的同时持续提升自身能力，继而稳步扩大市场范围、业务种类与服务项目，在条件与能力成熟时再向“大而全”的业务模式发展。如果不顾自身条件，一味求大求全，就会因资源与能力的欠缺而影响服务品质，进而影响业务发展的可持续性，甚至可能造成客户流失，影响品牌形象与市场声誉。

需要特别强调的是，家族财富管理的本质属性是从客户需求出发，提供一站式综合解决方案。不论采取“大而全”发展模式，还是采用“小而美”发展模式，对目标家族客户真实需求的充分掌握都是为家族客户提供全面服务的稳固根基。明确自身家族财富管理业务的客户定位，聆听客户之声，精准定位客户痛点，挖掘客户潜在需求，洞悉客户心理诉求，在此基础上深度挖掘目标客户家族财富管理的综合化需求，并做好客户信息的集中管理与深入分析，为构建家族财富管理产品服务体系与目标业务模式提供精准有效的信息输入。这是最重要的、最根本的，是需要首先形成的能力。

随着资管新规的逐步落地，国内法治环境与政策日渐完善，以及改革的深入与全面对外开放的推进，中国家族财富管理将迈入全新的发展阶段。面对中国家族财富管理这片广阔的“蓝海”市场，中国的私人银行一定能把握历史机遇，确定自身的客户定位、发展策略与业务模式，加快构建自身发展家族财富管理业务的能力体系，夺得市场先机，制胜蓝海，实现蓬勃发展。

参考文献

王菁：《家族财富管理国内外模式比较》，微信公众号“清华金融评论”，2019 年

1 月。

建信信托、胡润研究院：《2019 中国家族财富可持续发展报告——聚焦家族信托》，2019。

方太公司、胡润研究院：《2020 方太・胡润财富报告》，2020。

瑞信研究院（Credit Suisse Research Institute）：《2020 年全球财富报告》，2020。

B.8
家族信托发展回顾及展望

姜　燕*

摘　要：国内越来越多的高净值人群开始关注家族信托这一财富管理工具，私人银行、信托公司、保险公司、证券公司等传统金融机构，以及拥有高净值客户资源的非持牌金融机构都在积极布局家族信托业务。自2012年9月境内首个家族信托产品诞生以来，家族信托业务的受托规模不断扩大，截至2020年底规模已超2000亿元人民币。同时，家族信托的具体服务内容已经实现质的飞跃，从家庭财产的保值增值发展到家族财富的保护、管理与传承，从私人财富管理服务发展到家族财富管理服务。家族信托的展业环境整体良好，行业监管政策及法律环境不断完善，但信托登记和税收等配套制度仍有待建立健全，行业统一规范有待制定。未来，事务管理数字化、投资管理专业化、信托财产种类多元化以及制度协同常态化将成为家族发展的大趋势。

关键词：家族信托　家族财富管理服务　行业监管政策

一　境内家族信托发展进程

中国经济高速发展，诞生了大量优秀的中国企业和杰出的企业家等社会

---

* 姜燕，中航信托总经理助理兼家族信托业务负责人，清华五道口金融硕士，伦敦商学院 LBS 金融硕士，北京大学在读博士，先后就职于中信银行总行、美林国际伦敦总部及花旗银行（伦敦）。

精英群体。居民财富快速积累，中国财富管理行业空前发展。行业报告显示，截至2019年底，中国高净值人群总量已达132万人，中国财富管理行业的资产管理规模已超百万亿元，增速为全球之最，已成为亚太区乃至全球财富增长的有力引擎。

家族信托作为财富管理的重要工具，依托境内私人银行业务及财富管理行业而发展，广受高净值人士的青睐。自2012年9月境内首个家族信托产品诞生以来，境内家族信托业务发展至今已有8个多年头。截至2020年底，据行业不完全统计，家族信托业务的受托规模已超2000亿元人民币，并还在以两位数的速度快速增长。简要回顾过去8年多境内家族信托的发展进程，主要有以下特征。

（一）从家庭财产的保值增值到家族财富的保护、管理与传承

高净值客户的需求正从以基于个体或家庭的财产保值增值，保障、养老、教育等标准化的财务规划，向基于家族成员、家族整体、家族企业综合利益，寻求专业、全面、长远的财富保护、管理及传承综合规划及解决方案转型。部分超高净值客户群体更希望专业机构能基于人力、金融、社会、文化资本等更高层面来做家族及家族企业的顶层架构设计。

从需求端看，过去各家机构提供的简单、标准型的单项服务差异化优势已不够明显，也不能满足高净值客户日益增长的需求，最新的调研报告也认证了这一点，财富保护、财富传承、品质生活、风险隔离、子女教育以及家业治理是当前高净值人士最为关心和最想解决的问题。

客户需求的演变赋予了设立家族信托更多样的信托目的，诞生了更多类型的家族信托，如保险金信托、不动产信托、股权信托、慈善信托等，对家族信托方案设计的个性化、综合化、专业化要求也越来越高。

（二）从私人财富管理服务到家族财富管理服务

伴随财富管理市场的发展，境内财富管理市场正由以产品为导向的1.0时代向以服务为导向的2.0时代转型。客户服务不断分层细化，对于普通客

户，正通过智能投顾、金融科技等方式来满足其标准化的私人财富管理服务需求，而对于高净值客户，正通过定制化的金融或非金融方案来满足其个性化的家族财富管理服务需求。

从供给端看，过往为高净值人士提供私人财富管理服务的参与者也纷纷向提供家族财富管理综合服务转型，包括商业银行的私人银行部、独立法人模式的理财子公司，信托公司的财富管理部、家族信托部或家族办公室，保险公司的高净值客户服务部，基金公司的投顾事业部，证券公司的私人银行部，独立财富管理机构、家族办公室、会计师和律师事务所等。

2013 年，仅有 6 家信托公司开展家族信托业务，到 2019 年实质性开展家族信托业务的信托公司超过 35 家，同时，信托公司不断与市场中其他参与主体加强合作、整合资源、优势互补，以提升自身家族财富管理的综合服务能力，即“信托 +”，比如当前主流的“信托 + 银行”的银信合作模式、“信托 + 保险”的保险金合作模式、“信托 + 慈善”的慈善信托等，不断满足高净值客户的家族财富管理需求。

（三）行业监管政策及法律环境不断完善

2001 年 10 月《中华人民共和国信托法》颁布，奠定了信托法律关系的基础。2018 年 8 月《信托部关于加强规范资产管理业务过渡期内信托监管工作的通知》明确指出家族信托、公益（慈善）信托不适用于“资管新规”规定。同年，监管机构发布《关于加强规范资产管理业务过渡期内信托监管工作的通知》，明确家族信托的业务内涵。2018 年 9 月，中国信托业协会发布《信托公司受托责任尽职指引》，2019 年中国信托业协会审议通过《信托从业人员管理自律公约》《信托消费者权益保护自律公约》《绿色信托指引》，规范受托人行为，加强信托文化体系建设。

2019 年 11 月发布的《全国法院民商事审判工作会议纪要》明确了《信托法》关于信托财产独立性的内容，《关于规范金融机构资产管理业务的指导意见》和《信托公司资金信托管理暂行办法（征求意见稿）》也都明确了家族信托的例外原则。

简言之，人们物质生活水平显著提高带来高净值、超高净值客群跨越式增长，资产管理与财富传承的需求集中显现，行业监管政策及法律环境不断完善。家族信托业务已度过行业发展的春天，正向欣欣向荣的夏天迈进。

二　家族信托展业环境

家族信托业务从早期的新兴事物，发展成如今的热门话题，可以说境内的家族信托市场呈现了一片欣欣向荣的景象。私人银行、信托公司、保险公司、证券公司等传统的金融机构，争先恐后地论证和布局家族信托业务，拥有高净值客户资源的非持牌金融机构紧紧跟随。伴随着机构的布局，带来的是各行从业者的推广热情，理财师、客户经理、保险经纪人、投资顾问、律师、公证人员等纷纷加入。在近十年的快速发展过程中，全体从业人员从客户需求角度出发，不断地创新探索，逐步推动行业的发展，在此过程中也展现了一定的境内特色。

（一）监管环境友好

发展了四十逾年的信托行业面临着巨大的转型压力。信托行业内对于“赚快钱”的期待已经结束，运用信托制度的独特优势，提供高品质的受托服务，成为行业共识。而家族信托业务成为破局的突破口，成为转型发展的急先锋。2018 年 8 月，银保监会下发《关于加强规范资产管理业务过渡期内信托监管工作的通知》（以下简称“37 号文”），首次给予家族信托“官方定义”，即家族信托是指信托公司接受单一个人或者家庭的委托，以家族财富的保护、传承和管理为主要信托目的，提供财产规划、风险隔离、资产配置、子女教育、家族治理、公益（慈善）事业等定制化事务管理和金融服务的信托业务。同时，特别强调家族信托财产不低于 1000 万元，委托人不得为唯一受益人，单纯以追求信托财产保值增值为主要信托目的的业务不属于家族信托。

（二）配套制度有待建设

信托制度为海外的舶来品，通过信托法的出台，让信托制度在大陆法系的土壤里生根发芽，也体现了法律人开放包容的立法态度，实属不易。信托法自2001年出台至今已有20年，与快速发展的实践相比，原有的信托法需要进行修订，同时很多配套的制度，如信托登记制度、信托税收制度、投资管理制度、会计制度等需要建立健全。近日，全国人大代表、中国银保监会信托监管部主任赖秀福向全国两会提交了“关于完善中国家族信托税收政策的建议”，提出要明确家族信托下的财产转移视同继承或赠与，按照业务实质课税。全国政协委员、证监会原主席肖钢接受采访时亦表示，他带来了《关于完善信托制度、促进推行家族信托的提案》，建议将家族信托作为一项民企财富传承的顶层设计予以推行，进一步建立和完善家族信托制度，促进民营企业家财富平稳传承。

（三）行业统一规范有待制定

“37号文”对家族信托的定义，是监管机构目前对于家族信托业务唯一的官方指引。该文件出台后，名正言顺地清理了市场上存在的一批“伪家族信托”，在展业初期起到了一定程度的规范作用，但是我们仍然看到，家族信托行业在很多方面缺少行业共识，缺少统一标准。除监管机构外，信托业协会作为行业自律组织，也对家族信托业务存在很大的指导空间。

三　典型案例

（一）关于子女保障型的案例：家族资产庞大，但儿子太小、女儿不愿接班，怎么办？

某先生与太太创业近20年，企业有完整的供应链和客户。近几年夫妻二人考虑退休，逐渐将核心业务交付给管理层。目前的问题是，儿子今年只有 5 岁，因年龄差无接班的可能性。而大女儿在国外留学，明确表示不会回来接班。

客户的基本诉求包括：第一，稳定的财务来源；第二，儿子在经济独立前有稳定、足够的生活费与教育费用来源。

整体规划方案：引入“外姓”——职业经理人。在公司层面，建立激励机制，将部分公司股权平价出售给公司管理层，提升职业经理人对公司的忠诚度；出售部分非核心业务的资产，回笼资金，设立家族信托。

信托方案：受益人为其未成年的孩子及某先生夫妇。本信托设立监察人，监察人为某先生的太太。

说明：此类信托的核心功能，包括避免自己事业、身体健康等偶发因素对未成年子女的未来产生影响，提前安排好长期的抚养费支付、额外支出的支付，以及未来的成家、置业、创业的费用。

（二）关于防范婚姻风险的案例：准儿媳万一离婚了，岂不是要分走我们的财产?

周先生和朋友创业，得到了财力雄厚的父母的支持，实现了财务自由。后来周先生认识了张小姐，两人计划结婚。周先生的母亲觉得儿子与准儿媳家在经济上差距太大，不放心儿子的财产的安全性，建议儿子与准儿媳签署婚前财产协议，但是这个建议让张小姐非常抵触，同时也让周先生为难。

周先生母亲担心儿子的婚姻发生危机，希望届时能避免财务方面的损失。即便周先生婚前将自己的现金、股权等主要财产转至母亲名下，未来母亲百年之后，还是会回到作为独子的周先生名下，问题依然存在。

信托方案：设立婚前信托，将现金部分纳入信托，周先生和未来的子女系第一及第一顺位受益人，第二受益人为周父周母。

说明：想要防范婚姻风险造成财产损失，婚前信托是一种比婚前协议更理想的方案。与婚前协议相比，婚前信托具有两个明显的优势：①无须未来配偶签字，也无须告知对方；②无须像婚前协议那样列明财产，保护当事人财产隐私。

（三）关于财产隔离的案例：为上市签订对赌协议、为企业融资担保，失败了倾家荡产怎么办？

王先生创业10余年，企业具有一定规模。夫妻双方父母都健在，女儿在美国上高中，王太太已基本离开企业，大部分时间在美国照顾孩子，在美国一年的开支在12万美元左右。王先生想将公司进一步做大，并谋求3～5年内上市。邀请的外部顾问给他的建议是：引入风险投资者并完善公司组织架构；贷款4亿元人民币进口新生产线。提供融资的银行要求王先生及王太太对该项融资承担个人无限连带责任担保。

王先生希望放手一搏，争取上市。妻子则更希望保障现有安稳生活，让老人安度晚年，特别是保障女儿今后大约10年的开支。如果上市失败导致对赌失败，以及无力偿还贷款，王先生夫妇很可能会失去已经积累的财富，全家人的生活质量将急剧下降，王先生也很难东山再起。

信托方案：进行资产状况尽职调查，将部分已经合法分配至家庭成员的现金资产设立一个家族信托，受益人为王先生的女儿及双方父母。信托财产的分配主要用于满足女儿的就学与生活需求，以及夫妻双方父母的基本需求。完成信托后，王太太配合王先生签署所有相关文件，争取公司能在风投的帮助下进一步发展壮大、上市。

说明：此类信托的主要功能在于：①隔离部分已经为家庭或者个人所拥有的财产，保障家人生活无忧；②当经济面临下行压力时，将部分资产进行隔离，有效防范事业风险；③拟为企业或者其他人提供担保，担心被牵连故将部分财产进行隔离。需要注意的是，该类隔离应在对外负债或担保之前设计安排，一旦事业受挫，还可以东山再起。此类信托的结构特点在于，委托人夫妇不能成为信托受益人，否则将影响信托的隔离效果。

（四）关于传承—公益混合信托的案例：喜欢做慈善，还想把一部分资产留给孙辈，如何协调？

L女士，单身，已将企业出售给管理层，成功收回大笔资金并退休，子

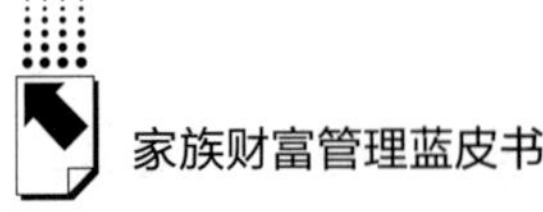

女都在国外生活。L 女士退休后经常参加公益活动，并资助部分活动经费。她希望持续、稳定地为公益活动提供资金支持，也希望待自己百年之后，将一部分资产留给家族第三代人。

信托方案：本信托属于公益（捐赠）与私益（传承）相结合的混合型信托。L 女士的信托架构与普通家族信托在其他方面并无本质性的区别，主要区别在于信托利益的分配。本信托中的信托受益人分为两类：①第三代的 5 个孩子；②委托人 L 女士的公益事业。

说明：慈善信托需要接受民政部门与银监会的双重监管，而传承 + 公益的混合信托模式则具有一定的个性化和灵活性。常见的混合信托的分配模式有：①本金传承，收益公益模式。即 L 女士案例的模式。此类模式公益捐赠通常限于委托人生前。②定额传承，余额捐赠模式。典型的约定如信托受益人在 35 周岁之前都可以从信托中获得固定数额的收益分配，年满 35 周岁且不存在残疾等需要特别照顾时，届时未分配的信托财产都一次性捐赠给公益事业。③并行模式。每年固定比例的金额用于公益支出，其他部分分配或者存储以用于分配给其他家族受益人。

需要注意的是，当受益人有可能出现不和睦的情形或相互存在利益冲突的情形，须将这些受益人分散在不同的家族信托架构中，尽可能避免未来同一个信托架构中受益人之间产生纠纷。

由上述案例可以看出，正因家族信托在财富管理和传承上极具优势，洛克菲勒家族、比尔·盖茨家族、李嘉诚家族、牛根生家族、潘石屹家族等都不约而同地选择这一法宝，满足了财产安全隔离、财富灵活传承、隐私保密等多方面需求。

四　未来发展趋势

（一）事务管理数字化

家族信托在时间上跨越生命周期，在信托利益分配条款上实现专属定制，为了保证及时、准确、高效地履行事务管理类职责，不论是外采抑或是自建，行业机构纷纷投入信息系统建设工作。数字赋能也有利于降低单体项目的管理成本，帮助家族信托业务建立盈利模式。目前，数字化工作成效已见端倪。某保险公司与某信托公司合作，通过打通系统数据的传送，在保险销售的开门红期间也带动了保险金信托业务的旺季。

（二）投资管理专业化

除了法律架构的专业搭建，家族信托资产的投资运用也是专业能力输出的重要方面，同时是主要盈利点。以瑞士隆奥银行为例，其主营业务是资产管理，60% 以上的利润来自资产管理。家族信托仅是增值服务，只有当它们提供与家族信托相伴的资产管理服务时，才会产生利润。围绕着家族信托的设立目的，充分考虑到现金流需求、风险偏好水平等各类因素，提供专业的投资顾问服务。

（三）信托财产种类多元化

目前境内家族信托仍是以资金、保单、金融产品受益权为主，受限于信托登记制度和信托税制的缺失，企业家群体拥有的股权、房产等资产装入家族信托存在很大的障碍，相信伴随着制度的完善，经营性资产的装入指日可待。高净值客户也有很多艺术品的收藏爱好，将艺术品装入家族信托也将是一种趋势。

（四）制度协同常态化

任何一个制度都不是一座孤岛，信托制度想要充分展示它的魅力，也需要与其他的法律制度协同。通过将保险与信托相结合，市场上推出了保险金信托产品。遗产管理制度与信托制度的结合，为未来推动遗嘱信托业务打下了制度基础。2020 年境内市场出现了首单监护支援信托，将意定监护制度引入了家族信托的视野。未来的家族财富管理服务，绝不仅仅是单一家族信托这样简单。

B.9

公募基金家族资产管理业务

——基金投顾快速发展，承接家族长期资金

邝霞　张吉华　王智强　谭华清*

摘　要：　中国公募基金行业的发展已有二十余年，在基金产品类型、产品规模和产品业绩等方面取得了显著的进步。但与此同时，基金产品的收益与投资者的实际回报之间却存在相当明显的差异，其中一个重要原因是广大投资者在基金投资理财过程中缺少专业投资顾问的服务。借鉴美国等成熟市场关于基金投资顾问业务的发展历程、经验得失，中国的公募基金投顾业务在经过长期试点后于2019年正式拉开帷幕，处于快速发展期。以“买方代理”为内核的投资顾问业务将在资本市场改革、居民财富管理、个人养老体系、投资者回报提升等方面起到积极的作用。

关键词：　基金投资顾问　财富管理　投资者回报　买方代理

一　公募基金投顾概述

公募基金投顾业务是指基金投顾机构接受投资者委托，按照法律法规及

---

* 邝霞，博士，嘉实财富管理有限公司副总经理；张吉华，博士，供职于嘉实财富研究与投资者回报中心；王智强，博士，供职于嘉实财富研究与投资者回报中心；谭华清，博士，供职于嘉实财富研究与投资者回报中心。

协议的约定向投资者提供基金投资组合策略建议，并直接或间接获取经济利益的经营活动。基金投资组合策略建议的标的应为公募基金产品或经中国证监会认可的同类产品。其中，基金投顾机构代投资者做出具体基金投资品种、数量和买卖时机的决策，代投资者执行基金申购、赎回、转换等交易申请，并直接或者间接获取经济利益的管理型基金投顾业务是基金投顾业务中的重要分支。

证监会于2019年10月批准[①]嘉实财富、华夏财富、南方基金、易方达基金以及中欧钱滚滚[②]作为首批公募基金投资顾问业务试点机构，自此，基金投顾业务在公募基金发展二十余年之后正式亮相舞台，并快速发展。

二　中国公募基金投顾的需求分析与社会意义

（一）公募基金整体情况：体量与品种

中国公募基金起步于1998年，二十余年间未发生系统性金融风险。公募基金交易机制透明，风险收益归属清晰，业绩竞争较为充分，在资产管理领域率先建立了最先进、最完善的制度体系，确立了基金财产独立制度、强制托管制度、风险自担的产品设计，成为财富管理行业的标杆，是大众理财的理想工具。

截至2020年末，公募基金管理机构发展到近150家，管理资产规模超过18万亿元。自可追溯资金流动性数据的2011年以来，投资者对公募基金的投资依赖性趋强，持续9年资金净流入，平均每年净流入金额接近万亿元，公募基金为日益增长的居民财富提供了财富保值增值的投资渠道。

在总规模持续增长的同时，公募基金的内部结构也在动态演化，权

---

① 证监会：《关于做好公开募集证券投资基金投资顾问业务试点工作的通知》（机构部函〔2019〕2515号），2019年10月24日。

② 中欧钱滚滚原名为中欧钱滚滚基金销售（上海）有限公司，于2020年4月17日变更为上海中欧财富基金销售有限公司。

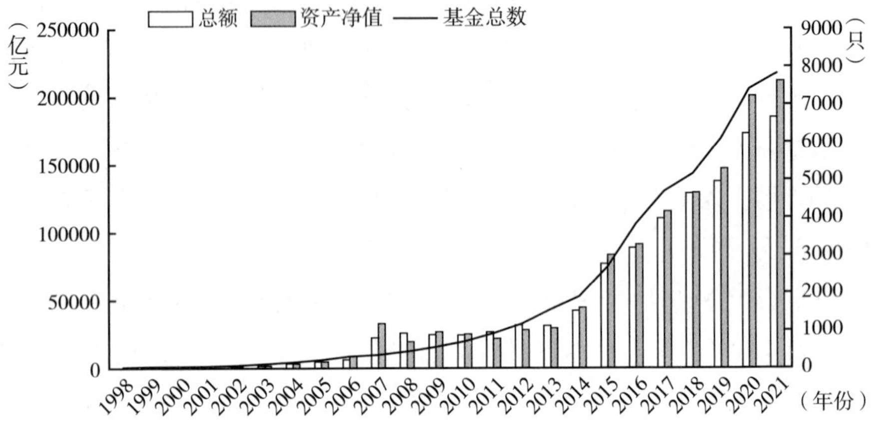

图 1　中国公募基金市场概况

资料来源：Wind，中国证券投资基金业协会。

益类基金（包括股票基金及含股票的混合基金）与货币基金资产净值在总计中的占比此消彼长。在权益类基金资产净值占比从 2008 年的 64.1%降至 2018 年的最低点 16.8%后，2019 年略有回升，达到 21.6%，2020 年进一步提升到 34.01%。而货币基金资产净值占比从 2008 年的 20.1%增至 2019 年的 48.2%，2020 年降低到 40.32%。债券基金资产净值占比波动上升，从 2008 年的 9.7%增至 2019 年的 18.7%，2020 年进一步提升到 25.07%；QDII 基金资产净值占比下降明显，2008 年占 2.7%，2019 年仅占 0.6%，2020 年占比与 2019 年基本持平。

表 1　各类型公募基金规模分布

单位：亿元

年份	股票基金	混合基金	货币基金	债券基金	QDII 基金
2008	7243	5193	3892	1880	522
2009	13703	7478	2581	839	742
2010	13215	7301	1533	1450	736
2011	10248	5707	2949	1204	576
2012	11477	5647	5717	3777	632

续表

年份	股票基金	混合基金	货币基金	债券基金	QDII 基金
2013	10958	5627	7476	3225	584
2014	13142	6025	20862	3473	487
2015	7657	22287	44443	6974	663
2016	7059	20090	42841	14239	1024
2017	7602	19378	67357	14647	914
2018	8245	13604	76158	22629	706
2019	12993	18893	71171	27661	931
2020	18562	49367	80535	50079	1200

资料来源：中国证监会、中国证券投资基金业协会。

从基金公司的规模分布来看，公募基金管理规模集中度近些年有所下降。前 20 家、前 15 家、前 10 家、前 5 家的集中度分别从 2018 年的 69.5%、61.1%、48.1%、29.7% 下降至 2020 年的 65.58%、55.62%、43.19%、25.65%。从各类型公募基金管理规模集中度来看，股票基金集中度最高，截至 2019 年末，前 5 家管理的股票基金规模占全市场股票基金规模的 40.14%，前 10 家占比为 61.76%；而集中度较低的为债券基金，前 20 家管理的债券基金规模合计占全市场债券基金规模的 61.71%。

（二）公募基金投资者回报与基金业绩存在背离

1. 公募基金主动管理能力分析

以 5 年滚动年化收益率对公募基金的主动投资管理能力进行衡量，数据分析表明，各类型主动管理基金均表现出较强的管理能力，虽然以日历年为维度收益涨跌不一，但在多数情况下能够在长期（5 年）为投资者带来优于市场基准的业绩表现（见图 2）。

2019 年，资本市场的回暖也给主动投资管理人带来了更大的施展空间，普通股票型基金与偏股混合型基金的表现非常优异，全年股基指数收益超越了沪深 300 约 11 个百分点，扭转了其 5 年滚动收益率的下滑态势，这一趋势在2020年得以延续和进一步强化。事实上，2009年以来的任一时点上，投资者持有主动管理型股票基金5年以上，通常可以实现好于同期市场指数的收益率。因此，在长期投资的视角下，主动管理型的基金产品往往具有较好的赚钱效应。

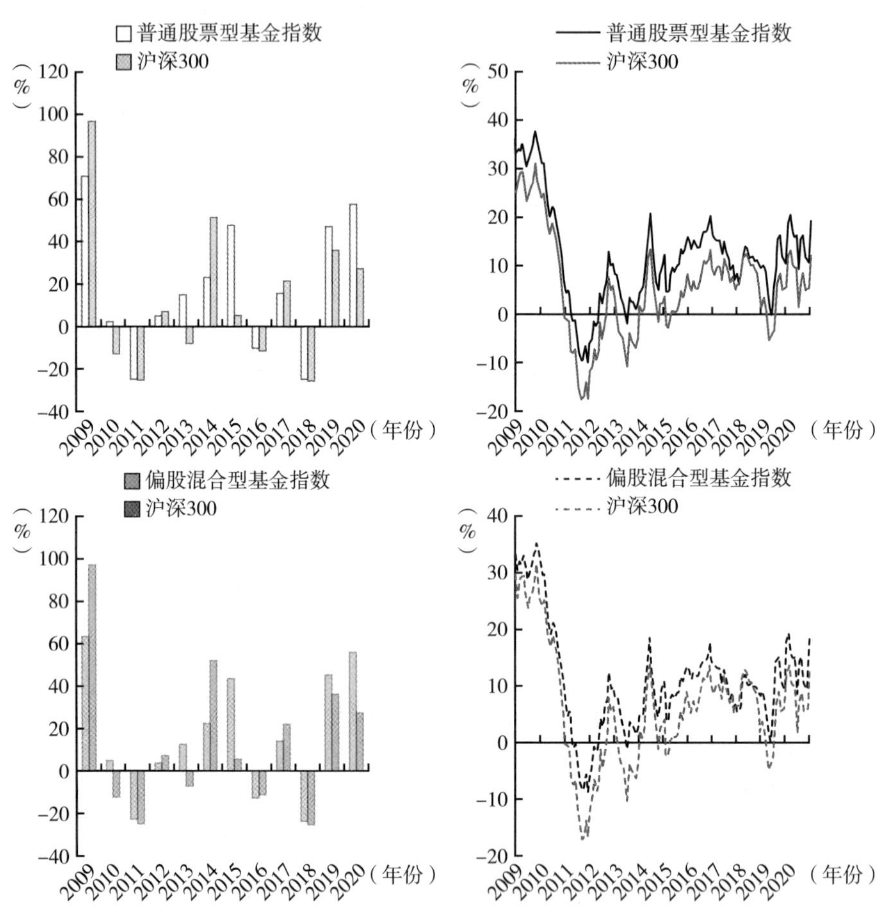

图2　各类型股票基金指数和基准指数分年度及5年滚动收益率情况（2009～2020年）

注：滚动收益率计算方式为向前滚动，例如2009年初始点的滚动收益率指2004年初到2009年初的5年年化收益率。

资料来源：Wind，嘉实财富。

2. 公募基金与个人投资者投资能力对比

不过，对于个人投资者而言，基金业绩并不等同于投资者实际能够拿到的回报，而往往个人投资者的回报会低于基金的净值增长水平。

以2019年为例，资本市场全面回暖，沪深300指数取得了36.07%的上涨。股票型基金表现出了卓越的收益创造能力，四成以上的产品盈利超过了50%，且无一亏损。但调查问卷数据[①]显示，当年个人投资者中盈利超过20%的不到调查样本的三成，仅不到一成投资者表示其当年盈利超过50%。有接近一半的投资者并没有实现盈利，其中更有约三成的投资者表示其亏损超过了20%。

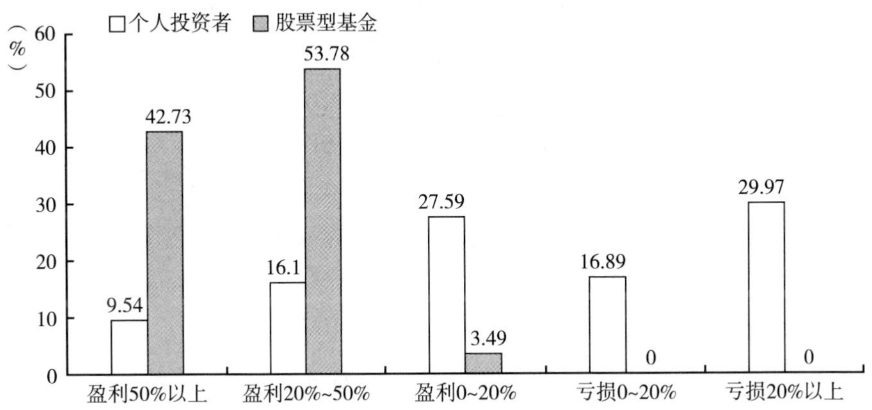

图3　2019年基金与个人投资者投资能力对比

资料来源：上海证券基金评价研究中心整理。

（三）影响投资者取得回报的投资心理与行为

公募基金是个人投资者低成本参与资本市场、分享经济增长的理想途径，是实现普惠金融的有力工具。对于个人投资者而言，基金确实可以实现高效率的分散化投资，降低个人投资者因信息不足和非理性投资而导致的资

① 《2019年东方财富网投资者调查问卷》。

源浪费，有效实现社会分工。但困扰基金行业20多年的一个“魔咒”是基金赚钱，但基民不赚钱，这一痼疾长期没有找到有效的解决方案。

历史数据表明，2003年以来，公募基金（以Wind中证股票基金指数来衡量）的年化回报在15.6%，但近20年持续年化回报达到15%的基民少之又少。根据中国证券投资基金业协会发布的《2017年度基金个人投资者投资情况调查问卷分析报告》，自投资基金以来有盈利的投资者占比为36.5%，仍亏损的投资者达到32.8%，盈亏平衡的为30.8%。

换言之，从广大投资者的实际投资体验来看，基金投资并未给其带来理想的投资收益回报，这也是为何广大投资者长期以来不愿意深入参与二级市场公募基金净值型产品，而是继续以存款、银行理财为主要投资品的原因之一。

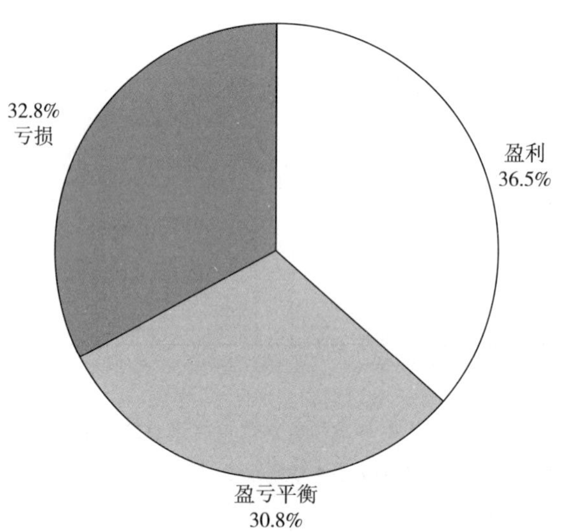

图4　个人投资者投资基金的盈亏情况调查

资料来源：《2017年度基金个人投资者投资情况调查问卷分析报告》。

具体分析投资者实际回报远低于基金业绩的原因，其中既有中国资本市场波动较大的客观因素，也有投资者心理和行为等方面的影响因素。

1. “波段操作”心理导致频繁交易

“波段操作”的心理本质是，假设自己能够预判市场的涨跌并以此进行波段交易。背后的本质是贪婪，希望把握资本市场的每一次上涨，同时不承受一次下跌。而事实上，市场短期波动的影响因素非常复杂，很难进行预判。历史统计也显示，市场的短期波动并不是均匀的，80%的涨幅可能是在20%的时间里实现的，波段操作有可能会错过更大的涨幅。

因此，波段操作往往除了贡献更多的交易费用之外，投资效果并不好。考虑复利的情况，“波段操作”“追涨杀跌”等行为严重侵蚀了个人投资的收益。

2. “想赢怕亏”心理导致频繁止盈

部分投资者有“小富即安”的心理。尤其是部分股票基金投资者，过分关注自己盈利了多少。往往出现盈利10%就想赎回基金的操作。但是，投资股票基金的本质是获得企业长期盈利的收益，时间会站在优秀企业的一边，长期持有往往会收获更好的回报。

3. “追涨杀跌”，缺乏耐心，频繁更换基金

“追涨杀跌”如果仅仅是建立在业绩的变化上，投资者的回报容易受到很大的伤害。过度追求短期业绩排名，往往是投资者回报不理想的原因。由于过于注重短期业绩，尤其是看到自己的基金不挣钱而其他基金在挣钱的时候，部分个人投资者往往容易卖掉手头的基金而选择当下的热门基金，并且在选择基金的过程中也过分注重业绩排名，追逐热点基金。

但往往基金短期业绩落后的主要原因是市场风格的变化，并不是基金管理人的能力出现了问题。如果市场风格出现切换，前期业绩较为落后的基金可能就会很快好转起来。而短期业绩排名靠前的基金，既有可能是刚好适应当下市场风格，也有可能是基金持股集中在某些行业、板块。盈亏同源，在持仓上的集中也可能带来较高的波动和回撤。

4. 过分自信使用杠杆

部分投资者过分自信，忽视偶然性、市场运行等外部因素，基于短期盈利在一定程度上就对自己的投资能力过分自信，进而加大投资，甚至使用杠杆，以至于在市场波动来临的时候，很快亏损，最终割肉出局。

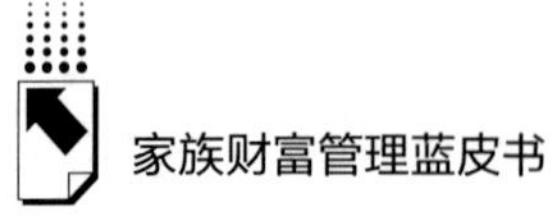

（四）基于“买方代理”的基金投顾与投资者利益一致、激励相容

目前国内居民家庭财富增值的手段较为单一、投资理念不够成熟，财富过度集中于房地产。但在经济转型、房住不炒的大背景下，投资者迫切需要新的投资手段来帮助实现财富增值。

资本市场在居民财富配置中具有巨大的发展潜力，但广大投资者对权益类资产的配置比例仍然比较低，故建立并完善投资顾问制度是提升资本市场在广大投资者财富管理中占比的一项重要举措。

以基金投顾服务为例，通过精选投资标的、及时的市场咨询服务和更专业的投资行为引导，投顾可以帮助投资者作出更理性、更合理的投资决策，通过资产配置为客户构建合理有效且适合投资者自身风险偏好的基金组合，降低组合收益的波动率，以实现资产的保值增值。

接受投顾服务的公募基金投资者的申赎场景变为客户—投顾—渠道—基金。基金投顾作为买方投顾，为客户服务，收取投顾费，从利益上站在了客户一端。这不仅更有可能为客户配置适合客户的基金，还有动力降低基金投资的交易成本和持有成本。在控制好交易成本和持有成本的基础上，基金投顾再发挥自身的资产配置能力和基金优选能力，争取为客户获得更好的收益，提供更有价值的服务。

通过接受投顾服务，投资者行为将更合理和更理性，有效减少不必要的追涨杀跌和短期逐利交易。对于个人投资者而言，长期来看行为的合理化和专业化会提升投资者的实际回报。因此，进一步完善投顾制度有助于改善广大投资者投资金融资产的体验，进而提升广大投资者参与资本市场的热情和积极性，更好地服务于投资者的财富管理需求。

三　美国投资顾问的发展与借鉴

（一）发展历程

美国投资顾问的发展历程大致可以划分为6个时期。

1. 1930年代的萌芽期

20 世纪 30 年代，美国的保险营销人员会给客户提供一些简单的资产规划咨询服务，初步出现投顾业务雏形。

2. 1940年代的规范期

1940 年美国颁布了《投资顾问法》，这是美国自 1933 年以来一系列证券立法的最后一部，美国证券交易委员会（SEC）对投资顾问开展系统化的监管。

3. 1950年代的发展期

第二次世界大战后美国富裕阶层增加，财富的增长带动个人理财业务快速发展，投顾业务也进入发展的快车道。

4. 1970年代的成熟期

美国于 1978 年推出“401K”计划，其初衷是鼓励美国国民增加养老储蓄，养老金资产规模的快速增长为共同基金市场带来了大量新增配置资金，也催生了大量的投资顾问需求，投顾业务进入发展的成熟期。

5. 1980年代的变革期

先锋基金（Vanguard）推出免佣基金后，投资者开始关注投资的成本问题，相较于传统的卖方投顾业务，买方投顾业务越来越受到投资者的青睐。

6. 2010年代的进化期

金融科技的发展拓宽了投顾业务的范畴，智能投顾服务提供商 Betterment 早在 2010 年就正式上线了智能投顾业务，投顾业务进入传统投顾与人工智能相结合的新阶段。

（二）发展现状

1. 投顾数量及管理规模

截至 2019 年 12 月 31 日，在美国证券交易委员会（SEC）注册的投资顾问共有 12993 名（包含机构和个人），较 2018 年增长了 3.3%。这 12993 名投资顾问共管理了 83.7 万亿美元的资产，较 2018 年增长 1.4%。[①] 从管理模式上看，

---

① 美国投顾情况数据来自 IAA（美国投资顾问协会）年报，下同。

全权委托模式下管理的规模占总规模的91.4%，可见全权委托是美国投顾市场的主流业务模式。

2. 客户数量及分布

2019年底，SEC注册的投资顾问服务的客户总数超过4300万，相较于2018年增加900万。

从客户的构成来看，投资顾问服务的客户被划分成了14个细分类型，而这14类客户可以归到个人客户（高净值客户、非高净值客户）、资金池客户（如私募基金、注册投资公司等）和机构客户（银行、保险公司、慈善组织、养老金计划等）三个大类。

从客户数量来看，个人客户是美国投顾业务的主要服务对象，占到了总客户数量的94.6%，其中大部分都是非高净值个人客户，非高净值个人客户占到了全部客户数的82.2%和总个人客户数的87.0%，也就是说，长尾客群是参与投顾业务的主力。

不过从规模贡献来看，基金客户和机构客户的占比较高，如基金客户中的注册投资公司贡献的资产规模高达28.1万亿美元，占比为33.6%，而个人客户的总资产管理规模仅为10.5万亿美元，占比为12.5%。

3. 投顾机构员工情况

2019年，SEC注册的投资顾问旗下共有835124名非文书工作人员，相较于2018年增长3.7%，过去五年的平均增速为16.0%。其中436256名员工提供的是投资咨询服务（包括研究），比2018年增加了4.9%。由于大部分的注册投顾都是小型投顾，56.9%的投顾雇用的非文员数量少于10名，87.5%的投顾雇用的非文员数量少于50名。

4. 收费模式及平均费率

从收费方式上看，美国投顾业务的收费模式大致可以划分为7种，分别为：①按管理规模的一定比例计提费用；②固定收费，通常适用于一次性服务；③业绩报酬计提，按照超过业绩比较基准的部分提取费用；④按小时计费，适用于比较特殊的项目，如咨询类项目会采取此类方式；⑤佣金收费，指的是在产品销售或者是管理的过程中提取一定的佣金费用；⑥订阅费用；

⑦其他费用。

从收费模式的采用频率来看，按管理规模的一定比例计提费用、固定收费和业绩报酬计提是最常见的三种收费模式，分别有 95.5%、44.0% 和 37.1% 的投顾采用了相应的费用模式。一家投顾会采取多种费用模式，一般以 2～3 种为主。

目前，按管理规模的一定比例计提费用是美国投顾市场最主流的收费模式。当然资金量越大，客户的议价能力也越强，或者说为了吸引高净值的客户，投顾会在费率上给出一些优惠。从 2019 年的数据来看，平均投顾费率基本上在 0.6%～1.2%。

（三）监管体系

1. 认证资格获得

根据资产管理规模的不同，投资顾问需在 SEC 或各州证券监管机构注册。若资产管理规模超过 1 亿美元，需要在 SEC 注册；若资产管理规模低于 1 亿美元则只需在各州的证券监管机构注册。

对个人而言，要获得投资顾问代表（IAR）资质，需要通过 Series 65 考试。该考试由美国金融业监管局进行管理，三小时的考试内容包括联邦证券法及与投资顾问建议相关的主题，共计 140 道多项选择题，拿到超过 72% 的分数才算合格。除此之外，某些州允许获得了其他资质认证的人员直接豁免该考试，这些资质认证包括 CFP、CFA、CIC、PFS 等。

2. 服务内容

投资顾问代表（IAR）在其任职的注册投资顾问公司或个体经营者可向其客户提供如下服务：关于证券及证券市场等相关方面的分析、推荐、建议和报告，范围包括股票、债券、共同基金、ETF、期权及其他投资工具；管理客户账户，包括证券交易、基金购买等；在投资过程中产生的税收等方面的筹划；其他投资相关的咨询。

管理账户服务须同客户签署协议。从是否授权的角度划分，客户账户可以分为全权委托账户和非全权委托账户两种类型。在协议中，客户可以授予投资顾问全权委托权利，此时投资顾问以客户自己的名义使用客户的账户；若客户不授予这种权利，投资顾问需要在每笔交易前都得到客户的口头或书面确认。

3. 执业监管

根据1940年颁布的投资顾问法案（Investment Advisers Act），一旦成为注册投资顾问，需要对其客户承担信托责任（Fiduciary Standard），即以客户利益最大化为宗旨和原则行事，履行勤勉责任以及防范利益冲突。例如，忠实履行反欺诈责任，以最大善意行事，如实以及完整向客户披露事实信息，避免误导性陈述；提供适用于客户本身特点（如金融情况、投资经验、投资目标等）的投资建议；投资建议推荐的背后逻辑清晰；良好的交易执行以保证客户支付最少费用等。

在投资顾问法案、2004年修订的法规2014A－1以及相关的KYC准则等的共同约束下，注册投资顾问还必须满足多方面的实质性要求，包括及时的客户沟通和信息披露、限制某些投资顾问行为、设立合规部门、协助证券交易委员会进行监管等。

目前对注册投资顾问负有监督责任的监管机构包括SEC和各州的证券监督机构，但美国金融业监管局（FINRA）认为还远远不够。SEC在2011年的一项研究表明，SEC仅有能力监管其辖下不到10%的注册投资顾问，FINRA为此曾在2012年试图推动立法，使其能够成为该行业的行业自律组织（Self-Regulatory Organization，SRO），但没有获得成功。

四　中国公募基金投顾的现状

（一）发展历程

1997年，《证券、期货投资咨询管理暂行办法》的发布将证券基金投资咨询业务纳入了监管。随后发布的《证券法》明确了证券公司和证券投资咨询机构是从事证券投资咨询业务的法定主体。

2010 年 10 月，中国证监会发布了《证券投资顾问业务暂行规定》和《发布证券研究报告暂行规定》，自 2011 年 1 月 1 日起施行。这两项规定划分了投资咨询业务的类别和范围，包括证券投资顾问和发布证券研究报告。

2018 年发布的《证券期货经营机构私募资产管理计划运作管理规定》拓宽了投资顾问的范围，将证券期货经营机构、商业银行资产管理机构、保险资产管理机构等纳入了资产管理计划的投资顾问。

2019 年 10 月 24 日，中国证监会机构部下发《关于做好公开募集证券投资基金投资顾问业务试点工作的通知》，公募基金投资顾问业务试点正式落地。通知明确规定了欲开展基金投顾业务试点的机构应具备的基本条件，规定了试点机构从事基金投顾业务的范围、准则、制度、义务和风控、从业人员的资格和行为规范，以及基金投资组合策略的风险分散要求。

2020 年 4 月 17 日，中国证监会发布了《证券基金投资咨询业务管理办法（征求意见稿）》，向社会公开征求意见。征求意见稿将基金投顾与传统的证券投顾、发布证券研究报告业务同列。

（二）发展现状

2019 年公募基金投顾业务试点以来，已有 18 家基金投顾试点机构上线了投顾业务。其中，有 5 家基金或基金子公司，分别为嘉实财富、华夏财富、南方基金、易方达基金及中欧财富；有 3 家第三方基金销售机构，分别为蚂蚁基金、腾安基金及盈米基金；有 7 家券商，分别为银河证券、中金公司、中信建投证券、国泰君安证券、申万宏源证券、华泰证券及国联证券；有 3 家银行，分别为平安银行、工商银行及招商银行。

经历过一年多的试点后，基金投顾业务服务模式初步形成，主要有以下几个方面。

1. 收费方式的转变

过去基金销售以前端收取认申购费为主，成本较高，且常常陷入价格战的不良竞争中。而基金投顾业务的收费模式则是基于投资者投顾账户的资产规模按一定周期计提相应的服务费，绑定投资者利益与服务机构的利益，因此服务机构可以更好地以投资者需求和利益角度为出发点，为投资者提供服务，并引导长期持有。

2. 选基更加有效

基金投顾服务机构均是具有丰富经验的金融机构，投顾服务团队的人员具有较高的素质以及投资研究的经验。伴随着投顾业务试点资格的落地，很多投顾服务机构也花费了大量的人力和物力组建专业化的服务团队，深度研究全市场基金，构建基金选择方法论，形成有效的投资组合策略，为投资者提供更加符合自身需求和多样化的基金组合。

3. 服务更加优质

过去单一的产品销售方式，投后的服务相对薄弱。很多投资者由于没有及时获得专业引导和答疑，当面临市场波动时无从下手，盲目“追涨杀跌”。而今基金投顾服务团队不仅有经验丰富的组合管理人员，可以代替投资者进行一系列的投后调整行为，同时，专业的服务团队人员还可以为投资者提供定期的组合运作报告、市场回顾、答疑解惑等服务，时时刻刻陪伴投资者，为投资者提供更及时的资讯，帮助投资者缓解投资过程中的不安情绪，引导投资者长期持有，建立正确的基金投资观念。

目前的投顾组合，基本上都是按照“客户风险评估—投资目标设定—策略模型—基金组合—买入—后续自动调仓”的流程进行，其目标基本覆盖现金管理、稳健理财、财富增值和长期高收益等四个方向。各家机构的差异主要体现在策略模型上。

表 2　部分基金投顾机构与产品线

基金投顾机构名称	投顾组合名称
华夏财富“查理智投”	货币优享
	固收增强
	权益优选
	教育智投
	养老智投

续表

基金投顾机构名称	投顾组合名称
嘉实财富“投顾账户”	安心账户
	稳健账户
	进取账户
	特色账户
南方基金“司南智投”	绝对收益策略
	股债配置策略
	多因子策略
中欧财富“水滴投顾”	现金增强
	指数严选长投
	季季乐稳健回报
	年年乐偏债进取
	经典股债平衡
	超级股票全明星
易方达基金投顾	货币增强策略
	稳健理财策略
	平衡增值策略
	进取投资策略
中金公司“A+投顾”	现金加
	固收加
	配置加
	股票加

资料来源：各机构官网、天天基金 App。

五　对中国公募基金投顾业务的展望与思考

（一）完善投资顾问制度能够助力资本市场更好地服务居民财富管理需求

1. 完善投资顾问制度能有效提升资本市场在中国居民财富配置中的作用

据瑞士信贷报告，截至 2019 年底中国居民财富规模已达 63.8 万亿美

元，位居世界第二。[①] 但与此同时，国内投资者居民财富增值的手段较为单一、投资理念不够成熟，居民财富过度集中于房地产。在经济转型期、房住不炒的大背景下，中国投资者迫切需要新的投资手段来实现财富增值。

资本市场在居民财富配置中具有巨大的发展潜力，但广大投资者对权益类的配置比例仍然比较低。建立并完善投资顾问制度是提升资本市场在广大投资者财富管理中作用的重要尝试。以基金投顾服务为例，通过精选投资标的、及时的市场咨询服务和更专业的投资行为引导，投顾可以帮助投资者作出更理性、更合理的投资决策，通过资产配置为客户构建合理有效且适合投资者自身风险偏好的基金组合，降低组合收益的波动率，以改善投资者投资金融资产的体验。与此同时，作为买方投顾，投顾服务可以为客户降低交易成本和持有成本，增厚客户收益。因此，进一步完善投顾制度有助于提升投资者参与资本市场的热情和积极性，更好地服务于投资者的财富管理需求。

2. 投资顾问制度将成为资本市场投资者保护机制的重要组成部分

以基金投顾服务为例，接受投顾服务的公募基金投资者的申赎场景变为客户—投顾—渠道—基金。基金投顾作为买方投顾，为客户服务，收取投顾费，从利益上站在了客户一端。因收取了顾问服务费，投资顾问有责任也有动力对投资者账户回报负责。就底层基金投资风格漂移、管理人变动以及其他投资风险事件，投资顾问更有能力和资源与底层基金管理人建立直接联系和进一步沟通，并在此基础上理性决策。这些都是投顾制度有助于更好地保护投资者的重要方面。

3. 完善投资顾问制度将助力资本市场健康稳定发展

作为买方代理的投资顾问，提升投资者的投资体验，为投资者带来更好的长期回报，有助于推动广大投资者投资于资本市场的钱转变为长期的钱、稳定的钱和更多的钱。

与此同时，完善投顾制度和资本市场健康发展有望形成一个良性循环。专业的投顾多数来自专业的金融机构，投顾制度的建立和完善有助于提高整

① 瑞士信贷《世界财富报告 2020》。

体市场的专业化程度，减少投资行为中的“追涨杀跌”，加速中国资本市场的机构化、专业化；价值投资、长期投资、资产配置等投资理念将逐渐深入人心。长期来看，中国资本市场的波动会有所降低，暴涨暴跌、牛短熊长的市场状态出现的频率会有所减少。这反过来也会进一步增强投资者对资本市场的信心，提升投资权益资产的占比，从而形成良性循环，推动资本市场的健康稳定发展。

（二）完善投顾制度将助力于养老体系第三支柱的建设与完善

随着中国人口老龄化程度加深，养老金成了人人牵挂、家家关心的问题。目前国际上普遍采用的是由国家、单位、个人养老责任共担的三支柱养老保险体系。在中国，作为养老体系第一支柱的基本养老保险制度已经基本健全，但第二支柱和第三支柱发展仍然滞后。针对这一现状，“十四五”规划纲要明确，提高企业年金覆盖率，规范发展第三支柱养老保险。作为养老体系第三支柱的个人养老金制度和市场化运营的个人养老金账户已经呼之欲出。

个人养老金账户面临的一大难题就是作为账户所有人的个人投资者投资能力和经验不足，难以承担起为账户投资决策的责任。专业化投顾恰逢其时，可以协助投资者构建适合的养老投资组合，并在投资过程中持续服务与陪伴。完善的投顾制度和第三支柱养老投资将互相促进、共同发展。美国历史显示，作为美国国民养老第三支柱的“401K”计划为共同基金市场带来了大量新增资金，也促进了投资顾问行业的快速发展；而一个成熟的投资顾问行业也在后续几十年里为“401K”养老资产的持续增长起到了保驾护航的作用。

（三）完善投顾制度将助力新经济发展格局的形成和发展

面对国际局势百年未有之大变局，党中央提出要“加快形成以国内大循环为主体、国内国际双循环相互促进的新发展格局”的新战略部署。完善投顾制度至少从以下两个方面有助于形成新经济发展格局。

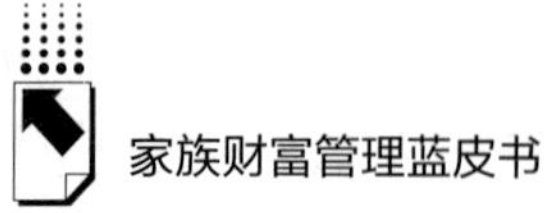

首先，新经济发展格局仍然会坚持“房住不炒”的政策要求。在这个要求下，居民的财富再配置是大势所趋。有韧性的健康的资本市场将会是居民财富管理的主战场。完善投顾制度将是这一趋势落地的重要抓手。其次，将科技要素和资本要素结合可能是未来新经济发展格局的重要发力点。完善投顾制度有助于提升投资的权益类资产配置比例，拉长投资者的投资期限，更好地配合资本市场注册制的改革和发展，助力新经济发展格局的形成和完善。

（四）完善投顾制度还将推进财富管理行业和资管行业的供给侧改革

从机构的角度来看，收费模式调整为按存量规模收取的方式，使投顾与投资者的利益一致。投顾机构和从业人员能够切实地实现投资者利益优先，完成买方投顾的转变。投顾需要不断提高自己的投研能力，在做好优选基金的基础上，重点发挥自身的资产配置能力，满足不同投资目标客户的需求。投顾的发展能够摒弃过往销售导向的“卖方代理”思维，而转向同客户利益相一致的“买方代理”模式。此外，投资者有专业基金投顾的服务，会倒逼传统的基金公司和基金销售机构提供更优质的产品和服务，行业的马太效应会更加明显，公募基金行业会有更大的发展。从财富管理市场角度来看，优秀的基金投顾机构必然会获得更多的投资者，促进行业的优胜劣汰，加速行业的供给侧改革。

随着财富管理行业供给侧改革的深化、基金投顾业务的快速发展与成熟、买方代理制度的完善，基金投顾服务必将在承接家族长期资金并妥善打理的过程中扮演重要角色。

B.10

证券公司家族信托业务发展及建议

邓寒冰　李　瑞*

摘　要：中国高净值人群的财富管理需求日益增长且更加个性化、多样化，2018年以来全球政治经济局势剧烈变化，高净值人群对于家族财富传承、保值增值和风险隔离的诉求更加强烈。家族信托作为重要的财富管理工具，愈发引起高净值客户人群关注。证券公司在财富管理转型中不断探索高净值客户服务领域，而结合资本市场特点的家族信托业务开始孕育萌芽。本报告介绍了家族信托的定义、历史、运作模式、优势以及演进，概述了中国家族信托的发展以及中国家族信托的市场环境，阐释了证券公司财富管理转型的必然要求以及证券公司发展家族信托业务的优势，阐述了证券公司开展家族信托业务的现状、主要模式、目标客群以及发展路径设想，提出优化信托财产非交易过户机制、完善家族信托持股上市机制、建立与信托所有权相适应的税收制度以及发挥证券公司差异化优势发展家族信托业务等建议。

关键词：家族信托　证券公司　家族传承　私人银行

* 邓寒冰，申万宏源证券私人财富管理部负责人；李瑞，申万宏源证券私人财富管理部高级经理。

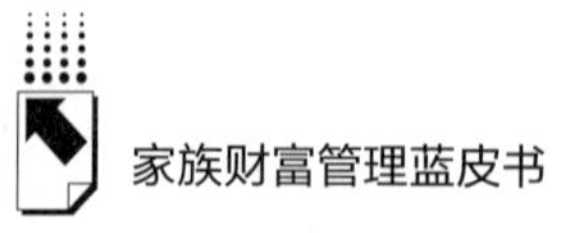

一　家族信托的发展

（一）家族信托的定义

根据2018年银保监会下发的信托函〔2018〕37号文，家族信托的认定标准首次被明确：家族信托是指信托公司接受单一个人或家庭的委托，以家庭财富的保护、传承和管理为主要信托目的，提供财产规划、风险隔离、资产配置、子女教育、家族治理、公益慈善事业等定制化事务管理和金融服务的信托业务。该文一并规定家族信托财产金额或价值的门槛为1000万元，受益人应包括委托人在内的家庭成员，但委托人不得为唯一受益人。家族信托的最大优势就是信托中资产的所有权与收益权相分离，当资产进入家族信托，该资产的所有权就不再归他本人，但相应的收益依然根据他的意愿收取和分配。如果发生离婚争产、意外死亡或生意失败被人追债，这笔钱都将独立存在不受影响。家族信托在法律意义上的独立性使它能够更好地实现高净值家庭的财富传承，因而备受青睐。

（二）家族信托的历史

家族信托的概念是由西方传入中国的，西方众多耳熟能详的庞大家族，如洛克菲勒家族、肯尼迪家族，正是通过家族信托的财富传承机制实现了家族财富的基业长青。

早在古罗马帝国时期，家族信托已经出现雏形。当时的法律对于财产继承人有严格的规定，所以罗马人将自己的财产移交给受信任的第三人，要求他为其妻子或子女利益而代行对遗产的管理和处分，从而在实际上实现遗产继承权。美国的家族信托繁荣于“镀金年代”，由于长期以来的经济繁荣，美国各州的法律也开始变得灵活，便于富豪家庭通过家族信托实现财富传承，这也是家族信托服务的成熟期。

（三）家族信托的运作模式

1. 设立—长期的“私人订制产品”

家族信托是财富管理机构家族办公室的一项重要业务，也可以看作是更高级的私人财富管理。与普通私人财富管理业务不同的是，家族信托的管理期极长，一般都在30年以上；在服务上也有许多差异，比如不设置预期年化收益率，也没有规定的投资项目，家族信托的所有资产配置都依照客户的需求与风险偏好定制。

2. 传承—财富传承内循环

家族信托能够实现家族财富传承的内部循环，最关键的就是规定受益人与限制受益人权利和分配条件。家族信托的受益人与私人财富管理不同，此类信托可设置其他受益人，可中途变更受益人，也可限制受益人的权利。家族信托的分配形式也多种多样，可以一次性分配、定期定量分配或附带条件分配。对于高净值与超高净值家庭来说，实现家族智慧与精神的传承是比资产传承更重要的大事，他们可以通过限制分配条件来不断激发后代的进取精神，如未考取大学或大学世界排名不高的家族成员不允许参与分配。实现家族财富传承内循环也是家族信托的一个重要功能，传说某香港富豪家族曾立下“不允许与女明星结婚，否则失去分配权”这样的严苛条件防止家族财富外流。家族信托对受益人权利与分配条件的限制可以防止由于婚姻、雇佣等与家族成员建立关系的外部成员参与家族内部财产的分配。

（四）家族信托的优势

家族信托实现财富传承的家族内循环是富豪家族最看重的优势，除此之外，家族信托还具有如下优势。

1. 降低风险

所有的高净值与超高净值家庭都有一个充满智慧的“财富创始人”，他们为家族成员积累了数目不小的财产，却不能保证将自己的经验与智慧100%传承给所有的继承人。换言之，有些家族的财富继承人对于所拥有的财富没有充分的管理能力，会导致家族成员逐步丧失对家族资产管理权的控制。家族信托将财产委托给专业的信托机构可以有效避免家族财富被缺乏能力的继承人管理，将家族财富的损失降到最低程度。此外，家族信托还可以将信托财产从死亡、离婚、破产等诸多不确定事件中剥离出来，实现了财产的风险隔离。

2. 税务规划

西方家族信托的诞生最初就是为了规避高额的财产继承税，而现在家族信托已经发展成为包括规避继承附属义务在内的全方位家族纳税规划。但是在税务规划的过程中，信托机构也必须遵守国家相应的法律，纳税人不能够逃避自己的纳税义务。

3. 高度保密

家族信托具有高度保密性，由于合同的制约，信托机构必须为委托人的相关资料保密。诸如家族财富分配的具体情况，诸多受益人各自的份额、受益人参与分配的条件等信息都将实现绝对保密，这在很大程度上能够避免家族成员之间因财富分配不均而引发其他不必要的争端。

（五）家族信托的演进——家族办公室

部分极高净值人群开始寻求视野更高、综合性更强、更具深度和个性化的解决方案，家族办公室也应运而生。家族办公室的核心可以大体分为：一是家族治理，二是家族财富管理，通过作为顶层设计的家族宪章或家族会议（议事机制）来有机统筹。在解决不同问题时可能涉及多种工具，家族信托并不是唯一的工具，也不是万能的工具，但在有效连接家族治理和家族财富管理、精神财富和物质财富方面，可以说是家族办公室最为直接和有效的落地工具之一。自 2000 年以来，家族办公室得到了井喷式发展。全球范围内，有 2/3 的家族办公室于过去的 20 年间成立，有约四分之一的家族办公室在 1950 ~2000 年成立，剩余的 5% 于 1950 年前成立①。

① 数据来源：UBS Global Family Office Report 2020。

二　家族信托在中国

（一）中国家族信托的发展

疫情并没有放慢中国造富巨轮的前进速度，2020 年福布斯中国富豪榜上榜者的总财富值由上年的 9.1 万亿元人民币飙升至 14.1 万亿元人民币，近 2/3 的上榜者的财富在过去一年内有所上涨。根据招商银行《2020 中国家族信托报告》，中国家族信托市场进一步发展，在意向人群方面，2020 年中国家族信托意向人群数量约 24 万人，预计到 2023 年底，中国家族信托意向人群数量将突破 60 万人；在装入资产方面，2020 年中国家族信托意向人群可装入家族信托资产规模约 7.5 万亿元，预计到 2021 年底，该部分资产规模将突破 10 万亿元；在区域分布方面，2020 年中国家族信托意向人群数量超过 2 万人的省级行政区共 3 个，其中广东省率先超过 5 万人。

根据招商银行的估算，国内家族信托财产规模在 1300 亿～1800 亿元，占全部信托规模的比例不足 1%。家族信托财产规模与国内私人银行客户资产规模相比，还有巨大的上升空间。

（二）中国家族信托的市场环境

招商银行的调研显示，境内家族信托外部环境持续改善，更关注法律、税务和监管政策的影响。

1. 法律及政策环境

《中华人民共和国信托法》于 2001 年出台，是境内家族信托的重要法律理论基础。随着近年来境内家族信托业务的高速发展，政策层面相应规定不断完善，家族信托业务的法律政策环境不断改善。

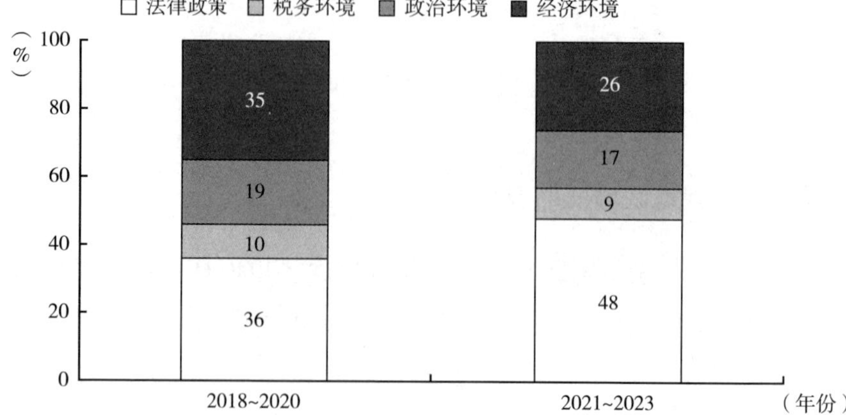

图1　影响高净值人群设立家族信托的因素排序

资料来源：《2020 中国家族信托报告》问卷调研。

表1　相关法律

时间	颁布机构	法律名称
2018	银保监会	《信托部关于加强规范资产管理业务过渡期内信托监管工作的通知》（以下简称“37 号文”）
说明：37 号文特别指出家族信托不适用于资管新规的相关规定，并首次对家族信托给予监管层面的定义。37 号文的出台，明确了家族信托的委托人及受益人范围、资金门槛及信托目的，其中关于家族信托不适用于资管新规的规定也表明了监管机构对家族信托的支持态度		
2019	最高人民法院	《全国法院民商事审判工作会议纪要》
说明：其中的第 95 条在《信托法》的基础上对信托财产的独立性和债务隔离性进行了重申和进一步阐释。家族信托可参考适用其中关于营业信托财产独立性及债务隔离性的规定。这是家族信托隔离功能在司法层面得到的再次认证		
2020	全国人大会议	《中华人民共和国民法典》
说明：过去，家族信托的法理基础主要为《信托法》《婚姻法》《继承法》《合同法》等，《民法典》实施后，法律根基也相应发生了切换。《民法典》围绕民事权利展开，以民事权利为主构建民法体系，并凸显维护私法自治的基本价值，同时强化了人文关怀。《民法典》强调了对私有财产的保护，同时也提及了遗嘱信托，实现了和《信托法》的对接，弥补了《继承法》中对遗嘱信托的缺位。《民法典》对遗嘱信托作为一类财富传承的法定工具予以明确，进一步丰富了家族信托的设立方式，具有较强的信号意义		

展望未来，《民法典》将于2021年1月1日起开始实施，其中明确了可以通过遗嘱设立信托，这对于信托的发展也是利好，后续也会出台相应的细化规定。另外，信托财产登记制度也有望持续改善以回应业界一直以来的期待。但也有专家认为，信托财产登记制度的出台仍具不确定性，根本原因在于与物权法“一物一权”的冲突，这使得股权、不动产等资产放入信托的成本较高。

2. 税务环境

在遗产税税率较高、税收监管比较严格的国家（如英国、美国），家族信托在税收筹划方面的作用表现得更为突出。目前，中国尚未征收遗产税，家族信托在财产传承中税务筹划的优势相对其他功能并不明显，但中国近几年在税务政策层面的新动向是否将对家族信托产生影响，仍然值得关注。

表2　相关税务变革

时间	税务变革
2018年9月	中国在CRS框架下开始参与和其他国家或地区交换金融账户涉税信息。CRS框架下，信托作为金融账户也将进行信息互换
2019年1月	第七次修订的《中华人民共和国个人所得税法》（简称“新个税法”）开始实施，新个税法引入了一般反避税规则、独立交易规则以及受控外国公司规则等反避税规则，规定若个人实施不具有合理商业目的的安排而获取不当税收利益，税务机关有权按照合理方法进行纳税调整。反避税条款配合CRS的实施，将使中国税务机关在个人所得税领域的反避税能力获得显著提升。考虑到现阶段中国没有专门针对家族信托的税务法规，因此需要注意整体税法层面的影响

注：CRS，Common Reporting Standard，共同申报标准。

展望未来，家族信托财产的涉税处理目前还没有专门的规定和文件。随着家族信托业务规模的发展壮大，税务管理机关是否会适时考虑针对“家族信托”出台税收规范性文件，对家族信托的财税处理制定针对性的规则，值得财富管理行业及高净值人群关注。

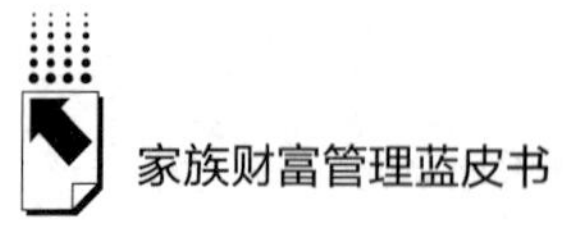

三　证券公司为什么要发展家族信托业务

（一）证券公司财富管理转型的必然要求

1. 需求端

2021 年，中国改革开放进入第 43 个年头，在这段时间里，中国经济增长速度极快，并取代日本成为世界第二大经济体。中国高净值人群的增长速度不断加快，人数已迈过 200 万的门槛，高净值家庭随之增加。根据《2020 胡润财富报告》，2020 年中国总资产达到 1000 万元、1 亿元及 3000 万美元以上的高净值与超高净值家庭已经达到 223.6 万户，越来越多的家庭开始面临财富创造和财富管理、财富传承之间的重心取舍问题。俗话说："富不过三代"，财富传承一直以来是中国富豪家庭财富管理的痛点，如何保护并传承财富，对高净值人群而言越来越重要。

对于高净值与超高净值家庭掌握的大额资产来说，一般机构提供的财富顾问服务与理财产品购买已经无法满足其多样化的财富管理需求，而具备合理避税、避免争产、隔离债务、高度保密与灵活分配等功能的家族信托成为这些家庭财富管理与传承的新方向。据相关统计，未来 5～10 年，中国将有 300 万家族企业的"创一代"步入退休年龄，如何实现企业与家族财富向子女的顺利交接是他们必须考虑的问题，基于这一点，家族信托业务的需求开始呈现倍数增长。

2. 供给端

传统的经纪业务佣金下降，倒逼券商转型。券商代理买卖证券业务、投资银行业务以及资产管理业务等的同质化程度非常高，面向客户的创新服务能力不足，收费水平呈现下降趋势。在互联网开户和一人多户政策冲击下，行业的交易佣金率呈缓慢下降趋势。

此外，随着中国证券行业进一步开放，2020 年 4 月 1 日起取消证券公司外资股比限制。这将吸引国际大型机构来华开展业务，加剧证券行业的竞

争。相比国内券商，国际上券商行业竞争更为激烈，外资券商更具有不依赖传统经纪业务发展的能力。行业平均佣金率持续下降，经纪业务传统通道业务竞争不断加剧，券商业务向财富管理转型日趋紧迫。经纪业务赚的是佣金费，财富管理业务赚的是服务费。证券行业经纪业务向财富管理转型，需要实现由卖方思维向买方思维的转换。

（二）证券公司发展家族信托业务的优势

1. 证券公司拥有出众的资本市场投研能力

出众的投资能力是为客户提供优质财富管理服务的基础。证券公司相较于其他金融机构，在资本市场投资服务上拥有更加成熟和体系化的投资能力。自营业务、资产管理业务、股权投资业务、期货资管业务等都使得证券公司夯实了自身的投研实力、积累了丰富的投资经验，能够为客户在更大尺度上、更深层次理解上提供投资管理服务。

专业的资本市场研究是投资成功的保障。证券公司基本都设立了主要服务于资本市场的研究团队，覆盖宏观、策略、金融以及各行各业，底蕴深厚。在券商财富管理转型的大背景下，证券公司的高端客户和高净值客户开始享受类机构化的服务，专业的研究服务能让客户对于财富的托付更有信心。

2. 上市/拟上市公司企业家群体是证券公司的核心客户群

随着高端制造、高新科技、互联网等企业不断进入资本市场，通过辛苦打拼得来回报的民营企业家群体人数不断增加，拥有的财富也颇具规模，且很大一部分表现为上市股票资产。证券公司对于上市公司服务有天然优势，与企业家的信任关系也通过一系列的业务得以加深，对于企业家手中的上市公司股票多方位运用和保值增值也有着深刻的理解。因此，在服务上市或拟上市民营企业家的家族传承需求上，证券公司具有业务优势。

3. 证券公司拥有全牌照的资源整合优势

证券公司全牌照的资源整合优势，特别是融资（投行业务）和投资（财富管理）两项业务能够互相促进。前期的投行业务积累的客户资源为财富管理提供了潜在客群，也为财富管理业务提供了投资机会；而财富管理业务则是投行项目重要的分销渠道，提供了稳定的投资资金来源。

此外，证券公司还有资产管理、投资管理、股权投资、托管清算、产品销售等众多业务和服务，不同业务线之间相互补充、良性互动，可以形成较为完善的家族信托业务生态闭环。

四 证券公司如何发展家族信托业务

（一）证券公司开展家族信托业务的现状

如前文所述，证券公司在财富管理转型的过程中，敏锐地关注到家族信托在以民营企业家为主体的超高净值客户服务中有重要作用，逐步开始建立和推进落地家族信托业务，但由于种种原因，目前证券行业推行家族信托业务的相对较少，比较有代表性的是中金财富和中信证券。

2017 年中信证券推出了中证财富家族信托服务，并将家族信托归类为财富配置业务，定位为投资顾问角色，围绕财富高净值客户需求，满足客户隔离、他益、传承等需求，构建价值供给链。服务目标包括两大方面：财富管理、保值和增值与资产隔离、传承和分配。在服务提供上，由法律服务机构、税务服务机构等提供专业服务支持，由专业团队提供量身定制配置策略，还提供事务性信托服务。

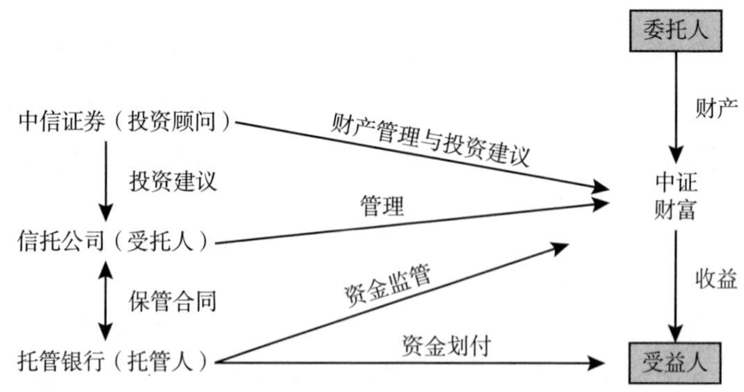

图 2 中信证券—中证财富家族信托服务示意

资料来源：中信证券官网。

中金公司开启财富管理业务相对较早，从2007年起为高净值客户提供投资咨询服务，2019年正式启用了“中金财富”品牌。中金环球家族办公室（GFO）通过以家族信托为载体来传承家族意志，组建由律师和投资银行家构成的专业顾问团队，为家族发展提供全面的制度性保障。中金GFO立足于投行背景，提供“金融”和“非金融”两大领域的服务。其中，在金融服务方面，借助了中金投行业务和投资管理资源，提供量身定制的金融方案，并为企业提供投融资、海内外并购、一二级联动等全生命周期的专业服务。而在非金融服务方面，中金GFO包含家族事务和咨询顾问，为客户需求提供一揽子解决方案。

（二）证券公司开展家族信托业务的主要模式

证券公司相较于银行等金融机构开展家族信托业务较晚，目前开展了家族信托业务的证券公司主要是担任投资顾问角色，偏向于资产管理型合作模式，以客户资产保值增值为目标，通过与信托、律所、税务所等第三方专业机构合作，进行信托架构的搭建，提供客户法律、税务等相关事务的协助处理。证券公司的高净值客户需求多样化，因此在家族信托的具体模式上可以进行比较灵活的定制化设计，一般可分为全权委托、部分委托和委托人指定人员管理等三种基本类型，委托人对于家族信托的投资决策程度在这三种类型中依次提高。

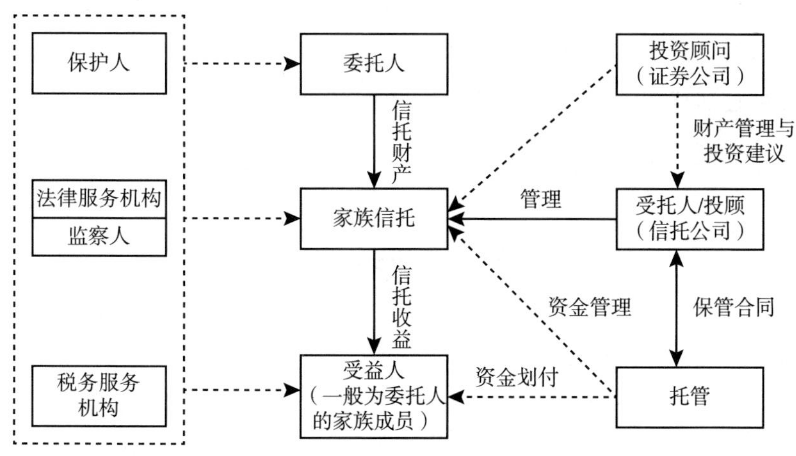

图3　证券公司与信托公司家族信托业务合作示意

（三）证券公司家族信托业务的目标客群

证券公司作为资本市场中介机构、重要的市场参与者，能够为参与资本市场的上市和拟上市公司提供全方位的投融资服务，从 IPO 到再融资、从企业资金投资到个人财富管理，证券公司具备全面且专业的服务优势。上市公司及拟上市公司的股东特别是民营企业家，一直是证券公司高净值客户的重要服务核心，也会是证券公司家族信托业务的第一目标客群。

民营企业家的财富传承、资产隔离需求，催生了证券公司家族信托业务，而且证券公司也有能力打造业务闭环，运用资本市场服务核心优势，协同专业金融机构、专业三方机构，做好财富保值增值，实现民营企业家的长期、幸福、兴旺的家族愿景。

（四）证券公司家族信托业务的发展路径设想

家族信托业务在国内也已有所发展，特别是近年来随着中国私人财富的高速增长，对家族信托的需求快速增加。证券公司发展家族信托业务，应当在借鉴国际国内家族信托业务发展经验的基础上，结合自身能力优势、业务模式及客户特点，构建适宜证券行业发展的差异化的家族信托业务模式。在不断丰富产品内容和提升产品研究设计能力的基础上，进一步做好客户需求分析及其资产梳理，发挥证券公司投资管理服务优势，特别是权益类、标准化产品的投研优势，与专业信托机构共同做好家族信托的架构设计、投资运作和利益分配等服务。

五　存在的问题与建议

由于信托的相关配套制度还不够完善，目前装入家族信托的资产主要为现金，而上市公司股票、非上市公司股权以及不动产进入信托财产还有比较大的障碍或者交易、税务等成本高昂。股票在个人名下，可能因代际传承、债权债务、担保偿债等事件被分割，进而影响上市公司经营的稳定性和永续

性。通过股票家族信托业务，将股票从个人名下隔离到家族信托名下，则既有利于企业永续运营、家人世代受益，也有利于实现上市公司股权稳定，是拥有股票或股权的民营企业家财富管理与传承的核心需求。

基于中国《信托法》关于信托财产权属规定不明、信托主体权利设定冲突、信托变更或撤销过于任意等立法规定的缺憾，证券公司开展家族信托业务还有着不小的障碍和困难，为此，结合中国家族信托业务发展现状，对参与机构、业务模式及政策法规的分析提出以下建议。

（一）优化信托财产非交易过户机制

国际通行的信托制度中委托人需将信托财产的所有权以非交易方式转移到受托人名下，但由于《信托法》本身规定比较模糊，实践中无法直接依据信托文件办理信托财产的非交易过户，在设立非资金家族信托时存在明显障碍和成本，特别是难以满足民营企业家使用家族信托保障上市公司股票和其他股权类财产的核心需求。

（二）完善家族信托持股上市机制

境内上市公司中存在家族信托架构的案例比较罕见，对于上市前存在家族信托架构的，拆除信托持股（转让家族信托股权）为常规的处理方式，或者花费成本更改为境外家族信托，这对于民营企业家来说都是参与家族信托业务的阻碍。同时，对于拥有拟上市企业的企业家设立家族信托时，更需要从家庭财富管理、企业上市角度综合衡量各种因素，精心设计具有现实合理性、符合家族目标和企业上市目标的家族信托方案。

（三）建立与信托所有权相适应的信托税收制度

由于现行法律法规没有针对民事信托非交易性过户这一特性进行规定，普遍税务机关将信托财产的置入视为一次市场交易行为，造成信托征税对象模糊及重复征税的可能。因此，应该在完善信托财产所有权制度的基础上，在现行税收法规的框架下，遵照“实质课税”原则确定适当的信托税收制度，真正体现信托财产的独立性和财产隔离功能，进一步提升服务信托等信托本源业务的吸引力和竞争优势。

（四）发挥证券公司差异化优势发展家族信托业务

证券公司的资产获取、投资研究和资本市场专业服务能力是区别于其他金融机构的重要因素，因此在发展家族信托业务上，要围绕目标客户的多样化需求，构建具有证券公司特色的、符合证券公司核心优势的家族信托服务体系，再结合金融科技等手段，打造以资本市场为核心特色的家族信托业务闭环。

参考文献

中国社会科学院金融所财富管理研究中心：《中国境内家族信托业务的模式解析与策略建议》，2018。

李凤华等：《国内券商财富管理业务模式研究》，2018。

UBS, "Global Family Office Report," 2020.

招商银行：《2020 中国家族信托报告》，2020。

中国银行：《2020 中国家族财富管理白皮书》，2020。

福布斯 & 平安银行：《2020 中国家族办公室白皮书》，2020。

顶层设计篇

Macroscopic Designs

B.11

中国家族信托法律体系现状、国际比较及发展路径

汤　杰*

摘　要：近年来，随着资管新规等对家族信托有较大影响力的相关规章指引陆续出台，以《信托法》为基础的中国大陆的家族信托法律体系不断完善。但较之国际信托法律环境，仍缺乏细化的要求，如信托登记制度和信托税收制度等具体规定仍有待确立和完善。鉴于信托法律制度属于“舶来品”，法律的“移植”和“本土化”需要一个过程，借鉴国际先进经验完善中国信托法律法规具有重大意义。日本“移植”信托并不完全照搬英国以民事信托为主的模式，而是积极借鉴美国以商事信托为主的模式，不断对信托法律制度进行修订完善，形成本土化特色。中国应针对现阶段信托发展不规范的现

* 汤杰，京都家族信托法律事务中心顾问，南开大学法学院博士生。

象，加以改造，大胆创新，建立“中国特色”的信托法律体系，使信托与中国现有的法律制度融合，并成为中国法律体系中的有机组成部分。

关键词： 家族信托 法律体系 信托法

一 中国家族信托法律体系概述

中国当前的“家族信托法律体系”主要是以2001年《信托法》为基础的“一法两规”的信托法基础框架，同时配合一些部门规章和指引。在《信托法》之外，《信托公司管理办法》、《关于规范金融机构资产管理业务的指导意见》（简称《资管新规》）、《关于加强规范资产管理业务过渡期内信托监管工作的通知》（简称37号文）等文件从不同维度细化了中国家族信托相关制度。37号文首次在官方文本中出现了家族信托的定义，同时对家族信托成立规模、成立目的、受益人范围和提供的服务等事项做了规定。此外，中国信托业协会出台的《信托公司受托责任尽职指引》也对信托公司的具体行为标准进行了规范性指导。

近几年法律及政策层面陆续出台的、涉及家族信托且有较大影响力的相关法律和政策，主要有2019年最高人民法院发布的《全国法院民商事审判工作会议纪要》和2020年发布的《中华人民共和国民法典》等。2019年11月14日最高人民法院发布了《全国法院民商事审判工作会议纪要》，其中第95条在《信托法》的基础上对信托财产的独立性和债务隔离性进行了重申和进一步阐释。2020年5月28日十三届全国人大三次会议通过了《中华人民共和国民法典》，围绕民事权利展开，以民事权利为主构建民法体系，强调了对私有财产的保护，同时也提及了遗嘱信托，实现了和《信托法》的对接，但具体的规则仍待将来出台。

二 中国现有家族信托法律体系存在的问题

（一）现行《信托法》存在的问题

《信托法》的制定有着规范信托业的背景，但是其性质应当是规范信托基本法律关系的民事特别法，是信托法律体系中的基础性法律。

中国《信托法》实施已有二十年，信托业发展较为迅速，但《信托法》本身存在诸多缺陷。首先，中国《信托法》作为一部统一调整信托法律关系的基本法，其规定多为原则性的表述而缺乏相对具体的规则。其次，作为《信托法》核心规则的受托人义务规则和行为标准有待进一步明确和细化，例如忠实义务和勤勉义务的区别界限、勤勉义务的基本标准。忠实义务的内涵也不够全面。对于受托人违反忠实义务和勤勉义务的救济后果也缺乏明确的依据。中国《信托法》关于受托人勤勉义务仅提及遵守信托文件、恪尽职守、诚实、信用、谨慎、有效管理等抽象的要求，以及转委托的相关规定。2018 年信托业协会制定的《信托公司受托责任尽职指引》第三条指出信托公司应当按照信托文件的信托目的诚实信用、谨慎、有效管理。在《信托法》的基础之上强调了参照信托目的。美国《统一谨慎投资者法》[①] 与《统一信托法》中均要求受托人对信托目的予以重视。然而，美国谨慎义务的标准远不止于此，还要求受托人在履行职务的过程中达到细致认真，作出决策前要综合考量税收、财政、风险承担能力等多种因素。相比之下中国现有规定缺乏细化的具体要求。虽然信托关系的复杂性和多变性使得受托人义务的规范不宜太过具体，但仍然有一定细化的空间和必要性。这些标准一方面可以在司法实践中结合具体的案例进行参考运用，同时又可随着司法实践的丰富而更加完善。当前阶段虽然家族信托的司法实践较少，但从国际上的发

① 美国《统一谨慎投资者法》section 2。

展演变来看，信托立法的脉络及信托争议的产生具有一定的相似性及规律性，现阶段可以先借鉴国际上一些通行的判例规则，将来再结合中国自身的司法实践逐步予以完善。

此外，中国《信托法》在“反挥霍”“连续受益人”“受托人报酬”“转委托”“司法受托人及公共受托人”“保护人”等制度方面都有进一步完善的空间，在此不再赘述。

（二）相关配套制度有待完善

1. 信托登记制度亟待确立

《信托法》第十条规定：“设立信托，对于信托财产，有关法律、行政法规规定应当办理登记手续的，应当依法办理信托登记。未依照前款规定办理信托登记的，应当补办登记手续；不补办的，该信托不产生效力。”根据上述规定，中国《信托法》对信托登记采取的是“登记生效主义”的立法模式，即除了以资金、动产等不需要进行物权变动登记的财产设立信托外，委托人用不动产、股权、知识产权等“有关法律、行政法规规定应当办理登记手续的”财产设立信托，如果不进行信托登记，则不产生设立信托的法律效力。

2. 信托税收制度不健全

信托税收的相关制度在中国法律体系存在一定程度的“水土不服”，而如何调理却又是一个复杂而庞大的工程。中国没有针对性地对家族信托业务税制进行规定和设计，造成了实践中很多问题。例如，中国《信托法》确认了信托财产独立性，但却未明确信托财产究竟是属于受托人还是属于受益人，因此纳税主体上存在较大争议和不确定性；信托设立、终止、产生收益及分配阶段存在严重的重复征收问题等，严重制约和影响中国家族信托业务的发展。

此外，在中国大陆境内，信托财务会计制度、信托投资制度、信托违法犯罪的防范与制裁相关制度等也存在严重的缺失，在此不再赘述。

三 家族信托法律体系的国际比较

（一）英美法系国家

1. 英国

英国对受托人进行规范的最基础的法源为1925年的《受托人法》以及其2000年的修正案，包括1896年的《司法受托人法》、1906年的《公共受托人法》、1957年的《公共受托人报酬法》等。受托人的投资活动则须遵守1961年的《受托人投资法》、1968年的《地方当局共同投资信托法》。

2000年修订的《受托人法》为了应对投资权责的问题，将受托人的勤勉义务进行了扩张并将其成文法化，根据当时的判例，提炼出专业受托人的注意义务比一般民事受托人高的原则。在受托人报酬方面，法院一般认为仅专业人士提供信托服务时，才能请求报酬①，且受托人同时为信托契约或委托人遗嘱见证人时，其关于报酬之约定常被法院认定为遗赠而无效②。

2000年的《受托人法》推翻了这一观点，确定当信托契约的条款规定受托人报酬请求权时，并且该受托人为信托公司或提供专业服务之个人时（无论其具体的服务内容是否必须由专家人士提供），受托人则有权请求报酬③。并且，想要排除法人和自然人受托人的报酬请求权者，必须在信托条款之中明确④。适用上述受托人合理报酬和费用返还请求权的受托人，包括

① Explanatory Notes for §28 of Trustee Act of 2000 ["Section 28 (2) reverses the present common law rule which requires an express charging clause to be strictly construed against the trustee, so that, unless the trust instrument contains contrary provision, a professional trustee, who has the benefit of such a clause, may only be remunerated for services which could not have been provided by a lay trustee"] .

② §28 (4) of Trustee Act of 2000.

③ §28 (1) and (2) of Trustee Act of 2000.

④ §29 of Trustee Act of 2000.

遗产管理人①、退休金信托的受托人②等。

我们现在反思英国 2000 年《受托人法》的修改可知其反映了自 19 世纪以来英国信托制度所面临的挑战。虽然当时的信托制度源自无偿的民事信托，却常常面临找不到受托人的困境，究其原因在于受托人从“财产的消极监护保管人”的角色，逐渐被期待担负积极创造收益以及实现财富增长的责任。随着英国信托财产与业务形态的多元化，担任受托人的意愿却普遍降低，人们也越来越难找到自愿并诚实的人来担任无偿的受托人或者遗嘱执行人。

由于当时并没有成文法规定受托人应保持独立账簿的义务，受托人侵占或欺诈的情况时有发生，受托人也常以信托财产金额过小为由拒绝接受信托。因此英国分别在 1896 年和 1960 年通过了《司法受托人法》和《公共受托人法》，由法院任命具有法院公职人员身份的人担任司法受托人或另外的公共受托人③，单独或共同为身心障碍、已经死亡、正在受刑的委托人或作为婴儿的受益人管理和执行信托事务，在符合法定要件时甚至取代原本的受托人，并且不能仅以信托财产的金额过小为由拒绝接受委托。公共受托人的薪酬由具体的服务内容决定，可以管理的信托财产规模的一定比率进行计算，由法院提议并经过财政部门同意，由议会的预算进行支付④。

英国关于受托人的勤勉义务，主要由判例法进行规制。近年来，由于英国对于信托投资标的内容逐步放宽，目前原则上已无法定限制，通过加重受托人义务进行管理并且对有偿（专业注意义务）与无偿（谨慎商人的注意

---

① Personal representative. § 35 (1) of Trustee Act of 2000.

② Trustee of a pension scheme. § 36 (4) of Trustee Act of 2000.

③ Official Solicitor and Public Trustee, § 8 (3) of Public Trustee Act of 1906 (Any person appointed to be public trustee or an officer of the public trustee may, and shall, if the Treasury so require, be a person already in the public service).

④ § 8 of Public Trustee Act of 1906 [§ 8 (1A): The Public Trustee shall be paid such salary or fees as the Lord Chansellor determines with the consent of the Treasury; § 8 (5): The salary of remuneration of the public trustee and his officers and such other expenses of executing his office or otherwise carrying this Act into effect as may be sanctioned by the Treasury shall be paid out of moneys provided by Parliament].

义务①）进行一定的区分。

2. 美国

美国的家族信托法律制度在借鉴英国信托法传统的基础上，进行了大幅的创新与发展。美国的家族信托法律体系受其联邦体制的影响呈中央与地方两级的状态，并且注重信托成文法的制定和完善。从联邦层面来看，美国国会一直致力于信托法的成文化，1906 年的《信托公司准备法》、1939 年的《信托契约法》和 1940 年的《投资公司法》等成文信托特别法仍然处于使用中。1964 年的《返还原物法重述》、《财产法重述》和《冲突法第二次重述》第十章中也有对信托相关规则的阐述和解释。1964 年同时颁布了《统一受托人权利法》授予了受托人处理信托事务极大的自主权，1994 年颁布《统一谨慎投资者法》，主要规范受托人行为，至 2002 年已有 35 个州实行该法，统一州法委员会颁发该法的目的在于“以它来取代各州的有关判例法，从而使美国对信托投资中的受托人行为的规制在制定法基础上实现统一”。美国《统一谨慎投资者法》于 2000 年颁发，其中最大的贡献在于提出谨慎投资人原则。美国《统一信托法》是美国统一州法委员会基于以上成果，由哈特莱特法官领导完成的。美国《统一信托法》的正文于 2000 年 8 月由统一州法委员会通过。2001 年、2003 年、2004 年、2005 年统一州法委员会又对文本的少数条款进行了修订。目前正在筹备对美国统一信托法的又一次修改。此外美国针对各类特别的信托业务，如不动产信托、遗产信托、慈善信托等均有相应的法规和细则出台。除了专门的法律法规，美国法律协会则于 1935 年出版了《美国信托法重述》，1957 年又系统修正后再次出版。现已修订到第三版。尽管美国法律协会所著的《美国信托法重述》只是一部法学专著而不具有立法效力，但是它对于美国信托成文化以及信托

① §1 of Trustee Act 2000：Whenever the duty under this subsection applies to a trustee, he must exercise such care and skill as is reasonable in the circumstances, having regard in particular –（a）to any special knowledge or experience that he has or holds himself out as having, and（b）if he acts as trustee in the course of a business or profession, to any special knowledge or experience that it is reasonable to expect of a person acting in the course of that kind of business or profession.

研究做出了不可估量的贡献。

从地方层面来看，许多州都立有单行的成文信托法且呈体系化发展。诸如得克萨斯州以及加利福尼亚州已有综合性信托立法。美国的路易斯安那州于1964年通过的《信托法》基本采用了美国法律协会《信托法重述》的术语，但同时保留了特色。综上可见，美国的家族信托法律架构是基于美国信托法律，既从信托业务类别上提出了不同的管理规范，又对不同的信托主体（受托人）进行了考量，其法律全面化和精细化非常值得我们参考。

3. 新加坡

新加坡规范信托业务的主要法律有《受托人法》《信托公司法》《商业信托法》。新加坡于1926年被英国统治的时期就引入了“信托公司”，并且制定了《信托公司条例》《信托公司法》，后来于1967年制定了最初版本的《受托人法》。随着新加坡法规的不断修订，其大幅采纳了英国普通法的架构。并且为了开展信托业务，2004年新加坡开始全面检讨信托法制，并于2004～2006年完成了《受托人法》《信托公司法》的全面修订。

新加坡的《受托人法》作为信托关系的基本规范，确立了新加坡信托架构以及受托人的权利和义务规范，适用于所有的信托关系以及遗嘱执行人与遗产管理人[①]等关系。通过《受托人法》的规定可以明显看出其承继了英国1925年的《受托人法》以及1995年的《受托人条例》。

新加坡于2000年开始将信托业的发展目标转向推广财富管理，通过信托的成立以及信托业的服务，吸引更多外国银行业务以及私人投资，特别着重发展高净值客户的私人财富管理业务。在此目标之下，新加坡于2004年修正了部分的《受托人法》《民法》，2005年公布实行了一套完整的《受托人法》修正版本，放宽了转委托的限制[②]；规定了受托人为受益人的利益预支或运用信托财产的权限[③]等。此外，为了吸引更多的外籍人士放宽了条

① 由于英美法系与大陆法系继承法的差异，此处不宜直接对应大陆法系的概念进行理解。

② § 27 of Trustees Act.

③ § 34 of Trustees Act.

件，外籍人士在特定条件下可在新加坡设立信托或转移财产①，并且引入了“反强制继承”的原则和英国2000年《受托人法》中的法定注意义务②。在受托人类型方面，新加坡允许私人信托公司作为受托人，税制上信托受益人所分配的利益可以免除所得税。

4. 中国香港

根据《中华人民共和国香港特别行政区基本法》第8条的规定，香港于1997年回归中国后，其原有的法律，包含普通法、衡平法、条例、附属立法和习惯法，除与基本法相抵触或经过香港特别行政区的立法机构做出修改之外，予以保留。因此，香港的信托法制仍援用回归前原有的相关法令规范。

由于香港曾是英国的殖民地，英国的信托制度直接移植到了香港，并配合当地的实际进一步发展。英国系信托法制的发源地，始于13世纪的用益设计，最初被用于封建法律对土地转让等限制，历经数百年的发展后，英国的信托制度渐渐地由规避法律的消极信托转向财产管理的积极信托。英国的信托法制，在性质上可被认为是衡平法精心培育的产物，其一大特色是由许多判例、单行法规、信托法例所组成，此亦为香港信托法的特色。

香港的家族信托相关法规主要有《受托人条例》《财产恒继及收益累积条例》《信托变更法例》等。香港的信托法制由两种规范组成，一是衡平法所累积而成的英国判例法，二是由香港立法机构制定颁布的相关成文法规。信托制度经过英国数百年的运用和发展，已经形成了定型化的法理，这个制度全盘移植到香港后，具有所有权和利益相分离、信托财产独立、有限责任以及信托管理连续性的特点。私益信托中，法院可以在受托人欠缺时委任新受托人。此外，香港信托制度非常值得借鉴的是其弹性。香港的信托制度，具有相当弹性的变化空间：信托设立的方式和财产的多元化、信托目的自由度极高。只要不违背法理强制规定和公序良俗，委托人可以任何目的设立信托。

---

① §90 of Trustees Act.

② Statutory duty of care.

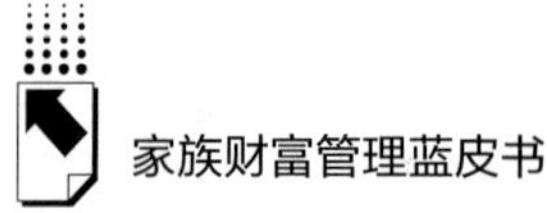

香港现行信托制度主要基于衡平法规则的一些原则，并辅以数条法例，包含1935年制定的《受托人条例》[①] 及1970年制定的《财产恒继及收益累积条例》[②]。由于英国和临近的新加坡均在类似的时期对信托法进行了改革，代表信托业的信托法改革联合委员会于2007年8月向香港政府提交详细建议，倡议全面检讨香港的信托法[③]。香港政府认同全面检讨现有的信托法规，经参考其他类似的普通法司法管辖区的经验，由香港立法会财经事务委员会对《受托人条例》和《财产恒继及收益累积条例》提出多项修订建议，并在2009年进行公众咨询后，于2012年12月3日提出了改革信托法的草案，并于2013年7月17日通过，其中值得我们关注的是：建议引入预设性的受托人法定勤勉责任，即除了在与信托文件意愿相悖的情况之外，该法定责任将取代普通法中受托人行使若干权利时应负的责任；对于转委托而言，如信托有一名以上受托人的，行使转委托权力不得导致只有一名被授权人或一名受托人管理该信托，并且建议赋予受托人委任代理人的预设权力，以便受托人能够有效管理信托；建议赋予受托人委任代名人和保管人的预设权力，除与信托文件相违背之外，受托人有责任检讨代理人、代名人和保管人的表现，而有关检讨应视乎具体情况的合理需要而适时进行。如果受托人违反信托是由其本身的欺诈行为、故意作出的不当行为或严重疏忽所致，相关免责条款将会被视为无效。只要符合有关规定且信托文件没有相反意愿，则受益人可以无须经过法院的批准，委任或辞退受托人。

（二）大陆法系国家和地区

1. 日本

大陆法系国家和地区中，继受信托制度最成功的国家为日本。日本现行的信托法制以《信托法》和《信托业法》为核心，基本上继承了美国发展起来的近代信托制度。日本在1922年制定了《信托法》和《信

---

① 香港《受托人条例》第29章。

② 香港《财产恒继及收益累积条例》第257章。

③ 参见香港立法会财经事务委员会《改革信托法的拟议法例讨论文件》，2012年12月3日。

托业法》分别作为调整信托法律关系的基本法和专门监管信托公司的特别法。

近年来，日本信托业务创新不断涌现，出现了许多敏锐跟踪社会和投资者需求的信托业务：目的信托是在不提供受益人的情况下为某一目的设立的信托[①]。设置方法有信托合同和遗嘱。信托的期限不能超过20年。受益人连续信托是一种新的财产分割方法，信托效力30年。宣言信托在日本的引入带来了不少争议，主要问题是如何使第三方将信托财产与受托人自己的财产区分开，以及避免人们利用宣言信托欺骗债权人的风险、单一受托人为唯一受益人的风险等。日本2006年《信托法》也因此要求宣言信托必须以公证契据的形式做出，并且规定如果再无其他信托受益人，则这个公证契据应在成立一年之后自动终止。若某委托人了解设立信托会危害其债权人利益时仍然设立信托，则该债权人可以强制执行与信托财产有关的债权；除非该自我宣言的信托中有受益人且这些人中的部分或全部对债权人的利益受损并不知情。[②] 法院也有自由裁量权，从确保公众利益的角度来终止不应发生的自我宣言信托。[③] 日本的谨慎投资人规则没有在《信托法》和《信托业法》中规定，而是在契约或参照民法中的相关原理进行判断，此点也值得我们深入思考和借鉴。[④]

此外，日本《信托法》在信托财产与受托人分离的经验方面也非常值得借鉴，其规定了可以针对信托财产提出的各类请求权，包括“信托管理过程中产生的权利”[⑤] 和“为了信托财产的利益进行的，在受托人权力范围内”的权利。[⑥] 然而，其后的子条款却仅列举了受托人通过使用信托财产来履行（相对于第三方）相应责任的信托请求类别。[⑦] 日本新信托法制所允许

---

① 日本《信托法》第258、259条。

② 日本《信托法》第23条第（2）款。

③ 日本《信托法》第166条第（1）款。

④ 李智仁、张大为：《信托法制案例研习》，元照法律出版社，2020，第101页。

⑤ 日本《信托法》第21条第（1）款第（ix）项。

⑥ 日本《信托法》第21条第（1）款第（v）项。

⑦ 日本《信托法》第21条第（2）款。

的信托，种类分为契约信托、遗嘱信托及宣言信托三种。与英国和美国不同，日本的实务上几乎均为契约信托，遗嘱信托少之又少。[①] 从日本信托发展的经验可以看出，法律制度的完善对于信托业持续发展和信托业务的创新具有指导、保障作用。

2. 中国台湾地区

从法律体系来看，中国台湾地区受德国的影响较大。中国台湾地区“信托法”颁布四年后即颁布了“信托业法”。此外，为了给信托发展营造一个健康坚实的法律环境，“所得税法”“遗产及赠与税法”“土地税法”“平均地权条例”“契税条例”“房产税法”“加值型及非加值型营业税法”等系列税法都进行了修改。作为大陆法系法域，中国台湾地区尝试引入信托制度并形成自我特点：在中国台湾地区，信托合同被认定为“单方合同”,[②] 并且信托财产对物权的后续转让是信托合同建立的必要条件。中国台湾地区“信托法”通过以下方式确立了信托财产的独立性：信托财产不被受托人的后裔继承、不属于受托人的破产财产、不属于受托人个人债权人的强制执行范围、不属于受托人个人债权人的强制执行范围以及不与受托人的其他财产混合。[③] 虽然中国台湾地区“信托法”没有明确提及信义义务的概念，但它确实禁止受托人从信托中获得任何利益，或者将任何信托财产转换为其财产或由此创造或获得任何权利。后者类似于英美法系中的禁止自我交易原则。中国台湾地区“信托法”还规定了一般禁止的具体例外情况，包括：已获得受益人书面同意，并且信托财产是基于公平的市场价格获得的；资产在公开市场上购买；已获得法院的批准。[④] 此外，还单独规定了受托人有义务公平行事的新规定，要求受托人基于受益人的最大利益履行职责并且在有多个受益人的情形下公平对待受益人。

---

① 此处应注意，信托银行就遗嘱的保管与执行业务，亦称为遗嘱信托，但只是习惯称呼而已，法理上并非信托。

② 中国台湾地区“最高法院”2006 年第 500 号案。

③ 中国台湾地区“信托法”第 10 ~ 14 条。

④ 中国台湾地区“信托法”第 34、35 条。

虽然中国台湾地区的“信托法”与日本《信托法》极为相似，但仍存在台湾地区制度独特的争议和特征，而中国台湾地区“信托法”的迅速发展促使了成熟的信托制度体系的形成。可见，发达国家信托发展史实质上是信托法律制度的发展史，而且如果信托法颁布得越早、越及时，信托法律制度越完善，该信托业务就发展得越快。

四　中国家族信托法律体系发展路径及建议

认真审视中国现行的信托法律制度，推进《信托法》的修改以及相关配套制度的构建已经成为规范与发展中国信托业的基本路径。亚洲各国或地区在引进英美的一些法律以后，进行了融合。信托法的发展也是这样的路径。

如前所述，中国属于大陆法系法域，引进信托法律制度的难度较大。究其原因，一方面中国现有的大陆法系法律体系和相关制度对于在英美起源的信托“舶来品”的排异现象，另一方面中国本身已有委托、行纪等可以“替代”信托的相似制度供给。因此，在中国成功引进信托制度、建立“中国特色”的信托法律体系，须通过实践和理论的不断探索，使信托与中国现有的法律制度融合，成为中国法律体系中的有机组成部分。

法律的“移植”和“本土化”需要一个过程，需要我们在“试错”的过程之中有足够的耐心。日本在这方面为中国提供了宝贵的经验，即克服信托发展不规范现象的途径是制定具有相对稳定性的、强制性的、权威性的法律制度，并不时对过时的法律进行修改，以增强法律的时效性与针对性。信托在财产的转移和管理功能方面具有巨大的弹性空间与高度的灵活性。日本在移植信托过程中没有完全照搬英国的以民事信托为主的模式，对美国以商事信托为主的模式予以借鉴，加以改造，大胆创新，中国也应大胆创新，走出一条属于自己的路。

中国大陆地区的《信托法》应当作为制定其他信托法律制度的依据和基础。从前述比较法国际信托立法经验来看，中国大陆地区应围绕《信托法》构建相关配套的登记、税收、财会、外汇、监管、制裁以及其他制度。同时应注意与继承、婚姻、不动产、知识产权、公司法等相关领域的现有法律的协调性。

具体而言，应当围绕家族信托业务，构建“信托基本法”（完善《信托法》）、“信托特别法”（特殊类型家族信托业务规定、特殊类型家族受托人规定、海南自贸港信托制度）、“信托配套制度”（包括但不限于信托登记制度、信托税收制度、信托财务会计制度、信托投资制度、信托违法犯罪的防范与制裁相关制度等）的家族信托法律制度体系。

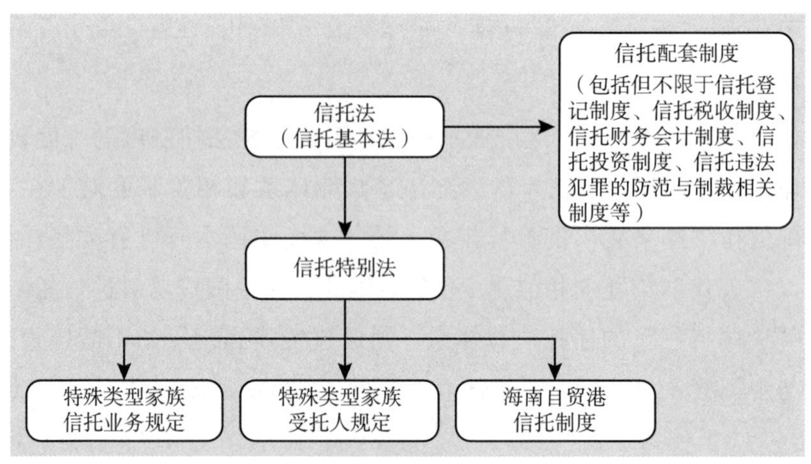

图1　中国家族信托法律体系架构

如图1所示，笔者建议在推进《信托法》修改的同时，形成由“信托基本法”“信托特别法”构成的纵向信托法律体系结构与由“信托配套制度”组成的横向信托法律体系结构、“本土的中国特色的家族信托”与“在岸离岸的海南自贸港家族信托”相结合的家族信托法律制度体系架构，作为将来逐步完善的框架性基础及发展路径。

B.12
家族财富管理的监管环境与家族信托的制度障碍

李宪明　梁光勇*

摘　要： 家族财富管理业务的发展需要良好的监管环境，也需要克服相关制度障碍。本报告从财富投资增值、财富安享与传承和家族慈善三个维度，对家族财富管理涉及的监管体系和监管动态进行了梳理，发现养老信托和慈善信托有发展空间；同时分析了当前中国开展家族信托业务面临的主要制度障碍，在信托过户、财产登记和信托税收制度上尚待改进。

关键词： 家族财富管理　家族信托　资产管理

近年来，随着中国经济发展，居民家庭财富快速积累，为中国家族财富管理业务发展提供了条件。“有恒产者有恒心”，中国现行法律对不同民事主体财产权利的平等保护，为家族财富管理业务的开展奠定了制度基础。[①] 家族财富管理业务的健康平稳发展，需要一个持续稳定、可预期的监管环境，也需要尽快破解制约其发展的障碍。

---

* 李宪明，上海市锦天城律师事务所合伙人，中国执业律师，长期从事金融信托、资产管理、财富管理等法律服务；梁光勇，上海市锦天城（北京）律师事务所合伙人，中国执业律师，主要执业领域为金融机构资产管理、家族财富管理和慈善信托等。

① 李宪明：《中国信托业转型发展的制度基础》，载家族财富管理调研报告课题组著《家族财富管理调研报告2020：家族财富管理十年回顾与展望》，社会科学文献出版社，2020。

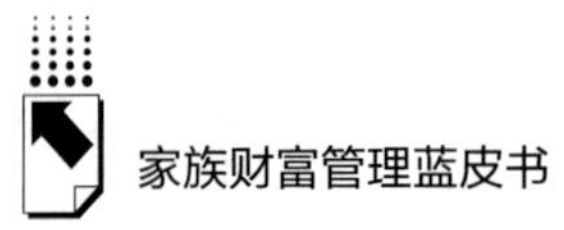

一　家族财富管理业务的监管环境

（一）家族财富投资增值的监管环境

1. 资产管理业务规则基本统一

（1）金融机构资产管理业务

进入 21 世纪以来，资产管理产品逐渐成为中国家族财富保值增值的重要投资手段，其在满足家族财富管理需求方面的积极作用逐步显现。尤其是进入 21 世纪第二个十年以后，在金融创新的政策背景下，金融资产管理产品种类愈加丰富，包括银行理财、信托、公募基金、私募基金、券商资管计划、基金资管计划以及保险资管计划在内的各类资产管理产品快速发展，规模不断攀升。与此同时，包括互联网机构、各类投资顾问机构在内的一些非金融机构也在实际开展资产管理业务。

资产管理业务迅猛发展的同时，也出现了一些问题，如同类资产管理业务监管标准不一，引发监管套利，普遍存在的刚性兑付带来金融风险隐患，也不利于家族财富管理的投资规划。2018 年 4 月 27 日，《关于规范金融机构资产管理业务的指导意见》（银发〔2018〕106 号，以下简称“资管新规”）正式发布实施，力求统一各类资产管理业务的监管标准和原则，加强金融消费者权益保护，打破刚性兑付，规范金融秩序以及严控金融风险。资管新规出台后，各金融监管部门基于监管职责，结合资管新规要求，陆续制定了一系列规范资产管理业务开展的监管规定。尽管仍然存在一些差异，但与前资管新规时期相比，新的监管规定在合格投资者认定、产品分类与募集方式、产品管理人职责、投资者适当性管理、投资规范、打破刚性兑付等方面基本实现了统一。

最高人民法院于 2019 年 11 月发布的《全国法院民商事审判工作会议纪要》，明确否定了资管产品合同中保底或刚兑条款的法律效力，并对金融消费者权益保护纠纷审理提出了裁判思路，为金融资产管理业务的规范发展创

造了司法环境。2020 年 3 月修订实施的《中华人民共和国证券法》（以下简称《证券法》），授权国务院依据该法的原则，制定资产管理产品发行和交易的管理办法，由此明确了《证券法》作为金融资产管理业务上位法的地位。

表 1　资管新规及其相关配套法规汇总

法规名称	发布部门	实施日期	相关内容
关于规范金融机构资产管理业务的指导意见（银发〔2018〕106 号）	人民银行、银保监会、证监会、外汇局	2018. 04. 27	对各类金融机构资产管理业务作全覆盖式统一监管。加强投资者适当性管理，强化金融机构勤勉尽责和信息披露义务，禁止刚性兑付，严格非标准化债权类资产投资要求，抑制通道业务
金融资产投资公司管理办法（试行）（银保监会令 2018 年第 4 号）	银保监会	2018. 06. 29	允许金融资产投资公司面向合格投资者募集资金，支持实施债转股；允许金融资产公司设立附属机构申请成为私募股权投资基金管理人，通过设立私募基金实施债转股
关于进一步明确规范金融机构资产管理业务指导意见有关事项的通知	人民银行	2018. 07. 20	对公募资产管理产品投资范围、过渡期内有关产品估值方法以及宏观审慎政策作出进一步明确
信托部关于加强规范资产管理业务过渡期内信托监管工作的通知（信托函〔2018〕37 号）	银保监会	2018. 08. 17	要求资金信托业务严格按照资管新规要求予以规范；提出公益（慈善）信托、家族信托不适用资管新规，并对家族信托的含义进行了界定
商业银行理财业务监督管理办法（银保监会令 2018 年第 6 号）	银保监会	2018. 09. 26	资管新规配套实施细则之一，与资管新规共同构成银行理财业务需要遵循的监管规则
证券期货经营机构私募资产管理业务管理办法（证监会令第 151 号）	证监会	2018. 10. 22	统一证券公司、基金管理公司、期货公司及其子公司等各类证券期货经营机构私募资产管理业务监管规则，是落实资管新规的重要举措
证券期货经营机构私募资产管理计划运作管理规定（证监会公告〔2018〕31 号）	证监会	2018. 10. 22	

续表

法规名称	发布部门	实施日期	相关内容
证券公司大集合资产管理业务适用《关于规范金融机构资产管理业务的指导意见》操作指引(证监会公告〔2018〕39 号)	证监会	2018. 11. 28	落实资管新规要求,规范证券公司大集合产品运作
商业银行理财子公司管理办法(中国银行保险监督管理委员会令 2018 年第 7 号)	银保监会	2018. 12. 02	落实资管新规关于“主营业务不包括资管业务的金融机构应当设立子公司开展资管业务”的要求
中国人民银行办公厅关于黄金资产管理业务有关事项的通知(银办发〔2018〕215 号)	人民银行	2018. 12. 14	依据资管新规,对金融机构接受委托开展的黄金产品投资服务作出规范
中国银保监会办公厅关于进一步规范商业银行结构性存款业务的通知(银保监办发〔2019〕204 号)	银保监会	2019. 10. 18	基于资管新规实施的背景,系统梳理和明确了散落在多项制度中关于结构性存款的现行监管规定,补充了《商业银行理财业务监督管理办法》第八十条所废止监管政策中涉及结构性存款的相关规定,未提出更为严格的监管要求,明确将结构性存款与理财业务相区分
关于进一步明确规范金融机构资产管理产品投资创业投资基金和政府出资产业投资基金有关事项的通知	国家发改委、人民银行、财政部、银保监会、证监会、外汇局	2019. 10. 19	落实资管新规关于“创业投资基金、政府出资产业投资基金的相关规定另行制定”的要求
关于规范现金管理类理财产品管理有关事项的通知(征求意见稿)	银保监会、人民银行	2019. 12. 27	对照资管新规,对现金管理类理财产品的运作进行规范
保险资产管理产品管理暂行办法(中国银行保险监督管理委员会令 2020 年第 5 号)	银保监会	2020. 03. 18	落实资管新规,统一各类保险资管产品(债权投资计划、股权投资计划和组合类保险资管产品)规则

续表

法规名称	发布部门	实施日期	相关内容
中国银保监会关于金融资产投资公司开展资产管理业务有关事项的通知(银保监发〔2020〕12号)	银保监会	2020. 04. 16	对金融资产投资公司开展的债转股投资计划进行规范
信托公司资金信托管理暂行办法(征求意见稿)	银保监会	2020. 05. 08	资管新规配套实施细则之一,与资管新规共同构成信托公司资金信托需要遵循的监管规则
标准化债权类资产认定规则	人民银行、银保监会、证监会、外汇局	2020. 08. 03	落实资管新规关于“标准化债权类资产的具体认定规则由中国人民银行会同金融监督管理部门另行制定”的要求
中国银保监会办公厅关于印发组合类保险资产管理产品实施细则等三个文件的通知(银保监办发〔2020〕85号)	银保监会	2020. 09. 07	细化《保险资产管理产品管理暂行办法》的规定,与其共同构成保险资产管理“1 +3”制度框架

（2）私募投资基金

资管新规明确规定，资产管理业务必须纳入金融监管。就中国资产管理业务现状来看，除私募投资基金可以由依法登记为私募投资基金管理人的非金融机构发行和销售外，其他非金融机构不得开展资产管理业务。

中国私募投资基金的法律监管框架由《中华人民共和国证券投资基金法》（以下简称《证券投资基金法》）、证监会监管规定以及基金业协会自律规则构成。[①] 2012 年底修订的《证券投资基金法》将私募证券投资基金纳入调整范围，为私募基金业务的快速发展提供了法律依据。2014 年，证监会出台《私募投资基金监督管理暂行办法》（证监会令 2014 年第 105 号），为私募投资基金的监管确立了框架。在此基础上，基金业协会陆续出台自律

① 对于私募股权基金，根据中央机构编制委员会办公室相关文件，国务院发展改革委组织拟订促进其发展的政策措施，会同有关部门研究制定政府对私募股权基金出资的标准和规范。

规则，涉及基金管理人登记、基金备案、基金募集、基金信息披露等多个事项，不断充实私募投资基金的监管框架。2020 年 12 月 30 日，证监会发布《关于加强私募投资基金监管的若干规定》（证监会公告〔2020〕71 号），总结 2014 年《私募投资基金监督管理办法》（证监会令 2014 年第 105 号）公布实施以来私募投资基金行业发展实践经验，针对行业快速发展过程中出现的变相公募、集团化经营、资金池运作、利益输送、自融自担等问题，进一步提出私募基金行业“十不得”的要求，如基金管理人不得直接或间接从事与私募基金管理冲突或无关的业务，管理人不得具有代持、交叉出资、层级过多、结构复杂等情形，不得违规募集、不得违规投资等，旨在进一步提升行业规范发展水平，保护投资者合法权益。

表 2　私募投资基金主要法规政策汇总

法规名称	发布部门	实施日期	相关内容
中华人民共和国证券投资基金法	全国人大常委会	2013. 06. 01	明确将非公开募集资金设立的证券投资基金纳入规范调整范围
私募投资基金监督管理暂行办法（证监会令 2014 年第 105 号）	证监会	2014. 08. 21	规定了私募投资基金管理人的登记、基金的备案、合格投资者、资金募集、投资运作等事项
关于加强私募投资基金监管的若干规定	证监会	2020. 12. 30	进一步强化私募投资基金监管
私募投资基金管理人内部控制指引	基金业协会	2016. 02. 01	规定了私募基金管理人内部控制的目标、原则和基本要求等
私募投资基金信息披露管理办法	基金业协会	2016. 02. 04	对私募基金管理人的信息披露行为作出规范
私募投资基金募集行为管理办法	基金业协会	2016. 07. 15	对私募投资基金的募集行为作出规范
中国基金业协会关于发布私募投资基金合同指引的通知	基金业协会	2016. 07. 15	明确规定契约型、公司型、合伙型私募投资基金的合同必备条款
私募投资基金服务业务管理办法（试行）	基金业协会	2017. 03. 01	对提供基金份额登记服务、基金估值核算服务、信息技术系统服务等服务的机构行为作出规范

续表

法规名称	发布部门	实施日期	相关内容
基金募集机构投资者适当性管理实施指引（试行）	基金业协会	2017.07.01	规范私募投资基金募集机构，落实投资者适当性管理制度

（3）互联网理财业务

近些年，在鼓励金融创新和“互联网＋”的政策环境下，相当数量不具有金融营业资质的互联网平台公司开始从事金融活动，蕴藏了较大的风险。例如，大部分网贷机构偏离信息中介定位而异化为信用中介，存在设立资金池、期限错配等行为，甚至出现“卷款”“跑路”现象；一些互联网机构逃避关于金融产品的认购门槛和适当性管理的监管要求，甚至通过假标等手段，触碰非法集资的底线。经过金融监管部门的集中整治，一大批违法开办理财、保险、证券、基金的互联网机构和代币机构被取缔，全国实际运营的 P2P 网贷机构数量大幅压缩。[①] 2021 年 1 月 26 日，国务院公布《防范和处置非法集资条例》，自 2021 年 5 月 1 日起施行。条例对处置非法集资机制等做了相应规定，施行后将取代国务院 1998 年发布的《非法金融机构和非法金融业务活动取缔办法》，成为行政机关防范和处置非法集资的重要依据。随着互联网金融风险的大幅减少，金融理财的市场环境进一步净化。

2. 金融机构公司治理监管力度加强

监管部门在规范金融机构资产管理业务的同时，着力强化金融机构公司治理能力建设，为金融机构家族财富管理业务的平稳开展创造了条件。

银保监会近年将公司治理监管作为核心工作，在 2018 年 4 月银保监会组建时就专门设立了公司治理部，统筹银行和保险业的公司治理监管工作。自 2018 年以来，银保监会相继出台《商业银行股权管理暂行办法》（银监

① 郭树清：《坚定不移打好防范化解金融风险攻坚战》，《求是》2020 年第 16 期。根据银保监会发布的信息，经过五年集中专项整治，截至 2021 年 2 月，网络借贷机构已全部停业。《中国银保监会有关部门负责人就近期媒体关注问题答记者问》，http://www.cbirc.gov.cn/cn/view/pages/ItemDetail.html?docId=968431&itemId=915&generaltype=0。

会令2018年第1号)、《银行保险机构公司治理监管评估办法(试行)》(银保监发〔2019〕43号)《信托公司股权管理暂行办法》(银保监会令2020年第4号),修订《保险公司股权管理办法》(保监会令2018年第5号),涉及公司治理的监管规则已超过50项,力求深入整治公司治理乱象、培育公司治理文化。[①] 证监会制定《证券公司股权管理规定》(证监会令第156号),修订《证券公司治理准则》(2020年修订),强化机构治理,支持差异化经营发展。

3. 金融业对外开放进一步扩大

金融业对外开放是中国对外开放格局的重要部分。近年来,金融行业为落实对外开放政策,相继出台一系列举措,金融业开放取得了实质进展。

2019年7月,国务院金融稳定发展委员会办公室公布了《关于进一步扩大金融业对外开放的有关措施》,推出十一条金融业对外开放的举措,其中包括鼓励境外金融机构参与设立、投资入股商业银行理财子公司,允许境外资产管理机构与中资银行或保险公司的子公司合资设立由外方控股的理财公司,允许境外金融机构投资设立、参股养老金管理公司,扩大境外投资者持有保险资产管理公司的股份比例,放宽外资保险公司准入条件,缩短外资对证券公司、基金管理公司和期货公司持股比例限制的期限等。

2020年,人民银行、银保监会、证监会和外汇局联合出台《关于金融支持粤港澳大湾区建设的意见》(银发〔2020〕95号),提出在粤港澳大湾区扩大金融业对外开放,深化内地与港澳金融合作,鼓励外资投资入股大湾区内地信托公司等金融机构,支持设立外资控股的人身险公司、证券公司、基金管理公司和期货公司并探索建立跨境理财通机制,支持粤港澳大湾区内地居民通过港澳银行购买港澳银行销售的理财产品,以及港澳居民通过粤港澳大湾区内地银行购买内地银行销售的理财产品。

在金融业对外开放的政策环境下,外资机构的准入和平等竞争以及境外

① 梁涛:《奋力构建中国特色银行保险业公司治理机制》,《中国金融》2020年第15期。

金融产品的跨境选择，可以改善金融机构、业务以及产品的供给结构，有利于丰富家族财富管理业务的投资选择。

（二）家族财富安享与传承的监管环境

家族财富的安享与传承是家族财富管理中的重要内容。家族财富的安享主要涉及养老安排，在中国当前法律制度下可以通过养老保险和养老信托实现；家族财富管理视野中的财富传承则主要基于保险和信托的机制。

1. 养老保险和养老信托

当前中国正在构建以基本养老保险为基础，以企业（职业）年金为补充，与个人储蓄性养老保险和商业养老保险相衔接的“三支柱”养老保险体系。其中，养老保险第三支柱受到当前政策的高度关注。《中华人民共和国国民经济和社会发展第十四个五年规划和2035年远景目标纲要》提出要规范发展第三支柱养老保险。2020年，包括银保监会在内的十三部委联合发布《关于促进社会服务领域商业保险发展的意见》（银保监发〔2020〕4号），提出要加快发展商业养老保险，支持商业保险机构发展与养老服务相衔接的保险产品，并完善个人税收递延型商业养老保险试点政策。

近年来，监管部门引导信托业回归本源，信托制度在财产管理中具有的灵活性使其在养老事业领域开始受到越来越多的关注。2019年国务院办公厅印发《关于推进养老服务发展的意见》（国办发〔2019〕5号），明确提出支持银行、信托等金融机构开发养老型理财产品、信托产品等养老金融产品。作为信托公司的主管部门，银保监会明确表示将努力推动信托公司养老信托相关业务发展。①

2. 人寿保险与家族信托

人寿保险制度是实现家族财富传承的一种有效工具。根据《中华人民

① 《中国银保监会对政协十三届全国委员会第三次会议第0668号（财税金融类084号）提案的答复》（银保监函〔2020〕134号）。

共和国保险法》（以下简称《保险法》）的相关规定，人寿保险法律关系生效后，当被保险人死亡且存在受益人时，保险金不作为被保险人的遗产，[①] 而是由保险人向受益人给付保险金，且任何单位和个人不得非法干预保险金给付，也不得限制受益人取得保险金的权利，[②] 由此实现家族财富按照投保人的意愿安全传承的目的。

一般理解，家族信托是以实现委托人家族财富的保护、传承和管理为目的而设立的信托。委托人希望借助信托制度，实现财产规划、风险隔离、资产配置、子女教育、家族治理、公益慈善等多重功能。信托制度在财产安全、财富传承、隐私保护、税收规划等方面具有的优势，使其成为发达经济体家族财富传承的主流模式，被认为是实现家族财富传承的天然工具。[③] 在《中华人民共和国信托法》（以下简称《信托法》）确立的信托关系、信托当事人和信托财产等制度框架下，近年来，多家信托公司在家族信托领域进行了探索。《信托法》之外，《中华人民共和国民法典》（以下简称《民法典》）再次明确将遗嘱信托作为自然人财富传承的法定形式。[④] 金融监管部门对家族信托业务的开展也给予了一定的政策支持。在《关于加强规范资产管理业务过渡期内信托监管工作的通知》（信托函〔2018〕37 号）中，银保监会首次对信托公司开展的家族信托业务的内涵进行了界定，并明确提出家族信托业务不适用资管新规的相关规定。在银保监会有关部门负责人就《信托公司资金信托管理暂行办法（征求意见稿）》答记者问

---

① 保险金作为被保险人遗产的法定情形见于《中华人民共和国保险法》第四十二条规定："被保险人死亡后，有下列情形之一的，保险金作为被保险人的遗产，由保险人依照《中华人民共和国继承法》的规定履行给付保险金的义务：（一）没有指定受益人，或者受益人指定不明无法确定的；（二）受益人先于被保险人死亡，没有其他受益人的；（三）受益人依法丧失受益权或者放弃受益权，没有其他受益人的。受益人与被保险人在同一事件中死亡，且不能确定死亡先后顺序的，推定受益人死亡在先。"

② 《中华人民共和国保险法》第二十三条第三款规定："任何单位和个人不得非法干预保险人履行赔偿或者给付保险金的义务，也不得限制被保险人或者受益人取得保险金的权利。"

③ 赖秀福：《发挥信托制度优势　助力家族财富管理行稳致远》，《清华金融评论》2018 年第 10 期。

④ 《中华人民共和国民法典》第一千一百三十三条第三款规定："自然人可以依法设立遗嘱信托。"

中，家族信托被视为服务信托类型之一，被明确豁免适用资金信托的相关规定。

（三）家族慈善的监管环境

如何创造家族财富的社会价值，使得家族财富能够在增进社会福祉方面发挥作用，是家族财富管理中的一个重要维度。投身公益慈善事业成为企业家追求自我实现的普遍选择。家族财富管理视野下，当前中国开展慈善活动主要有两种路径，一是设立家族慈善基金会，二是设立慈善信托。

1. 慈善基金会

基金会是利用捐赠财产、为实现公益慈善目的而成立的法人。《民法典》明确规定了基金会的捐助法人地位。[①]《中华人民共和国慈善法》（以下简称《慈善法》）明确规定基金会可以作为慈善组织的一种形式。[②]

国务院民政部门依据《基金会管理条例》（国务院令第 400 号）的规定对基金会实施登记管理，并制定了《基金会名称管理规定》（民政部令第 26 号）、《基金会信息公布办法》（民政部令第 31 号）、《关于规范基金会行为的若干规定（试行）》、《基金会年度检查办法》等管理规定。根据《关于公益性捐赠税前扣除有关事项的公告》（财政部、税务总局、民政部公告 2020 年第 27 号）的规定，基金会可以申请公益性捐赠税前扣除资格。取得公益性捐赠税前扣除资格的基金会，可以为捐赠人实现节税的效果。

2. 慈善信托

慈善信托属于公益信托，是指委托人基于慈善目的，依法将其财产委托给受托人，由受托人按照委托人意愿以受托人名义进行管理和处分，开展慈

---

① 《中华人民共和国民法典》第九十二条第一款规定："具备法人条件，为公益目的以捐助财产设立的基金会、社会服务机构等，经依法登记成立，取得捐助法人资格。"

② 《中华人民共和国慈善法》第八条第二款规定："慈善组织可以采取基金会、社会团体、社会服务机构等组织形式。"

善活动的行为。中国法律框架内的慈善信托受托人限于慈善组织和信托公司，慈善目的则既包括传统意义上的慈善目的，也包括属于公益目的的内容。[①] 慈善目的涵盖扶贫、济困；扶老、救孤、恤病、助残、优抚；救助自然灾害、事故灾难和公共卫生事件等突发事件造成的损害；促进教育、科学、文化、卫生、体育等事业的发展；防治污染和其他公害，保护和改善生态环境等。

中国《信托法》专章规定了公益信托，[②] 但《信托法》施行后的十多年间，公益信托的发展较为缓慢。2016 年 9 月 1 日施行的《慈善法》对慈善信托做了明确规定，调整、完善了《信托法》项下公益信托的制度安排，为慈善信托的开展创造了有利的制度环境。为落实《慈善法》项下慈善信托制度安排，2017 年 7 月，原银监会与民政部联合发布《慈善信托管理办法》（银监发〔2017〕37 号），就慈善信托的设立、备案、信托财产的管理和处分、信托的变更和终止以及监督管理和信息公开等事项作出进一步规范，中国慈善信托的规制体系基本建立。随后，慈善信托进入了快速发展的轨道。截至 2021 年 3 月，经备案的慈善信托数量已累计超过 550 单，累计财产规模超过 33 亿元人民币。[③]

二　家族信托业务发展的制度障碍

当前，中国信托业发展中面临的配套制度不健全问题，成为家族信托业

① 《中华人民共和国慈善法》第三条规定："本法所称慈善活动，是指自然人、法人和其他组织以捐赠财产或者提供服务等方式，自愿开展的下列公益活动：（一）扶贫、济困；（二）扶老、救孤、恤病、助残、优抚；（三）救助自然灾害、事故灾难和公共卫生事件等突发事件造成的损害；（四）促进教育、科学、文化、卫生、体育等事业的发展；（五）防治污染和其他公害，保护和改善生态环境；（六）符合本法规定的其他公益活动。"

② 《中华人民共和国信托法》第六章规定了公益信托制度，条款内容涵盖公益信托目的、受托人的确定、监察人的确定及其职责、公益事业管理机构的职责、公益信托的变更和终止、近似目的原则等。

③ 民政部慈善事业促进和社会工作司主办网站"慈善中国"（网址：http://cishan.chinanpo.gov.cn/platform/login.html）公布数据。

务进一步开展的重要制约因素。这些问题包括信托的非交易过户制度的缺失、信托财产登记制度的不健全以及信托税收制度的不明确。[①]

（一）信托过户制度

根据《信托法》的规定，设立信托，委托人应当将用于设立信托的财产过户给受托人。如果委托人用于设立信托的财产为货币资金，则其过户不存在制度上的障碍；但对于某些需要依法办理登记或注册手续才能办理过户的非货币财产，例如房产、股权等，以非交易过户的方式实现信托财产的交付或信托利益的分配仍然缺乏明确的制度支持。

在家族信托领域，委托人以非货币财产设立信托的需求较为常见，在信托过户制度缺失的情况下，非货币形式信托财产的过户可能被迫采取交易过户等现行法规明确认可的过户方式。实践中，有的家族信托活动通过买卖的方式将拟设立信托的财产移转到受托人下，或者将财产过户到专门设立的公司名下，受托人持有公司股权。这些变通方式既可能产生高昂的税负，也蕴藏着较大的法律风险。从实践来看，信托过户制度的缺失成为家族信托业务进一步发展的制约。

（二）信托财产登记制度

《信托法》第十条规定，以依法应当办理登记手续的财产设立信托，应当办理信托登记；不办理信托登记又未补办的，信托不产生效力。根据该条规定，在信托活动中，委托人将用于设立信托的财产移转给受托人时，对于根据中国相关法律、行政法规应当办理财产权属转移登记手续的，应当同时办理信托登记。例如，《民法典》第二百零九条规定："不动产物权的设立、变更、转让和消灭，经依法登记，发生效力；未经登记，不发生效力，但法律另有规定的除外。"委托人将其拥有的房产设立信托的，应当将该房产移转给受托人，登记到受托人名下。在这种情况下，应当同时办理信托登记。

---

① 肖钢：《完善信托制度促进推行家族信托》，《中国金融》2021 年第 6 期。

信托活动中涉及的财产类型非常广泛，包括船舶、车辆、房屋、土地等动产或不动产。中国有关的民事法律和其他法律制度规定了特定财产或财产权的设立、变更或终止的登记或注册制度，如《海商法》《土地管理法》《城市房地产管理法》《矿产资源法》《专利法》等。因此，在法律层面，中国《信托法》与其他法律、行政法规关于财产和财产权利登记、注册的规定，构成了完整的信托登记制度，正式确立了中国的信托登记制度。

但对于信托财产登记的登记机关、申请登记的主体、登记方式、登记效力、登记时点等具体事项，现行法律法规并未作出明确规定。实践中，国务院各个财产登记管理部门对《信托法》第九条的理解有差异，缺乏具体的配套制度。目前，信托当事人以需要登记的财产开展信托活动，无法就相关财产办理信托登记。

当前，在家族信托领域，委托人有意愿以需要办理登记才能发生财产权转移效力的财产设立的信托，例如以不动产设立信托等业务，部分因无法办理信托财产登记而面临信托不产生效力的法律风险，开展的难度较大。此外，家族信托由于私密性的特点，其财产登记安排与其他业务中的财产登记安排是否应当有所区别，也需要进一步研究。

（三）信托税收制度

信托法律关系的复杂性决定了信托税收制度的特殊性。信托当事人在信托设立环节、信托存续环节和信托终止环节都会面临税务事项，涉及税种主要包括企业所得税、个人所得税、增值税、契税、印花税、房产税等。当前，对信托业务课税尚无特殊规定，税务机关往往直接依据现行税法规定，按照一般经济活动的税收规则，并不区分“名义转让”和“实质转让”，对名义转让行为也予以课税，存在重复征税的风险。[①] 例如，信托设立阶段，就信托财产所有权的“名义转让”要求履行纳税义务；信托终止时就信托

---

① 樊融杰：《全国人大代表赖秀福——建立符合中国特点的信托税制》，《中国银行保险报》2021 年 3 月 3 日。

财产所有权的“名义转让”要求履行纳税义务。此外，《慈善法》和《慈善信托管理办法》虽然对慈善信托的税收优惠做了原则性规定，但当前仍然缺乏可操作性的实施方案，信托公司并不具备公益性捐赠税前扣除资格。

从国际上看，无论是信托发源地的英美国家，还是引进信托制度的日本和中国台湾地区，在建立信托制度的同时，都以自己的方式确立了信托税制。例如，中国台湾地区在 2001 年陆续修改增订了七部税法，对于凡是涉及《信托法》规定的信托业务，在税法修改过程中都做了相应的修改或明确。中国也有必要建立和信托制度相适应的信托税收制度。信托税收制度的不健全，已经成为制约不动产信托、股权信托等信托活动发展的重要因素。而由于不动产、股权等财产日渐成为家族信托的核心财产，信托税制的不确定，不利于调动委托人设立家族信托的积极性，成为制约中国家族信托业务发展的障碍。

B.13

家族信托税收政策分析与建议

高慧云　王帅锋*

摘　要：　中国的家族信托业务起步较晚，但发展迅速。然而，中国与家族信托配套的税收制度几乎空白，存在纳税主体不明确、纳税时点不明确、重复征税问题突出和信托收益没有征税依据等问题。税收问题影响着家族信托尤其是股权家族信托和不动产家族信托设立的积极性，严重阻碍着家族信托的发展。中国可以坚持以“导管主义”为主、“实体主义”为辅，构建家族信托税制。若坚持“导管主义”，在信托利益分配时征税，并附以累积罚则。

关键词：　家族信托　税制　导管主义　实体主义

改革开放40余年，中国经济发展迅猛，个人或家庭的可支配收入显著增多。2021年2月8日，胡润研究院联合方太发布的《2020方太·胡润财富报告》显示，除港澳台之外，中国内地拥有600万元人民币资产的“富裕家庭”数量已经达到399万户，比上年增加6.8万户，增长率为1.7%，其中拥有600万元人民币可投资资产的“富裕家庭”数量达到144万户；拥有千万元人民币资产的“高净值家庭”数量达到161万户，比上年增加3.7万户，增加2.4%，其中拥有千万元人民币可投资资产的“高净值家庭”数量达到87万户；拥有亿元人民币资产的“超高净值家庭”数量达到10.8万户，比上年增加2760户，增加2.6%，其中拥有亿元人民币可投资

* 高慧云，税法教授，京都律师事务所首席税法顾问，京都家族信托法律事务中心副主任；王帅锋，南开大学硕士，京都律师事务所财富管理与税务规划律师。

资产的“超高净值家庭”数量达到6.4万户；拥有3000万美元的“国际超高净值家庭”数量达到7.1万户，比上年增加1960户，增加2.8%，其中拥有3000万美元可投资资产的“国际超高净值家庭”数量达到4.6万户。财富的不断累积，产生了大量的家族信托需求，同时也促使中国的家族信托业务迅猛发展。家族信托被越来越多的人提及，家族信托也逐渐走进人们的视野。由于法律制度的滞后性，在家族信托迅猛发展的同时，与其配套的法律制度虽有进步，但远不能满足家族信托发展的需求。家族信托配套制度方面尤其是家族信托税收制度，在很大程度上阻碍着家族信托业务的开展。

一　家族信托税收政策现状分析

家族信托首次以官方的身份“亮相”于银保监会下发的《关于加强规范资产管理业务过渡期内信托监管工作的通知》（以下简称“37号文”）。通知规定，家族信托是指信托公司接受单一个人或者家庭的委托，以家庭财富的保护、传承和管理为主要信托目的，提供财产规划、风险隔离、资产配置、子女教育、家族治理、公益（慈善）事业等定制化事务管理和金融服务的信托业务。家族信托虽已“官宣”，但家族信托配套的税收制度则尚未建立。

回观中国2001年的《信托法》，提及税收的是第十七条，“除因下列情形之以外，对信托财产不得强制执行：（一）设立信托前债权人已对该信托财产享有优先受偿的权利，并依法行使该权利的；（二）受托人处理信托事务所产生债务，债权人要求清偿该债务的；（三）信托财产本身应担负的税款；（四）法律规定的其他情形”。该条款表明信托应该缴税。

财政部与国税总局于2017年联合发布了《关于资管产品增值税有关问题的通知》（财税〔2017〕56号）（以下简称“56号文”）。该文规定，“资管产品管理人（以下称管理人）运营资管产品过程中发生的增值税应税行为，暂适用简易计税方法，按照3%的征收率缴纳增值税。资管产品管理人，包括银行、信托公司、公募基金管理公司及其子公司、证券公司及其子公司、期货公司及其子公司、私募基金管理人、保险资产管理公司、专业保

险资产管理机构、养老保险公司。资管产品，包括银行理财产品、资金信托（包括集合资金信托、单一资金信托）、财产权信托、公开募集证券投资基金、特定客户资产管理计划、集合资产管理计划、定向资产管理计划、私募投资基金、债权投资计划、股权投资计划、股债结合型投资计划、资产支持计划、组合类保险资产管理产品、养老保障管理产品、财政部和税务总局规定的其他资管产品管理人及资管产品”。因为家族信托也可能是资金信托或财产权信托，所以该规定可以适用于家族信托。

除了上述规定之外，中国在进行家族信托业务时，尤其是进行股权家族信托或不动产家族信托时，由于缺乏专属的家族信托税收条款，该类家族信托业务多适用于税法的一般规定，将股权或不动产的移转，按照一般财产交易的方式课征税款。例如，张总持有某非上市公司 60% 的股权，该公司注册资本 1000 万元。张总打算将该股权全部放进家族信托，设立股权家族信托。为方便计算，我们假设股权直接装入家族信托，不通过设立 SPV 进行；该股权装入家族信托时，该公司的净资产为 2000 万元。张总的股权家族信托设立涉及的税收如表 1 所示。

表 1　股权家族信托设立环节税收分析

环节	税收分析	课税依据
设立资金信托	无税收	资金转移不涉税
收购项目 公司股权	个人所得税：(2000 - 1000) × 60% × 20% = 120 万元 印花税：2000 × 60% × 0.05% × 2 = 1.2 万元	《个人所得税法》 第二条　下列各项个人所得，应当缴纳个人所得税：……（八）财产转让所得；…… 第三条　财产转让所得适用比例税率，税率为百分之二十。 《个人所得税法实施条例》 第六条第（八）项　财产转让所得，是指个人转让有价证券、股权、合伙企业中的财产份额、不动产、机器设备、车船以及其他财产取得的所得。 《印花税暂行条例》 产权转移书据包括财产所有权和版权、商标专用权、专利权、专有技术使用权等转移书据、土地使用权出让合同、土地使用权转让合同、商品房销售合同。按所载金额 0.5‰贴花

当张总的股权家族信托中的股权在信托管理或信托分配环节发生股权移转，会再次依据上述法律条文进行课税。

经过上述分析可知，中国的家族信托税收政策几乎处于空白状态。实践过程中，对家族信托进行征税则依据的是一般的税法规定，将家族信托有关的财产移转，视同交易行为进行课税。

二　家族信托税制存在的主要问题

由于当前家族信托无专门的税收条款，无系统的税收制度，家族信托课税产生诸多问题，亟待通过家族信托税制的完善予以解决。当前中国的家族信托业务开展面临以下税收问题。

（一）纳税主体不明确

在对家族信托进行征税时，需要主管税务机关首先判断的是应该对哪个主体进行征税，即应该对委托人、受托人、受益人还是信托本身进行征税？产生这个问题，最为根本的原因是信托财产归属不明。下文将从信托的起源和法理的角度进行分析。

信托制度并不是新近创设的一项制度。信托最早出现在古埃及人在公元前2548年所写的关于信托自己财产的遗嘱中。[①] 而现代意义的信托制度则源于中世纪的英国。当时，出于战争的需要，人们担心一旦战败，其所拥有的土地将被胜利方没收。或者是人们一旦死亡，其继承人尚未成年时，其生前所拥有的土地将被领主没收，被领主拿走土地收益。因此，英国创设了"USE"制度。将土地转移给亲朋好友，其配偶和后代可享受土地收益。于是，便出现了信托。

通过信托的设计，受托人（亲朋好友）享有财产的所有权。但随之而来的问题又出现了，人们担心如果受托人不顾信义，不将置于其名下的受托

① 何宝玉：《信托法原理与判例》，中国法制出版社，2013。

财产的利益交付给受益人，受益人也无可奈何。根据当时的法律规定，受益人对此没有任何法律上的权利。[①] 于是，衡平法院的大法官创设了“双重所有权”制度，即受托信托受益人享有 equitable ownership，受托人享有 legal ownership。这样受益人通过衡平法上的所有权便可以主张权利了。

英美国家由于存在双重所有权制度，对于信托的所有权归属较为明确，这样纳税主体也较为容易判断。但中国在引入信托制度后，由于实行的是单一所有权，为了与固有的法律传统和制度相协调，中国 2001 年《信托法》立法时，巧妙地避开了所有权的问题，该法第二条使用了“委托给”三字[②]，虽为中国的独创，却也引发了广泛讨论。学者周小明认为：“委托给”三字中的“委托”是委托人要设立信托的意思表示，而“给”字则是所有权转移到受托人的精髓所在。[③] 日本学者中野正俊和我国学者张军建等也认为信托以信任为基础，把财产权转移作为条件。[④] 而学者张淳则认为“委托给”并不同于“财产权转移”，信托财产仍然是委托人的财产。[⑤] 因此，存在以下疑问或争议：第一，委托人将财产放入信托是否发生所有权转移？第二，信托财产的所有权归属于何人？若认为信托财产在信托设立时发生了所有权转移，信托财产就不再属于委托人，而是属于受托人，由受托人承担纳税义务。若认为信托财产在信托设立时不发生所有权转移，信托财产依然属于委托人，由委托人承担纳税义务。此外，信托财产可依据信托文件约定移转给受益人，应由受益人承担纳税义务。信托设立是否发生财产所有权的转移，如果不能明确规定，那么信托财产归属就不明确，也就无法判断信托活动产生的税负应由谁承担。域外也有将信托视为独立纳税主体的做法。故信

---

① 周小明：《信托制度：法理与实务》，中国法制出版社，2012。

② 2001 年《信托法》第二条规定：本法所称信托，是指委托人基于对受托人的信任，将其财产权委托给受托人，由受托人按委托人的意愿以自己的名义，为受益人的利益或者特定目的，进行管理或者处分的行为。

③ 周小明：《信托制度：法理与实务》，中国法制出版社，2012。

④ 中野正俊、张军建、姜雪莲：《中国信托法具体修改建议》，《河南省政法管理干部学院学报》2006 年第 6 期。

⑤ 张淳：《〈中华人民共和国信托法〉中的创造性规定及其评析》，《法律科学》2002 年第 2 期。

托活动的纳税主体究竟是委托人、受托人、受益人还是信托本身存在争议。纳税主体不明确，客观上制约了中国家族信托的发展。

（二）纳税时点不明确

纳税时点是中国家族信托税制存在的另一个重大问题。在确定了家族信托业务开展时，主管税务机关应该对哪个主体进行征税后，在信托制度较为发达的域外国家或地区，一般采取“导管主义”，将家族信托视为一个委托人向受益人输送信托利益的“管道”，对信托受益人进行征税。受益人应该在何时向主管税务机关纳税呢？而日本存在收益发生时向受益人课税信托和受益人受领收益时向受益人课税信托。① 那么，中国信托受益人应在实际获得信托利益时向税务主管机关纳税，还是在信托获得收益、还未分配给受益人时向税务主管机关纳税？若受益人在实际获得信托利益时向税务主管机关纳税，可以选择将信托利益留存在信托之内暂不分配，或者选择合适的分配时点再进行分配，通过这样的操作，可以使受益人获得不正当的税收利益。若受益人在信托获得收益、还未分配给受益人时向税务主管机关纳税，受益人享受的利益和可能享受的利益在信托的设立阶段就已确立，但因尚未到实际分配阶段，故受益人不能立即享受。对于可能得到的利益，因暂时无法估算特定受益人可以获得多少信托利益，税务主管机关也无法对特定的受益人进行征税。② 而由于当前家族信托税收制度的缺失，无法在合适的时点对相应主体进行征税。

（三）重复征税问题突出

通过对家族信托的各个环节进行税收分析，不难发现家族信托的重复征税问题突出。在信托设立阶段，由于委托人将欲放入家族信托的财产移转到受托人名下，此时发生了财产移转，按当前的“视同交易”的征税理论，

---

① 姜雪莲：《日本新信托税制内容探析》，《税务研究》2014 年第 6 期。

② 石贤平、赵静：《家族信托所得课税面临的困境及其应对》，《税务研究》2019 年第 11 期。

就可能根据实际装入的财产，需要对委托人和受托人征收所得税、印花税、增值税及其附加等。在信托分配环节，信托财产由受托人名下移转到受益人名下，此时会再次就信托财产产生所得税、印花税、增值税及其附加等。在信托存续环节，若信托财产经过受托人的管理和运作，理论上就获得的信托收益，会产生所得税、增值税及其附加等。当该收益分配给信托受益人时，会再次产生该类税收。当前中国资金家族信托的重复征税问题不太明显，而股权家族信托和不动产家族信托重复征税问题则比较明显。如前文对张总（非上市公司股权）股权家族信托的分析，在设立阶段会产生个人所得税和印花税，在信托分配环节，股权移转依然会再次就同一股权产生个人所得税和印花税。而不动产家族信托重复征税问题更为突出，由于不动产的特性，不动产家族信托还会涉及更多税种，如土地增值税、契税等。

（四）信托收益没有征税依据

按照理论，信托财产经过受托人的管理运作产生的信托收益，若分配给信托受益人，信托受益人需要缴纳所得税。若受益人为个人，缴纳个人所得税；若受益人为企业，缴纳企业所得税。但是，经过考察中国的《个人所得税法》第二条规定，下列各项个人所得，应当缴纳个人所得税：（一）工资、薪金所得；（二）劳务报酬所得；（三）稿酬所得；（四）特许权使用费所得；（五）经营所得；（六）利息、股息、红利所得；（七）财产租赁所得；（八）财产转让所得；（九）偶然所得。一共规定了 9 个个人所得项目，这 9 个项目中没有信托收益分配所得或信托所得，因此信托收益分配所得不属于个人所得税征税项目。而且 2018 年《个人所得税法修正案（草案）》还特别将原来的“其他所得”项目取消，避免了财政部和国家税务总局擅自将信托所得装入“其他所得”的征税项目。

但实务中可能存在居民个人取得的信托收益分配被认定为“偶然所得”的观点。根据《中华人民共和国个人所得税法实施条例》（2018 年修订）第六条规定，“（九）偶然所得，是指个人得奖、中奖、中彩以及其他偶然性质的所得”。从这个条款看，居民个人取得的家族信托收益分配，是在信托设立之初就被确定下来的，并不具有“偶然性质”。但从此条的另一款——“个人取得的所得，难以界定应纳税所得项目的，由国务院税务主管部门确定”来看，不排除国务院税务主管部门在未来通过发文或批复等形式，将居民个人取得的家族信托收益分配作为“偶然所得”来征税的可能。

还有一种说法是按照“利息、股息、红利所得”征收个人所得税。有的税务人员认为，根据 2018 年的《个人所得税法实施条例》第六条“利息、股息、红利所得，是指个人拥有债权、股权等而取得的利息、股息、红利所得”和《信托法》第二条，信托没有从本质上改变财产投资的受益人，自然人投资者从信托计划等产品中取得的分红收益，应按照利息、股息、红利所得缴纳个人所得税。① 而该观点适用于营业信托，是否适用于家族信托，有待中国税务机关通过发文或批复等形式进一步明确。

三　域外家族信托税制借鉴

（一）英国的家族信托税收制度

英国是近代世界信托制度的发源地，其个人信托业务也异常发达，在英国整个信托业务总量中占比可达到 80%。英国信托税制主要体现在《所得税与公司税收法案》（*The Income and Corporation Act*）和《财政法》（*Finance Act*）中。信托财产在信托设立阶段并未发生所有权的实质转移，因此设立环节无须征收所得税，但是就其信托合同需要缴纳印花税。单就所得税来看，英国信托税收主要发生在信托存续环节，即对于信托收入和信托受托人的信托报酬征税。对于信托收入，在没有明确受益人对信托收入负有最终纳税义务的情况下，则由受托人就其所得承担纳税义务。受托人在计算所得税应纳税额时，不能扣除信托管理费用，并有义务对信托财产的管理所得缴

① 参见谷悦嘉《个人取得信托分红是否缴个人所得税》。

税。受益人获得收益时，按信托文件规定支付给受益人的数额构成受益人应税所得，受益人可以抵免受托人代扣代缴的所得税。[①] 而在信托终止环节，受益人终止信托的行为不征所得税。

（二）美国的家族信托税收制度

美国是世界信托业务最发达的国家，美国人非常注重家庭及个人财产规划，家族信托更是个人及家庭财富规划的重要工具，洛克菲勒家族、肯尼迪家族等都已借道家族信托，成就了百年传承。根据《美国税收法典》，将信托分为一般信托和委托人信托。委托人信托指的是委托人对信托拥有较多税法上规定的控制权力的信托。一般需要满足以下两个条件中的任何一个，才能被认定为委托人信托：第一，委托人有权在未经任何人同意或经从属第三方同意的情况下撤销信托，即委托人必须保留对信托资产的控制权。第二，委托人和/或委托人的配偶是委托人生命存续期间信托的唯一受益人。[②] 而一般信托又根据收益是否累积分为简单信托和复杂信托。简单信托指的是信托收益不累积，在产生年度全部分配给受益人的信托。除简单信托外，还有复杂信托。复杂信托指的是信托收益累积于信托之内的信托。根据信托类型的不同，纳税义务也不同。对于简单信托，在信托设立阶段，任何一个信托当事人都没有所得税的纳税义务。在信托存续阶段，信托收益会在其产生年度全部分配给信托受益人，因此，遵循“导管主义”的指导，对信托受益人进行征税。而对于复杂信托，在信托设立阶段，任何一个信托当事人都没有所得税的纳税义务。在信托存续阶段，信托受益人获得的信托利益分配可能是当期收益，也可能是累积收益。于是，美国创设了“可分配净收入”，以避免信托分配时两种收益的混同。“可分配净收入”指的是在信托所有收益的基础上，综合考虑分配减免、资本损益、免税利息等各种相关因素的基础上计算出的可以分配的当期的最高值，该数值是受益人承担的应纳税数额

---

① 安体富、李青云：《英、日信托税制的特点及对我们的启示》，《涉外税务》2004 年第 1 期。
② 参见《美国税收法典》第 672 条。

上限，超过该值，即认为是信托向受益人分配了累积收益。对于没有超出部分，视为当期信托利益的分配，对信托受益人进行征税；若超出了该最高值，就将超出部分视为累积收益的分配，将信托视为独立的纳税主体进行征税，具体缴纳的税款由信托财产承担。

（三）日本的家族信托税收制度

日本是最早引进欧美信托制度的亚洲国家，发展之初商事信托占据主导地位，个人信托发展滞后，不过近年来随着人口老龄化、信托法律法规的完善，以家族信托为代表的个人信托在日本得到了长足发展。根据《日本所得税法》第三十三条规定，转让所得是指“转让资产的所得”。由于出让人因为转让财产会取得资产的增值，故需要对此课税。在信托设立环节，根据委托人的不同进行征税。若委托人为个人，不征收所得税。若委托人为企业，则征收企业所得税。在信托存续期间，受托人不承担所得税的纳税义务，因为信托财产经济上的实质权利不属其所有。从受益人的角度，根据日本的税法，通常信托毛收入和支出被视为受益人所有。但当受益人不明确或没有受益人时，则在该信托业务中应视为是委托人的收入和支出。如果受托人对收到的收入进行代扣代缴所得税，这部分代扣的税款可由最终纳税人抵扣。在信托终止环节，信托各个当事人均没有申报缴纳所得税的义务。

（四）中国台湾的家族信托税收制度

中国台湾与大陆拥有着较为相似的法律传统，而台湾地区信托制度也较为健全。早在 2001 年，台湾地区就通过颁布 7 个“税法修正案”的形式，构建起了信托的税收制度。为了避免重复征税，台湾地区信托税制贯彻了“导管主义”的指导，坚持形式移转不课税的原则。“台湾所得税法”第三条之三规定，“信托财产于下列各款信托关系人间，基于信托关系移转或为其他处分者，不课征所得税：一、因信托行为成立，委托人与受托人间。二、信托关系存续中受托人变更时，原受托人与新受托人间。三、信托关系存续中，受托人依信托本旨交付信托财产，受托人与受益人间。四、因信托关系消亡，委托人与受托人间或受托人与受益人间。五、因信托行为不成立、无效、解除或撤销，委托人与受托人间。前项信托财产在移转或处分前，因受托人管理或处分信托财产发生之所得，应依第三条之四规定课税。”而第三条之四正是规定了信托财产发生之收入，于所得发生年度，按所得类别依本法规定，减除成本、必要费用及损耗后，分别计算受益人之各类所得额，由受益人并入当年度所得额，依法课税。

四　中国家族信托税制构建的建议

（一）坚持“导管主义”为主进行征税

“导管主义”指的是将家族信托视为委托人向受益人输送信托利益的一个“管道”，因此家族信托的收益应最终归于信托受益人，税务主管机关应该对信托受益人进行征税。美国的税务机关对简单信托实行的就是“导管主义”。

中国对家族信托征税坚持以“导管主义”为主，可以提升税务主管机关的征税效率。第一，以“导管主义”为主，可以解决纳税主体不明确的问题。中国信托立法对信托财产归属规定的不明确，导致纳税主体不明确。坚持“导管主义”，可以直接将信托所得归属于信托受益人，这种穿透式征税方法，可以避开信托财产归属的争议问题。从税收角度，解决了纳税主体的问题。第二，以“导管主义”为主，可以解决重复征税的问题。在重复征税的背景下，可以借鉴台湾地区的做法，坚持以“导管主义”为主，实行的是“形式移转不课税”的原则。在信托设立环节，信托财产由委托人移转到受托人，属于形式移转，该环节不产生税收。在信托存续期间，信托财产在原受托人和新受托人间的移转，属于形式移转，该环节不产生税收。因信托的终止或信托不成立、无效、撤销等而发生的信托财产的移转，也属于形式移转，不产生税收。第三，以“导管主义”为主，可以提升税务主管机关的征税效率。通过坚持“导管主义”，免去了税务主管机关对家族信托多环节征税的负担，直接穿透对受益人进行征税，便于操作，减轻了税务机关的征税压力和成本，提升了税务主管机关的征税效率，也体现了税收稽征经济的原则。

（二）坚持“实体主义”为辅进行征税

“实体主义”指的是将家族信托视为独立的纳税实体，区别于个人和企业，不论受益人是否特定，也不论受益人是否存在，都可对信托收益进行征税，缴纳的税款由信托财产承担。之所以要坚持以“实体主义”为辅，是因为若只坚持“导管主义”对家族信托进行征税，会存在一些问题，即当受益人不特定或尚不存在时，无法穿透家族信托对受益人进行征税。此时，我们就可以采用“实体主义”，对信托本身进行征税。受益人不特定指的是受益人已经存在，但是尚不能确定谁为受益人。例如，在信托文件中约定赵某、钱某、孙某中某次考试成绩最好的人为信托受益人，由于该次考试尚未举行，不能确定谁为此次信托分配的受益人。受益人尚不存在指的是信托设立时，由于受益人尚未出生而暂不存在，例如，在信托文件中约定小李未出生的孩子为信托受益人。“台湾所得税法”第三条之二规定，前三项受益人不特定或尚未存在者，应以受托人为纳税义务人，就信托成立、变更或追加年度受益人享有信托利益之权利价值，于第七十一条规定期限内，按规定之扣缴率申报纳税。由此可知，台湾地区实行的是当受益人不特定或尚未存在时，受托人承担纳税义务。其实该表述并不准确。信托财产经过受托人的管理运作而获得的信托收益，除获得的受托人服务报酬部分，受托人对其他部分并不具有实质经济利益。因此准确来说，由信托本身作为纳税主体，受托人只是代扣代缴义务人。故中国的家族信托税制应坚持以“实体主义”为辅进行构建。

（三）在信托利益分配时征税，并附以累积罚则

当坚持“导管主义”进行征税时，具体的纳税时点应该是信托利益产生时还是信托利益分配时呢？对于此问题，应该具体来分析。一般来说，可

以实行信托利益分配时纳税，即只有受益人实际获得分配的信托利益时才需要向主管税务机关纳税。信托税制较为发达的国家普遍也采取的是此种制度。受益人只需要在获得信托利益分配的年度，按照《个人所得税法》的相应税目进行纳税。但是若只在此时点对信托受益人进行征税，也会面临一个问题。人们会将信托收益累积于信托之内，暂不进行分配，此时，就无法要求信托受益人进行纳税。通过信托收益的累积来躲避高税率的使用或递延纳税，获得不正当的税收利益。

面对信托财产累积不分配的问题，我们可以借鉴美国关于信托累积不分配的“回溯规则”（throwback rule，又称倒带规则、倒算规则或扔回规则），要求在当前纳税年度分配给受益人（beneficiary）的信托财产收益中超过当年的可分配净收入的部分，应当计算在上一纳税年度之内，视为已经在上一年度分配给受益人。尽管该超出部分视为上一年度的分配额，但受益人应当在当前纳税年度缴税。如果上一年度无法容纳该超出金额，依据本规则，可以一直向上一年度回溯。若中国对家族信托所得不实行超额累进税率，可借鉴英国的做法，若累积信托利益不分配，可以在标准税率的基础上，加征一道附加税。需要结合中国家族信托所得税的其他制度，设计好处罚的规则，以打击累积信托利益不分配获取税收利益的行为。

此外，由于中国信托收益所得暂没有征税依据，需要税务主管机关进一步解释信托收益应该使用所得税中的哪个税目或者设计新的信托所得税目。

为推动中国家族信托业务的发展，消除人们设立家族信托税负沉重的顾虑，保证国家的家族信托税源不流失，中国应该构建科学的家族信托税收制度。

参考文献

何宝玉：《信托法原理与判例》，中国法制出版社，2013。

周小明：《信托制度：法理与实务》，中国法制出版社，2012。

中野正俊、张军建、姜雪莲：《中国信托法具体修改建议》，《河南省政法管理干部学院学报》2006 年第 6 期。

张淳：《〈中华人民共和国信托法〉中的创造性规定及其评析》，《法律科学》2002 年第 2 期。

姜雪莲：《日本新信托税制内容探析》，《税务研究》2014 年第 6 期。

石贤平、赵静：《家族信托所得课税面临的困境及其应对》，《税务研究》2019 年第 11 期。

安体富、李青云：《英、日信托税制的特点及对我们的启示》，《涉外税务》2004 年第 1 期。

Cunningham, John R., "The Trust Throwback Rules: The Solution Remains after the Problem Fades," *Akron Law Review*, 1991, Vol. 24.

B.14

中国慈善信托的发展态势和持续创新展望

沈苗妙*

摘　要：　慈善信托是中国慈善事业的重要组成部分，是助力解决贫困问题、缩小收入差距、促进共同富裕的新型慈善工具，是发挥第三次分配作用、助力推进国家治理体系和治理能力现代化的重要制度安排。中国慈善信托在制度设计上充分借鉴境内外公益慈善信托发展经验，弱化行政管制，激活信托优势，奠定了慈善信托快速发展的制度基础。短短四年多时间里，慈善信托备案数量突破500单，信托规模达到33亿元，并呈现加速化、不平衡化、纵深化和基层化等四大发展态势。未来，慈善信托将继续发挥功能优势，从财产来源、项目实施、运行机制等方面助力中国慈善事业持续创新发展。

关键词：　慈善信托　信托制度　第三次分配

慈善信托起源于中世纪的英国，自《1601 年慈善用益法》正式确立其法律地位以来，慈善信托一直是英国慈善活动的主要方式，并在全世界广泛传播。为促进中国公益慈善事业发展，2001 年《中华人民共和国信托法》引入了公益信托制度，但由于配套政策缺失，公益信托发展非常缓慢。直至

* 沈苗妙，中诚信托有限责任公司慈善信托工作室负责人，中国注册会计师，中国慈善联合会慈善信托委员会研究组成员。

2016 年《中华人民共和国慈善法》（以下简称《慈善法》）实施，中国的慈善信托才得以有了较为完备的法律基础，在制度设计上充分借鉴国内外公益慈善信托发展经验，突出信托制度的灵活高效优势，成为推动中国公益慈善事业发展的新的重要力量。

一　制度基础：中国慈善信托制度的国际比较

中国《慈善法》规定，慈善信托属于公益信托。作为一种特殊的公益信托，中国慈善信托的制度设计充分借鉴了境外慈善信托的发展经验和吸取了中国公益信托的发展教训，显著弱化行政管制，有效激活信托优势，奠定了中国慈善信托快速发展的制度基础。

（一）慈善目的范围与国际趋同

各国慈善目的范围往往与其国家的法律制度、文化传统以及经济社会发展水平相适应。英国 1601 年《慈善用益法》规定的慈善活动以救济贫穷为主，包括救济老年人、弱者和穷人，照料老人、受重伤的士兵和水手，兴办义学和赞助大学里的学者，修理桥梁、码头、避难所、道路、教堂、海堤和大道，教育孤儿，兴办和支持劳动教养院，帮助穷苦的女仆成婚，支持、资助年轻的商人、手艺人和体弱年衰者，援助囚犯赎身和救济交不起税的贫困居民等。随着经济发展，英国慈善目的范围逐渐扩大。英国 2006 年《慈善法》的慈善目的范围扩展为 13 项，除救济贫穷的事业以外，还包括发展教育的事业，促进宗教的事业，促进健康和拯救生命的事业，推进公民意识和社区发展的事业，促进艺术、文化、历史遗产保护和科学的事业，发展业余体育运动的事业，促进人权、解决冲突、提倡和解，以及促进不同宗教与种族之间和谐、平等与多样性的事业，保护与改善环境的事业，促进动物福利的事业等。

中国《慈善法》规定了六类慈善活动，分别为：（1）扶贫、济困；（2）扶老、救孤、恤病、助残、优抚；（3）救助自然灾害、事故灾难和公共卫生事件等突发事件造成的损害；（4）促进教育、科学、文化、卫生、体育等事业的发展；（5）防治污染和其他公害，保护和改善生态环境；（6）符合本法规定的其他公益活动。中国《慈善法》采用“大慈善”的理念，在《信托法》规定的公益目的范围基础上，对相关慈善活动类别的内涵做了扩展和调整。比如《信托法》中的“救助灾民”，在《慈善法》中扩展为“救助自然灾害、事故灾难和公共卫生事件等突发事件造成的损害”，受益人的范围不仅是灾民，而且也包括在突发事件中受到损害的相关机构等；“扶助残疾人”扩展为“扶老、救孤、恤病、助残、优抚”，将更多弱势群体纳入受益人范畴；“发展环境保护事业，维护生态环境”调整为“防治污染和其他公害，保护和改善生态环境”，使慈善目的更加具体，也响应了现阶段社会公众对污染防治的迫切需求。总体而言，中国慈善目的的范围比较广泛，与国外慈善目的范围也基本趋同。

（二）信托设立方式更加简便

为防止慈善信托遭到滥用，一些国家针对慈善信托设立实施登记或审批程序。英国的慈善信托实行登记，1812 年《慈善捐赠法》要求慈善信托必须在衡平法院进行登记，1960 年《慈善法》颁布后，慈善委员会被赋予了慈善组织的审批权，凡设立慈善信托都必须在慈善委员会进行登记，并接受委员会严格审查。慈善委员会审核信托满足慈善目的、符合公共利益和绝对公益性等条件后，即可予以确认慈善信托的法律地位。日本设立公益信托实行审批制，由对应事业主管机关审批许可。主管机关因公益信托目的不同而不同。以向学生给付奖学金为目的的公益信托，主管机关是各级教育主管部门。对于银行担任受托人的公益信托，则需受到金融厅长官和公益目的所属主管机关的双重监督。各主管机关都专门制定了相应公益信托业务许可及监督管理办法；为统一各主管机关对公益信托的许可审查标准，日本出台了“公益信托设立许可审查基准”，对公益信托要素做了细化规定。

中国慈善信托的设立程序较为简便。与英国、日本等地实行慈善信托登记或许可制相比，中国《慈善法》规定慈善信托采用备案制，备案主管机关统一为国家民政部门。慈善信托的受托人应当在慈善信托文件签订之日起七日内，将相关文件向受托人所在地县级以上人民政府民政部门备案。随着《慈善信托管理办法》及各地慈善信托备案管理规定陆续出台，慈善信托的要素规定更加明确，备案流程进一步清晰，极大地便利了慈善信托的设立备案操作。因此，中国慈善信托设立程序极大地简化，慈善信托的灵活、高效优势得以充分发挥，成为推动中国公益慈善事业发展的重要力量。

（三）受托人资质要求更为严格

在境外，慈善信托的受托人范围较为宽泛，可以是法人组织，也可以为自然人。其中自然人担任受托人须满足一定条件，如英国 1993 年《慈善法》规定以下几类人不能担任慈善信托受托人：一是曾涉及违反诚信或欺诈者；二是曾被宣告破产或财产被扣押，且仍未达成和解协议和解除责任者；三是由于管理不当被慈善委员会或高等法院解除受托人职务者；四是不具备担任公司董事资格者。日本、韩国以及中国台湾的信托法也不排除自然人担任公益信托的受托人。

中国慈善信托对受托人资质要求较高，只能是慈善组织或信托公司，不包含自然人。其中，慈善组织是依法成立，以面向社会开展慈善活动为宗旨的非营利性组织，可以采取基金会、社会团体、社会服务机构等组织形式。截至 2020 年 12 月底，全国登记的慈善组织接近 1 万家。由于慈善组织数量众多，群众基础广泛，慈善活动覆盖国家慈善事业的各个领域，未来慈善组织以受托人形式开展慈善信托业务具有广阔的空间。信托公司是由中国银保监会颁发金融牌照的金融机构，其设立和业务开展受到严格监管，目前全国仅有 68 家信托公司，但在实践中其是慈善信托受托人的主要力量。更为严格的受托人资格要求是中国慈善信托规范发展的重要制度保障。

（四）信托运行机制设计较为自由

在日本，慈善信托必须设置监察人，并普遍设置运营委员会。选任信托监察人是日本公益信托主管机关许可申请的基准要求，因此目前日本公益信托必须设置信托监察人。日本《信托法》规定选任信托监察人需先于信托契约或遗嘱的制定，可以由主管机关选任。信托监察人为一种荣誉，一般无须给予报酬。运营委员会是为实现信托目的，代受托人进行实际运营的委员会，一般由具有高度专业知识的人员担任，旨在协助公益信托适当经营，在审查基准中虽不是必须项，但在实操过程中，日本信托业普遍认为原则上应当设置，以保证公益信托适当经营。运营委员会的委员通常由受托人聘请对于该公益目的有专门知识且经验丰富的人士担当，多数无须报酬，其任期、开会时间及决策方式等事项，一般在公益信托文件中明文规定。

中国慈善信托结构设计及运行机制设计比较自由。一方面，中国慈善信托不强制要求设监察人。中国 2001 年《信托法》规定公益信托应当设置信托监察人，但 2016 年《慈善法》放松了这项要求，规定慈善信托的委托人根据需要可以确定信托监察人。将是否选任监察人的权利交给了委托人，增加了慈善信托结构设计的灵活性。另一方面，中国法律法规及备案机关对慈善信托运行机制不作统一要求。从目前实践来看，慈善信托的决策机制主要有三种：一是由受托人自主选定慈善项目和受益人，二是由受托人与项目执行人合作选定慈善项目和受益人，三是成立管理委员会选定慈善项目和受益人。管理委员会可由若干名委员组成，委托人、受托人及相关领域的专家均可出任委员。慈善项目及受益人名单经管理委员会审议通过后，受托人方可据此实施慈善项目。

二　发展现状：中国慈善信托呈现四大发展态势

在慈善信托制度的保障和引导下，中国慈善信托实现了蓬勃发展。截至 2020 年底，全国慈善信托累计备案数量达到 537 单，备案规模突破 33 亿元，并呈现出加速化、不平衡化、纵深化和基层化等四大发展态势。

（一）慈善信托的加速化发展态势

1. 慈善信托数量加速发展

截至 2020 年 12 月底，全国慈善信托备案数量达到 537 单，备案规模达到33.19亿元，备案地区覆盖27个省区市，慈善目的涵盖《慈善法》所列举的全部慈善领域。分年度来看，慈善信托备案数量呈逐年上升趋势，其中以2020年的增长最为迅速，全年共有257单慈善信托备案，同比增加了131单，增幅103.97%，占全部慈善信托备案数量的比重达47.86%。2020年慈善信托加速增长的原因主要来自抗击新冠肺炎疫情慈善需求的推动。全年以抗击疫情为目的的慈善信托备案数量达88单，成为全国抗击疫情的重要社会力量。

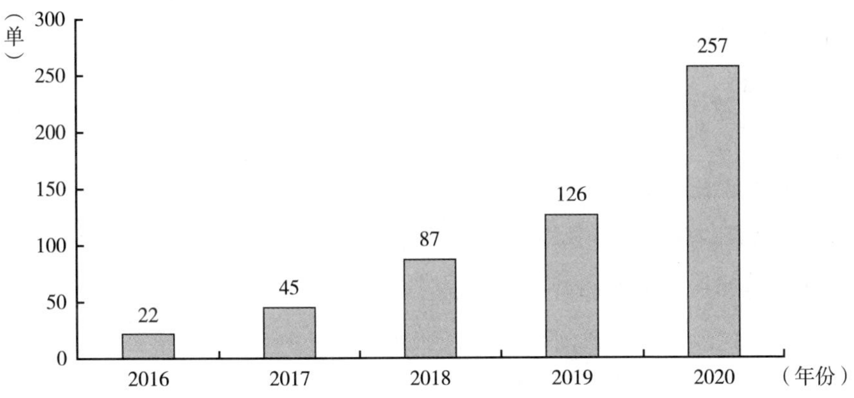

图1　2016～2020年慈善信托备案数量

资料来源：根据慈善中国网站数据整理。

2. 大额慈善信托频频落地

大额慈善信托更能发挥信托制度的持续优势，实现慈善事业的长期开展以及慈善精神的永续传承。截至2020年12月底，全国备案规模在1000万元以上的大额慈善信托共46单，规模合计28.55亿元。其中规模1亿元以上的有5单，分别为鲁冠球三农扶志基金慈善信托（6亿元）、光信善·昆山慈善信托1号（5亿元）、中信·何享健慈善基金会2017顺德社区慈善信托（4.92亿元）、湖畔魔豆慈善信托（2.66亿元）、蓝天至爱1号慈善信托（1亿元）。担任受托人的信托公司对慈善信托财产进行组合配置，普遍取得了较好的投资回报，为慈善活动的持续开展提供源源不断的资金支持。

3. 慈善信托目的更加聚焦

目前，全国备案的慈善信托目的已经涵盖了《慈善法》列举的全部慈善领域，其中精准扶贫、发展教育、疫情防控是三大主要慈善领域。随着慈善信托发展的深入，信托公司聚焦特定慈善领域，打造慈善信托业务特色。如中诚信托在扶贫领域持续开拓创新，上海信托在教育、医疗领域专业深耕，紫金信托在救助困难家庭大病儿童和残障儿童活动中长期坚持，显著提升了自身的慈善项目执行能力。此外，部分慈善信托还聚焦支持青年创业就业、倡导减少食物浪费等创新领域，充分体现了慈善信托关注公益慈善新问题的与时俱进精神。

（二）慈善信托的不平衡化发展态势

1. 慈善信托备案数量领先省份普遍保持增长

截至2020年底，全国共有27个省、自治区、直辖市备案了慈善信托，排名前十的分别为甘肃、浙江、北京、广东、陕西、江苏、天津、青海、四川、上海，合计备案慈善信托数量占全部的81.94%。在备案数量前十的省份中，有9个省份慈善信托备案数量同比保持增长。其中，甘肃、浙江两地增长最为突出。经过四年多的发展，慈善信托以其制度优势展现了较强的生命力。

表1　主要省份慈善信托备案数量一览

单位：个

排序	省份	2016年	2017年	2018年	2019年	2020年	合计
1	甘肃	1		4	20	86	111
2	浙江	2	6	9	16	56	89
3	北京	6	5	11	8	12	42
4	广东	2	4	10	9	13	38
5	陕西	3	4	6	10	14	37
6	江苏	1	2	8	8	11	30
7	天津		3	5	12	10	30

续表

排序	省份	2016 年	2017 年	2018 年	2019 年	2020 年	合计
8	青海		3	7	5	13	28
9	四川	1	3	3	3	8	18
10	上海	2	1	3	4	7	17

资料来源：根据慈善中国公开数据整理。

2\. 新增慈善信托迅速向甘肃、浙江两地集中

2020 年以来，得益于属地信托公司的大力开拓以及备案机关的大力支持，甘肃、浙江两地慈善信托的备案数量快速提升。其中，甘肃省新增备案数量从 2019 年的 20 单提升至 2020 年的 86 单，累计备案数量达到 111 单，全部来自光大信托；浙江省新增备案数量从 2019 年的 16 单提升至 2020 年的 56 单，主要来自万向信托（32 单）、杭工商信托（13 单）、中建投信托（10 单）等。由于甘肃、浙江两地慈善信托备案数量快速增加，其他地区的慈善信托备案数量占比呈现不同程度的下降趋势。

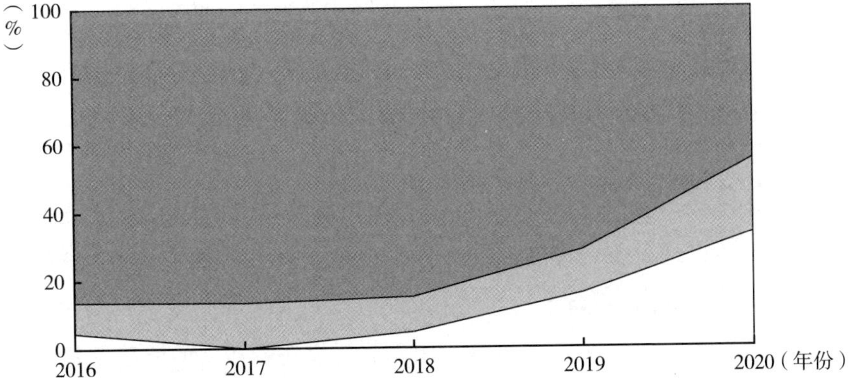

图 2　2016～2020 年甘肃、浙江和其他省份慈善信托新增备案数量占比

资料来源：根据慈善中国公开数据整理。

3\. 慈善信托区域发展不平衡现象突出

尽管慈善信托备案地已经覆盖全国 27 个省、自治区、直辖市，但是慈

善信托发展的区域不平衡现象依旧突出。慈善中国数据统计显示，在慈善信托备案的 27 个省级行政区中，有 9 个省级行政区累计备案数量仅 1 ~2 单，主要集中在内蒙古、新疆等边远地区以及辖内信托公司数量较少的省份。未来，还应在这些地区继续加强慈善信托宣传、交流力度，提升各界对慈善信托认知度。

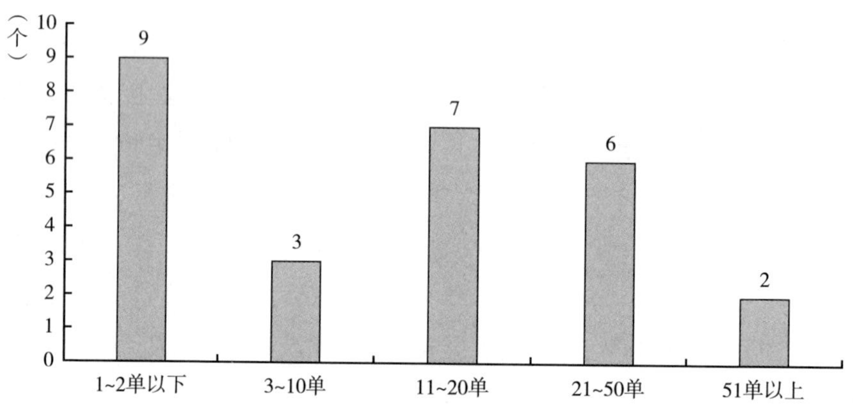

图 3　备案慈善信托数量分布（按省份统计）

资料来源：根据慈善中国公开数据整理。

（三）慈善信托的纵深化发展态势

1. 慈善信托业务得到受托人的大力支持

慈善信托市场份额前列的信托公司，其慈善信托业务开展普遍得到股东及公司自身的持续大力支持。一是信托公司股东开展定点扶贫等慈善活动，优先通过设立慈善信托的方式开展。光大信托担任受托人的慈善信托中，由股东光大集团及所属子公司设立的慈善信托超过 20 单，支持了精准扶贫、疫情防控等公益慈善事业。五矿信托担任受托人的慈善信托中，由股东五矿集团及所属子公司设立的慈善信托达 10 单，主要开展精准扶贫工作。金谷信托、中建投信托等公司也与各自股东在运用慈善信托开展定点扶贫方面积极合作。二是信托公司自身开展公益慈善活动，优先通过慈善信托的方式开

展。如天津信托与天津市福老基金会共同担任受托人，累计设立了 20 余单慈善信托，支持精准扶贫、乡村振兴、疫情防控等公益慈善事业。

2. 信托公司的慈善信托与营业信托全面深化协同

在动员全体员工参与的基础上，慈善信托与营业信托的客户协同全面深化。一是通过慈善信托服务财富管理客户的公益慈善需求。信托公司财富管理业务积累的高净值客户为慈善信托提供了丰富的委托人资源，慈善信托也提升了信托公司为高净值客户提供全面财富管理服务的广度与温度。二是通过慈善信托加深与产品代销机构合作深度。如华能信托与北京银行在家族信托业务合作中，约定客户每设立一笔家族信托，其部分信托投资收益、受托人报酬、财务顾问收入将注入慈善信托，用于支持特定公益慈善项目，形成了“商业银行 + 信托公司 + 高净值客户”三方慈善模式。三是通过慈善信托服务融资客户的公益慈善需求，如中建投信托携手多家房地产战略合作伙伴设立“抗击疫情慈善信托”。信托公司将客户优势向公益慈善领域延伸，推动慈善信托业务与家族及财富管理信托、投融资信托业务协同并进。

（四）慈善信托的基层化发展态势

1. 基层慈善组织成为慈善信托的重要参与力量

慈善组织是慈善信托的重要参与力量，超过九成的慈善信托中都有其身影，或作为委托人，或担任受托人，或担任项目执行人。慈善信托发展初期，参与慈善信托的慈善组织主要为全国性基金会、省市级慈善总会、大型企业基金会等。2020 年起，区县一级的慈善组织纷纷参与慈善信托。慈善中国网站披露显示，杭州市高新区、临安区、钱塘新区、桐庐县、富阳区、余杭区、建德市慈善总会等区县级慈善组织与万向信托合作设立慈善信托。杭州市萧山区、拱墅区、上城区、下城区、江干区等区级慈善组织与杭工商信托合作设立慈善信托。慈善信托理念从城市中心不断向基层慈善组织普及，慈善信托的发展在基层显现了勃勃生机。

2. 精准扶贫推动慈善信托理念在基层贫困地区广为宣传

扶贫慈善信托是脱贫攻坚的重要力量之一，慈善信托理念随着扶贫项目开展在贫困地区得到传播。一方面，地方政府对慈善信托的认识不断提升，有多个贫困县的扶贫办作为委托人设立慈善信托，并参与慈善信托的决策过程，在信托事务处理中加深了对慈善信托的理解。另一方面，慈善信托随着扶贫项目的实施不断被传播，信托公司、地方政府将慈善信托理念在当地群众中广泛宣传，使百姓们了解到这种新兴的慈善方式。未来，慈善信托将继续在乡村振兴中发挥积极作用，并将继续在更大范围的基层地区落地生根。

三　未来展望：中国慈善信托持续创新方向

中国《慈善法》实施以来的慈善信托实践表明，慈善信托在中国具有强大的生命力。未来，慈善信托可继续发挥信托功能优势，从财产来源、项目管理、运行机制等方面推动慈善活动和慈善事业持续发展。

（一）拓展可持续的慈善财产来源

慈善信托可以充分发挥信托平台优势，拓展可持续的慈善信托财产来源，主要包括以下三个方面。

1. 大额资金及其投资收益

委托人以大额资金设立慈善信托，由信托公司担任受托人并对慈善财产进行专业的资产配置，产生收益用于开展慈善活动，可为慈善项目提供稳定的资金来源。慈善信托年报披露数据显示，大额慈善信托的信托财产经专业组合配置后，普遍取得了较好的投资回报，部分慈善信托资金的投资回报率可达年化6.5%甚至更高，为慈善活动长期开展提供了持续稳定的资金支持。“中信·何享健慈善基金会2017顺德社区慈善信托”是以大额资金的投资收益实现可持续慈善的典型代表，该信托规模4.92亿元，是当年成立的资金规模最大、最具影响力的慈善信托。其中，中信信托作为共同受托人将信托财产配置于现金管理类、固收类、权益类和另类投资标的。凭借中信信托优秀的资产管理能力，2018年、2019年慈善信托分别实现了2945万元和3339万元投资收益，为慈善项目开展带来充足的资金保障。

2. 企业股权及其收益

随着中国居民财富积累，高净值人士的财富越来越多地以企业股权等非货币形式存在。成熟公司的股权往往具有稳定分红，成长型公司的股权更具增值潜力，都可以为公益慈善事业带来持续资金支持。设立慈善信托的企业股权可以为上市公司股权、非上市股份公司股权或者有限责任公司股权，分别经过不同的财产交付程序。股权慈善信托的年度慈善支出具有一定灵活优势，不似慈善组织有硬性比例限制。信托公司担任股权慈善信托受托人，可发挥信托对股权财产管理的专业优势，更好地实现股权慈善信托对公益慈善事业的价值贡献。2018 年万向集团实际控制人鲁伟鼎设立的“鲁冠球三农扶志基金慈善信托”是股权慈善信托的典型代表。信托财产是委托人持有的万向三农集团有限公司 100% 股权，初始价值 6 亿元，公允价值约 60 亿元，是中国规模最大的慈善信托。慈善信托间接持有多家上市公司股份，可通过股权分红为慈善活动带来持续资金支持。

3. 信托财产持续追加

慈善信托成立以后，还可以持续接受财产加入，加入形式主要有以下三种。

一是委托人追加信托财产。《慈善信托管理办法》第三十八条规定，根据信托文件约定或者经原委托人同意，可以增加信托财产。实践中，委托人追加信托财产的情形比较普遍。“国投泰康信托 · 2016 年国投慈善 1 号慈善信托”“中信信托 2016 年航天科学慈善信托”“万向信托—乐淳家族慈善信托”“华润信托 · 和园文化保育慈善信托计划”等慈善信托均进行了资金追加。

二是增加新的委托人。《慈善信托管理办法》第三十八条规定，根据信托文件约定或者经原委托人同意，可以增加新的委托人。“中国平安教育发展慈善信托计划”成立时的委托人为深圳市社会公益基金会及 8 名自然人委托人。2018 年慈善信托定向对平安信托内部员工开放，增加 20 名自然人委托人，并相应增加信托资金。

三是探索以财产贡献者身份加入慈善信托。这种财产加入方式在中国慈善信托法律法规中尚未有明确规定，但在境外地区已有实施。慈善信托财产贡献者在慈善信托中所享有的权利与委托人有所差别，一般只要求信息公开的知情权利，但不享有委托人所依法享有的变更受托人、解任受托人、申请撤销信托行为等法定权利。这种财产加入方式无须增加委托人，也不改变信托决策机制，更为灵活简单，比较适合吸收小额、零散资金加入信托。

（二）探索可持续的项目实施方式

慈善信托成立后，可以通过分期运用慈善财产、创新慈善项目设计等方式提升慈善效果，增强慈善项目实施的可持续性。

1. 信托财产分期运用

慈善信托设立后，信托财产通过分期运用，一方面可以帮助委托人更好地规划资金安排，解决慈善资金运用的时间不平衡、区域不平衡问题；另一方面也提高了资金运用时效，满足紧急但又需要持续救助的慈善需求。“中诚信托 2020 信托保障基金·京慈疫情防控慈善信托”成立后，分次采购防疫物资，分别支持北京市西城区、东城区、海淀区社区疫情防控工作，在新冠肺炎疫情暴发初期以及后续北京疫情反弹时均发挥了作用，充分体现了慈善信托的持续功能。

2. 慈善项目可持续设计

信托公司担任慈善信托受托人，可以将营业信托理念和金融工具引入慈善项目设计，提升慈善项目持续运行能力。慈善项目可持续设计在扶贫慈善信托中表现尤为突出。“中诚信托 2018 年度善爱扶贫慈善信托”探索了“产业扶贫”与“精准扶贫”的良性循环，该慈善信托以甘肃临洮百合特色产业“龙头企业 + 合作社 + 种植户”的扶贫带动模式为基础，一方面，向企业发放产业扶贫贷款，扩大向贫困群众收购百合的规模，也为贫困群众提供了更多就业岗位，推动贫困群众通过生产劳动脱贫增收；另一方面，企业使用贷款所支付的利息，全部用于精准资助失去劳动能力的特殊困难群众，从而建立了循环持续的帮扶机制。

3. 慈善效果可持续发挥

信托公司还可发挥慈善信托平台作用，与其他金融机构合作，共同促进慈善效果提升。长安信托通过慈善信托与贫困地区的信贷投放机构合作，鼓励合作机构向有意愿并有能力通过劳动致富但缺乏原始生产资料的农户发放贷款，为贫困农户提供生产经营所需资金。而贷款产生的坏账，由慈善信托资金与合作机构各承担 50%。这种小额贷款风险损失补偿金的扶贫模式降低了农户获得信贷的门槛，扩大了帮扶人群，持续发挥了帮扶作用。中诚信托通过慈善信托与多家保险公司合作探索“信托 + 保险”双效扶贫模式，充分发挥信托的平台优势和保险的精准性、补偿性、普惠性特点，扩大了受益人群，实现了精准帮扶，成为探索精准防贫长效机制的有益尝试。

（三）建立可持续的信托运行机制

信托机制下的三方架构安排本身具有稳定性，信托财产也受到《信托法》的特别保护，因此慈善信托的持续运行具有制度基础作保障。同时，慈善信托持续运行还依赖合理的信托治理机制，以保障信托事务决策的科学与高效。一方面，在信托当事人及其他参与各方之间建立清晰的工作机制，明确委托人与受托人、委托人与监察人、受托人与监察人、受托人与投资顾问、受托人与慈善项目执行人之间的权利、义务和责任，尤其在长期慈善信托中明确委托人权利的继承安排。另一方面，在受益人选定、信托财产重大投资等方面建立科学的决策机制。慈善信托的受托人不仅要根据委托人的意愿管理和处分信托财产，也要为了受益人的利益也就是社会公共利益管理和处分信托财产。基于此，对于信托的重大投资决策或重大慈善支出事项，受托人不能仅仅依据委托人指令或委托人指定的第三方机构的指令执行信托事务，而应当具有一定的自主决策权，以保障社会公共利益的实现。

专 题 篇

Featured Perspectives

B.15 中国家族企业财富传承的难点与解决路径思考

云大慧*

摘　要：中国家族企业财富积累达到一定规模后，家族和家族企业共同面对的是家族企业的持续发展和经营问题。中国家族企业财富传承的需求现状共性是公司股权架构的合理安排、接班人的顺利就位、家族企业与家族的风险隔离和家庭成员之间的财产风险隔离。目前中国家族财富传承常用工具及办法是遗嘱和遗嘱信托、家族信托、大额保单或保险金信托及公益基金和慈善信托，家族企业采取的是境外布局。重资产型、企业负债经营、财富形态多元化及财富管理行业和管理工具的现状等使得带来财富传承面临困境和难点。通过家族企业

* 云大慧，浩天信和律师事务所高级合伙人，中国法学会商业法学会常务理事，中国艺术经济研究院研究员，广东省文化产业专家，中国人民大学法学院、首都师范大学政法学院兼职教授，北京外国语大学、韩国首尔科学综合大学院大学本部兼职教授。

发展规划与战略思考、产业结构调整与布局、企业负债风险控制与止损和股东分红与股权变现来充盈现金资产，突破难点和困境，拓宽财富管理与传承之路。

关键词： 充盈现金资产 企业结构 企业负债风险

自1978年党的十一届三中全会开启全面改革开放到今天，中国民营经济经历了40多年的蓬勃发展。据统计，在民营企业中家族企业占八成。家族企业经过四十多年的发展，财富积累已经达到了相当规模，“2020年福布斯中国富豪榜上榜者的总财富值由一年前的9.1万亿元人民币飙升至14.1万亿元人民币”。[①] 财富形态呈多元化态势。一代创业者当下共同面对的最为突出的问题是家族企业的持续发展和经营问题。

基于此，近五到十年来，家族企业在财富传承问题上不断学习、探索和实践，从国内到海外，从金融到法律，从投资端到家族信托、保单、遗嘱等包括多个领域多项内容。经过了这几年的探索，发现许多家族和家族企业在家族财富传承上始终有着一个难以回避的困局，就是现金资产不足。而蓬勃发展的各种传承方法在现金资产不足的情况下，也难为无米之炊，无法缓解第一代创业者的焦虑，无法真正满足他们理想的传承期待。

一 中国家族企业财富传承的需求现状

近年来，随着家族企业第一代创业者进入不惑和耳顺之龄，家族企业在传承上进行了许多探索，公司股权或公司股份是家族企业的财富承载。就中国家族企业特性而言，家族企业在传承上存在以下四个方面的共性。

① 参见福布斯《2020中国家族办公室白皮书》。

（一）公司股权架构的合理安排

1. 有限责任公司股权架构安排

（1）有限责任公司类型是家族企业公司类型中占比最大、最普遍的公司形态。家族企业传承首先涉及家族成员全部持有或控股的有限责任公司型家族企业的股权。有限责任公司的控股股权的转让需要履行的法律手续相对比较简单，通常实施层面没有太大障碍。但家族成员在家族企业中的股权分配不仅是财富价值的分配，而且需要考量企业经营问题。

案例：一位从事制造业的一代创业企业家，家族企业70%的股权在他名下，另外30%是家族其他亲属。他已是六十有余，有两个儿子，大儿子大学毕业，已经进入家族企业工作，并准备接班。小儿子在美国留学，艺术专业，打算留在美国发展。从公平的角度传承，两个儿子应各受让一半股权，即公司股权的34.5%。这样的分配方式未来可能会给公司经营带来困局。例如，小儿子不参与经营，从他的角度希望更多的现金分配，大儿子主导经营，考虑的是企业的长远发展。而他们兄弟如果持有相同的股权，大儿子将无法在决策层主导。

（2）如果家族企业项下有若干有限责任公司股权，其分配还需要考量若干不同主体有限责任之间的关系，包括股权代表的资产在家庭成员之间的分配和不同主体之间经营的配合，同时，因股权的分配派生出的公司治理结构问题也是家族企业转让股权需要考虑的一个重要问题。

案例：某家族企业集团项下有三个板块，即房地产开发、建筑和投资。各个板块根据不同的业务需要分别设立了若干有限责任公司。这些有限责任公司股权由创业一代夫妻全部持有或控股。夫妻有一儿一女两个孩子，一个已完成学业，另外一个尚未完成学业。那么在该家族企业中如何在家庭成员中安排若干有限责任公司股权，既可以让一代创业者顺利退休，又可以在父母子女四位家庭成员之间合理安排股权，让家族企业各个板块持续经营、相互支持，同时又为未来一些不确定因素留出空间，这些问题就是摆在这个家族企业的首要问题。

2. 与他人合作的有限责任公司股权及财产权益的安排

在家族企业经营过程中，资源互补、合作经营是常见的。而家族企业之间的合作有着很强的属人性，就是上一代人的合作除了客观因素外，合作者之间的人的因素同样重要。人的因素是个人的独特价值，包含了个人能力、为人处世的态度、个人社会资源、个人信誉等无形价值，尽管在传承中一代企业家很早就关注到上述方面，也做出了不懈的努力，但这种价值依然具有不可替代性。当与人合作的有限责任股权被动传承时，往往会带来许多无法克服的困难。合作一方是否继续和继任者合作，合作企业如何经营；如果不合作，如何退出，股权项下的资产如何取回，等等，这些问题都是一代企业家需要提前思考和安排的事项，避免造成被动转让带来的不良后果。

案例：某一天一位企业家在一天疲惫的工作结束后，躺下来再也没有迎来第二天的黎明。他唯一的独生女还在读大学，他的企业正在投入和上升期，他是企业的经营者，另外一位持股人基本不参与经营。这位企业家的离去，不仅给企业经营带来挑战，也给家庭带来重大的难题。结果是另外一位股东不得不受让了全部股权，而企业家的女儿走上了十年慢慢讨债路。

3. 上市公司的股份安排

家族企业如果上市或挂牌，无论在哪个国家、哪个板块，都意味着企业成为公众公司，其行为受上市地国家证券法和上市规则的约束。家族成员之间的股份转让也同样受上述法律的规制，不再是简单的资产转让。如果家族企业是上市公司的发起人或实际控制人，股份的转让可能会成为上市公司股

价变动的因素，牵动的层面远远超过家族企业本身。家族企业在上市公司的股份传承需要更周全的考量和安排。

（二）接班人的顺利就位

接班人问题始终是家族企业面临的一个难点。每个家族企业的接班人问题既有个性，也有共性。中国自 1971 年开始实行计划生育政策，倡导一个家庭只生育一个孩子。许多家族企业第一代创始人只有一个子女，接班人是否愿意、是否适合都无他项选择。而一个子女为女性时，受中国传统观念和女性特有的生理心理特征等因素的影响，接班人的就位比率就更低。中国五六十年代出生的创业一代和八九十年代出生的二代经历的经济、文化环境完全不同，受教育的环境也不同，大多数家庭存在两代人之间的认知差异和交流代沟。另外，一代创业者大多都有着过人的能力和拼搏精神，他们都曾很艰辛甚至经历苦难，在二代的养育过程中，子女大多被呵护长大，生活优渥，两代人在企业经营能力和综合能力上落差较大。加之家族企业一代在创业展业过程中一路奔跑，没有形成赖以支撑家族发展传承的文化基石，接班人顺利就位会面临困境。

（三）家族企业与家族的风险隔离

中国家族企业在起步和发展过程中，大多是倾全家之力发展企业，在创立时就没有做家族资产与企业资产的严格区分，在家族企业的治理结构和财务管理上也不够规范，家族资产和家族企业资产混同的现象比较普遍。在企业发展过程中，大量企业存在夫妻双方用家庭资产为企业做连带责任担保的情形，这就形成企业经营风险随时危及家族资产的重大隐患。2020 年一批知名家族企业进入重组或破产程序，2021 年预计数量还会持续增长。当许多家族意识到股权架构设置无异于裸奔时，就采取了股权代持的办法。股权代持存在诸多法律风险，因此也引发诸多争端。特别是许多代持无法还原，造成家族企业和家族资产重大损失。

（四）家庭成员之间的财产风险隔离

由于家族企业的股权大多由家族成员持有，加之家族企业与家族资产没有有效隔离，家庭成员之间的财产风险会影响到家族企业。最为突出的就是婚姻风险带给家族企业股权结构改变及公司控制权的改变。除此之外，家庭成员的个人债务、非婚生子女问题、身故继承问题等都会带来家族资产与家族企业资产损失的风险。

二　中国家族财富传承常用工具及办法

在中国财富传承实践的这些年中，财富传承常用的工具为遗嘱和遗嘱信托、家族信托、大额保单或保险金信托及公益基金和慈善信托。这些传承工具的使用主体大多为个人或家族/家庭。家族企业采取的是境外布局，包括海外上市、海外架构搭建及境外投资等。

（一）遗嘱和遗嘱信托

1. 遗嘱

遗嘱是古老传统的代际传承最重要的方式，是财产所有权人生前按照自己的意愿对财产在自己身后做出安排和处理的意思表示。合法的遗嘱受法律保护，也被社会习俗认同。然而在今天的家族财富传承上，遗嘱这个工具使用率却并不高。根据笔者对部分家族的调研和采访，有以下几个方面的原因：一是家族财富的数量、种类庞大，单一遗嘱无法简单处理。对大量复杂的财富种类远远超过下一代生活消费，不放心直接交给下一代，担心下一代没有能力管理甚至挥霍。二是创业一代始终在一线工作，企业发展始终在过程中，希望到达某个时点时才做安排，遗嘱是未来的事。三是当一代企业家年龄逐年增长或身体健康出现问题，内心不愿意面对遗嘱这件事，有些企业家罹患重疾时已无力安排遗嘱。四是一些企业家家庭结构复杂，许多棘手问题不愿意面对等。这些因素使得许多家族都没有采用设立遗嘱的方式对财富传承做出安排。

2. 遗嘱信托

遗嘱信托是财产的合法所有人生前设立遗嘱，明确身故后将自己的遗产托付给受托人，由受托人对遗产进行指定意图的管理处分和分配。

2020 年 6 月 1 日，新华社授权正式发布了《民法典》。此正式稿与之前公布的《民法典（草案)》相比，在第一千零三十三条中新增了“自然人可以依法设立遗嘱信托”这一条款。这一条款的增加，从立法层面确认了“遗嘱信托”的法律地位。

“遗嘱信托”并非一个新概念。2019 年 5 月上海市第二中级人民法院做出的李某某、钦某某等遗嘱继承纠纷二审案[①]就是首例遗嘱信托案，也就是说，在社会生活中，人们已经开始使用遗嘱信托这个工具。

《民法典》从 2021 年 1 月 1 日开始实施，遗嘱信托这一项新的法律规定的实施尚需实践检验，还需许多配套法律、法规的支撑，包括受托人资质规范及信义义务、收费规范、税收制度、信托财产的种类及合法性认定及登记制度等，所以，遗嘱信托在家族财富传承中的应用尚待进一步完善。

（二）家族信托

中国家族信托的规范源自 2018 年 9 月 12 日银保监会信托部下发的《关于加强规范资产管理业务过渡期内信托监管工作的通知》（以下简称“37号文”)。37 号文首次界定了家族信托是指信托公司接受单一个人或者家庭的委托，以家庭财富的保护、传承和管理为主要信托目的，提供财产规划、风险隔离、资产配置、子女教育、家族治理、公益（慈善）事业等定制化事务管理和金融服务为家族信托概念和目标，同时界定了单纯以追求信托财产保值增值为主要信托目的，具有专户理财性质和资产管理属性的信托业务不属于家族信托。

---

① 参见〔2019〕沪 02 民终字第 1307 号民事判决书。

家族信托在中国的发展历史很短，业务的开展以持牌金融机构为依托。业务开展由原有的信托计划金融产品为雏形。虽然37号文界定了家族信托的目的不同于信托计划理财产品，但基于客观原因，前期家族信托依然有着浓重的金融产品的痕迹。经过信托业从业者不懈努力、不断创新，受托人的管理职能不断强化，让家族信托走在回归信托本源的道路上，也因此家族信托的财富传承功能逐步增强，在一定程度上起到隔离风险的作用，同时，按照信托委托人的意愿管理信托财产，为受益人分配信托收益。随着信托架构的合理搭建，信托财产类别等局限的突破、信托期限的加长，这一传承工具会被越来越多的家族和家族企业所选择。

（三）保单与保险金信托

1. 保单

作为财富传承工具的保单是指以人的寿命和健康为保险标的的人寿保险合同的凭证。2000年保监会下发26号文《投资连结保险管理暂行办法》，投资连结保险是指包含保险保障功能并至少在一个投资账户拥有一定资产价值的人身保险产品。这一规定表明保险产品不仅有保险的功能，也有了投资的功能。随着投资连结保险的发展，原来专属请求权的人身保险请求权在司法实践中发生了变化，《保险法司法解释（三）》第十三条规定，司法实践中支持一定的保险请求权的转让。通过大额保单项下的保险合同受益人和受益比例的约定，实现保单价值的传承。① 保单除了上述财富规划和传承功能外，在财富管理上也有着很好的功能和价值，包括资金融通功能、杠杆功能、保单收益锁定功能和投资功能。基于此，近年来，保单作为财富传承工具为许多家族和家族企业所认可，成为他们对抗风险和财富传承的基础工具。

2. 保险金信托

随着保单投保额和保险价值的不断增大，保单在财富传承上存在一些无

---

① 云大慧：《财富管理与传承》，中信出版集团，2020。

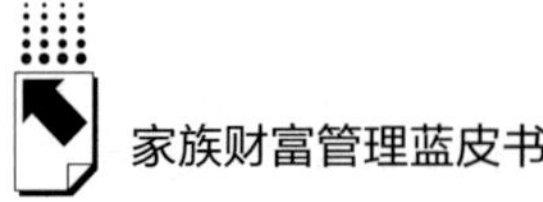

法解决的困惑。保险终止大额保单理赔后，无法避免受益人挥霍、债务连带、婚变分割等对财富减损的风险，为了避免这些问题的出现，就应运而生了保单与信托结合的金融产品——保险金信托，又称人寿保险信托，由保险投保人和信托机构签订保险信托合同书，当被保险人身故发生理赔或期满保险金给付时，由保险公司将保险金交付受托人信托机构，由信托机构依据信托合同的约定管理、运用，并按信托合同约定方式，将信托财产分配给受益人，并于信托终止或到期时，交付剩余资产给信托受益人，即以设定信托为保单的受益人，保险理赔金和保险年金为信托财产，运用信托架构使保险金和年金更早地被运营管理，更灵活地分配和安排年金和理赔金，实现精准传承（包括第二代、三代），实现财富的代代传承。近年来，保险金信托基于保单和信托的双重优势受到越来越多的家族和家族企业青睐。

（四）海外上市、海外架构搭建及境外投资

许多家族企业已经和正在全球布局，不仅是事业版图全球化拓展的需要，也是家族企业更完善规划和传承的需要。不同时期受全球经济形势的影响，布局规划呈不同地域趋势；不同家族企业不同发展阶段和不同行业呈现不同的布局倾向。近年来赴海外上市、境外投资从未停下脚步。海外架构中公司设立、家族办公室、信托、保单同样是基础和常规元素，加上家族成员身份规划和税收统筹，使得家族和家族企业的传承更全面和完善。

三　中国家族企业财富的现状及传承的难点

（一）中国家族企业和家族的财富现状

1. 重资产型企业

从中国家族企业发展历史看，企业偏传统型和粗放型。在工业、商业、建筑业、物流仓储等主要产业类型中，重资产是家族企业的主要资产构成，

包含工业用地、商业开发用地、厂房等地上建筑物、构筑物、商业地产等不动产；机器设备等生产工具、原材料等生产资料，以及专利、商标、商业秘密等知识产权。企业的现金流多为企业生产和运营的流动资金，经营性收益多投向企业扩大规模和再生产。

2. 企业负债经营

与国有企业相比，作为民营经济的家族企业的发展是相对艰辛的。特别是最近几年，翻开家族企业的财务数据，我们会吃惊地发现，企业的资产负债表中负债和应收应付栏目下的资金占比非常高，换句话说，负债经营是许多家族企业的常态。2020 年雨润、汇源、泛海等一些知名家族企业都出现了债务危机。2021 年更多的家族企业将面临严峻的考验。企业一旦进入破产或重组程序，家族企业财富便顷刻间付诸东流。

3. 家族财富形态多元

在家族财富构成中，财富形态是多元化的。不同的家族因有着不同的发展过程、不同地域、不同文化等因素，呈现不同的结构，基本形态包括现金和金融资产、不动产、股权资产、艺术品、贵金属及珠宝。在财富构成中，占比高的为股权资产和不动产。受近些年金融市场等因素的影响，现金资产和金融资产占比并不是最大比例。艺术品、贵金属及珠宝具有收藏价值，但流动性相对较弱，这是家族财富形态的现状。

（二）财富传承的困境和难点

中国家族和家族企业财富传承经过几年来相关行业的不懈努力，大多家族和家族企业都意识到其重要性，加之从时间节点、客观需求上也使得其具有现实性和紧迫性。许多家族和家族企业开始着手做出安排，但是家族和家族企业财富与行业服务和传承工具不匹配的现状，让财富传承依然面临挑战，如家族和家族企业现金资产不足和行业服务能力有待提升等。

从目前财富管理与传承领域的服务机构看，最核心的机构为私人银行和第三方理财机构，其次包括家族办公室、信托公司、保险机构及律师事务所。私人银行和第三方理财机构的核心服务为现金或金融资产；方兴未艾的家族办公室的核心服务大多同样聚焦于现金或金融资产；家族信托因相关法律法规的不配套和不完善，目前主要受托的是现金资产；保险机构的大额保单占家族资产的比例非常有限，而占比很高的股权资产、不动产、艺术品等处于财富管理之外。传承工具中的遗嘱的效用因自身的特点和家族的个性喜好而非常有限。

基于此，现阶段财富管理与传承以现金资产为核心和基础，现金资产不足是财富管理和传承中的主要难点，也是通向财富管理这片蓝海的堰塞。

四　中国家族企业财富传承难点解决路径思考

现阶段充裕的现金资产是改善和拓宽财富管理与传承的重要节点，是疏通通向蓝海之淤的重要手段。如何才能拥有充裕的现金资产？笔者在多年服务家族和家族企业的实践中尝试做出以下思考。

（一）家族企业发展规划与战略思考

大多数家族企业发展经历了三个阶段，第一个阶段是创业阶段，赚取第一桶金，在市场上站稳脚跟。这个阶段像爬坡一样，不敢松懈。第二个阶段是发展阶段，规模扩大，占有更大市场份额，实现更快的财富增长。这个阶段的家族企业多为冲刺一样的速度，来自内在需求和外界推动，几乎无暇做更深入的思考，发展是硬道理。第三个阶段是转型阶段，企业发展到一定规模，如同人的中壮年时期，一些家族企业发展遇到瓶颈，作为市场主体，对外不能更不甘退出市场，对内已不再是一个家族、家庭的事情，与一批跟随创业打拼的团队和大批员工同呼吸、共命运，创业一代的字典里没有“停止”这个词。也有一些家族企业在前两个阶段发展迅猛，财富迅速增长，让已有的财富十倍增、百倍增、千倍增是企业家的理想抱负和新期待，同时，随着全球经济一体化和中国经济的迅猛发展，投资获取更大财富、上市让企业发展壮大、转型抓住更好机遇，这个阶段家族企业的关键词为转型、机遇、风口、资本等，中国富豪榜每年都在推陈出新。在光环背后，让企业家内心隐隐不安的还有一个词叫“身不由己”。

近几年，特别是2020年新冠肺炎疫情席卷全球，全球经济不得不按下暂停键，人们开始做深度思考。中国的家族企业已经发展到了另一个新的阶段，需要思考更长远的发展规划了。原有的做大做强的发展战略是不是家族企业现阶段和未来的发展战略？到底是一场轰轰烈烈的火海战役，还是一份细水长流的长青基业？对应于这两个不同的目标，发展规划和发展战略是不同的。这背后的因素包含：企业发展所处的不同阶段，经历的不同社会、文化、经济背景，家族企业内人的不同因素，如年龄、成长背景、教育经历、国际化视野、社交文化、生活习惯等，这些都是衡量企业原有发展战略是否适合的基本元素。显然，家族企业到了需要重新调整企业发展战略的时候，不同的发展战略，决定了财富规划的不同方向，换句话说，原有发展战略下的财富规划对于家族企业来说不一定是最好的，而充裕现金资产应首先从调整企业的发展战略入手。

（二）产业结构调整与布局

如前所述，从家族企业的发展进程中，我们看到，家族企业的战略是发展壮大；从产业结构看，相对单一；从资产形态看，偏重重资产；从布局看，相对本土化。这些特点让家族企业在传承二代时规划空间不大，传承方案也很难周全，大多企业目前的传承方案让创一代内心是无奈和不安的，只能抱着走一步看一步的态度。而对二代接班人而言，接手父辈创下的基业，是有压力的，他们希望既能保住父辈的基业成果，又能在此基础上有自己的创业和展业。他们不想背负企业的包袱，没有能力更不愿面对企业原有的大量债权债务、应收账款，不愿意面对企业重资产承载的父辈创业留下的各种复杂的社会关系和遗留问题。他们希望轻装上阵，以自己的视野，在新的发展时期开始一段全新的事业。新的时代偏重轻资产、数字化、全球化、智能化，这是更多二代人所青睐的。

因此，家族企业适时调整产业结构是必要的和紧迫的。基于以下几个方法和角度，不同的家族企业可以根据自身的情况予以借鉴。

家族企业选择适合的板块或采用并购的方法赴海外上市，让家族及家族企业资产全球化配置，引入全球资本，寻找更前沿、适合的发展机会以完成调整和转型。

借助“一带一路”建设带来的契机，开展国际贸易和服务业务等，整合全球性资源，为企业未来的发展留出空间。

通过股权的流转、增持减持、增资扩股、发行可转债、私募等方式优化股权结构，释放现金资产。

通过资产处置、市场化债转股、金融债务重组、不良资产转让及跨境交易，改变家族企业资产形态中现金资产不足的状况。

通过上述方法或其他适合本企业的方式，让企业减负、消化“虚胖”，释放现金资产，留出未来发展空间，给企业在新的历史时期重新调整产业结构和规划留出布局的空间。

（三）企业负债风险控制与止损

1. 企业负债风险控制

负债经营是发展现代企业时运用的重要手段，合理的负债比例可以利用财务杠杆抓住时机提高公司的盈利能力和实现企业的目标，具有融通资本、税收筹划等正效应，但企业负债经营须控制在安全边际内，需要及时识别风险、把控风险和防范风险。

在家族企业的发展中，许多企业为了抓住机遇，常常突破负债安全边际，当市场和经营状况良好、资金周转尚能覆盖资金缺口时，突破的边际部分尚能返回安全线内，在一次次化险为夷后，企业就放松了警觉，当遭遇经营、市场及大形势等方面挑战难以支撑时，负债就像黑洞，一点点吞噬着企业，而此时，许多企业又急于快速翻转，加大融资力度和增加融资成本，负债安全边际线形同虚设。此时，应适时缩小企业规模，可以利用债转股、债务重组等方法，让企业度过危机，避免走向破产清算。

2. 破产重整与止损

止损是企业家在危机出现时最理性的选择。当企业没有做好负债风险控制，出现资不抵债时，将面临破产危机。在企业进入破产清算程序前，企业还有重整和和解的机会，也是企业最后止损的机会。

实践中，当企业出现债务危机时，常常听许多企业家说不甘心，希望寻找机会东山再起。其实许多企业的重生却是适时放下和让渡。而破产重整除获得债权人的理解外，最重要的机会来自债务人权利的放下和利益的让渡，这样企业会抓住和解和重整的机会，迎来重生。

（四）股东分红与股权变现

如前所述，在家族企业发展的前几个阶段，往往是家族举全力发展企业，同时在大家意识里，家族企业财富就是家族财富，造成了家族企业资产庞大而家族/家庭的现金资产不足的情形，其中很大原因就是家族企业的股权资产不变现和股东长期不分红。

企业在发展过程中，控制权是一项最重要的前提和基础，而现阶段这个前提和基础是否还有更大价值和意义，是否已经成为企业更长远发展的阻碍，需要予以重新思考。

从企业更长远发展和传承的角度，让家族成员股东权益变现、现金资产回笼是财富传承的需要。股权转让，引入社会资本，是实现现金资产充盈的最直接方式。

许多家族企业在发展中，因为始终处于上升的过程中，资本不断用于投入再生产；加之治理机制和财务制度的不规范，企业与家族资产混同、税务负担等因素，许多企业很少做股东分红。家族企业适时依据公司章程做出分红，是企业正常经营应该做的，不能因为投资人和分红人同为家族成员就忽略了企业经营的规范。

当然，在股权变现和股东分红时，需要做合理税务筹划和股东身份规划。不同应税居民基于不同纳税国和纳税地的法律法规有不同的应税义务。许多企业家及家庭成员持有双重国籍或他国绿卡等居民身份，如巨额分红和股权转让，会产生不同或额外的高额税负，选择或放弃某种身份也是财富管理与传承不可忽视的因素，同时，家庭成员中后代的教育和发展格局也是身份规划考量的因素。合理进行身份规划，最大限度地合理充盈家族现金资产，才能让财富规划更为周全和完善。

综上所述，虽然财富管理与传承行业近几年迅猛发展，家族和家族企业财富管理与传承亦呈现旺盛的需求，但现阶段从财富管理业态和传承工具上看，财富管理与传承依然存在难点。充盈现金资产是重要的突破点，任何单一的机构都无法完全解决家族和家族企业面临的财富管理与传承困境，需要各机构相互协作配合，加强行业服务能力，协助家族和家族企业调整产业结构，升级产业，股权重组、资产变现，从而充盈现金资产，让家族财富结构更加完善，让家族企业成为国民经济重要的支撑。

B.16

上市公司实际控制人的家族财富规划与发展策略

姜 华*

摘 要： “富过三代，基业长青”一直是历代家族企业创始人孜孜以求的目标。上市公司在完成创业的历史使命之后，其家族掌舵人仍然需要面对顺利实现守业及传业的挑战。本报告分析了上市公司实际控制人的财富规划现状及其面临的三大家族财富问题，以期帮助家族客户制定符合上市公司家族需求的财富传承规划路径。

关键词： 上市公司实际控制人 股权筹划 传承规划

据《2020 胡润（中国）百富榜》，前 100 名中国富豪控制了 67 家境内外上市公司，总市值超过 26.46 万亿元，占沪深两市总市值的 35%。[①] 另有数据显示，A 股市值超过 100 亿元的 110 位上市公司实际控制人平均年龄达到 53 岁。在国际国内经济形势瞬息万变以及企业经营环境日趋复杂的背景下，如何对家族财富进行规划使其得以延续和传承，是考验家族企业掌舵人智慧的终极命题。

---

* 姜华，北京市康达律师事务所合伙人律师。

① 数据来源于 2020 年 10 月发布的《2020 胡润（中国）百富榜》。

一　上市公司家族财富规划现状

上市公司家族财富规划，是指专为上市公司家族提供全方位的财富管理和家族服务，以使家族财富的长期发展符合家族的预期和期望，并使其资产能够顺利地实现保值增值、安全保障以及代际传承。专门针对上市公司实际控制人提供的财富管理和家族服务应当包括资产管理、家族信托、家族企业治理、税务筹划、家族慈善、资产传承规划、外汇安排、健康管理、子女教育、全球资产配置等。上市公司家族财富规划的三大基石是资产管理、法律服务与税收筹划，目标是帮助家族客户在现有财富的基础上实现资产保全、增值与传承。

上市公司家族这一群体的资产配置和家族服务有其特殊要求，如家族客户更看重家族股权方面的保护，对于资本市场投融资、家族慈善乃至接班人培养等方面有更高的要求，因而客观上要求上市公司财富规划的相关金融服务机构能够提供更广泛的服务内容、更高的服务质量和更严格的服务标准。然而，回溯市场上能够提供此类财富规划的金融机构，我们发现上市公司家族财富规划服务尚处于婴幼儿期，有很大的成熟和发展空间。

自 2012 年 8 月平安信托率先推出家族信托后，针对国内高净值客户的家族信托服务才在国内落地生根，之后的 2013 年正式被定义为“家族信托元年”。而国际私人银行领域公认的私人财富服务标准应当是包含家族信托在内的资产管理、法律、税务、慈善等全方位、一站式服务。因此，国内 2013 年之前是不存在针对高净值/超高净值客户的全方位财富规划服务的。就金融机构提供财富规划服务的深度、广度和服务质量而言，2015 年才能被视为真正为超高净值客户提供家族办公室服务的肇始，因而 2015 年被公认为家族办公室元年。针对上市公司家族这一类特殊的超高净值客户群体提供财富规划服务的金融机构自 2015 年算起至今成立也不过六年，无论是市场的认可度、客户的成熟度还是服务机构的产品丰富度、市场占有率和服务能力等都有较大的提升空间。

二　上市公司面临的三大家族财富问题

婚姻家族财产纠纷、家族企业治理失效和传承规划缺失是上市公司实际控制人普遍面临的三大家族财富问题。

（一）因婚姻家族财产纠纷导致实际控制人家族财富大幅缩水

近年来，上市公司创始人离婚付出的惨痛代价不断刷新公众的认知。例如，昆仑万维创始人周亚辉因离婚付给前妻高达 75 亿元的昆仑万维股票作为“分手费”；三一重工高级副总裁袁金华的前妻王海燕，便是凭借离婚后获得的三一重工股份，以 22 亿元的身价，一度成为“新财富 500 富人榜”的上榜女富豪；“公关第一股”蓝色光标创始人孙陶然因离婚将蓝色光标 4.59% 的股权分割给前妻胡凌华，合计市值 1.68 亿元。

因而，上市公司实际控制人离婚不仅是企业家个人的“家事”，同时也是影响家族企业资产保障、造成家族财富缩水的“公事”。对于实际控制人的婚变风险，一旦离婚不仅会使企业家的个人财富缩水，更为严重的是，因离婚而导致企业股权进行分割就有可能影响到公司的控制权和公司股价的稳定、家族企业的传承计划等。如果对此处理不当，会使家族财富大幅缩水和家族利益受损。

（二）家族企业治理失效，股权筹划缺失，导致上市公司“易主”

家族企业控制权的稳定对于实际控制人至关重要，失去公司控制权意味着实际控制人失去大部分家族财富。

根据 Choice 统计，截至 2019 年 12 月 9 日，A 股超过 188 家上市公司发生控制权变更，相比 2018 年增长了 80%。① 这种控制权变更主要有三大原

① 《2200 亿市值、41 家民营老板“卖壳”求生　国资大举接盘》，https://baijiahao.baidu.com/s?id=1652487249730799658&wfr=spider&for=pc，2019 年 12 月 9 日。

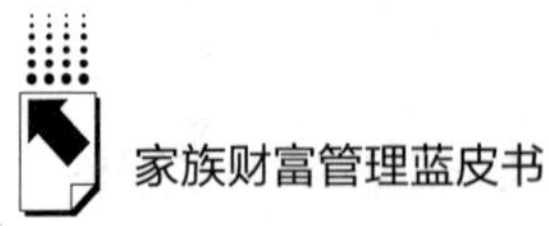

因：一是有的上市公司实际控制人因资金链出现问题而主动出售或被司法拍卖其所持股份；二是实际控制人因离婚或突然离世并且没有对股份作出事先安排而导致实际控制人或其家族继承人失去对上市公司的控制权；三是大股东所持股份被资本收购，导致上市公司控制权被动变更。

上市公司控制权被动变更往往意味着家族企业股权保护意识薄弱，缺乏事先的股权筹划。“国美控制权”之争、万宝之争、雷士照明数次易主都是上市公司控制权被动变更的典型案例。这些争夺控制权的群体要么是野心勃勃的职业经理人，要么是金融圈资本大鳄。争夺控制权的结局往往是，许多上市公司实际控制人因此失去公司控股权。以国美案为例，国美电器创始人黄光裕与职业经理人陈晓之间对国美的控制权之争，实质上是公司治理中有关股东会与董事会权限设置合理与否的经典案例。国美章程的设置使得国美的董事会完全凌驾于股东大会之上，被称为“史上最牛董事会”，最终导致黄光裕家族险些失去控制权。

发生控制权变更的上市公司及其实际控制人家族普遍存在以下共性：

①上市公司股权分散，创始人持股比例过低；

②公司章程中股东会与董事会权限划分不清，缺乏对职业经理人的制约；

③当“野蛮人”叩门时，实际控制人没有采取相应反制措施，应对不及时，贻误战机；

④对于实际控制人婚变或突然离世对公司控制权影响和风险预估不足，没有预先采取有效的防范措施。

（三）缺乏有效的财富规划导致上市公司传承失败

麦肯锡的研究报告表明，全球家族企业的平均寿命为 24 年，有 30% 的家族企业可以传到第二代手中，其中有不到 2/3 的企业能够传到第三代，后者中大约 13% 的企业能够传出第三代。可见，打破富不过三代的魔咒已经成为世界性难题。

无论是二代败家还是后继无人，传承失败都与家族企业掌舵人没有制定合理、有效的企业传承规划密切相关。二代败家的典型案例包括山西海鑫集团董事长11年败光百亿身家、海翔药业少东家4年败光40年家业等。后继无人的案例包括大中电器、金莱特、汇源果汁等，上述公司的创始人因无人继承家业而被迫出售企业或因债务危机而导致公司黯然退市甚至被破产清算。

广东金莱特电器股份有限公司（以下简称“金莱特”）于2014年在深交所上市。上市仅仅一年多之后，金莱特的创始人田某突然因病去世，留下了一个市值数十亿元的上市公司。创始人的妻子蒋某某临危受命执掌公司，奈何力所不逮，加之尚有3个年幼的孩子需要照顾。两年之后，蒋某某被迫以11亿元的价格出让金莱特的控制权。①

以上案例表明，在过去的数十年，考验的是企业家创造财富的能力，而在未来的数十年，考验的则是这些人群保全和传承财富的智慧。

三　上市公司家族财富规划发展策略及未来展望

（一）上市公司实际控制人婚姻家族风险应对之策

根据婚姻法的有关规定，一旦遭遇婚变，如果没有事先的筹划安排，家庭（家族）财富将缩水一半。而如果经过合理的筹划，因婚变导致的财富缩水程度可以被大幅降低。对于家族企业创始人的婚姻家庭（家族）资产保全和隔离，从财富筹划角度可以做相应安排，如表1所示。

表1　婚姻不同阶段的财产保全工具

婚姻的不同阶段	财产保全工具	简要说明
结婚前	婚前财产公证、婚前协议、信托、人寿保险、婚前财产保全与隔离规划	事前预防，成本小，代价低，私密性强，有助维系亲情

① 《上市公司老板突然去世，两年后，孤儿寡母11亿卖掉公司控制权》，https：//cj. sina. com. cn/article/detail/5617270476/533580？sudaref = www. baidu. com&display = 0&retcode =0，2017年12月19日。

续表

婚姻的不同阶段	财产保全工具	简要说明
婚姻存续期间	婚内协议、人寿保险、家族信托、遗嘱、婚内财产筹划	事前预防,成本相对小,代价相对较低,私密性
离婚时及离婚后	财产保全措施(如设立联名账户、申请财产保全等)、离婚协议、离婚诉讼	事后补救,成本大,代价高,耗费时间,诉讼难以保全隐私

（二）上市公司家族企业股权筹划和企业治理建议

上市公司股权作为企业家最重要的资产，是其私人财富版图中最主要的筹划对象。作为实际控制人，应当以上市公司控制权为基础，以保护家族企业股权为目的对企业股权进行周密的筹划以及对上市公司展开全方位“体检”，提高上市公司的治理水平。建议从以下几方面做好家族企业股权保护，完善企业治理。

做好公司控制权（股权）筹划。决定家族企业控制权的关键因素包括实际控制人的持股比例、历次股东大会、董事会决议的表决情况、在公司经营和管理层面的任职、董事和高管的提名权和任免权、一致行动协议或其他类似协议或安排等。因而，公司股权筹划应当围绕上述关键因素做好顶层设计，以使实际控制人牢牢掌握家族企业控制权。

重视公司章程这一公司运作基本法典的作用。通过章程界定股东会和董事会以及高管层的职责权限，设定相关条款强调管理层对于股东/股东会的信托责任，即不得损害公司和股东的利益。防范职业经理人和外部收购方利用公司治理漏洞争夺公司控制权。

利用夫妻之间《婚前协议》或《婚内协议》、投票权委托、订立遗嘱等相关安排提前应对实际控制人婚变或突然离世的风险，通过对实际控制人的股权保护以及继承人安排等方面保证家族企业的控制权稳定。

一旦发生恶意收购，需迅速应对，针对野蛮人的恶意收购制定反收购策略，比如制定毒丸计划、驱鲨计划、降落伞计划及引入白衣骑士等，从公司

的股东、董事会、管理层增加收购方成本，以及从自行引入外部投资人等多个维度对于恶意收购者实施反收购，以维护公司的控制权。

（三）上市公司实际控制人财富规划

据《2019中国私人财富报告》，截至2019年，超过50%的受访高净值人群已经开始准备或正在进行财富传承的相关安排，这一比例在过去十年来，首次超过尚未开始准备的高净值人群。[①] 与此同时，财富传承观念逐渐向年轻化发展，提前规划与安排财富传承目标与框架逐渐成为新趋势。已经在准备财富传承的超高净值人群中，33%为40岁以下人群，较2017年有大幅提升。

为实现基业长青这一财富目标，上市公司这一超高净值客户群体亟待订立自己的家族办公室专属传承规划。家族办公室传承规划是指通过书面的传承规划，综合运用各种财富传承工具，实现从财富到家族企业的全方位传承，大致包含以下几方面。

1. 制定书面的传承规划

书面的传承规划一般包括家族继承人的培养和确定标准、创始人退休年龄、何时交接班、创始人突然离世后家族继承人的继承顺序和份额或比例（该部分通常以订立遗嘱的形式约定）、上市公司控制权的传承方式等。

2. 订立遗嘱

上市公司家族资产的遗嘱筹划是其财富传承规划中至关重要的一环。如果没有遗嘱安排，遇到实际控制人离世时，上市公司股份只能进行法定继承，易造成股权分散、股价波动，乃至影响公司未来的稳定发展。因此，建议实际控制人预先订立遗嘱，使其能够根据自己的意愿决定上市公司股权及其他相关家族资产如何分配，并且指定企业接班人，避免由法定继承造成股权分散或公司管理的权力真空，降低家族失去公司控制权的风险。

---

① 数据来源于招商银行、贝恩公司联合发布的《2019中国私人财富报告》。

3. 指定遗嘱执行人（遗产管理人）

《民法典》针对“遗产执行人”做出了规定，对于确保遗产按照立遗嘱人的意愿进行分配，减少家族财产纷争，有着重大意义。实际控制人若生前订立遗嘱并在遗嘱中指定遗嘱执行人，则继承开始后，遗嘱执行人转化为遗产管理人。

4. 选择适当的传承工具

除传统的遗嘱、赠与外，近年来，人寿保险、家族信托和慈善基金会也成为可供高净值客户选择的传承工具。上市公司实际控制人可以在财富顾问的帮助下，针对自身家族的资产数量、资产类型、传承目的、成本要求以及风险偏好等特点，综合运用各类传承工具，制定私人订制化的传承方案。

5. 以股权信托实现代际传承

近年来，在主要的传承工具中，越来越多的上市公司家族选择以股权信托的方式进行资产隔离和传承，其中比较有代表性的主要有香港上市的SOHO中国、龙湖地产，新加坡上市的海底捞，以及国内A股上市的英飞拓等。

6. 做好遗产税税收筹划

为应对国内未来可能开征的遗产税，建议上市公司实际控制人可以未雨绸缪，做好遗产税税收筹划，例如由税务顾问做好税收顶层设计、购买大额人寿保险、资产配置到无遗产税的国家、移民身份筹划和家族信托等。

7. 运用家族慈善，实现智慧传承

家族办公室传承规划不仅包括物质层面的传承，更与家族精神的传承密不可分。综观古今中外的名门望族，其绝大部分皆以慈善传统融入家族传承的血脉，凝结成传承百年的家族精神。上市公司的实际控制人可以在家训、家族宪章和企业文化中不断渗透和强化慈善精神，或者设立专门的家族慈善基金，努力践行，薪火相传。

孟子说过，“君子之泽，五世而斩”，可见如何长久地保有家族财富一直是一个千古难题。为保障家族企业实现持续发展和有序传承，上市公司的实际控制人需要分别从公司和家族层面做好双重的顶层设计，立足于资产配置、法律筹划及税务安排这三大基石，尽早进行财富传承规划，以实现基业长青。

B.17

境内上市公司背后的家族信托何去何从

王　昊*

摘　要：　本报告分析了中国富豪财产组成状况，通过对公开的案例分析发现，国内企业在海外 IPO 时设立家族信托股权架构的情况及其优缺点，提示了在境内外上市设立家族信托应注意的问题，探讨了中国监管部门对将准上市公司的股权装入家族信托实践的有力支持，并给出了一些积极的建议，以期能推动中国家族信托行业的发展。

关键词：　家族信托　IPO　监管

一　上市前股权信托的重要性

（一）中国高净值人士财富构成

1.“纸上富豪”随处可见

在中国，“谁是最有钱的人”这个话题，经久不衰。过去，中国首富的头衔几易其人，总资产从 2315 亿元飙升到 3854 亿元。2020 年末到如今，这个位子又被“卖水的”钟睒睒所占据。这些“首富”们的财富，绝大多数是由股权构成的，各种房产、现金等财富，只占据他们资产的很小一部分。因此，股价的波动会对他们的身价造成非常大的影响。

---

* 王昊，瑞银律师事务所创始合伙人。

蚂蚁上市被叫停，阿里股价下跌，公司市值严重缩水。腾讯股价上涨，则拥有不到10%腾讯股权的马化腾，问鼎首富。农夫山泉股价飙升，则此前名声不显的钟睒睒成为中国首富。这不是几位千亿俱乐部富豪的独特现象，这是许多中国富豪所共有的情况。

招商银行和贝恩公司联合发布的《2020中国私人财富报告》显示，2020年企业高级管理层、企业中层及专业人士占据全部高净值人群的比例上升到36%，这一数据和创富一代企业家群体的数据大体一致。而在这之前，创富一代企业家的比例要更高一些。在这些非创一代非富二代富人中，约30%的企业高级管理层提到上市企业股权激励增值为其主要的财富来源，其中战略性新兴产业的企业高级管理层对此的提及率更高，达40%。也就是说，无论是哪个阶层，其财富的组成部分，有很大比例都是公司股权。

2.股权难装入家族信托

招商银行和贝恩公司联合发布的《2019中国私人财富报告》显示，2018年，中国个人高净值人群规模达197万人。在各类财富传承方式中，家族信托被提及的概率高达20%；一年之后，这一数据已经增长到30%。而根据2020年11月9日招商银行发布的《2020中国家族信托报告》，2020年，中国家族信托意向人群数量约24万人，家族信托意向人群可装入家族信托资产规模约7.5万亿元。

在未来，家族信托的规模进一步扩大，将是大势所趋。然而，中国的许多富豪的大部分资产都是公司股权，而不是现金或者房产。这一点在各种亿万富豪乃至千亿富豪身上体现得更明显。如果这些超高净值人士想要真正使家族信托在保障传承方面发挥重要的作用，那么装入信托的资产必然需要从现金转变成股权。

在未来，股权信托将成为越来越多的高净值人士所选择的传承方式，其原因在于，股权占总资产比重非常大，并且在欧美等发达国家，早已拥有比较成熟的相关操作，只要政府部门在实操环节中不设置障碍，就可以借鉴海外的成熟做法。想要逐渐与发达国家接轨，并非一蹴而就的事情，需要克服不少困难。以前相关讨论大多集中于税务层面的处理以及信托登记问题，对于大量持有股权而且不排除以后上市的股东而言，他们的问题是：即使上述技术层面的问题解决了，作为准上市公司的股东是否可以在上市之前，就把公司股权装入家族信托？

实际上，股权装入家族信托再上市，不仅仅是单纯满足高净值人士的传承需求，更是可以避开一些上市公司面临的个人持股带来的弊端。并且，目前中国监管部门对于家族信托的看法，也在发生着微妙的变化。

（二）个人持股的弊端

作为自然人的个人，由于身体的因素，可能面临死亡、智力受损等问题，在社会层面，也可能遇到婚变的问题。而这些问题，如果发生在一家即将上市的公司的唯一或关键股东身上，那么对于上市计划的影响是十分巨大的。这并不仅仅是一个理论问题，更是不少公司的现实经历可以进行佐证的问题。例如，曾经和优酷齐名的视频网站——土豆网，就是在上市前夕遭遇创始人婚变，延迟了上市时间，错过最好的发展机会，最终被优酷网并购。另外，如果股东死亡，则股东生前所持股份会成为遗产，被其家庭成员所继承，这将会导致股权被稀释，进一步加剧各种问题，最终很可能导致IPO失败。

（三）股权装入信托再上市的优点

1. 避免自然人的情况影响IPO

当股权装入信托之后再上市，则股权的拥有者脱离了自然人的身份，从自然人变成灵活的信托架构，在自然人身上发生的一系列生老病死和婚变等事情，不会在信托架构中发生，提高了上市过程的安全性。即特定个人的情况不会影响IPO过程。

2. 红筹架构中的税务筹划

目前能顺利把股权在上市前装入信托的案例都出现在境外上市的特定情况下，而对于中资企业而言，拥有一个设计得当的红筹架构是整个路径中必不可少的安排。因此需要特别说明一下相关架构在税务筹划方面的作用。

合理结构的关键好处之一体现在商业和税收效率方面。

在中国香港上市的中国公司，采用红筹架构之后，公司的股份由香港的“特殊目的实体”，即 SPV 所持有，可以降低中国公司向股东支付的股息税，从20%降低到5%～10%。上市公司本身，通常是一家注册于开曼群岛的公司，如有需要进行股权重组，则可以在开曼群岛和香港公司之间设立中间 BVI 公司，这样可以减轻可能产生的印花税。如果在开曼群岛注册的即将上市公司的股份属于信托而非个人，则可对上市后个人层面的相关税负起到递延的作用。在实践中，绝大多数中资背景的最终控制人都是中国的税务居民，而按照中国相关税法的规定，中国税务居民需要就其全球收入和资本收益缴纳个人所得税。而如果最终股份的出售，是由非居民信托或公司来进行的，则可延迟纳税，从另一角度来看，这样做变相减少了实际需要缴纳的税额。一些实际控制人与美国有联系的公司，会因转让公司股份而产生高昂的赠与税和遗产税，通过利用信托进行 IPO，可以大大减轻这些税务负担。另外，某些信托还可以让委托人保留投资权利。在英属维尔京群岛，一种专门设计的信托，允许信托所属公司的董事在不受受托人干涉的情况下，管理公司事务——某些极端和非常有限的情况除外。这种设计比传统信托更具有吸引力。

3. 员工福利信托的优点

通过信托架构，还可以帮助上市公司安抚关键员工，让他们保持对公司的忠诚。具体操作是，公司的一小部分股权归入该信托，与家族信托分开。该信托将是一个自由裁量信托，公司雇员对于该信托并不拥有任何特定权利，但是他们可以用股票期权的形式从中获得利益。公司发展得越好，员工的利益也就越高，从而让员工更乐于为公司出力。

（四）具体案例：龙湖地产

龙湖地产是在香港上市的一家中国企业。2008 年，龙湖地产上市的前一年，两位创始人分别设立了两个家族信托。其中的信托财产分别是双方各自所拥有的龙湖地产股份。与此同时，还设立了龙湖地产的高管信托和雇员信托。

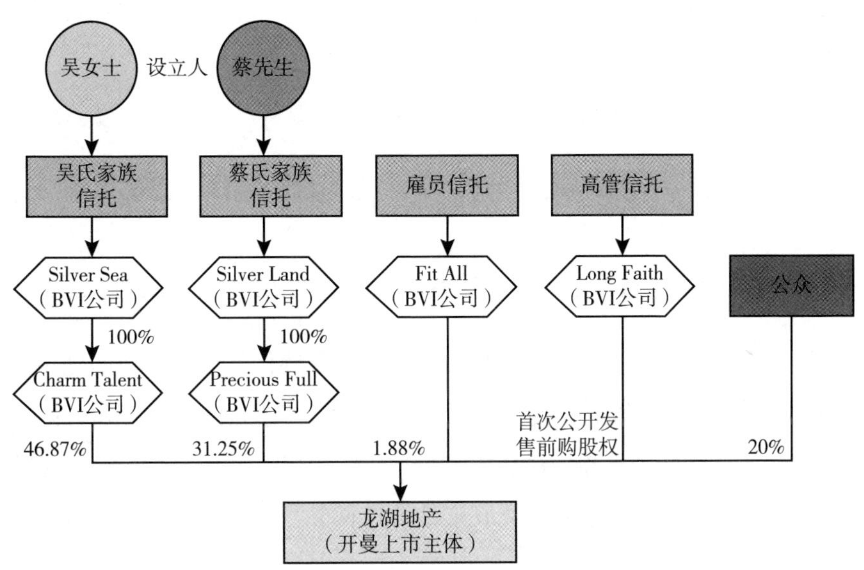

图 1　龙湖地产股权架构

家族信托设立后，通过分别设立的家族信托来控制龙湖地产。通过双方家族信托的安排，龙湖地产最终权益进行了所有权、控制权、经营权及收益权方面的清晰划分。2009 年，龙湖地产成功上市。2012 年，两位创始人离婚期间并未有任何有关财产纠纷的问题，双方各自持有相应的家族信托，公司一切照常运转。消息传出来之后，龙湖地产的股价曾经一度小幅度下跌，但是没过几天就恢复如常。因为两位创造人婚变而造成的影响，可以说几乎不存在。

龙湖地产创始人受益于家族信托，并不止这一次。2018 年，创造人吴女士把上市公司股份全部放到了子女设立的家族信托中，都由同一个受托人持有，于是上市公司控股架构一点都没变，并且子女已经无条件承诺由母亲来行使投票权。除了股权的所有权有所变化，并且进行了上市公司公告备案之外，公司的一切，从架构到控制人都未发生变化。就这样，无须中小股东投票表决，也不用花费额外的税费，但是创造人吴女士的家族财富传承问题已经得到了妥善安排。两个家族信托，一次小小的安排，就同时解决了上市公司实际控制人可能发生意外或婚变的问题和重要员工向心力的问题，解决了后续的传承问题，甚至一定程度上也避开了某些不必要的税费，可谓一举多得。

二　国外规定与中资企业上市公司做法

（一）国外对上市公司家族信托的规定

欧美等国以及中国港台等地区，对于带着家族信托架构上市的公司，有着明确的相关规定。以香港为例。香港政府对于信托概念及运作非常了解，因此在制定规则时都会考虑到信托结构存在的情况，并作出充分而详尽的指引和说明。我们在此对主要涉及股东、信托相关当事人所需要的对持股情况的披露要求做总结。

1. 对大股东的规定

根据香港证券交易所的规定，大股东（需披露有投票权的股份）以及董事和最高行政管理人员（需披露任何股份）有义务对自己持有的股份进行披露，而持有股份的形式并不限于直接持有，如果股份是通过另一个人，如受托人代为持有，① 也会被认定为对相关股份有利益，需要披露。可以看出，在港交所上市的公司，其股东如果是通过信托的方式持有股份，其披露的规则和直接持有股份并没有什么区别对待，只是相关披露的指引会尽可能详细。

2. 有关股份总数的披露要求

在如何计算通过信托架构持有的权益的股份总数时，港交所也有明确说明，② 例如特别区分了所设立的信托是酌情信托还是非酌情信托。假设当事

① 《香港证券交易所规则》［2.1.2（ii）］。

② 《香港证券交易所规则》［2.2.1（iv）（v）］。

人是酌情信托的受益人，其所拥有的权益可以不予以考虑；但如果是非酌情信托的受益人，就需要计算其所拥有的权益。

相关规定也明确指出，作为受托人的信托公司或机构所要履行的披露义务与自然人一样。①

3. 关于信托成立人（委托人）

由于酌情信托的成立人（委托人）是一个非常重要的角色，香港证券交易所特别对这一角色做了详细的定义，② 除了通常理解的直接向信托转入财产的人之外，还包括了间接导致信托设立的人，如与其他人达成互惠的安排而导致信托设立的人，甚至包括了酌情信托的受托人在行使与财产有关的自由裁量权时，如果需要取得某人的同意，此人也会被认定为成立人。一旦上述规则被界定清楚，那么酌情信托的受托人直接拥有的上市公司的股份权益，就同样会被认定为是成立人所拥有的。这样一来，一旦谁在招股说明书中被界定为信托的成立人，就可以计算出他所控制的权益。而在豁免披露的规则中，也可以看到对于主动受托人和被动受托人的不同定义。通常情况下，被动受托人的权益属于可以不予理会的事项。

由于有如上非常细致的规定，在相关信托结构被披露，且信托结构中涉及的成立人（委托人）、受托人、受益人均按照规定公布时，就可以一目了然地看到谁是大股东，谁有最终控制权，谁是通过何种安排行使何种权力，监管机构以及公众也可以推断谁以何种结构会对上市公司的运作产生影响。

从上述监管规定中，我们或许可以总结出一些规律。那就是，香港政府和监管机构，对于家族信托参与公司股权架构的种种情况十分熟稔。如果对于表面上看起来千变万化的信托架构的理解有足够的信心，自然也就不会惧怕相关架构的变化带来的不确定性；而由此制定出来的规则，也会带有前瞻性，并直指架构的本质。监管机构熟悉相关事务，对于业务顺序开展而言非常重要。

① 《香港证券交易所规则》(2.2.4)。

② 《香港证券交易所规则》(2.2.5)。

（二）中资企业海外上市公司的案例

中国白银是首个中资企业在大陆之外上市的案例。我们之所以选取中国白银的案例，主要原因是该公司的架构完美解决了代持问题，而代持正是大陆很多家族企业无法回避的问题。而家族信托恰恰可以凭借其灵活的设计，解决代持带来的弊端。

1. 上市前的股权状况

2012 年末，中国白银集团（00815. HK）在香港联交所主板上市。为了实现将境内权益置入境外的上市目的，公司采取了一系列重组措施，其中就包括通过设立家族信托架构在香港上市。中国白银集团在国内的运营公司，主要是江西龙天勇有色金属有限公司（以下简称“龙天勇金属”）。

2. 上市过程中需要解决的问题：股权代持的隐患

中国白银在上市之前，面临的主要问题是股权代持的问题。所谓股权代持，也叫委托持股、隐名持股、股权挂靠，是指实际出资人与名义出资人之间以协议等形式进行约定，由名义股东以其自己的名义代替实际出资人履行股东权利和义务，由实际出资人履行出资义务并享有投资权益的一种权利和义务安排。不少上市公司在准备上市的时候，都会考虑用代持的方式来安排股权架构。然而一旦采用股权代持的方式，又会带来不少问题。

首先，是股权代持的协议，未必一定有效。《合同法》规定：“……如无合同法第五十二条规定的情形，人民法院应当认定该合同有效。”《合同法》第五十二条规定，一旦出现某些情况，就会导致合同无效，包括：以欺诈、胁迫手段订立合同，损害国家利益；恶意串通，损害国家、集体或第三人利益；以合法形式掩盖非法目的；损害社会公共利益；违反法律、行政法规的强制性规定。出现上述情形代持合同会被认为是无效的。中国白银是正常上市之前需要的操作，并不涉及上述问题。

其次，显名股东恶意侵害隐名股东权益的风险。在一般的股权代持关系中，实际出资人并不出面，遇到各种事情都是名义股东在台前代为行使股东权利。短期还好，长期下来，显名股东面对各种诱惑，可能会违反约定，侵

害隐名股东的利益，具体操作包括：①名义股东不向隐名股东转交投资收益；②名义股东滥用股东权利（重大决策事项未经协商）；③显名股东擅自处置股权（转让、质押）；等等。白银集团内部持股人和代持人都是亲戚，短时间内没问题，但是难保长期代持会出现类似的问题。

再次，隐名股东难以确立股东身份，无法主张权益。隐名股东的股东权益固然受到法律保护，但是投资权益不同，投资权益只能向名义股东主张，而不能直接向公司主张。

当隐名股东想要从幕后走到前台，成为法律认可的股东，需要经过复杂的过程。根据司法解释，只有经过公司半数以上股东同意，实际出资人才可以向法院请求公司变更股东、签发出资证明书、记载于股东名册、记载于公司章程并办理公司登记机关登记。

最后，显名股东的债权人针对显名股东股权强制执行的风险。在股权代持结构之下，法律上认可股权为显名股东的财产。如果有第三人获得针对显名股东的法院生效判决，如显名股东的债权人，那么这个第三人很可能提出针对代持股份的执行请求。这时，隐名股东想要对抗该执行请求，并没有法律上的明确规定可以支持，因此存在极大的法律风险。对于中国白银来说，短期内并不会出现上述问题，但是长期看来则很可能出现风险。

3. 重组过程中的安排

为了尽快实现海外上市的目的，公司对股权架构做了非常大的调整。调整后的架构，虽然在公司层面不存在与中国或境外法律相违背的情况，但是从家族和实际控制人层面出现了新的问题，即代持的潜在危险。针对这个新的问题，股东们一致同意利用境外的家族信托予以解决。

上市之前，公司进行了一系列重组，简要概括为：首先，创始人变换了国籍以及相关的税务居民身份；其次，创始人在境外设立了 Rich（BVI）、中国白银集团（开曼）、中国白银（BVI）和中国白银（香港）等一系列中间控股公司；再次，通过中国白银（香港）在境内设立了一个外商独资企业（WFOE）“浙江富银”；最后，通过这家 WFOE 收购国内的“龙天勇金属”及其他相关运营公司，完成了并购重组操作。

在收购过程中，所有公司股权都集中到创始人手上，与此同时原来的公司股东，需要保证其利益不受损害。创始人就是我们上面提到的代持人。整个架构从表面上看起来，和以前的股东没有任何直接的关系，虽说创始人的大股东的太太应该信得过，但是信任并不是解决代持风险的好办法。为此，创始人作为委托人，设立了五个酌情信托，分别为陈氏家族信托、WWY 信托、CWL 信托、CR 信托及 WCL 信托。在信托设立后，创始人并未保留任何委托人的权利，而是在控制层面全身而退，各个信托的实际控制权则交给了不同的保护人。

这五个信托分别为公司原来的五名大股东陈万天、吴文勇、陈万龙、陈荣和万成来的家族信托，各自的信托在拟上市公司的持股比例也与原股东持股比例相同。五位股东分别为各自信托的保护人，五位原股东及其配偶、子女等，则分别为各自信托的受益人。通过这种安排，不仅绕开了《外国投资者并购境内企业的规定》，还让整个重组过程都在实际控制人的掌控当中，未出现资产倒手过程中的失控现象，更是有效避免了通常的股权代持方式所带来的种种潜在危险。同时，这一切都并非秘密进行的，而是明明白白写进了招股书当中，向港交所进行了细致披露。因此，可以粗略总结为，从上市公司股东们的角度来说，他们需要家族信托作为工具来达成包括传承和消除隐患在内的诸多目的；从港交所监管部门的角度来说，则需要上市公司进行充分的信息披露。最终，成就了上市公司带着家族信托架构。

三　国内现状与案例分析

国内公司对于“先把股权装入家族信托再上市”的做法，正在探索当中。几位探索者，有获得部分成功的盛美股份，有探索失败拆分信托然后上市的凯赛生物，还有更早的探索者英飞拓，它在上市之后又重新考虑把股权装入信托，并获得了成功。这三家公司的共同点是都有着外资背景。盛美股份的大股东，是创始人一家人所实际控制的美国公司 ACMR，持股比例高达 91.67%，可以说外资成分占据了绝大多数。凯赛生物的大股东中，有一个是 HBM Healthcare Investments（Cayman）Ltd.，这是一家开曼公司，也是妥妥的外资背景。英飞达医疗有限公司是在韩国注册的一家公司。因此，这种“先把股权装入家族信托再上市”的做法，只能说到目前为止，根据已知情况，仅限于有一定外资背景的企业。本土企业尚未出现任何成功案例，是否可以进行类似的操作，几乎完全是一个未知数。至少到目前为止，纯粹中资企业将股权装入家族信托然后上市的做法还不存在。但据不完全统计，有超过70%的内资公司实际控制人或股东同样想把公司股权装入家族信托。只是他们中有很大一部分，更关注的是公司上市的问题，并且一旦发现家族信托的存在可能影响到上市，往往会因有所顾虑而最终放弃。而当他们被进一步询问时，大家都表示，如果未来设立股权家族信托并不影响公司上市，那么肯定要进行相关安排。为此，我们分析了一下那些外资背景的企业在境内上市前后的情况，希望能总结监管部门对于股权装入家族信托再上市的一些看法。

（一）中国上市公司与家族信托情况

1. 案例一：盛美股份带着家族信托上市

作为第一个“把公司股权装入家族信托再上市”的成功案例，尽管有着不少独特的地方，但是盛美股份的成功依然值得仔细研究。盛美股份是中国目前集成电路湿法设备的龙头企业。其背后的控股股东，是美国ACMR这家硅谷企业，成立于1998年。2005年，该公司在上海投资并设立“盛美有限”，即后来的盛美股份。2017年，盛美在美国纳斯达克上市。2020年9月30日，公司在不退市的情况下，获准在中国上交所科创板上市。在中国，这是实际控制人通过家族信托作为顶层结构实现家族企业首发上市的首单成功案例。美国ACMR是盛美的控股股东。创始人和他的妻子、儿子、女儿等家族成员，通过家族信托、控股公司，实现了对盛美股份实际控股和实际控制。[①]创始人和儿子、女儿分别持有美

① 出自微信号“家族世代”文章《家族・观点丨盛美股份上市获批——首单实际控制人通过家族信托作为持股顶层结构的IPO成功案例》。

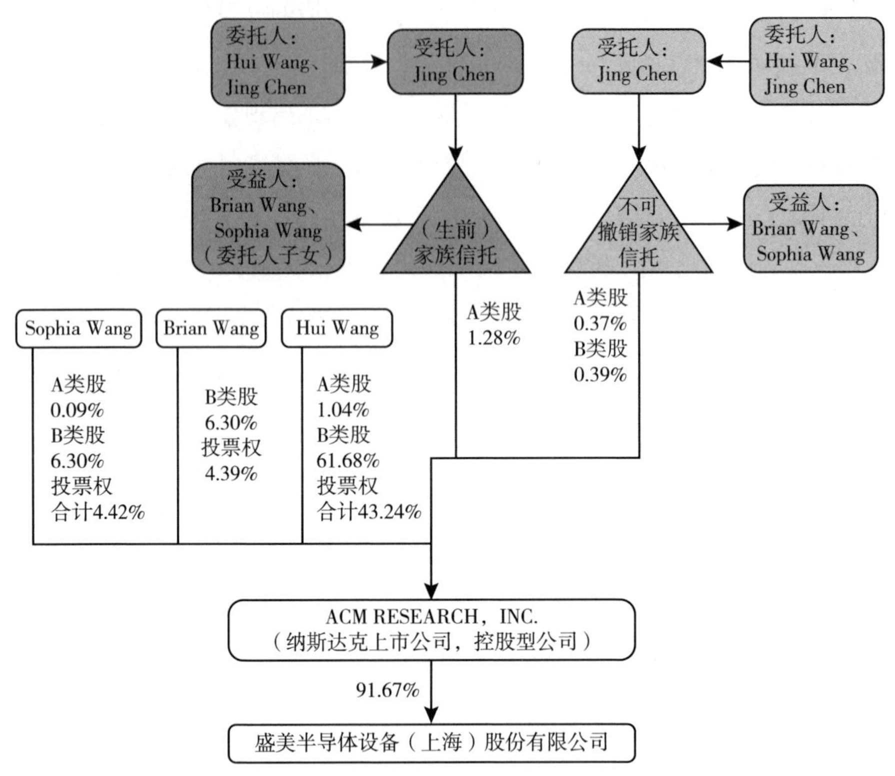

图 2　盛美股份的家族信托持股架构

国 ACMR 公司的部分股权，并且通过两个家族信托来持有 ACMR 的部分股权。这两个家族信托分别是 David HuiWang & Jing Chen Family Living Trust 及 David HuiWang & Jing Chen Irrevocable Trust。就这样，通过直接控股和间接控股，创始人的家族牢牢把持住对盛美股份的控制。不过，这两个家族信托中所持有的股份，从比例上来看并不是很多。截至 2019 年 12 月 31 日，David HuiWang & Jing Chen Family Living Trust 持有美国 ACMR 合计 20.6667 股 A 类普通股，占公司 A 类普通股比例为 1.28%。David HuiWang & Jing Chen Irrevocable Trust 持有的股份是 6 万股 A 类普通股，持股比例是 0.37%；持有 B 类普通股 7334 股，占公司 B 类普通股的比例为 0.39%。而通过 ACMR，创始人控制了盛美股份 91.67% 的股权。家族信托在其中所

占据的比例可以说相当小。无论如何，这一次上市，在中国的上市公司中，是具有开创性意义的。并且可以看出，监管部门对于盛美股份这种情况，即将所持股份中很小的一部分装入家族信托然后再上市，并没有太多质疑。

2. 案例二：凯赛生物的失败

凯赛生物是一家新型生物基材料的研发、生产、销售一体化的高新技术企业。公司的产品主要聚焦在聚酰胺产业链，为生物基聚酰胺以及可用于生物基聚酰胺生产的原料，包括 DC12（月桂二酸）、DC13（巴西酸）等生物法长链二元酸系列产品和生物基戊二胺，主要用于高性能聚酰胺、医药中间体、香料、热熔胶、高端润滑油合成原料等。2019 年第四季度，凯赛生物在上交所申请科创板上市。在申报上市的过程中，凯赛生物也提交了招股书。根据招股书记载，公司创始人夫妇设立了 GLH 信托，通过该信托持有 GLH Holdings 的 51% 股权；他们的儿子委托设立了 DCZ 信托，通过该信托持有 GLH Holdings 49% 的股权。在 GLH Holdings 的下面，百分百控制两家公司，分别是 Medy 有限责任公司和 Medy 有限公司。这两家公司又控制着 CIB，最终通过 CIB，让创始人一家控制了凯赛生物。而由于这家人签署了《一致行动协议》，公司认为实际控制人已经很清晰，就是创始人。对此，上交所提出问询异议。上交所认为，实际控制人的配偶、直系亲属，如果持有公司股份比例达到 5% 以上，除非有相反证据，否则此时原则上应当认为他们是共同实际控制人。那么，既然创始人夫妇和儿子都间接持有凯赛生物 5% 以上的股份，那么为什么只有创始人一个人被认为是实际控制人？面对上交所的问询，凯赛生物律师回复认为，从过往历史来看，凯赛生物是创始人本人创立，他一直都是企业核心，而配偶和儿子从未参与过公司经营，更何况儿子一直身在美国，因此一家三口通过签署《一致行动协议》明确了创始人的实际控制人地位，并宣布今后也将保持一致。面对凯赛生物的第一轮回复，上交所在 2020 年 4 月 3 日发出了第二轮审核问询函，其中提问道：虽然你“从严”认定创始人一家三口是共同实际控制人，但是其中的内在逻辑还是没能讲明白，尤其是信托持股架构中，创始人一家究竟是如何实现“控制”的？上交所的意思是，信托架构下的公司，该如何与创始人保持一致行动，怎样才能确保实际控制人的控制力？信托的条款以及管辖地法律，对于信托决策权是如何规定的，是否和创始人一家三口前述的《一致行动协议》存在矛盾之处？凯赛生物之前的说法太过笼统，无法说服上交所。需要针对上述问题给出合适的解释。然而出于未知的原因，凯赛生物律师在第二次意见书中，披露了一个重大变化：创始人夫妇以及儿子，已经在2020年4月9日，将家族信托所间接掌控的底层资产，也就是CIB的100%的股权，都无偿转让到一家三口的名下。其中，创始人受让50.5%的股权，其配偶受让0.5%，儿子受让49%。也就是说，创始人一家抛弃了家族信托的架构，直接通过CIB掌控凯赛生物。这种调整，固然让公司得以避开各种复杂的问询，但是也使得公司股权装入家族信托再上市的这种做法，在中国出现的时间被延迟。我们无法确认，如果当初凯赛生物能够再坚持一下，说明情况，是否可以取代盛美股份的“第一”位置，并且成功带着家族信托架构上市。但是至少可以看出，监管部门的问题集中在信托架构上，也就是说，并不清楚在加入家族信托架构之后，公司股权问题该如何判定。

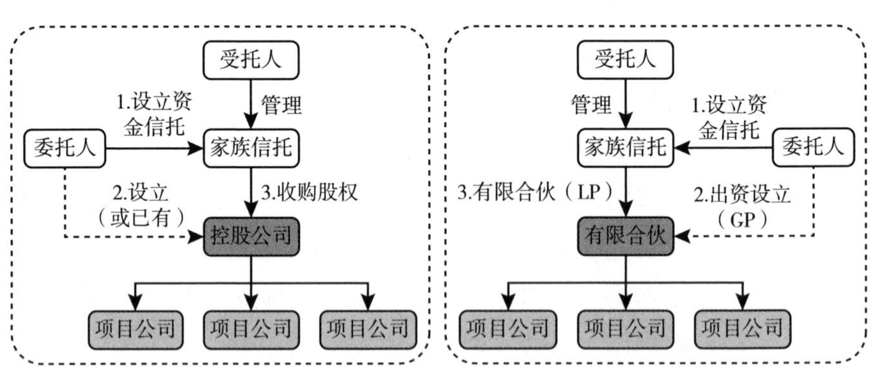

图3　凯赛生物的家族信托持股架构

3. 案例三：英飞拓上市之后进行操作

上市之前就进行股权装入家族信托这种操作，目前中国大陆地区还没有真正意义上的成功案例。不过，在公司上市之后，还可以进行操作，将股权装入家族信托，也算是“犹未晚也”。其中比较有代表性的是英飞拓。2010 年 12 月 24 日，英飞拓在深交所中小板上市交易。创始人作为公司实际控制人，持有该公司 70.26% 的股份。其中，有 34.67% 的股份是由他本人直接持有，35.5% 的股份则是由他百分百控制的一家美国公司 JHL INFINITE LLC 所持有。2015 年 2 月 6 日至 2016 年 9 月 24 日的一年半的时间里，创始人对其持有的部分公司股权收益权设立了信托，最终形成由 Robert S. Liu 作为受托人的家族信托——JZHKC LIU（#E），以及由 Anna Liu 作为受托人的家族信托——JZ LIU（#1）。该信托设立于美国特拉华州。创始人拥有美国国籍，并且他还持有一家美国公司，通过这家美国公司来持有上述两个家族信托。就这样，他在不违反 A 股“IPO 时信托持股不可以，上市后信托持股可以”的监管规则情况下，成功把近半数股权收益权装入家族信托。虽然在几十年后创始人去世，依然免不了遇到遗产分配问题，所以该操作的借鉴作用相当有限，但是毕竟这种操作已经在原来的基础上前进了一步。后来，创始人又陆续设立了两个家族信托，都放在那家美国公司名下，自身只保留 11.73% 的股份收益权，但是仍然有着 100% 的投票权。因此，英飞拓的实际控制人依然是创始人。由于英飞拓的这种做法在财富传承角度能起到的作用相当有限，市场上并未见到跟风而动，仅仅将上市公司的股权收益权放入家族信托的案例。

（二）案例关键点分析

盛美的成功背后，铺垫了不少不成功的例子。

1. 相关法律法规及监管思路

在中国，由于历史问题，上市公司要面临的监管问题，与国外完全不一样。2006 年，证监会发布《首次公开发行股票并上市管理办法》，其中

第十三条规定“发行人的股权清晰，控股股东和受控股股东、实际控制人支配的股东持有的发行人股份不存在重大权属纠纷”。2019 年，发布《科创板首次公开发行股票注册管理办法（试行）》；2020 年，发布《创业板首次公开发行股票注册管理办法（试行）》。其中规定，“控股股东和受控股股东、实际控制人支配的股东所持发行人的股份权属清晰，最近二年实际控制人没有发生变更，不存在导致控制权可能变更的重大权属纠纷”。根据上述规定可以看出，境内 IPO 的发行条件就是股权清晰、控股权稳定。然而，中国大陆地区只有《信托法》，并没有更具体的有关家族信托的法律法规，民事信托和商事信托的适用法律也并没有什么明显区别，实务中通常参照适用早在 2001 年颁布的《信托法》，或者适用于委托关系等《合同法》的规定。在这种法律适用背景和法理分析的条件下，“通过信托架构持股”并不是一种理所当然能被监管部门接受的常规存在，而是往往与“委托持股”“代持”通过并列式的规定出现在同一语境的上市规则中。在 IPO 审核中，也往往会将家族信托持股与委托持股、信托计划持股等归为一类特殊持股类型，然后参照“委托持股、信托持股”的上市规则展开问询。当监管部门进行问询时，参考思路通常按照《信托法》相关规定来进行，但是家族信托在中国是新生事物，其架构设计与以往的以融资和投资为目的的信托计划非常不同，又存在种种定制化的设计，监管部门对于这样一个看起来变化莫测的架构，以及可能带来的影响缺乏经验，这就导致在监管部门看来，信托财产归属不明，进而导致股权权属不清晰。

2. 证监会的认定案例——万向公司慈善信托

2018 年 6 月 29 日，鲁伟鼎基于慈善目的设立鲁冠球三农扶志基金，并将其持有的万向三农集团有限公司 6 亿元出资额对应的全部股权无偿授予鲁冠球三农扶志基金。此外，万向三农集团有限公司于 9 月底发生变动，出资人由自然人鲁伟鼎变更为法人万向信托独资。万向信托是鲁冠球三农扶志基金的受托人，而该基金是为纪念万向集团创始人鲁冠球而设立的慈善信托，信托财产为鲁伟鼎持有的万向三农 6 亿元出资额对应的全部股权。鲁伟鼎担任该基金会的董事长。万向三农为万向德农、承德露露的控股股东，分别在两家公司持股48.76%、40.68%。这意味着，“鲁冠球三农扶志基金”将在名义上替代鲁伟鼎，成为万向德农和承德露露的间接控股股东。然而由于鲁伟鼎是基金的实际控制人，万向德农、承德露露的实际控制人并没有发生变化。信托公司只是基于委托人鲁伟鼎的慈善意愿，作为受托人进行相应的管理，而慈善信托没有受益人，只是有一个慈善的目的，这种架构被认为是简单清晰。在这种股权变更过程中，可以很清晰地看到，鲁伟鼎一直都是最终的股权持有者，因此他被认定为实际控制人。可以说，问题的关键就在于，在整个运作过程中，让公司实际控制人清晰，公司股权归属明确，或者说，让监管部门明确这一点。

3. 逐渐开放的监管态度

2017年9月《公开发行证券的公司信息披露内容与格式准则第26号》第十五条规定，明确对重组标的交易对方的“穿透”披露标准，对契约型私募基金、券商资产管理计划、信托计划等“三类股东”做了具体的执行标准要求，即要求穿透披露至最终出资人，同时还应披露合伙人、最终出资人与参与本次交易的其他有关主体的关联关系。遗憾的是监管部门对信托的理解依然停留在信托计划上。这次修订规则，虽然依然对家族信托等股东有着严苛的要求，但是至少已经在围墙上开了一个口子。发布会上，发言人一开始就表示，修订规则的目的是提高并购重组效率，打击限制“忽悠式”“跟风式”重组，增加交易的确定性和透明度，规范重组上市。其中对于“穿透”披露的标准，做出了规定。交易对方为合伙企业的，应当穿透披露至最终出资人，同时还应披露合伙人、最终出资人与参与本次交易的其他有关主体的关联关系；交易完成后合伙企业成为上市公司第一大股东或持股5%以上股东的，还应当披露最终出资人的资金来源，合伙企业利润分配、亏损负担及合伙事务执行的有关协议安排，本次交易停牌前六个月内及停牌期间合伙人入伙、退伙等变动情况；交易对方为契约型私募基金、券商资产管理计划、基金专户及基金子公司产品、信托计划、

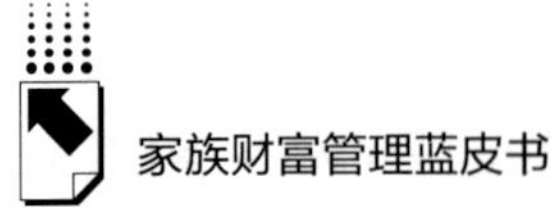

理财产品、保险资管计划、专为本次交易设立的公司等，比照对合伙企业的上述要求进行披露。

四 分析与建设性意见

（一）分析总结

通过上文的各种案例和法律条文分析等，我们可以得到这样一些结论：首先，监管部门对于家族信托相关的上市公司操作，已经多少放开了一些，不再是之前那样严防死守。其次，放开归放开，距离像境外上市一样的操作，还需要一段时间的磨合与适应。再次，出于对“穿透”披露的需求，证监会的问询，很可能会超出家族信托设立者最初的心理预期。最后，近期带着家族信托股权架构成功上市的公司，是一家拥有外资背景的公司。而无论是应对策略，还是对未来的一些展望与期许，都可以围绕这几点来展开。

（二）应对策略

1. 提高监管部门的认知

监管部门需要对家族信托的架构有充分的学习和了解。香港交易所对于IPO家族信托股权架构，有着充分的了解，并基于这种了解制定出了适宜的相关规则。在中国大陆地区，所谓“三类股东”中的信托计划，并不能代表家族信托结构，监管部门如仅仅以三类股东中的相关信息作为标准，来衡量和约束IPO公司的家族信托，这是不够严谨的表现。对此，需要撰写专门的实用性规则，对家族信托结构和“三类股东”中的信托计划作出明确的区分。届时，遇到的是哪种情况，就按照哪一种情况相关的法律法规来进行监管和问询，避免出现混淆的情况。

2. 信托安排细节上的区分

同样的家族信托在不同的条件下也会有着很大的区别。例如，委托人是否保留权利，就会对家族信托的性质产生很大的影响。如果委托人选择不

保留权利，而是把权利交给保护人或监察人，那么在这种条件下，家族信托就是不会被委托人更改的，对于监管部门来说，对于这种信托背后的实际控制权的披露重点就是监察人（保护人）。反过来说，假如委托人的选择是保留权利，那么也就意味着他可以随时对家族信托受益人以及受益人拥有的权益进行修改，从而造成股权归属的不确定性。对于这两种情况，监管部门应该区别对待。受托人是否拥有自由裁量权，也会对信托的股权财产归属问题产生很大影响。此外，受益人的分配，究竟是基于全权信托还是非全权信托，也会对谁是最终的股权实际控制人产生影响。这些不同的细节差异，往往需要区别对待，因为这些都会对披露规则的差异化有所影响。

3. 涉及税务处理的配套规则

另外即使监管部门在认识上有所突破，出台了更有针对性的规则，在上市前将股权放入信托的税务问题也是急需解决的，是否一味按照真实销售来处理，还是可以借鉴近亲属之间的股权转让来处理？不同的税务处理会导致不同的税务成本，而税务成本在很多时候，都会变成决定是否要使用家族信托这一工具的最后一个考量因素。有关中国上市公司的事情，并不仅仅是一个法律问题。法律法规需要解决现实中的问题。当前中国的各大公司中，拥有足够实力的并不多，无数标榜科技的公司，并不具备太先进的技术，并且管理方面依然一塌糊涂；在股市上表现最好的，居然是白酒，被戏称为“酱香型科技”，这从反面凸显了中国企业的整体实力。公司实力存在严重短板，急功近利的思想弥漫在不少人脑海中，不少公司上市之后，实际控制人经常想方设法减持套现，还有一些公司如瑞幸咖啡，几乎可以称得上是骗局。在这些状况逐渐减少之前，相关监管政策可能并不会放松太多。在决定用家族信托设计股权架构时，并不能忽视这一点。

当然，随着中国民营企业的逐渐发展壮大，在不少创一代已经进入中老年，需要考虑传承问题的大背景下，再加上许多超高净值人群的主要财富构成就是公司股权，这个亟待解决的问题很快将被提上日程。

B.18

股权类家族信托在我国的发展现状与趋势

刘鹏坤*

摘　要：股权类家族信托以其独特的功能和价值成为高净值家庭实现财富保全与传承、“家企分治”和家族慈善等多重目的的必由之路。囿于我国信托登记和信托税收制度缺失，大陆地区股权类家族信托实践尚不普遍，股权类家族信托仅能通过间接方式设立，“一揽子”专业服务体系还未形成。近年来，随着《民法典》等法律的颁布、实务界的不断探索，出现了具有代表性和启发性的案例，股权信托制度完善的“大方向”也已形成共识。“内外联动”的股权类家族信托必将成为我国民营企业资本与资产运营的主要载体、家族财富保全和传承的主要工具，并为高净值家庭提供税务筹划和慈善功能。

关键词：家族企业　股权信托　家族信托　财富传承

家族企业是一种既传统又现代的企业形态，是人类社会最早并延续至今仍在世界经济活动中发挥重要作用的企业组织形式，据统计全世界65%的企业为家族性质企业，世界500强企业近40%是家族企业。[①] 受“家文化”的影响，我国约80%的民营企业中存在家族式组织或家族式管理，无论

* 刘鹏坤，京都家族信托法律事务中心顾问、南开大学法学院博士研究生。

① 范博宏：《交托之重：范博宏论家族企业传承》，东方出版社，2014。

是从直接经济贡献还是从提供就业岗位来看，家族企业都是一支不可忽视的力量。[①]

家族企业被认为是“由家族成员控制股权，又通过控制经理层掌握企业决策权的企业”[②] 类型，是“在同族或者家族的封闭性的所有和支配下所组成的多角的企业经营体”[③]，因此利益关系较复杂。克林·盖尔西克在家族企业的三极发展模式（即所有权发展进程、家庭发展进程和企业发展进程三极）基础上建立了三环模型，把家族企业系统表示成三个独立而又相互交叉的子系统：企业、所有权和家庭，[④] 深入阐述了家族因素对家族企业的影响和家族企业治理的复杂性。研究表明，这种复杂性“在家长式决策的华人家族企业中表现得更加明显”，[⑤] 这种“权威式治理抑制家族企业创新，而且在代际传承中对企业创新产生负面影响”，[⑥] 亟须建立更加科学、稳定的家族企业传承秩序。从世界范围看，绝大多数实现有序传承的家族企业，均采取信托架构实现“家企分治”，我国民营企业保护、治理及传承需求也能够通过股权类家族信托获得满足。

一　我国发展股权类家族信托业务的重要意义

股权是高净值家庭财富结构中最重要的形态，家族企业传承是高净

---

① 〔新加坡〕李秀娟、张燕：《当传承遇到转型——中国家族企业发展路径图》，北京大学出版社，2017。

② 〔美〕小艾尔弗雷德·D. 钱德勒：《看得见的手——美国企业的管理革命》，重武译，商务印书馆，1987。

③ 陈躬林：《家族企业：有待于正确评价的企业制度》，《东南学术》2002 年第 1 期，第120 ~ 126 页。

④ 〔美〕克林·盖尔西克等：《家族企业的繁衍：家庭企业的生命周期》，贺敏译，经济日报出版社、哈佛商学院出版社，1998。

⑤ 许叶枚：《家文化视角下家族企业治理评析》，《经济问题》2011 年第 5 期，第 100 ~ 102 页。

⑥ 陈建林、贺凯艳：《家族企业管理模式异质性对创新的影响——家族企业创新研究的争论与整合》，http：//kns. cnki. net/kcms/detail/51. 1268. G3. 20210316. 1202. 014. html，2021 年 4 月 20 日。

值家庭财富传承的重要内容。遗嘱、赠与或法定继承等常规的财富传承工具，无法满足接近“退休年龄”的中国“创一代”家族企业传承的需求。企业家们普遍开始关注更具灵活性的股权家族信托。股权类家族信托不仅能够实现家企分离，在延续家族企业商业生命的同时，保护家族成员免受婚变、债权人追索，而且是现代商业实践中十分灵活、成熟、高效的商业控制手段，可以兼顾企业、家族、高管三方利益，是家族企业传承的必由之路。

（一）企业股权是高净值人士最为重要的财富

改革开放以来，第一代创业者积累了大量的财富，并主要以民营企业的方式存在。随着创一代退休年龄的到来，中国将进入家族企业传承“大周期”。“因时而立，因势而为”，股权类信托应当受到财富管理和传承领域的足够重视。

1. 企业股权是高净值家庭的主要财富形态

《2020 方太 · 胡润财富报告》显示，中国千万人民币资产的“高净值家庭”中 60% 是企业主，亿元人民币资产的“超高净值家庭”中，这一比例高达 75%。[①] 企业股权在高净值家庭资产中所占比例与家庭资产规模成正比，是高净值家庭的主要财富形态。

2. 家族企业传承是高净值家庭财富传承的主要内容

胡润研究院预计“未来 30 年将有 78 万亿财富传给下一代”，“86% 的企业家已开始规划和准备家族传承事宜”。这些财富中的物质部分主要表现为家族企业股权，或者家族企业控制下的其他财产。另外，家族企业文化等精神财富也是企业家们传承规划的重要考量因素。

3. 我国家族企业传承需求将持续增长

新冠肺炎疫情以来，中国在全球主要经济体中率先实现经济正增长，

---

① 参见《2020 方太 · 胡润财富报告》，https：//www. hurun. net/zh – CN/reports/Detail？ num = O37XUUGER51W，最后访问时间：2021 年 3 月 20 日。

2020年经济总量首次突破100万亿元，国际社会普遍看好中国经济的韧性和前景。相较于传统民营企业，科技创新型民营企业财富积累和成长更加迅速，中国企业股权传承需求持续增加，股权类家族信托将逐步成为财富管理行业的“新蓝海”。[①]

（二）股权类家族信托是民营企业实现代际传承的必由之路

我国民营企业正面临从“创业”到“守业”的转变，家族企业凝聚了“创一代”的毕生心血，企业主对企业具有深厚的感情，普遍希望能够“子承父业”顺利交班。因此，如何破除常规传承方式的局限、在“交班”过程中实现家族企业商业生命的延续和平稳有序过渡，是企业家普遍关心的问题。

1. 高净值家庭财富传承需求具有多样性

家族企业创始人的财富传承需求较复杂，不仅希望实现家族物质财富（以家族企业股权为载体）的传承，也希望实现家族精神财富（以家族企业文化为载体）的传承。家族物质财富类型丰富，既包括传统的动产和不动产，也包括知识产权、股权、金融资产等，不同类型的财产管理方式也存在差异。家族精神财富虽无物质载体，但它是企业家们人生财富的重要组成部分，传承需求非常迫切。

2. 常规财富传承法律工具存在局限性

现行法律框架下，财富传承法律工具可以分为公众较为熟悉的遗嘱、赠与或法定继承等常规工具和近年来逐渐进入公众视野的家族信托工具。在家族企业传承中，常规工具可操作性空间小、直接转移所有权，导致“家企不分”与“股权分散”，无法保证“守业人”继承家族精神财富，加剧家族治理和家族企业治理的不稳定性。

3. 股权类家族信托具有独特的价值和功能

不同于常规工具，股权类家族信托不仅具有信托制度共有的财富保护和

---

① 刘发跃：《股权家族信托成为新蓝海》，《中国银行保险报》2020年1月21日。

传承、家族治理、税务筹划和社会慈善功能，还具有股权信托独特的价值和功能，不仅可以将家族财产公司化，承载其他资产，实现间接设立信托的目的，还可以实现家族企业管理的灵活性，在实现所有权与经营权相分离的前提下，可以保证委托人对家族企业的实际控制。[①] 另外，股权类家族信托可以实现财富的社会价值、家族效用最大化的目的，并在家族企业的运营过程中，培养和造就更多的家族成员成为企业家，使家族成员充满了活力和创造力。

因此，在家族企业传承方面，股权类家族信托相对于常规工具有绝对优势，是民营企业实现代际传承的必由之路。

（三）股权类家族信托可以兼顾企业、家族、高管三方利益

“家族”和“企业”是遵循不同价值导向的独立系统，二者在法律属性、利益主体、运行规则和治理方式等方面存在较大差异。股权类家族信托基于信托财产独立性、家族信托制度的灵活性，能够在保证家族企业控制权稳定的前提下，实现家企分离，既能通过信托利益分配机制平衡家族成员间的利益关系，又能实现对家族企业的控制和职业经理人专业化管理。[②]

1. 股权类家族信托可以实现家企分离

“家企不分”的家族（企业）治理方式深受传统的“家文化”影响，虽然“在企业发展初期有利于降低沟通成本、增强信任、高效决策”，但也隐藏着多重风险。股权类家族信托通过将家族企业股权纳入信托，使其成为独立的信托财产，与家族财产和家族成员个人财产相分离，可以防范家族或家族成员承担股东责任、因婚姻关系变动导致家族企业财富流失、因企业违法犯罪承担责任等风险，在家族和家族企业之间构筑“防火墙”。

---

① 王延明：《家族信托：打破“富不过三代”的魔咒》，《中国外汇》2013 年第 20 期，第 65 ~67 页。

② 陈进：《家族信托对家族企业管理与传承的意义与作用》，载百瑞信托有限责任公司《2019 年信托行业研究报告》，2020，第 70 ~79 页。

2. 股权类家族信托是重要的家族治理工具

家族治理是由企业家族自愿创建、旨在管理与完善家族与企业的关系以及企业家族成员之间关系的一系列结构、程序与机制。[①] 家族治理机制一般以家族信托为载体，以信托利益分配机制为引导，结合家族宪章等家族规范、家族大会等治理机构共同构成。从欧美王朝家族企业的经验看，股权类家族信托是最为重要的家族治理工具，通过信托利益分配机制的利益驱动，促使家族成员作出符合家族治理要求的决定，更好地维护家族利益。[②]

3. 股权类家族信托有利于完善企业治理结构

家族企业本身具备异质性，[③] 家族企业治理既有一般公司治理的共性，也有属于家族企业的特殊性，[④] 家族企业治理机制涉及家族所有者、外部所有者、家族经理、职业经理人等，企业效益很大程度上取决于不同利益主体的人际关系。[⑤] 股权类家族信托可以避免任人唯亲、“宗族”血缘亲疏的干扰，[⑥] 实现所有者与管理者分离，给予职业经理人更加开明、自由和更有激励性的执业环境。

（四）股权类家族信托是具有挑战性和创新性的私行业务

家族信托并非一个标准化产品，而是高净值客户实现家族财富保护和传承的综合性工具。囿于“分业经营、分业监管”的体制，目前境内私行家

---

① Suess Julia, “Family Governance-Literature Review and the Development of a Conceptual Model,” *Journal of Family Business Strategy*, 2014, 5 (2): 138 – 155.

② 刘东辉：《家族治理在家业传承中的作用》，《银行家》2020 年第 8 期，第 111 ~ 114 页。

③ Chrisman J. J., Chua J. H., Massis A. D., et al., “The Ability and Willingness Paradox in Family Firm Innovation,” *Journal of Product Innovation Management*, 2015, 32: 310 – 318.

④ 许叶枚：《家族企业治理研究述评》，《南京社会科学》2009 年第 11 期，第 48 ~ 53 页。

⑤ 吴炯、王飞飞：《社会嵌入背景下家族企业接班人与高管团队的关系协调：基于跨代创业的案例分析》，《南开管理评论》，http://kns.cnki.net/kcms/detail/12.1288.f.20210324.1346.002.html，2021 年 4 月 1 日。

⑥ 吴艺玄、杨俏文：《家族治理现代转型中的问题与优势分析》，《时代金融》2019 年第 21 期，第 121 ~ 122 页。

族信托业务一般与持牌信托公司共同实施。《民法典》在继承编重申作为典型民事信托的“遗嘱信托”，有利于普及信托观念，促进信托制度的“民事化”。高净值家庭作为委托人、其他非持牌信托公司法人作为受托人、家族成员作为受益人、企业股权作为信托财产的股权类家族信托将成为可能。私人银行作为最受中国高净值家庭信赖的服务机构，为客户提供全方位、综合化、国际化的股权类家族信托服务既是创新也是挑战，更是受人之托、服务客户的应有之义。

1. 股权类家族信托是跨域多部门的综合性业务

股权类家族信托是跨越信托、合同、物权、婚姻、继承、税收等法律部门，综合企业管理、家族治理、慈善等多领域知识体系的系统性工程。私人银行开展股权类家族信托业务，需要有经验丰富的专业人员、稳定全面的合作机构、境内外联动的服务体系，不仅要满足高净值家庭的财富规划和传承需求，还要满足家族企业传承、治理、投融资等需求，同时满足家族事务管理需求。

2. 股权类家族信托可以帮助私行实现业务创新

目前，国内股权类家族信托私人银行服务格局未定，股权类家族信托设立需求与私行服务能力仍存在较大矛盾，“赛道起跑线”差距较小。私行应善用股权类家族信托的灵活性优势，突破家族信托类标准化理财产品的思维定式，关注客户家族治理和企业治理需求，整合服务资源，提供更加综合、稳定、高效的财富管理方案。

二　股权类家族信托在我国的发展现状

股权类家族信托并非严谨的法律概念，而是指实务中以股权作为主要信托财产设立的一类家族信托，一般是以企业主为委托人、以保护或传承家族企业为目的、以家族成员为受益人的股权信托。通常，（狭义的）股权信托又称直接股权信托，是指以股权为标的而设立的信托；广义的股权信托还包括间接股权信托，即先设立资金信托，再由资金信托购买股权而使该股权成为信托财产的信托。根据设立信托的股权类型不同，还可分为“非上市公司股权”[①] 信托与上市公司股权信托等。[②]

（一）非上市公司间接设立股权信托模式

信托“登记生效主义”模式下，股权信托设立需进行信托登记。非上市公司股权因不涉及证券监管规则，可以通过交易安排实现设立股权类家族信托的目的。实践中，一般先设立资金信托，再由资金信托受托人以信托财产置换（收购或新设）项目公司控股公司（或项目公司）股权，最终将项目公司股权纳入信托。但由于信托公司担任家族信托受托人直接持有项目公司股权、担任控股股东的内控成本和合规风险较高，受托人一般通过控股公司或有限合伙企业的方式间接持有目标公司股权（见图 1）。

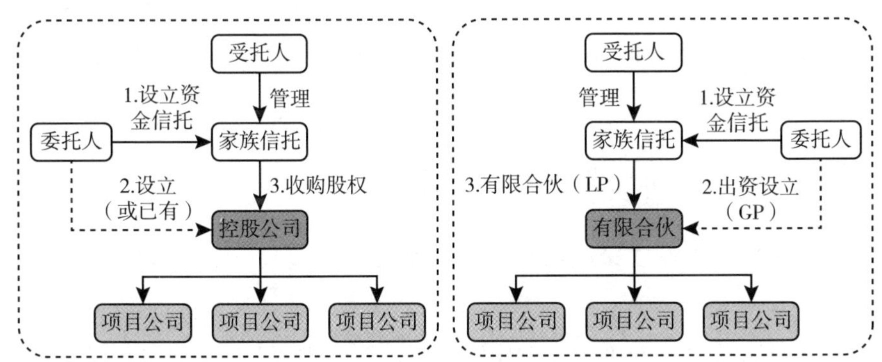

图 1　间接设立股权信托的基本模式

如图 1 所示，股权类家族信托实践中常见持股架构包括通过控股公司间接持股和 SPV 有限合伙企业间接持股两种。

① 我国《公司法》将公司分为有限责任公司与股份有限公司两大类别，对应的股权类资产亦可以分为有限公司的股权与股份公司的股份。其中，股份有限公司依据股份发行方式不同，又可分为上市公司与非上市股份公司，相应的股权类资产可分为上市公司股份与非上市公司股份。由于我国非上市股份公司与有限责任公司的监管政策在很大程度上存在相似之处，本研究将该二者对应的股权类资产合并统称为“非上市公司股权”。

② 韩良：《家族信托法理与案例精析（增订版）》，中国法制出版社，2018。

1. 信托通过控股公司间接持股

此模式下，委托人先设立资金信托，再设立控股公司（有限责任公司）并将所持各项目公司股权转移至控股公司名下，之后以家族信托名义收购控股公司的现有股权。受托人仅为控股公司的股东，主要承担的是制度框架的架构、控股公司的设立及治理等，不直接参与项目公司具体业务的经营，在受托人与项目公司之间构筑一个隔离层。该模式成本较高但功能最为完善，适合委托人家族企业的股权结构复杂需求较多的情形。

2. 信托通过 SPV 有限合伙企业间接持股

此模式下，委托人设立资金信托，信托公司作为 LP（有限合伙人）、委托人作为 GP（普通合伙人），设立 SPV 有限合伙企业，收购项目公司股权成为公司新股东。委托人可以直接管理和控制目标公司，受托人则担任有限合伙人，不参与公司经营，主要承担的是资金监管的职责。此模式税收成本较低，适合目标股权的运作管理复杂或专业度、时效性要求高的情形。

（二）上市公司股份设立股权信托模式

上市公司股份设立家族信托比非上市公司更加复杂，不仅要遵守《信托法》、《公司法》和相关税法规范，还要遵守《证券法》及其他证券监管法规。另外，证券监管机构、交易所等颁布的规范性文件和窗口指导意见也是影响上市公司股份设立信托的重要因素。虽然《证券法》《证券非交易过户业务实施细则》等法规为信托持有上市公司股份提供了新的制度基础，但作为公众公司，信托持股必然对证券监管的诸多方面提出挑战，如股份变更登记制度、信息披露、实际控制人认定、一致行动关系认定等。

1. 上市公司股份设立家族信托的类型

国内上市公司股份家族信托的类型化研究发现，依据设立目的，可以将上市公司股份设立的家族信托分为慈善家族信托和私益家族信托，慈善家族信托以何享健“美的慈善信托”和鲁伟鼎“鲁冠球三农扶志基金”为代表，私益家族信托以信托公司将上市公司控股股东存量股票置入“全权委托型”

家族信托业务为代表；依据主导者身份，可以分为上市公司实控人主导型和非实控人主导型；依据初始信托财产的不同，可以分为直接设立模式和间接设立模式；依据信托主导者是否保留控制权，分为消极持有型和积极管理型。①

2. 上市前采用信托持股架构的模式

2020 年 9 月，“盛美股份”成为 A 股第一个以家族信托作为持股顶层结构（见图 2）的上市公司，并采用“A + N”模式在纳斯达克同时上市。但同期申请上市的“凯赛生物”却拆除了家族信托持股架构（见图 3）后实现上市。对比两个案例，科创板与主板上市规则差异、实际控制人国籍、母公司是否已在境外上市、信托设立年代、信托持股比例及是否具有现实目的等因素对信托持股架构能否过会均有影响。

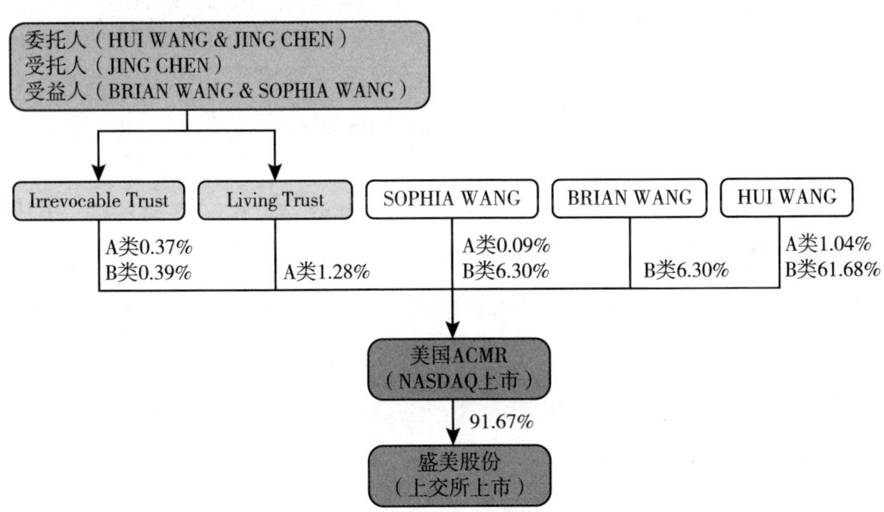

图 2　盛美股份信托持股架构

3. 上市后采用信托持股架构的模式

深交所上市企业“英飞拓”公司于 2015 ~ 2016 年发布一系列公告，披

① 参见柏高原《上市公司股份设立家族信托的若干问题（上）——上市公司股份家族信托的类型化》，载微信公众号“京都家族传承”，2021 年 3 月 10 日。

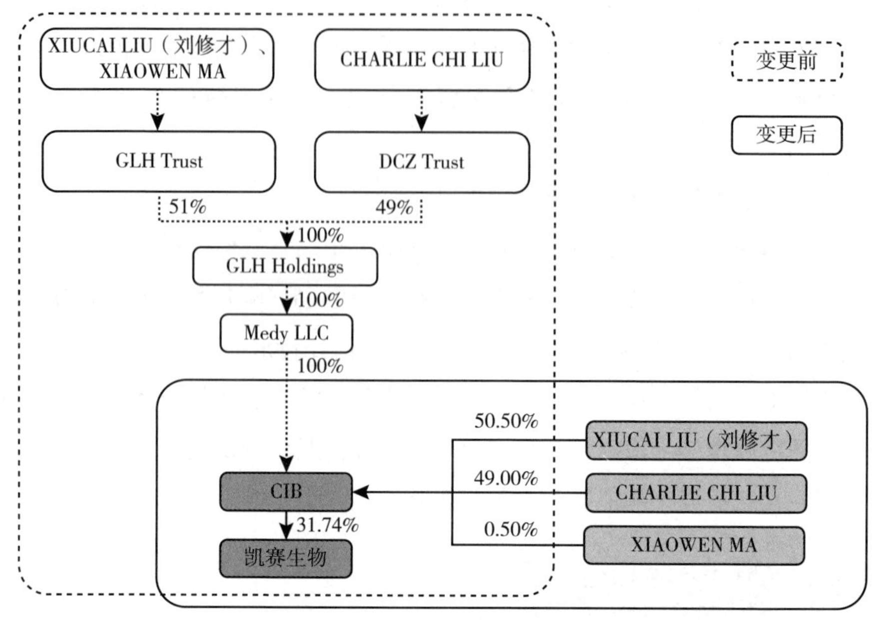

图 3　凯赛生物信托持股架构

露了实际控制人刘肇怀以其全资持有的“英飞拓”公司境外股东公司的股权设立境外家族信托的诸多细节，并通过股份收益权和投票权分离的方式保持对“英飞拓”的实际控制。“协鑫能科”实际控制人也曾于 2008 年签署一份信托契约将“协鑫能科”境外股东公司全部股权设立家族信托，并通过实际控制人担任家族信托保护人唯一的股东和董事的方式保持对“协鑫能科”的实际控制。

（三）民营企业家设立离岸股权信托模式

离岸家族信托是指适用离岸地法律的家族信托，其在税收、外汇监管、信托结构安排及财产保护功能上优势明显，成为大陆地区民营企业家设立家族信托的首选方式。离岸信托架构设计模式较成熟，可以根据委托人的不同需求进行私人定制，通过 PTC、目的信托、VISTA、STAR 条款等信托工具的灵活运用，建立“内外联动”机制，实现永久存续、控制权稳定、收益和资产保护及传承等多重功能。

1. 境外公司上市信托架构

境外公司上市信托架构是境内民营企业在境外上市时为了实现规避严格法律管制、设置投融资平台、享受税收优惠、隔离风险、保留控制权以及实施员工激励计划等所做的信托持股安排。首先，委托人在海外主要资本市场普遍接受的百慕大、开曼群岛等注册一家作为上市申请主体的公司，并将其股权委托给信托公司设立信托；之后，在投资目标国与百慕大或者开曼公司中间增设一家被其公司百分之百控股的 BVI 公司，BVI 公司可作为收购目标国企业的主体，控股该企业；然后，每新设一业务，均可在百慕大或者开曼公司下另设 BVI 公司，最终实现投资层、控股层和实体经营层相分离。(见图 4)。

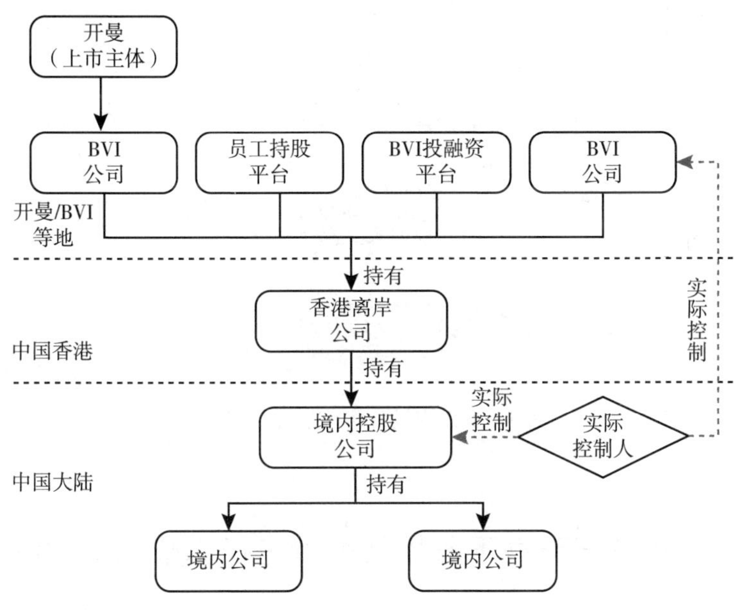

图 4　境外公司上市信托架构

2. 私人信托公司股权控制架构

私人信托公司股权控制架构综合运用了 BVI 的“私人信托公司”制度

（PTC）、VISTA 法案和目的信托（Purpose Trust）制度，可以保全家族企业股权、赋予家族企业股权独立性，又可以实现家企分离，帮助创一代建立科学合理的家族和企业治理架构。首先，委托人在适合的离岸地设立控股公司收购目标公司的股份；之后，将控股公司的股权委托给家族成员成立的 PTC；再由“VISTA 目的信托”持有 PTC 股权，并利用 VISTA 法案的“董事会规则”（ODRs）控制 PTC，进一步控制家族企业；通过引入“任命人”“执行人”“质询人”“保护人”等主体，完善家族信托治理结构，实现家企良性互动（见图 5）。

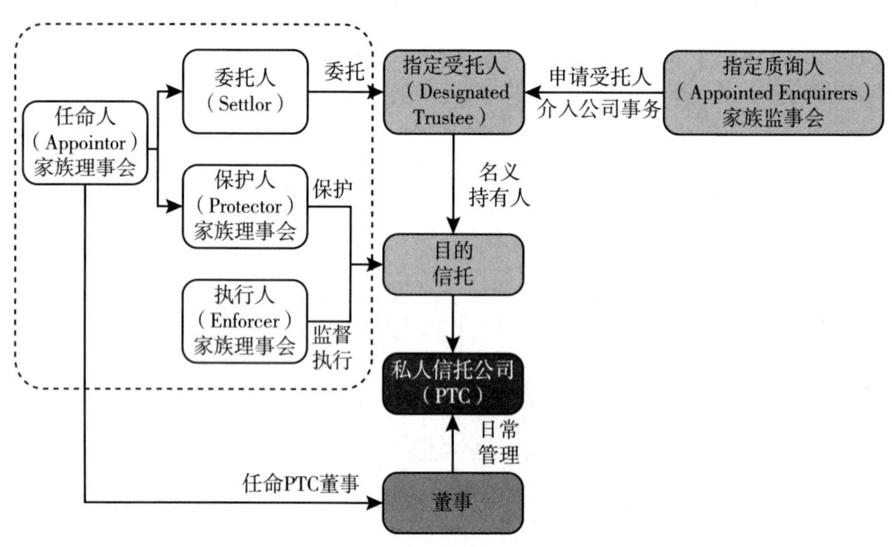

图 5　私人信托公司股权控制模式

三　现行法律环境下股权类家族信托面临的法律问题

目前，我国“股权类家族信托法律体系”主要由信托业“一法三规”①、

① 我国信托行业中的“一法三规”指《中华人民共和国信托法》、《信托公司管理办法》、《信托公司净资本管理办法》及《信托公司集合资金信托计划管理办法》。

《公司法》及其配套、《证券法》及其配套等规范组成，同时受各主管机构制定的规范性文件和窗口指导意见影响。信托财产权属不明、信托财产登记制度和信托税收制度缺失是制约我国股权类家族信托发展最紧迫的法律问题。[①]

（一）非上市公司股权信托面临的法律问题

现行法下，无论是以上市公司还是以非上市公司股权设立信托，都将面临信托财产权属不清、信托无法登记、纳税主体不明和实际效果可预测性差等问题。

1. 信托财产权属不清

《信托法》对信托财产所有权采取“委托给”[②] 的模糊性处理方式，未明确信托财产法律上的所有权归属问题，“委托给”一词的解释出现多元化。学界一般认为“委托给”应当理解为委托人应当将设立信托的财产所有权转移给受托人，[③] 成为独立的信托财产。但立法的模糊性导致股权信托的成立与生效缺乏合理的法律界定，不仅使我国家族信托的法律实践处于不稳定状态，也给未来司法机关审判由此而引发的大量争议带来困惑。应当明确信托财产的所有权应该归属于受托人，并将受托人登记为股权的所有权人。

2. 信托登记制度缺失

英美法系国家并没有专门建立信托登记制度。[④] 我国在移植信托制度时创设出了具有鲜明大陆法系特点的信托登记“生效主义”[⑤] 原则。虽然有观点认为公司法中的股权登记仅具有“对抗效力”，因此股权信托不登记不应影响其效力。但从法律条文看，信托法并未明确应当办理的“登记手续”

① 参见全国政协委员、证监会原主席肖钢在2021年全国政协会议上的《关于完善信托制度、促进推行家族信托的提案》。

② 参见《信托法》第2条。

③ 周小明：《信托制度：法理与实务》，中国法制出版社，2012。

④ 何宝玉：《信托法原理研究（第2版）》，中国法制出版社，2015。

⑤ 参见《信托法》第10条。

效力为何，应当包含采用“登记对抗主义”物权变动模式的财产。[①] 信托登记应当包含信托法律关系和物权变动登记两部分，《信托法》未予以区分，给信托理论和实践造成了一定的困惑。“中信登”主要针对的是信托产品登记，慈善信托备案也非信托法意义上的“登记”。[②] 应当明确信托登记采取“登记对抗主义”的原则，以公证机构为民事信托与慈善信托的统一登记机构，并与从事营业信托登记的“中信登”一起，构成我国统一的信托登记体系。

3. 信托税收制度缺失

当前，家族信托如何征税问题在我国税法规制上并不明确，家族信托面临着信托财产设立或退出时的重复征税、信托财产持有过程中的纳税主体地位不明确等问题。税务机关不关注信托财产“形式转让”还是“实质转让”的问题，只要变更了财产登记人，一律按照转让统一征税，导致在信托中出现重复征税的现象。信托在财产持有过程中可能会有委托人、受托人、受益人和信托本身等多个纳税主体，纳税义务人不明可能导致股权类家族信托税务责任风险。应当以导管理论为主、实体理论为辅的信托税收原则为指导，建立我国信托税收制度。

4. 信托功能可预测性差

股权类家族信托最重要的功能是“家企分离”的治理机制，委托人一般选择保留企业实际控制和经营的权利，受托人仅从事收益分配等事务性管理。我国《信托法》未明确委托人保留权利的范围及后果，根据“虚假信托”理论，过度保留权利的信托可能丧失独立性从而无法实现“风险隔离”功能。同时，由于股权信托受托人通常并不具备管理家族企业的能力，如因受托人缺乏专业的管理经验和技能，导致家族企业损失，也与设立信托的初衷相悖。因此，应当明确委托人保留权限的范围、建立健全家族信托的有效设立审查机制、培养具有专业管理能力的受托人机构以及通过合法的架构设计实现企业经营权的保留。

---

① 全国人大《信托法》起草工作组：《中华人民共和国信托法释义》，中国金融出版社，2001。

② 张阳：《中国信托登记的错位与回归》，《兰州学刊》2020 年第 7 期，第 73 ~ 87 页。

（二）上市公司股权信托面临的法律问题

上市公司股权信托除需面临前述非上市公司股权信托的法律问题外，还需要面临证券监管规则的限制。根据上市公司设立家族信托的时间不同，上市公司股权信托面临的法律问题也不相同。

1. 上市前采取股权信托架构

上市前采取股权信托架构，可能面临监管机构根据《首次公开发行股票并上市管理办法》第十三条规定对发行人“股权是否清晰”“是否存在委托持股、信托持股或一致行动关系等情况”的审查。而《非上市公众公司监管指引第 4 号》也明确了股份公司股权结构中若存在工会代持、职工持股会代持、信托持股等关系，或存在通过“持股平台”间接持股的安排以致实际股东超过 200 人的，应将代持股份还原至实际股东。虽未明确信托持股未导致实际股东超过 200 人的情形，且出现了“盛美股份”的先例，但实践中仍面临较大困难。

2. 上市后采取股权信托架构

上市后采取股权信托架构，主要面临证券监管法规对股权转让的限制和证券监管机构的审查等问题：①实际控制人、控股股东限售期股份转让限制。《公司法》及证券监管规则均对上市公司发起人、实际控制人和控股股东在股票上市后一定期限内转让股份进行了限制。[①] ②触发要约收购。《上市公司收购管理办法》规定，转让股份超过 30% 的，触发要约收购机制。[②] ③股份转让需遵守证监会“减持规定”。[③] 证券监管机构对于上市公司大股东减持数量和频率的规定，使股权无法一次性转移给受托人。④股份转让造成的高昂税负。公司上市后的资本溢价较大，无法办理非交易过户的情况下将面临巨额所得税税负。⑤信息披露的风险。上市公司实际控

① 参见《公司法》第 141 条，《上海证券交易所股票上市规则》第 5 章。

② 参见《上市公司收购管理办法》第 47、62 条。

③ 参见《上市公司股东、董监高减持股份的若干规定》第 9 条。

制人通过信托方式控制公司，须符合证券监管的信息披露要求，可能与股权类家族信托的私密性有所冲突。①

（三）离岸股权信托模式面临的相关问题

与在岸信托倾向于加强受托人的信义义务并使受益人监督执行信托不同，离岸信托往往限制受益人干涉信托的管理，并大多通过增加保护人等设置达到监督制衡的目的，委托人或保护人的作用逐渐加大，而受益人权利逐渐弱化。② 因此，离岸股权信托虽然具有稳定而灵活的立法保障、有效的司法隔离功能、较强的保密性、税收筹划功能等优势，但也面临着财产出入境监管、受托人选择成本、信息沟通的时效性、CRS 和“经济实质法案”影响等问题。

1. 财产出入境监管问题

受我国外汇监管和对外投资管理政策的影响，现金资产出境的难度与时间在原基础上又有所增加，非现金资产面临的障碍更大，VIE 模式的可行性越来越低且风险性很高。同时，受资产入境管制与税收政策的影响，加之信托利益分配的持续性，离岸信托向境内受益人持续稳定地分配信托利益较困难。

2. 受托人选择成本问题

股权类家族信托的最终目的是实现家族企业的永续存在和家族成员持续获得信托利益。但离岸地及其信托机构的优势在于法律制度层面，受托人本身往往并不具备家族企业和家族事务的管理能力。而且，委托人并不在离岸地生活，对于受托人缺乏考察，加之语言文化等差异，导致信息沟通并不畅通，受托人道德风险较高。

3. 事务处理的时效性问题

离岸地法律制度多在传统英美法系基础上，建立各具特色的法律制度，

---

① 参见《公开发行证券的公司信息披露内容与格式准则第 2 号》第 48 条。

② Paolo Panico, *International Trust Law*, Oxford: Oxford University Press, 2010: 3-5.

信托设立、运行和当事人权利义务均与国内法存在较大差异，可能造成委托人的理解和适用困难，进而降低事务处理效率。并且，离岸家族信托由于委托人与受托人空间分离、办公时差等问题，信息沟通成本较高。另外，离岸家族信托结构复杂，持股公司可能涉及法律纠纷较多，而跨境法律争端解决的时间成本和经济成本都比较高。

4. CRS 和“经济实质法案”影响的问题

目前，主流的离岸金融中心，如中国香港、瑞士、新加坡和欧洲都已经加入了 CRS 和 FATCA，实际控制人的信息会被交换回本国，随着我国新个税法的生效及 CRS 的执行，税务机关将来可能会对中国税收居民设立海外信托的安排加强税务征管，很多基于离岸信托的“税务筹划方案”和“隐私方案”的可靠性和可持续性将大大降低。主要离岸地“经济实质法案”的实施，意味着离岸公司未来面临更高的合规要求，相应地增加维护成本。

四　股权类家族信托在我国的发展趋势

境内股权类家族信托虽然仍处于起步阶段，完善的股权类家族信托法律制度和政策环境尚未形成，股权类家族信托实践规模化、场景化、定制化程度还不高，专业服务机构数量少且格局尚不明显。但股权类家族信托的市场需求旺盛且增长迅速，股权类家族信托法律环境逐步改善，股权类家族信托综合化服务体系也正在形成。从股权类家族信托的现状和服务需求看，传承性功能与保护性功能并重、税务筹划与慈善功能加强、海内外股权类信托“联动”、成为企业资本与资产运营载体将是我国股权类家族信托的发展趋势。

（一）股权类家族信托成为企业资本与资产运营载体

股权是一种可以承载其他资产的资产，通过将股权设立信托，可以将难以直接设立信托或受托人不愿接受和管理的特殊资产（如艺术品、个人收藏品等）纳入信托，不仅可以实现间接将公司财产设立信托的目的，还一定程度上减轻受托人管理此类特殊动产的责任。股权承载资产的方式可以分为两种：一是将资产通过缴付注册资本的方式转让给家族企业，二是由家族企业自股东处收购资产。股东用于出资的资产可以包括货币和非货币财产，非货币财产应是可以用货币估价并可以依法转让的财产。家族企业从股东处收购资产的，应以公允价格进行，否则可能被委托人的债权人请求人民法院撤销。

除了特有的承载特殊资产的功能外，股权类家族信托还可以为企业进行资本运作和资产运营提供支撑。例如，通过对家族企业资产负债表的深入分析，剥离出可以出表、能够产生现金流、可以设立信托的资产，设立股权信托或资产信托，由信托独立运营该部分资产。之后，再由信托与家族企业通过合作、租赁等方式形成利益分配机制，既保证了出表资产的独立性、安全性，也为家族提供了注入家族信托的现金流。如“宜家集团”将宜家的“品牌、理念等无形资产”与“商场、仓库等有形资产”通过家族基金会分离，再通过“销售总额3%的品牌使用费”实现资金流动。“博世集团”则通过家族信托持股实现“股权与投票权的分离”，企业所有权和重大决议的投票权分属两个机构，由此使产业所有权、控制权和经营权确定了一个三权分立的微妙掣肘。

（二）股权类家族信托的传承性功能与保护性功能并重

与现阶段的家族信托实践相比，未来股权类家族信托应当并重家族财富的传承与保护，在实现“家企分离”和财产保全的前提下，保证家族企业性质不变、业务延续、效益不降。

1. 股权类家族信托的保护性功能更加完善

常规财富传承工具无法实现信托财产的独立，家企不分可能造成家族企业与家族成员互相波及，家族成员承担股东连带责任、“企业家原罪”、婚姻关系变动等均可能导致家族财富损失。而非股权类的家族信托承载（包括精神财富在内的）家族财富的能力有限，更加注重信托财产的增值而非保护，而无法满足家族企业股权管理、家族企业财富保护的需要。未来，高

净值家庭运用股权类家族信托在承载绝大多数家族财富的家族企业股权和家族成员之间建立隔离机制，将家族企业股权集中纳入信托，并通过信托利益分配机制实现家族财富的再分配，既可以避免因家族成员股权量化后出现控制权争端，也可以避免因家族成员个人能力、债务、婚姻、刑事责任等因素对家族财富的冲击及家族财富外流等风险。

2. 股权类家族信托的传承性功能逐渐凸显

如何实现家族企业的永续传承即是企业家们最为关注的传承话题，也是家族企业领域研究的热点。① 受儒家思想和家文化的影响，“两权合一”的治理模式、“差序格局”的雇佣模式和“诸子均分”的传承方式是中国家族企业的主要特点，与更适合企业传承的“两权分离”的治理模式、“自由竞争”的雇佣模式和“企业为先”的传承方式差别较大。② 未来，我国家族企业必然要运用信托制度修正家族企业治理模式、雇佣模式和传承方式。随着以遗嘱信托为代表的民事信托的普及、非信托公司受托人的出现，以实现家族企业的永续传承为最大使命的股权类家族信托更具灵活性、系统性、可适性与可持续性，能够为家族企业传承提供一揽子、综合性的财富传承服务。

（三）股权类家族信托税务筹划与慈善功能逐渐增强

利用信托进行税务筹划、开展慈善活动是高净值家庭的普遍需求，现阶段常规信托业务的此项功能并不突出。而股权在持有、管理、处分的过程中均会涉及税收问题，特别是股权增值速度快、纳税额较高的特点，促使高净值家庭更加重视有效、可持续、多元化的税收筹划工具。相较于单纯税务筹划工具，股权类家族信托可以通过对多税种、多税率、多环节、多管道的综合筹划，实现更加高效、综合的税务筹划。例如，永续存在的股权类家族信托可以在多代传承过程中避免遗产税，并且优化整个家族的税务架构，实现

---

① 杨学磊、李卫宁、尚航标：《基于文献计量的家族企业传承研究现状和主题识别分析》，《管理学报》2021 年第 2 期，第 306 ~ 316 页。

② 杨玉秀：《中日美家族企业比较：基于文化的视角》，《亚太经济》2013 年第 1 期，第 82 ~ 86 页。

合理避税。

"信托"从产生之初就与"慈善"有千丝万缕的关系，并伴随着英国向全球殖民扩张的进程，慈善信托的制度和理念也传播到许多国家，甚至创造出新的运作方式。其中一个非常典型的例子就是微软创始人比尔·盖茨夫妇建立的慈善信托，信托财产的投资和管理与捐赠项目的具体运作相分离，但又紧密协作以共同达成慈善目的，以投资的眼光做慈善，推进慈善事业可持续发展。

我国以《信托法》为一般法、《慈善法》为特别法、《慈善信托管理办法》为具体操作规范的慈善信托法律体系基本建成，虽然对慈善信托公募制度语焉不详，[①] 与美国等国家慈善法对慈善信托募捐限制较少，仅在是否须报备、许可或享受慈善抵扣上加以区别存在差距，[②] 但这并不影响慈善信托的落地实施。目前，实务界探索出慈善信托的"双受托人"等业务模式，统筹运用信托公司牌照和专业投资管理能力以及慈善组织税收优惠和慈善项目管理经验，取得了较好的社会效果。未来，如"何享健 60 亿元慈善捐赠计划"这种将税务筹划与家族慈善功能融入股权类家族信托架构的方式，将更符合高净值家庭的需求。

（四）股权类家族信托"内外联动"加强

调查显示，高净值家庭的境外资产配置比例较高，且高净值家庭资产规模与境外投资比例正相关。"赚钱靠在岸，开户在中岸，传承在离岸"是实现良好传承的家族企业的共同特征。国内越来越多的高净值家庭注意到单一的境内财富传承工具或离岸家族信托无法满足其资产国际化配置、企业国际化运营、利润国际化分配的目的。为高净值家庭财富全球化、身份全球化提供一站式、差异化的"内外联动"式家族信托服务是未来境内财富管理服

---

① 周小明、赵廉慧：《财富传承视角下的慈善信托》，《当代金融家》2016 年第 7 期，第 79 ~ 82 页。

② Howard L. Oleck, Martha E. Stewart, *Nonprofit Corporations, Organizations, & Associations* (6th ed.), Prentice Hall, 1997: 12.

务机构的业务方向。

在信托架构设计阶段，财富管理服务机构应当结合客户身份、资产类型、家庭成员情况、资产所在地、财富保护目的等，综合考虑境内信托架构和离岸信托架构、离岸地、离岸公司注册地等因素，搭建“境内 + 离岸”内外联动的家族信托。在信托设立和运行阶段，应当合理分配不同传承工具的财产类型和数量，实现家族资产的国家化配置和国际化运营，并根据委托人的信托目的、家庭成员的数量和主要生活区域，优化信托利益分配方案，实现公司利润和信托利益的国家化分配。

未来，通过境内外家族信托的互动，集家族企业保护与传承、资本运作与资产运营、家族税务筹划和家族慈善为一体的股权类家族信托将更受高净值家庭的欢迎。

B.19

保险金信托：市场前景广阔，机遇与挑战并存

王 楠*

摘 要： 自2014年中信信托推出了中国首款保险金信托产品以来，保险金信托产品获得了广大高净值客户的认可，行业取得了巨大的发展和长足的进步。同时，我们也应看到中国保险金信托在发展的道路上仍然面临着一系列的挑战。本报告在界定保险金信托相关概念的基础上，分析了保险金信托典型案例，阐述了国内保险金信托的发展背景、社会需求，对发达国家发展经验进行了比较借鉴，重点分析了国内保险金信托的发展情况和存在的问题，并对制度建设、市场参与主体人才培养、服务水平和服务能力建设等方面的挑战进行了探讨。

关键词： 保险金信托 保险 财富传承

改革开放以来，国内经济社会经历了40余年的高速增长，取得了举世瞩目的伟大成就。在中国经济总量跃升世界第二的同时，国民个人财富也呈现出爆炸式增长的态势，涌现出了一大批高净值及超高净值人士。随着中国第一代高净值客户逐渐进入暮年，其在财富传承、财富增值、风险隔离、税务筹划、隐私保护等方面的需求日渐凸显，对财富的思考和理解也更加成熟

* 王楠，中信资产管理部负责人。

和深刻，这些都带动了包括保险金信托产品在内的财富管理行业的巨大发展。

一　保险金信托概述及其作用

（一）保险金信托定义

保险金信托最早诞生在1886年的英国，20世纪初，在美国发展出了不可撤销人寿保险金信托（Irrevocable Life Insurance Trust，ILIT）。1925年，日本开始开展生命保险信托业务。在中国台湾，2001年万通银行首先申请开展人寿保险信托业务。而在中国大陆，直到2014年5月才出现了首款保险金信托产品。

保险金信托是家族财富管理服务工具的一种，是委托人以财富的保护、传承和管理为目的，将人身保险合同的相关权利［如身故受益权、生存受益权、分红领取权（如有）等］及对应的利益［如身故理赔金、生存金、保单分红（如有）等］和资金等（或有）作为信托财产，当保险合同约定的给付条件发生时，保险公司将按保险约定直接将对应资金划付至对应信托专户。信托公司根据与委托人签订的信托合同管理、运用、分配保险金，待信托终止或到期时将全部保险金及投资收益交付于信托受益人。

（二）保险金信托业务模式

1. 模式1：保险金信托一阶段产品（保险+信托）

保单受益权信托。客户购买保险公司指定保单，并将该保单受益人（第一顺位、唯一）设立/变更为中信信托，即客户以特定保单的受益权设立信托、签订信托合同。受托人根据信托合同约定，管理运作保险人赔付/给付的相关保险金，并按约定向信托受益人进行分配。

2. 模式2：保险金信托二阶段产品（信托+保险）

（1）新设保单模式

受托人根据委托人指令，以委托人交付的现金类信托财产为限，为委托

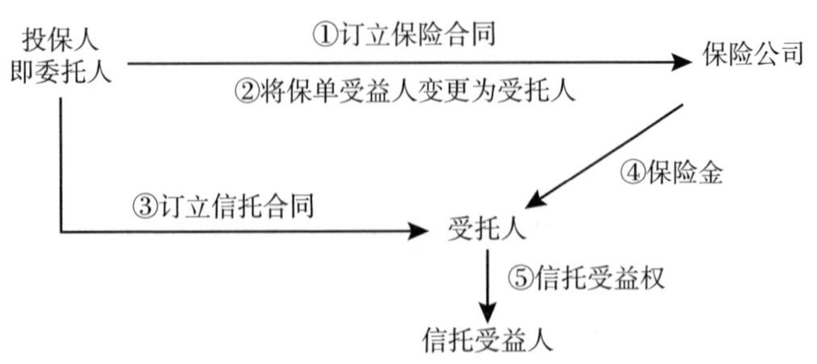

图1　一阶段产品

人及其相关权益人购买保单（投保）交纳首期、续期保费，并作为相关保单的唯一受益人，享受并承担该保单相关投保人和保险受益人的一切权利和义务。

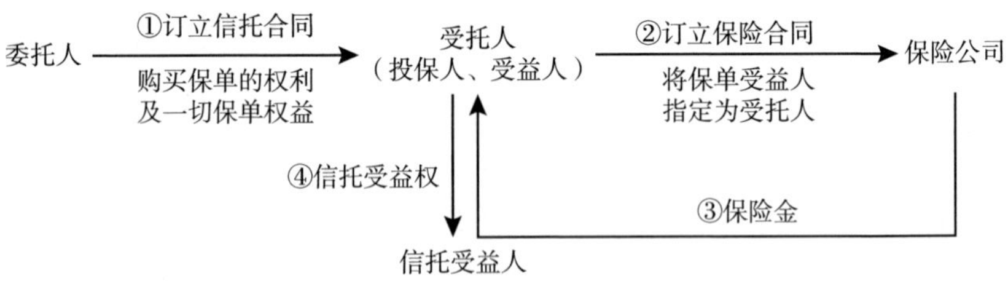

图2　二阶段产品：新设保单

（2）既有保单模式

委托人在保险公司已购买特定保单且仍有续期保费未交，将特定保单的相关当事人（投保人和受益人）的权益进行变更，将剩余保费资金交予受托人设立信托；并指令受托人，作为上述保单的投保人和唯一受益人。受托人以现金类信托财产为限进行特定保单续期保费的缴纳，并享受和承担该保单相关投保人和保险受益人的一切权利和义务。

3. 模式3：保险金信托三阶段产品（“家庭保单”保险金信托）

“家庭保单”保险金信托服务打破了目前市场上“单一被保险人 + 单家保险公司 + 信托”的模式，可以为客户整体统筹名下的保险资产，使保险

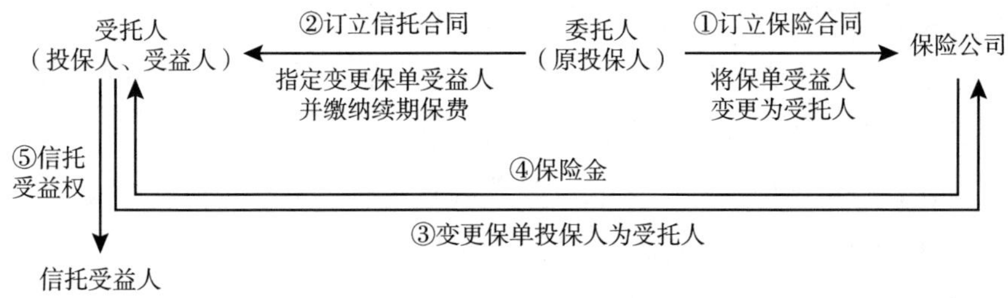

图 3　二阶段产品：既有保单

金信托在延续家族掌舵人意志、传承家族财富、凝聚家族精神方面发挥更大的作用。

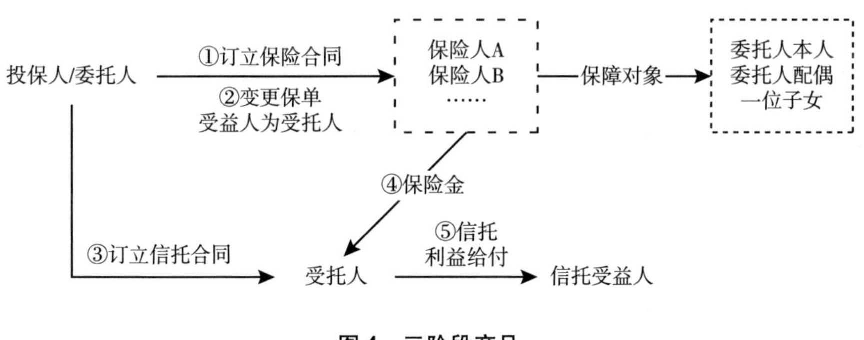

图 4　三阶段产品

（三）保险金信托业务的作用

作为保险和信托结合的财富管理工具，保险金信托可以很好地服务于中国中产阶级及以上人群。首先，保险金信托，比较简单又有效地解决了“三权分立”问题。尤其是中国高净值人群的资产的所有权很多时候很难与兄弟姐妹乃至父母间的资产分割开来，这种模糊的心理和情感认定，很难经受住时间和家族不断扩大的挑战。在管理权方面，不仅涉及家族的资产由谁打理的问题，也涉及要传承的资产是否与负债分割问题，这些问题不仅在意愿分配的时候存在，而且在实施的时候还与当初期望同等的价值相关联。所以，部分指定的资产由专业的第三方打理，不失为一个稳妥的方式。同时，保险金信托的方式，也保证了事实上由独立的两家金融机构进行履约承诺与互相“监管”的事实。在受益权方面，保险金信托更体现了其直接、长期、明确并且不受继承权公证拖累的有效性。

其次，保险金信托的“门槛”通常要低于家族信托，同时具备高杠杆性。相比较动辄几千万元现金外加一定手续费的家族信托，保险金信托通常折合年保费甚至不足百万元就可设立，通过每年不断地投入而增长，同时，一些终身寿险达到了数倍的保障杠杆。

最后，虽然保险金信托的资产一般仅涉及与保险给付有关的现金资产，多数不涉及任何股权、房产、收藏等复杂的家庭或企业资产，但其分配与传承的原则和思考路径与家族信托并无二致，都涉及分配给谁、何时分配、分配条件与金额等。通过这种长期规划与指定受益人方式，解决了很多现实中面临的问题，如在复杂的婚姻与子女状况中分别指定身前、身后的分配份额与条件，激励二代努力学习与上进并根据考取的学校及获得的成绩，分配不同金额的教育金，创造二代们追寻梦想、试错的机会，为二代的婚姻风险提供事先的有条件的隔离与分配，通过不同的分配方式对三代及以后的价值观与行为进行引导与约束，使家族精神得以延续等。

（四）保险金信托的优劣势

保险金信托模式兼采保险与信托制度，充分吸收了两种制度的优点，体现如下。

1. 财富传承与增值

财富的传承与增值是一项非常需要专业知识的工作，对于大多数人来说，他们的投资渠道主要是存银行，或者是购买高风险的股票，这样的投资策略无疑是粗略的，而且极易造成资产的贬值。如果交给专业性非常强的信托机构，便可以实现储蓄与投资理财的双重功效。信托机构拥有比个人更加专业的渠道，投资能力强，相对于个人更加能实现资产的传承及增值。

2. 资产风险隔离

信托设立后，信托财产即与委托人、受托人及受益人的其他资产相区

别，若委托人遭遇破产，除设立信托前其债权人已对信托财产享有优先受偿的权利外，债权人不能主张对信托财产强制执行。在保险端，在被保险人死亡后，除根据《保险法》第42条规定的无法确定受益人、受益人先于被保险人死亡、受益人丧失受益权等三种情形外，保险金不作为被保险人的遗产。这样，保险金信托在形式上实现了双重风险隔离的效果，相对于其他单一金融工具风险隔离优势凸显。

3. 税务筹划

英美国家广泛采用保险金信托方式的一大原因即可以合理节税。在英国，对超过起征点的遗产，遗产税率高达40%，而采用保险金信托的方式，将保单交由信托管理，保险金可以实现免征遗产税。在一些征收赠与税及遗产税的国家和地区，保险金信托成为遗产规划的重要工具。虽然我国尚未开始征收遗产税，但高净值人群已经开始未雨绸缪地进行税收筹划。

4. 保险金信托本身的私密性和便捷性

身故保险金或生存金的安排能更贴近投保人的意愿，并无须提前公布或公证，其安排的更改也相对更私密与高效。保险金信托能克服单一保险模式下不能对财富进行充分管理的弊端，委托人可以根据自身情况选择个性化的财产分配时间和分配方式。采取信托方式管理财富，能够防止子女因财产分配不均导致的各种争端。近年来随着一些著名遗产纠纷官司被八卦新闻传播，国人们也逐渐清楚地认识到遗嘱公证是不等于继承权公证的，所以复杂关系下仅凭遗嘱就顺利传富或分配遗产的情况很少见。而基于《信托法》保护的保险金信托，则避免了继承权公证的繁杂手续乃至遗产披露的手续。

此外，相对单纯保险，保险金信托具有以下优势。首先，可以突破保险受益人的限制，比如未出生的人是无法作为保单受益人的，但通过信托则可以，再比如保险必须要有明确的受益人，但信托的受益人除了可以是明确的人之外，还可以只明确范围。其次，可以灵活安排受益金的给付，虽然保险受益金在很多保险公司都提供理赔后的给付安排服务，但灵活度不是很高。而信托则可以设定很多灵活的给付条件，比如受益人如果考上名牌大学，则单独给付一笔受益金作为奖励。最后，保险金信托在灵活给付的同时还可以

保值增值：保险金信托受托人基于信托责任而必须妥善打理信托资产，且国内的受托人都是持牌信托公司，一般具备较强的资金管理能力。

相对单纯信托，保险金信托具有杠杆性且门槛比较低，保险最核心的内涵就是杠杆，以通过缴纳较低的保费而获得较高的保险金额。同时，相比单纯的信托，虽然受托人能够通过其资管能力为信托资产保值增值，但存在一定的不确定性，而保险的收益则相对稳定可期。

二　保险金信托典型案例分析

（一）案例一：养老保障　疾病风险转移[①]

46 岁的张先生是一家大型企业的高管，年收入约 150 万元。张先生 19 岁的独生女小张目前在国外读大学，对女儿的学业和今后的生活，张先生已经做了详细的安排。

随着年纪的增长，张先生开始关注自己的身体健康，并开始担心家人的养老问题，万一自己先离开了，如何能够为母亲及妻子提前做好长久的养老规划，为他们提供确定的保障？

首先是 75 岁的母亲，父亲已经去世，母亲住在北京的一家高档养老公寓，作为独生子的张先生非常孝顺，每个周末都去探望母亲。张先生近期经常思考，如何才能更好地照顾母亲，若自己发生意外或身体出现问题，母亲未来的生活是否能有所保障。

其次是 45 岁的妻子，张先生与妻子结婚已经 21 年，感情深厚，妻子目前是一家企业的财务经理，平时工作压力大，养老规划也需要提上日程，张先生希望万一自己发生不幸，依然能保障妻子幸福、稳妥安逸的养老生活。

客户需求：一旦张先生本人发生不幸，需给母亲及妻子提供下列保障：

---

① 来源于真实案例，素材已做隐私保护处理。

（1）养老保障：保障母亲和妻子的养老生活。

（2）医疗基金：为高龄的母亲准备随时所需的医疗基金。

保险方案：张先生根据传承规划，选择了终身寿险产品，张先生自己作为投保人及被保险人，受益人为信托公司，并以保险合同受益权与信托公司签订信托合同。终身寿险具有低保费高保障的特性，这一特性可以让张先生在享受现在品质生活的同时，又能享受高额保障。万一张先生身故，高额身故金将赔付至信托专户中，由受托人进行主动管理，并按照合同约定向委托人的母亲和妻子进行给付，保障受益人未来稳妥的生活。

信托方案：张先生希望能让母亲和妻子都有幸福的养老生活，当张先生不幸发生保单理赔后，则如下信托安排开始执行。

（1）领取比例约定：由于妻子仍有稳定的收入来源，将母亲和妻子信托资产分配比例确定为6:4，体现了保险金信托“灵活指定相关受益人，个性化定制财富分配”的功能。

（2）母亲领取约定：①定期生活费用约定：张先生身故，母亲每年可以从信托中固定领取30万元，作为基本生活费及养老公寓支出，直至身故；②特殊支持金约定：若母亲发生重大疾病，可从信托中支取特殊支持，直至归属母亲的信托资产为0元，支付相关医疗及护理等相关费用；③次要受益人约定：若母亲不幸身故后，其剩余信托资产的受益权，将交给张先生妻子，张先生妻子在55岁及之后可一次性领取全部剩余信托财产。

上述约定不仅体现了保险金信托“保障受益人的基本生活水平和受益人分时分次领取”，还体现了“为受益人提供养老费用和受益人信托利益的转移与承接”的功能。

（3）妻子领取约定：①养老储备约定：自妻子年满50岁之后，每年可从信托中领取20万元作为基本生活费，年龄达到60岁之后，每年领取30万元作为基本生活费，70岁之后可一次性领取剩余部分；②次要受益人：若妻子不幸身故，其剩余信托资产的受益权将交给张先生女儿；③循环投保约定：若妻子为自己购买投保保额不低于200万元、保障期限不低于10年的重疾保险，则可以在其归属的信托资产中一次性领取100万元的投保支持基金，体现了“对受益人健康关怀与费用支持”的功能。

专家点评：客户通过设定保险金信托安排，当发生保险理赔时，保险金将直接进入信托账户，从而让信托实质管理启动，为客户提供长时间、专业化、系统化、个性化、更强的财富保护和管理，实现养老保障金的增值和安全的管理，更重要的是，客户可以通过信托计划约定信托受益人可以在何时及何种情况下获得信托资产，完美地解决了传统养老金领取不够灵活、各个家庭成员之间分配不够合理等问题。

（二）案例二：婚变财产防护和分割①

安徽 53 岁的吴先生经营一家医疗器械制造公司，近年生意一直做得红红火火，吴先生夫妇的独生子小吴今年 28 岁，大学毕业后一直和吴先生一起经营自家的企业，已经可以承担起企业的重担，小吴在一次社交聚会时认识了女朋友小王，相处两年后，小吴和女友确认了婚期。

未婚妻小王出身于普通工薪家庭，吴先生考虑到双方家庭层次差距较大，婚后万一出现融合困难，不光会影响小两口的感情，亦会对公司发展造成冲击。在听闻众多身边朋友的建议后，吴先生决定把家族企业的部分股权在儿子结婚前提前赠与儿子，这样股权就永远算是儿子的婚前财产，万一儿子日后婚姻破裂，股权也不会因离婚而被分割，吴先生在下定决心后，很快就找到了律师，准备咨询办理公司股权过户手续。

然而，律师的一席话却让吴先生感到事情并非自己想象的那么简单，根据我国《婚姻法》司法解释（三）第 5 条规定，夫妻一方个人财产在婚后产生的收益，除孳息和自然增值外，应认定为夫妻共同财产。律师解释道，考虑到吴先生的企业经营近况，在近几年可能会突飞猛进，届时每份股权将产生巨大溢价，此时小吴在婚前持有的股权，在婚姻存续期间发生的增值溢价部分，就属于夫妻双方共同财产，一旦婚姻破裂，儿媳小王将会分割丈夫小吴名下公司股权的巨额溢价增值部分，尽管吴先生对准儿媳小王并无任何

① 来源于真实案例，素材已做隐私保护处理。

偏见，但考虑到巨额财产的分配，吴先生还是希望能找到一个更稳妥、有约束力的方法来协助完成家庭资产传承，最终在律师的建议下，吴先生设立了完善的婚前协议 + 保险金信托计划。

客户需求：

（1）风险管控：降低儿子（企业继承人）的婚变风险，防止家族资产外流。

（2）婚姻祝福：祝福儿子及儿媳婚姻幸福美满。

（3）生活保障：保证儿媳的生活费用，以及日后孙辈的生活、学业开支等。

（4）家庭和谐：如何巧妙签署婚前协议，不影响儿子儿媳感情。

保险方案：吴先生选择年金保险产品，吴先生作为投保人，吴先生的儿子作为被保险人，信托公司为受益人，利用年金险短期缴费快速返还的特点，可以短期内即实现吴先生的愿望，让儿子儿媳通过领取的保险金满足日常生活，这样的安排让儿媳感到了婆家的关爱，也保护了吴先生积累的财富，不会因为子女的婚姻受到影响。

信托方案：在比较了各种财富传承工具后，吴先生选择了采取婚前财产协议 + 保险 + 信托的方案，婚前财产协议可以明确，婚后儿子持有的公司股权增值部分及股权分红部分，依然属于儿子的个人财产，如果日后双方婚姻破裂，股权增值部分不能予以分割。

信托方面吴先生进行如下约定：

（1）领取比例约定：儿子、儿媳及未来的孙辈的分配比例为 20%、60%、20%。

（2）儿子领取约定：儿子作为受益人，婚后可以每年从保险金信托中领取 100 万元作为日常生活费用。

（3）儿媳领取约定：儿媳小王作为受益人，如生育一胎可领取 100 万元礼金，二胎可领取 100 万元礼金；在婚姻持续三年后，一次性获得 100 万元结婚祝福金，在婚姻维持 5 年后，在婚姻存续期间每年可从保险金信托中得到 100 万元作为个人日常开销；在婚姻持续 10 年、20 年、30 年后，将一次性分别得到 300 万元、500 万元、800 万元作为婚姻祝福金；在小王年满 50 岁后，如婚姻关系依旧存在，小王将一次性领取所有剩余信托资产；如婚姻不再存续，小王丧失受益人资格，剩余信托资产归儿子所有。

（4）孙辈领取约定：吴先生在信托中为未出生的孙辈做了安排，如果儿媳小王为吴先生添了孙辈，每个孩子7～18岁期间每年可领取学业奖励金30万元。

律师点评：通过婚前财产协议加婚前保险金信托的安排，儿媳和吴先生夫妇多方可以各取所需，婚前财产协议保证了男方公司经营不受婚姻状况影响，儿媳一方则通过保险金信托安排得到应有的财产利益，最大限度地保证了双方的感情不受财产安排影响，也使得家族企业经营不因婚姻波折受到损耗。

（三）案例三：跨代传承　基业长青[①]

张先生一直对孙子青睐有加，觉得孙子继承了自己在商业上的天赋。因此，他希望能专门留一笔其他人都无权动用的资金给心爱的孙子。同时，作为父亲，张先生为花钱无节制的儿子的未来生活担忧，也想为儿子留一笔让他无法挥霍，却能满足他的基本生活水平的资金。

客户需求：

（1）传承管理：杜绝儿子占用、挥霍资产。

（2）生活保障：保障儿子生活稳定充裕。

（3）隔代传承：支持孙辈学业资金、创业启动金。

保险方案：张先生购买年金保险并作为投保人及被保险人，信托公司为受益人，利用年金险短期缴费快速返还的特点，可以短期内即实现张先生的愿望，让儿子通过领取的保险金满足日常生活，同时让孙子感到祖辈的关爱，也保护了张先生积累的财富不会因儿子的挥霍而受到影响。

信托方案：

（1）领取比例：设立信托合同并约定保险金赔付的60%归属孙子，剩余的40%则归属儿子。

（2）孙子学业支持：归属孙子的部分，如果孙子考取国内大学本科，

① 来源于真实案例，素材已做隐私保护处理。

可一次性领取奖励 10 万元，同时每年可领取学费 5 万元；如果孩子考取国外大学本科（教育部认可），可一次性领取 40 万元，同时每年可领取学费 20 万元；在孙子硕士研究生毕业后可领取 50 万元。

（3）孙子创业支持：首次创业或承担特定职位时领取 100 万元。

（4）孙子生活保障：孙子年满 50 岁后，可一次性领取全部剩余资产。

（5）儿子领取约定：归属儿子的部分，在其年满 50 岁后每年领取一笔资金，供其养老开销；若张先生的儿子在此期间身故，剩余信托利益将仅归其孙子所有。

专家点评：通过保险金信托的安排，可有效防止当投保人自身健康发生问题时年幼的或生活不能完全控制的子女及后辈无法得到应有的照顾，可以妥善安排儿子未来的生活保障，正向激励孙辈发展，形成价值观的合理建设，找到继承者的培养、树立之道，解决家族财富的传承与消亡的冲突。

三　国内外保险金信托的发展实践

（一）国内保险金信托的发展实践

从 2014 年中信集团金融板块旗下的中信信托联袂首次在中国大陆地区推出了保险金信托产品以来，经过 6 ~ 7 年的发展，保险金信托已经得到了长足的发展。以中信信托保险金信托发展实践为例：2014 年中信信托落地国内首单身故金保险金信托；2016 年扩大了对接信托的保险品种范围；2017 年推出信托投保模式；同年，推出了手机 App “中信信托 · 传家宝”，在国内同业中率先实现保险金信托的线上签约；2019 年中信信托保险金信托业务再次创新升级，在国内首推“家庭保单”保险金信托服务（3.0 版本）。2019 年，某保险金信托对应保险合同的被保险人去世触发保险理赔，中信信托及时与保险公司对接沟通获取理赔，这也意味着，保险金信托进入了全生命周期的事务管理服务的新阶段。

目前，保险公司是我国保险金信托的主要业务来源。因此，高净值客户人数多、保险金信托服务成熟的保险公司逐渐成为信托公司业务竞争的焦点，信托公司往往通过降低设立费或资产管理费标准来促成与保险公司的合作。从客户类型来看，以中信信托保险金信托业务数据为例，80%以上的客户已婚，66%的客户为女性，表明已婚的女性客户对财富传承方面十分重视。从年龄分布看，48%的客户集中在40～49岁，其次是50～69岁占比26%，21%的客户在30～39岁。

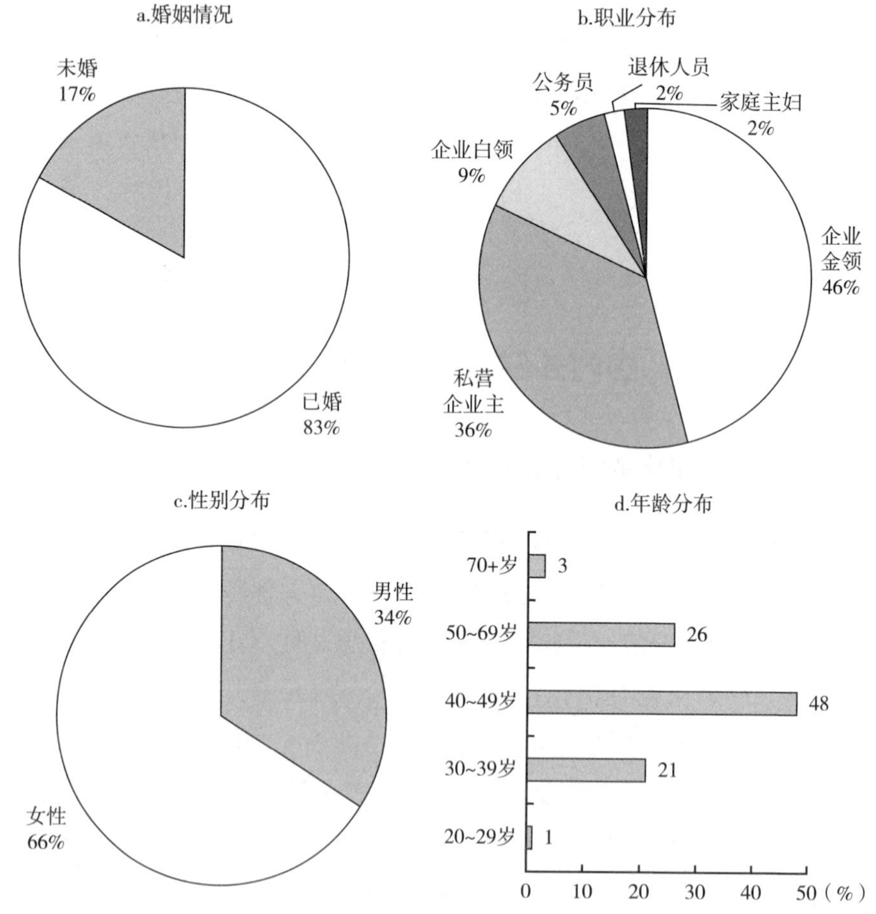

a.婚姻情况

未婚 17%
已婚 83%

b.职业分布

公务员 5%
退休人员 2%
家庭主妇 2%
企业白领 9%
企业金领 46%
私营企业主 36%

c.性别分布

男性 34%
女性 66%

d.年龄分布

年龄	%
70+岁	3
50~69岁	26
40~49岁	48
30~39岁	21
20~29岁	1

0 10 20 30 40 50（%）

图5　保险金信托服务的客户主要特征

资料来源：中信信托。

（二）国外保险金信托的发展实践

1886 年英国推出了第一款保险金信托产品“信托安全保险”，美国和日本相关产品稍晚于英国面世，2001 年保险金信托在中国台湾出现。尽管在不同国家和地区有不同的称谓，但保险金信托的核心功能都在于弥补保险金再分配不够灵活、再管理缺失的缺陷，帮助约束投保人子女按父母生前的意愿妥善运用保险金，同时避免保险保单被列入投保人的清算资产或课征遗产税等。综观保险金信托发展比较完善的一些国家和地区，都有相应的立法予以规制。

受税收政策、监管法规等影响，保险金信托在不同国家和地区的业务模式也有所不同，主要体现在保险合同和信托合同订立的先后顺序，以及向受托人转移保险金请求权的方式。下文对目前保险金信托业务发展较为成熟的美国、日本及中国台湾的情况进行简要介绍。

1. 美国保险金信托发展实践

美国保险金信托发源于英国，20 世纪前后，美国保险机构就开始设立信托部门，兼营信托业务，主要是经营保险金信托，目前保险金信托已成为美国居民的重要遗产税规划工具。

美国保险金信托实践中，依照委托人是否可撤销信托，分为可撤销保险金信托和不可撤销保险金信托。所谓不可撤销保险金信托，是指投保人将保险单所有权所附随之权利转移给受托人，包含放弃持有保险单、保险单受益人之变更、保险单之解约权、保险单之转让权、保险借款权等。凡人寿保险保单置于不可撤销之人寿保险信托之下，则保险单得以移转，但须载明保单所有人及受益人。由于免遗产税的特点，不可撤销人寿保险金信托成为美国最常使用的遗产税规划工具。

美国保险金信托按照是否预先筹措支付保险费来源，可以分为附基金保险金信托和不附基金保险金信托。若为附基金保险金信托，受托人应依照信托文件约定，代投保人支付保费。反之，若为不附基金保险金信托，则必须由投保人自行支付保险费。

美国的保险金信托主要采用信托驱动保险模式，做法是先订立信托合同，再用信托资产购买保险（Insurance Trust），且要将保单权益完全转移给信托受托人。

这种模式在美国盛行，其主要原因是美国税收制度规定，被保险人死亡时其本人或其控制的任何实体持有或控制的保单保险金必须征收遗产税，“信托驱动保险模式”可以利用信托机制实现对保险金的隔离，从而使继承人得到全部保险金。为了最大限度达到避税的效果，美国的保险金信托一般设立“不可撤销保险金信托计划”（Irrevocable Life Insurance Trust，ILIT），即将包含持有保单、退保、变更受益人在内的所有保单权益转移给受托人，从而使受托人（即保单受益人）对于保险金的受益权成为一种确定的、不可撤销的利益，并将保单从被保险人的应税遗产中完全分离出来。

美国保险金信托的蓬勃发展得益于其专业的制度建设和监管体系建设。

基础法律制度：美国的信托驱动保险模式得益于其统一专业的法律法规框架，尤其是在信托领域的法律法规。美国保险金信托主要的成文法体系由《统一信托法》《信托准备法》《信托契约法》等法典组成，同时有《美国信托法重述》等学术著作提供参考。其中《统一信托法》由信托中使用的普通法则汇编而成，为各州立法提供统一的立法示范，为大多数州所采纳。此外，美国针对各类信托业务，如不动产信托、遗产信托、慈善信托等均有专业性的法律法规和细则，使得美国保险金信托包含现金保险金信托在内的多种形式。尤其是英美法系对于信托财产有双重所有权的规定，即受托人拥有名义所有权，对信托财产享有占有、使用和处分的权利，委托人拥有实际所有权，使得除现金外的其他财产可以较容易地进入保险金信托类产品，而无须进行过户交易之类的烦琐、昂贵的变更手续。

税收制度：美国在保险金信托的相关领域也进行了相应的配套，尤其是税务方面。如美国法律规定，将房产转移至保险金信托之类的不可撤销保险金信托中，可以免除房产税。同时，美国在慈善性保险金信托设立环节，会给予委托人所得税优惠。这些措施使得保险金信托在财富传承、公益慈善等方面的优势凸显，大大促进了美国保险金信托的发展。

公示制度：美国没有独立的保险金信托公示制度，而是通过一系列统一专业的法律法规详细规定了委托人、受托人和受益人的权利与义务，事实上承担了保险金信托公示的职能，同时也极大地保护了委托人和受益人的隐私。

监管制度：美国保险金信托实行多头监管。美国的保险业没有全国统一的保险法，保险行业的监管实行联邦政府和州政府的双重监管制度，联邦政府和州政府的行政部门保险监管署分别拥有独立的保险管理权力。美国的信托行业同样实行多头监管，如货币监理署（OCC）、联邦储备银行（FRB）、联邦存款保险公司（FDIC）等。为避免多机构监管造成的交叉和真空，联邦金融机构检查委员会制定监管机构间统一信托评价体系（Uniform Interagency Trust Rating System，UITRS），以增强各监管机构间的协同性和一致性。美国对信托从业人员予以严格监管，十分重视对信托当事人尤其是对受托人的监督，同时，制定了严格的规则，如规定严禁信托从业人员收受客户礼物或参与信托账户收入的分配，严禁信托从业人员泄露顾客的信息，严禁从事信托业务的人员参加银行业务，以避免业务分工的混乱以及银行内部的业务竞争等，避免道德风险，促进信托业的健康发展。

投资者保护制度：1994 年颁布并于 2000 年并入《统一信托法》的《统一谨慎投资人法》（Uniform Prudent Investor Act，UPIA），明确了受托人行为的法律义务，如谨慎投资义务为过程导向而非结果导向，积极的投资回报并不一定能够为过程中的不当行为免责等。这些法律法规正面约束了受托人的行为，一旦出现信托财产的损失，法院将会按照谨慎投资义务所规定的程序和内容进行判定。同时，美国证券交易委员会（Securities and Exchange Commission，SEC）下属的投资者教育办公室负责统筹包括保险金信托在内的各类产品的投资者教育工作，包括产品定义、投资风险与收益、购买渠道等。

2. 中国台湾保险金信托发展实践

中国台湾保险金信托的初步实践始于21世纪初，2001年，万通银行首先向财政部申请开办人寿保险信托业务，此后，中央信托局与彰化银行等多家金融机构相继进入。2008年后，信托公司和保险公司都可以经营人寿保险信托业务。

台湾地区的保险驱动信托模式的特点是先订立保险合同，再由保单受益人作为委托人、以保险金为信托财产订立信托合同。

保险驱动信托模式盛行有两方面原因：一是信托业发展滞后于保险业，1996年“信托法”和2000年“信托业法”颁布后各类信托业务才得以规范发展；二是保险客户对地震和空难等意外事故发生后保险金无法妥善运用的担忧，催生了保险金信托需求。加上台湾地区“遗产及赠与税法”规定自益信托无须缴纳赠与税，因此，台湾地区的保险金信托主流模式是由保单受益人作为信托的委托人与受益人，在投保人放弃受益人变更权利的前提下将受益人的保险金请求权作为信托财产成立信托。

台湾地区的保险金信托是委托人以其本身为被保险人，第三人（通常是子女）为保险受益人签订保险合同，保险受益人再作为信托委托人与信托机构签订信托合约，以自身为信托受益人。当委托人身故发生理赔或者满期发生保险金给付时，由保险公司将保险金交付信托机构，并由信托机构按照信托约定将信托财产分配给受益人，于信托终止或到期时，交付剩余资产给信托受益人。

台湾地区保险金信托的特点是自益为主、他益为辅。根据台湾地区“遗产及赠与税法”规定，若信托合同中的委托人与受益人不一致，则视委托人将享有信托利益的权利赠与受益人，该信托行为属于赠与行为，受益人应依法缴纳赠与税；若信托的委托人与受益人一致，则受益人无须缴纳赠与税。这一点与之前美国保险金信托有明显不同。

台湾地区保险信托业务已成为促进养老、财富规划的重要业务类型。台湾监管部门对于保险金信托业务给予高度重视，制定了制式合同范本，主要是在保险合同中增加保险金划款信托专户批注，并鼓励金融机构向民众提供此类服务。目前台湾地区保险金信托已覆盖至寿险、健康险、年金等众多险种。

台湾地区对保险金信托的监管模式在2004年前后发生了重大的变化。2004年以前，台湾地区对金融行业实行分业监管体制，台湾地区最高金融主管部门原为“财政部”，集中了所有金融监管的行政管理权。1981年将原来下设的“钱币司”改名“金融司”，全面负责银行、信托、保险、票券等行业的监管工作。1991年“金融司”升格为“金融局”，保险业监管工作分出来专设“保险司”。台湾“财政部”就下辖三个独立机关：“金融局”“保险司”“证券暨期货管理委员会”。三个机关职权划分明确，监管对象分别是银行、保险、证券暨期货市场。金融检查权则分属“财政部”“中央银行”“中央存款保险公司”。其中，银行、保险、证券的主管机关虽然都属于“财政部”，但保险是由“财政部保险司”执行金融检查权，银行是由“财政部金融局”“中央银行”“中央存款保险公司”共同负责，证券则由“财政部证券期货发展委员会”负责。此外，在台湾地区金融监管的外部力量方面，还有两个辅助力量，即“地方政府”和会计师。

监管权不能实现无缝衔接，促使了许多监管漏洞出现，金融机构因此铤而走险、舞弊成风。从1991年到2001年，台湾地区相继发生华侨银行案、彰化四信舞弊案、国票风暴、中央债券事件、中兴商业银行违法超贷案等重大金融案件。2004年7月1日，台湾“立法会”通过了“金融监督管理委员会组织法”，设立了“金融监督管理委员会”统一监督台湾的金融业，将“财政部”下属的“金融局”、“保险司”、“证期会”与“中央银行”下属的金融业务检查局以及“中央存款保险公司”检查处等机构合并纳入。“金融监督管理委员会”下设“银行局”、“证期局”、“保险局”和“检查局”等，从此开启了对保险、信托、银行、证券等金融行业统一监管的时代。

在“金融监督管理委员会”的组织定位上，最初历经三位“财政部长”提出的金融监管一元化版本后，由“立法院”协商后确定的版本为委员制，2011年6月改为首长制，“金融监督管理委员会”不属于依据“行政院”组织法设立的三个独立规制机关之一。为了充实金管会的决策咨询功能，

2011 年 6 月 29 日新修订的“金融监督管理委员会组织法”第 9 条规定：本会委设主任 1 人、副主任 2 人，委员 6 ~ 12 人，其中“财政部长、经济及能源部长、法务部长”等为当然委员，其余由“行政院长”派（聘）相关机关首长及具有金融专业相关学识、经验人士兼任。设置当然委员是为了确保充分及时掌握市场信息进行专业决策。委员由行政院院长提名，报请“总统”同意后任命，由专业人士出任，委员具有同一党籍者，不得超过二分之一。委员须超出党派之外，依法独立行使职权，确保组织功能更具独立性。同时为了确保独立性，委员实行任期制。这些监管体制的建立和实施为保险金信托在台湾地区的蓬勃发展营造了良好的法治环境。

3. 日本保险金信托发展实践

日本信托业是从英国和美国传入的，1902 年（明治 35 年），日本兴业银行首次办理信托业务，日本的信托业在吸收英美信托精华的同时，根据本国的具体实际创办了许多新的信托业务。日本 1922 年颁布了《信托法》，1923 年颁布了《信托业法》，同时在引进了现代信托制度后，日本又对《兼营法》等保险金信托相关的一系列法律法规进行了制定和修改，为信托业的发展创造了适宜的法律环境。

得益于日本信托业的发展，日本保险金信托于 20 世纪 20 年代进入发展期，1925 年日本的三井信托公司推出了首例人寿保险金信托产品。受金融危机及不断发生的自然灾害的影响，日本的消费者对市场普遍缺乏信心，而对于保险业持积极态度。基于满足人们日益增长的财富管理及分配的需要，保险金信托发展空间巨大。

日本在 2004 年对《信托业法》和 2006 年对《信托法》进行了两次主要修订，加速了保险金信托的进一步发展。2010 年，日本的中央三井信托银行与美国保德信保险公司的日本子公司合作，共同开发了“安心支持信托”的人寿保险金信托产品。作为生命保险金信托产品，其设立的主要目的是节约保险金，合理安排委托人的需求，满足受益人的未来生活需要。

日本的《保险业法》第 5 条规定允许经营生命保险事业的保险公司经营信托业务，因此，日本的生命保险信托呈现出两种格局：保险公司为信托受托人和信托机构为信托受托人。以保险公司为信托受托人是指信托委托人同时也是保险投保人，而保险公司在承保的同时担任信托受托人的身份，在信托发生后，由保险公司按照契约管理经营信托资产。实际上，保险公司只是兼具了两个身份，真正的经营上依然是分离的。以信托机构为信托受托人则是比较普遍的运营模式。具体来说，当保险合同签订后，委托人将保险金债权让与信托机构，也就是在保险发生赔付后，保险金的领取权利让与了信托机构，之后信托机构按照信托契约管理经营信托资产。目前，日本有很多信托银行都作为信托受托人进行此类型的保险信托。

发展至今，保险金信托在日本已十分普遍，日本信托银行以及保险公司均可开展保险金信托业务。日本生命保险信托与美国和中国台湾保险金信托在运营模式上的主要区别是委托人既与保险公司签订保险合同，又与信托机构签订信托契约。保险公司和受托人之间的联系只是资金的划拨，可以看出，保险和信托的联系不如美国和中国台湾那般紧密。

在监管方面，日本根据《信托业法》和《保险业法》分别对信托公司和保险公司实施监管。信托业由大藏大臣根据《信托业法》对各信托机构实施集中监管。监管的内容包括市场准入以及对信托投资公司业务和财产状况的检查。另外，大藏大臣还有权对违规操作的信托机构进行处罚，包括责令其停业或改选董事。由于立法的完善和监管的高效率，日本信托协会的自律监管任务相对较轻。

日本财务省的金融厅根据日本《保险业法》和《保险公司综合监管方针》对保险公司实施监管。其中《保险公司综合监管方针》明确表明了当年度的保险监管重点，涉及保险机构业务健全性及合理性、客户保护措施等方面的内容，金融厅每年都对监管方针进行修订并予以公布，供保险机构参考自查。金融厅由总务企划局、检查局、监督局和审判官四大部门构成。针对保险公司的日常监督管理工作主要由金融厅监督局的保险科负责，检查局则负责对各金融机构的检查工作，审判官负责行政处罚和行政审判。金融厅的职责是维护金融系统的稳定，保护消费者权益，为利用者提供方便，保持金融市场顺畅，建立公正透明的金融市场秩序。

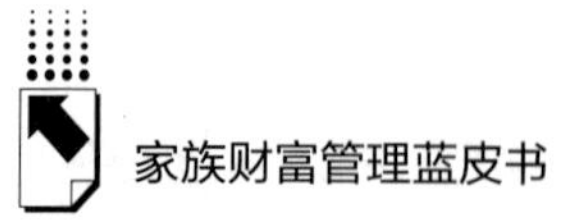

四　国内保险金信托面临的挑战

经过过去几年的发展，保险金信托因保险与信托兼备的特质已经显示出了巨大的发展潜力，参与保险金信托业务的机构也充分意识到了其巨大的商业和战略价值。保险金信托机构不仅仅获益于保费及其相关服务带来的盈利，更能够深度了解客户、长期绑定客户，为后续服务提供良好的基础。在时代机遇、客户需求以及从业机构的推动下，相信保险金信托未来在中国会有更广阔的发展空间。

与此同时，我们也看到中国保险金信托在发展的道路上仍然面临着制度有待完善、从业机构服务能力亟待加强、客户认知度和接受度需要提高等一系列挑战。这其中的很多挑战并非保险金信托所独有，而是中国信托行业转型发展过程中正面临的挑战。

首先，信托财产登记制度需要进一步完善，对保险金信托产品的部分具体要求也不尽合理。2016 年底成立的中国信托登记有限责任公司是中国信托业的信托产品及其信托受益权登记与信息统计平台、信托产品发行与交易平台、信托业监管信息服务平台。然而，中国信托登记有限责任公司的成立无法从根本上解决信托非资金类财产特别是不动产的登记问题。在国务院较早颁布的《不动产登记暂行条例》中对此没有相关规定，在《信托业条例（征求意见稿）》中也只有两个原则性规定，没有实施细则。这些均不利于保险金信托摆脱保险驱动信托的单一业务模式。

其次，税收制度尚不完善。信托本身原则上没有法人地位，在国外也有立法赋予商业信托以一定实体地位以方便税务监管。信托涉及委托人、受托人和受益人三方主体，存在信托设立、信托财产运营和信托利益分配三个环节，在税收征收的对象和环节方面都需要一些特殊规则。但目前配套的税收制度仍不健全，可能导致重复征税或少征税的后果。比如，由于遗产税未正式出台，信托设立和分配的相关税收也尚无定论，对于保险金信托设立时的税务筹划构成挑战。同时，以非货币资产设立信托因视同交易会面临较高税负成本。此外，在信托收益分配方面，适用资管产品增值税政策虽然在财政部和国家税务总局于 2017 年发布的《关于资管产品增值税有关问题的通知》中进行了澄清，暂适用简易计税方法，按照 3% 征收，但由于目前只是“暂适用”，对于一般存续期几十年的保险金信托产品而言，未来税收变动的不确定性对于客户与机构设立保险金信托以及未来的持续运营都造成了一定程度的困扰。针对中国高净值家庭大量持有的股权和不动产登记与转移至保险金信托的相关制度安排，由于现行税收制度认定所有权转换即为交易，将面临高额交易税，这已经成为保险金信托突破现金类别的主要掣肘。

再次，服务机构的服务水平和服务能力有待提高。保险金信托的重要能力体现在前端产品和服务定制、中间的操作衔接环节以及后续的持续服务能力，而中国保险金信托涉及的保险与信托公司在这几方面的服务水平和服务能力普遍不足，亟待提高。在前端的产品和服务定制环节，由于行业发展时间短，目前保险金信托的人才储备严重不足，前端从业人员以保险公司销售人员为主，往往无法深刻理解信托产品，不能全面满足高净值客户对保险金信托定制方案的需求。同时，保险公司销售人员在推荐保险金产品时，并不获得涉及信托方案的佣金或服务费用，导致其动力不足，保险金信托的产品和服务能力无法满足客户需求，容易造成今后赔付和信托资产分配环节的问题。

又次，实际操作过程中机构间磨合也是一个非常大的问题。保险金信托业务操作中需要保险公司与信托公司的密切合作，保险公司与信托公司间的沟通和两个体系之间的对接上仍存在诸多障碍，如保险公司升级系统、信托公司调整传统风控理念等。同时，考虑到保险金信托是一个跨生命周期产品，特别是对接终身寿险的保险金信托产品，信托公司的管理事务大多发生于委托人身故之后，必须充分考虑跨生命周期过程中可能涉及的各种执行问题，包括如何及时获取客户动态信息、如何执行理赔流程等，都需要尽量在合同中进行相应约定，才能保证未来事务性工作的可操作性。

最后，在操作层面，目前大部分保险金信托产品通过将保单受益人变更为信托受托人实现保险与信托的联结，同时在信托合同中约定被保险人承诺不同意变更保单受益人等安排。但这一约定无法约束保险合同的履行，如果发生退保或再次变更保单受益人，信托合同将无法履行，信托公司前端发生的服务成本可能无法覆盖，难免产生矛盾纠纷。尤其需要注意的是，部分保险公司与信托公司间仍多采用电子邮件等初级的方式进行信息交互，无法确保每次合同变更信息都能及时、准确地传递给对方，这将加大保险金信托合同无法正常履行的风险。

参考文献

《中国保险金信托发展报告》，财新国际，2018。

韩良：《家族信托法理与案例精析》，中国法制出版社，2015。

李升：《财富传承工具与实务：保险·家族信托·保险金信托》，中国法制出版社，2018。

张钧、谢玲丽、李海铭：《对话家族信托》，广东人民出版社，2017。

B.20

企业家参与慈善的行为动因及实现模式

谢 赟　田汤杰*

摘　要：伴随着民营经济的迅猛发展，越来越多的民营企业和民营企业家开始从商业领域向慈善领域跨界，在追求“利润最大化”的同时，积极反哺社会，践行企业社会责任，成为我国公益慈善实践的主体力量。企业家参与慈善主要通过个人或企业基金会、慈善信托、直接捐赠和公益性投资等模式实现。随着经济社会的发展，基金会的辐射范围以及慈善信托的规模都不断增大。民营企业家族参与慈善的行为动因，包括企业家的获得感诉求、家族价值观的传承需求等。着眼未来，企业家要持续地将财富转化为公共利益，不仅要注重提供现金、股票和技术等资产支持，还要重视慈善基金的管理模式创新，保障公益慈善事业的可持续发展。

关键词：基金会　慈善基金　慈善信托　公益

改革开放40多年来，我国民营企业发展迅猛，资金存量和业务开展呈现年年攀升的态势，民营企业在我国的社会主义市场经济社会中发挥着越来越大的作用。民营经济发展的同时，民营企业家也积极反哺社会，投身公益慈善事业，在践行企业社会责任的同时，努力推动我国社会福利事业发展。越来越多的民营企业和民营企业家加入公益慈善事业，在追求“利润最大

* 谢赟，万向信托家族办公室负责人；田汤杰，万向信托家族办公室信托经理。

化”的同时，也为社会和市场提供更多的服务，通过公益慈善进行“社会财富的第三次分配”，积极履行企业社会责任，成为我国公益慈善实践的主体力量。

随着时代的发展，民营企业和企业家对公益慈善的认识逐渐加深，民营企业参与公益慈善已由零星、偶发转变为普遍、常态。近几年，民营企业家通过设立民营企业基金会或个人基金会，形成了民营企业家战略慈善的新模式，是其公益慈善行为专业化、正规化、独立化的体现，也代表着民营企业家公益慈善行为的转型，对于研究并推进民营企业家积极参与公益慈善事业具有重要作用，值得深入研究。以民营企业家为研究对象，探究新时代民营企业家参与公益慈善的动因及创新模式，有利于为后续民营企业家以创新形式投入公益慈善事业提供经验借鉴。本报告主要分为企业家族慈善的概述、中国民营企业家族慈善发展概况、企业家参与慈善的行为动因、企业家慈善事业的未来发展方向四个部分，对民营企业家的慈善渊源进行研究，对民营企业家已有的慈善行为进行分析，并对未来民营企业家参与慈善事业提出可行性建议。

一　企业家族慈善的概述

（一）家族慈善的发展历史

慈善事业的历史源远流长。关于慈善，古今中外一直有着经典表达，如两千多年前《孟子》中就提出“富则达济天下”的观点，而家族慈善的概念则出现于近现代商业社会，这从卡耐基的“在巨富中死去是种耻辱”和洛克菲勒家族信守的“财富属于上帝，我们只是管家”等观念中就可以发现，而洛克菲勒家族更是堪称美国家族慈善模式的代表。中世纪以前，一直是教会和贵族专门从事慈善事业，但是，随着城市和资产阶级的兴起，富有的商人逐渐进入了公益行动领域。

近 20 年来，众多富豪企业家从商业领域向慈善领域跨界，采用一种资本投资的方式投身于慈善事业，他们坚定地认为个人可以自由地积累财富，但是财富必须重新投向社会。他们的慈善理念是帮助他人自助，而不是简单的扶贫救济与慈善施舍，因此，与传统企业家通过写支票方式进行捐赠不同，这些企业家借助风险资本投资的模式来帮助其他社会慈善团体解决社会问题。随着我国的民营企业和企业家对公益慈善的认知逐渐深入，民营企业参与公益慈善事业已成为未来发展的必然趋势。

（二）家族慈善的主要实现模式

1. 基金会

家族慈善中最为主流的落地形式是个人或企业基金会。基金会是以私人财富用于公共事业的合法社会组织，该模式于20世纪初在美国兴起，以卡耐基基金会、洛克菲勒基金会以及全球最大的慈善基金会“比尔及梅琳达·盖茨基金会”等为代表，中国首个依法成立的家族基金会则是牛根生家族创立的“老牛基金”，而赫赫有名的李嘉诚基金会目前总资产规模已接近千亿元。通常情况下，家族基金会的基金来自个人遗产、赠品或企业和家族捐款，资助领域包括教育、科学、医学和社会福利方面的科学研究和公共服务项目。在将慈善作为家族精神进行传承的氛围下，很多家族基金会都保持着持续捐赠的状态，一代代的家族成员不断在家族基金会之外成立新的基金会将慈善事业持续下去。

2. 慈善信托

慈善信托是家族慈善的另一种具有代表性的发展模式。慈善信托是基于公益事业的发展，借助社会力量筹集资金以满足社会各方参与公益事业需求而诞生的。作为一种公共物品私人提供的形式，慈善信托属于公益慈善创新制度。相较于其他慈善方式，慈善信托以设立成本低、尊重委托人意愿、运营透明度高、财产管理更专业化的特质，逐渐走入人们的视野。如果信托财产数额较大，一般都是先专门设立基金会作为受托人，然后再将财产转移交给其占有和管理，在美国这种做法已成惯例。美国影响较大的慈善信托，历来都是以基金会为其受托人。

在中国，慈善信托中最具代表性的当属2018年成立的鲁冠球三农扶志基金。该信托规模截至2020年已达141.79亿元，是目前国内最大慈善信托，也是首个资产规模超过百亿元的慈善信托，这一模式也为推动慈善信托财产的多元化提供了范例，对我国慈善信托的发展起到了引导和示范作用。

3. 直接捐赠

捐赠是家族慈善最为直接的模式，包括将现金和有价证券在内的资产进行公益捐赠。像“裸捐”概念的提出者巴菲特就是在2006年决定以逐步捐出其持有的伯克希尔·哈撒韦股票的方式开展慈善活动。轰动一时的“史上最大教育捐款”创造者彭博社创始人布隆伯格向其母校约翰·霍普金斯大学捐赠的18亿美元亦属该种方式。

4. 公益性投资

公益性投资则是为满足社会公众公共需要的项目进行投资，该种投资以促成公益领域的项目和模式创新为目标。不同于一般的风险投资，公益性投资对回报的方式和收益率的要求更为灵活，投资回收期更长，也更加关注投资的社会影响力和公益性。有分析指出，未来公益性投资也将成为家族慈善的重要增长点。

二　中国民营企业家族慈善发展概况

近几年，随着中国经济的飞速发展，一大批中国民营企业成功实现了财富积累。与此同时，民营企业家也开始积极投身于慈善事业。其中最为普遍及具有代表性的方式是民营企业家通过设立民营企业基金会或个人基金会，形成了民营企业家战略慈善的新模式。同时，民营企业家也通过设立家族慈善信托这一模式来探索创新多元化的慈善道路。

（一）民营企业家族基金会发展现状

1. 基金会分布概况

（1）行业分布：传统行业和新兴行业都有所涉及。民营企业家族基金会的发起者主要来自综合行业、制造业、金融业和房地产业四大行业，批发零售业、信息传输业、软件和信息技术服务业、卫生和社会工作、建筑业等五大行业的企业所占比例呈明显上升趋势。

（2）地域分布：聚集于经济中心和政治中心。中国民营企业家族基金会呈现南多北少、东多西少的状态。民营企业基金会大多分布在广东、北京、浙江、江苏、上海和福建等经济发达地区，发展不平衡性较为突出。民营企业家族基金会地域分布不平衡受到经济因素和政治因素的影响。与我国基金会地域分布类似，家族慈善基金会地域分布不均。数量最多的前三个地区分别是：广东（52 家）、北京（41 家）和福建（34 家），全国半数家族慈善基金会分布在这三个地区。家族慈善基金会数量在 10 个以上的还有长三角地区的浙江（28 家）、上海（21 家）和江苏（16 家）。有 17 个省份家族慈善基金会数量在 5 个及以下，西藏、青海、贵州、海南则为 0。

2. 重点关注领域概况

在所有公开重点关注的项目和领域中，关注基础教育的家族慈善基金会占比 43%，关注高等教育的占比 17%。2017 年度净资产排名前十的家族慈善基金会均或多或少对教育领域有所贡献。教育项目形式以发放奖、教、助学金为主，也有部分图书室、教学楼等基础设施建设项目。项目地区多为贫困地区，其原因是教育也是扶贫的重要方式之一。文化（9%）、老人服务（5%）和艺术（5%）也是家族慈善基金会关注的领域。根据全国基金会数据，教育和扶贫同样是重点关注领域，其次是包含法律实施、社区发展、公益事业发展等专业领域的社会问题，随后是大病救治、救灾减灾等社会问题。由此可见，民营企业家族慈善基金会与全国基金会和个人、企业捐赠的主要方向一致，但因其家族属性，关注领域更为灵活和个性化。

（二）中国家族慈善信托发展现状

自 2016 年 9 月《慈善法》颁布以来，慈善信托作为一种全新的慈善方式，无论是数量、规模还是影响力都取得了长足的发展。回顾过去四年，慈

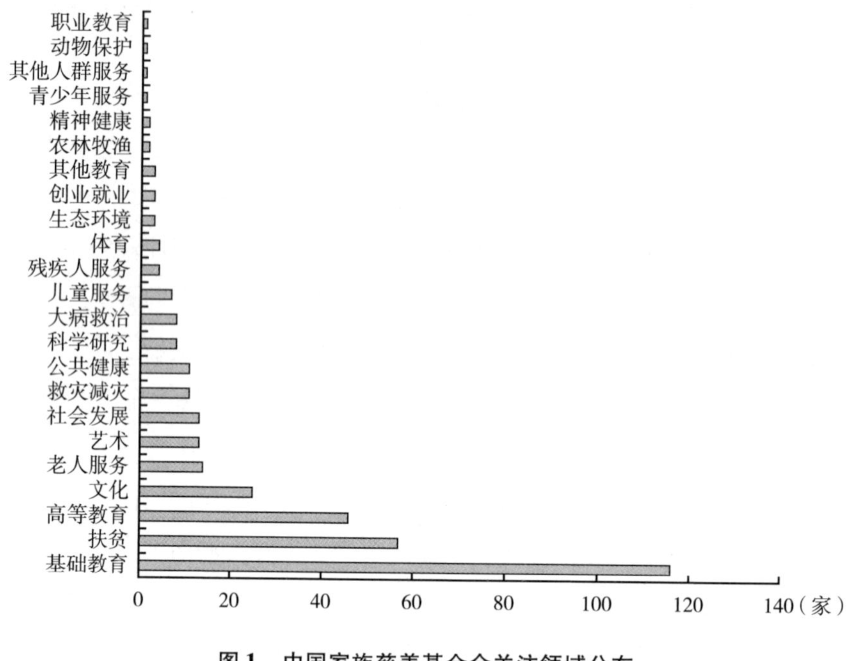

图1　中国家族慈善基金会关注领域分布

善信托持续朝着更专业、更透明、更高效的方向前进，不断满足人民日益增长的美好生活需要，助力打赢精准脱贫攻坚战，推动经济高质量发展，彰显重要的社会价值。经过四年的发展，慈善信托财产来源日益丰富，财产类型趋于多元，信托目的更加精准，机制设计逐步完善，运营管理不断规范，业务模式持续创新，为慈善信托在日后更加积极有为地参与社会公共治理、体现社会价值奠定坚实基础。

（三）中国慈善信托概况

1. 资产规模

"慈善中国"网站数据显示，截至2020年12月31日，累计慈善信托备案突破"500单"大关，财产规模站上"30亿元"平台。全国历年累计备案慈善信托537单，财产规模达33.19亿元。我国慈善信托的公众化程度日益提升，在相关政策支持下，越来越多的社会公众有参与慈善事业的积极性和热情，对慈善的诉求增加。2016～2020 年，万向信托累计备案慈善信托规模 9.68 亿元，居全国首位。2020 年我国新增慈善信托 257 单，较上年增长了 103.97%，占总备案慈善信托数量的 47.86%。

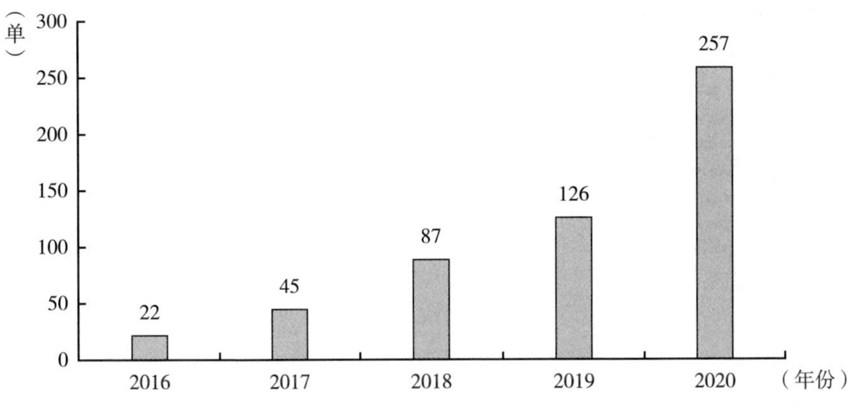

图 2　2016～2020 年中国新增慈善信托数量

2. 地域分布

从单数来说，2020 年全国共有 21 个省、自治区、直辖市备案慈善信托。其中，河北、湖北两省 2020 年首次进行慈善信托备案。2020 年甘肃省的备案数量增加 85 单，显著超过其他所有地区。甘肃省 2016 年以来备案总数量以 110 单超越了之前排第一的浙江，领跑全国。浙江以 90 单的备案数量位居第二，北京、广东以 42 单、38 单的备案数量分列第三、第四。总体来看，全国绝大部分地区已经开展慈善信托，但地区之间发展较不均衡。

从备案规模来看，2016～2020 年累计备案规模最大的是浙江，备案规模达 10.43 亿元，甘肃和广东分别以 7.111 亿元和 7.109 亿元位居第二和第三。尽管上海和江苏的备案数量排名没有居前位，但是其备案规模分别位列全国第五和第六，表明这两个地区备案的慈善信托单体规模较大，慈善信托的分布也与基金会一样呈现区域分布不均衡的问题，这在一定程度上与当地经济发展水平有关。

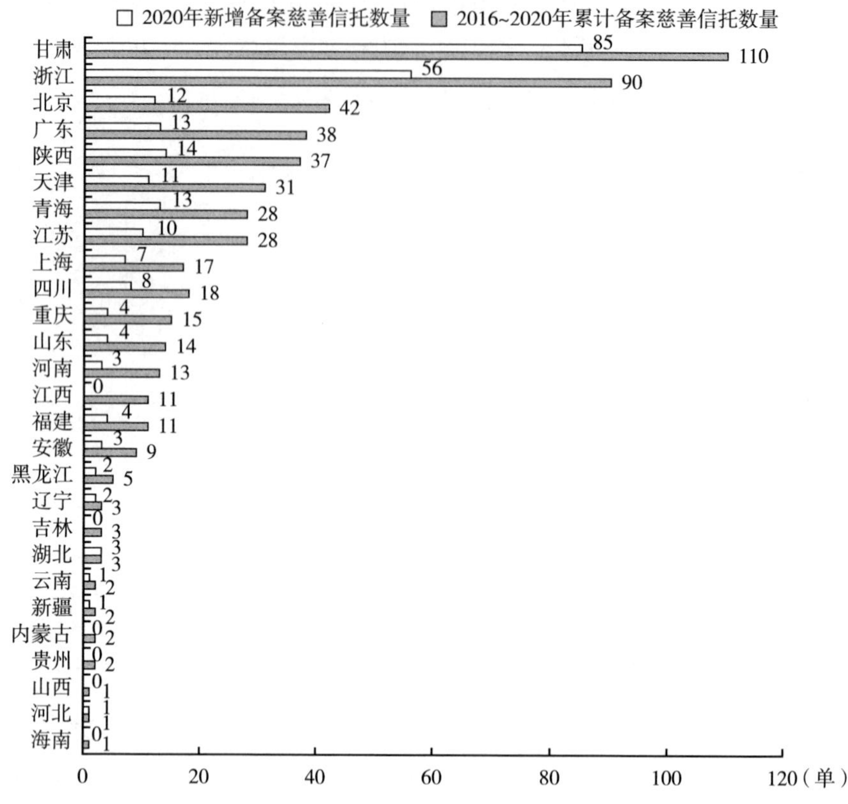

图3 主要省份2020年新增和2016～2020年累计备案慈善信托数量

3. 慈善信托重点关注领域

2016～2020年，每年备案的慈善信托都涵盖了《慈善法》规定的慈善活动所有领域。其中，扶贫济困是慈善信托重点聚焦的领域，备案数量共269单，占比为50.09%；教育领域也受到较高的关注，备案数量为261单，占比为48.60%。2020年新冠肺炎疫情突袭而至，包含公共卫生事件的应急救援领域成为慈善信托首要关注的领域，2016～2019年每年仅有10单左右慈善信托关注该领域，而2020年关注该领域的慈善信托备案数量为113单，占当年备案数量的43.97%。教育和扶贫济困一直以来都是慈善信托重点关注的领域，教育是一个国家的立国之本，同时，教育也能从源头上解决贫困问题，以教育为慈善目的的慈善信托数量不断上升，关注度一直居前三；而为了积极响应国家政策号召，助力脱贫攻坚，以扶贫济困为慈善目的的慈善信托数量也不断增加，从 2016 年仅 8 单上升至 2020 年的 113 单，上升幅度较大，近三年关注度一直位居第一。除此之外，以环保、文化、卫生等为慈善目的的慈善信托数量也较多，关注度基本维持在前五。

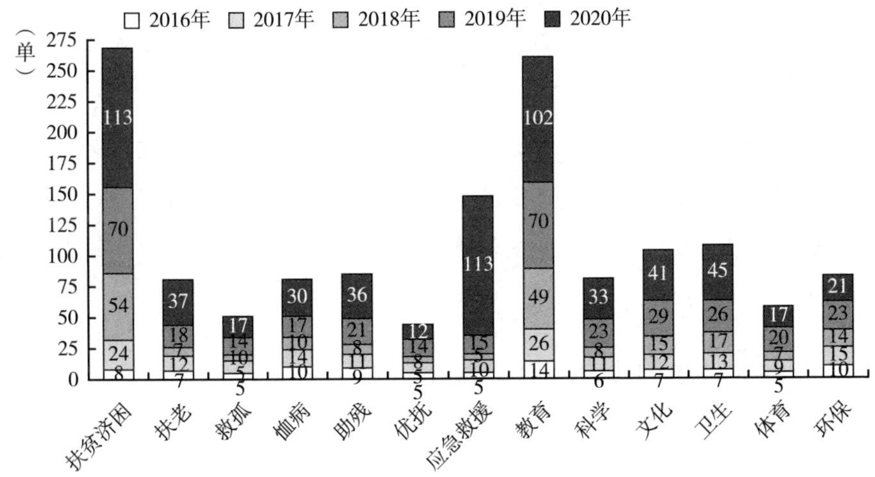

图 4　慈善信托按信托目的重点关注的领域分布

三　企业家参与慈善的行为动因

（一）企业家朴素的慈善动机

1. 公益慈善是企业家感恩及回馈社会的表现

民营企业家的成功大多受益于中国改革开放及经济全球化，他们将巨大的经济收益归功于国家、社会的支持和市场的运作，在功成名就后以感恩之情回馈社会，也体现了民营企业家的社会责任感。何享健一直坚持在取得财富后，应该将部分财富回馈给社会："财富从社会中来，理应回到社会中去”，“在收获的同时必须要给予”，他不求名、不求利，希望捐钱出来做事情、把事情做好，是一种朴素和简单的慈善观。

2. 公益慈善是企业长远发展价值观的体现

福建承群慈善基金会发起人是澳门著名实业家、永同昌集团董事局主席张宗真先生，他认为企业积极履行社会责任、企业家积极投身公益慈善事业有利于推动企业的发展。在访谈中，张宗真指出，“日本人、犹太人为什么能做到百年老店、千年老店，是因为这样的企业都有共同的特点，有共同的价值观。这个共同的价值观是真正的社会责任，这是真实的。没有社会责任的企业走不远，走到第二代、第三代就没了。但是真正有社会责任的企业能够走向持续，跨越一定的时空得到长久发展。我认为他们企业的这种社会责任心是真实存在的、真诚的，也就是这种真实的、真诚的社会责任感的一种力量，使企业跨越一系列障碍，跨越这么长久的时空延续下去”。

（二）企业家的慈善意识和能力

1. 企业家的获得感诉求

个人的慈善捐赠主要是满足个人的精神需求，而精神需求的满足是建立在物质需求满足的基础上。根据马斯洛的需要层次理论，精神需求是较高层次的需求，捐赠者以自己的财富来“购买”精神产品，以获得良好的声望、减少负罪感、避免社会指责以及获得精神慰藉等。

2. 企业家的个人价值观

富有同情心的、关心社会秩序和社会公正、具有亲社会价值取向、对慈善组织乃至整个社会富有责任感、具有利他主义价值观、注重道德关怀的企业家，对慈善活动的参与度更高、捐赠额更大。宗教信仰也会起到正向作用，如佛教宣扬的“好人有好报”“因果报应”等观念，都会促进企业家回报社会。

3. 企业家的慈善行为能力

企业家慈善行为能力是企业为达到回报社会、惠及自身目的所采取的企

业行善模式的集合，包括慈善项目的合理选择、慈善资源的科学配置、慈善效果的及时和有效评估等方面。企业家慈善行为能力会影响企业基金会的实际慈善效果，慈善项目是不是企业基金会的最优选择、善款是否实现最优配置、捐赠对象是否获益、捐赠行为是否能带来企业长远发展，都会影响民营企业（家）基金会慈善行为的可持续性。

（三）家族价值观与榜样的力量

如今中国越来越多的富豪阶层意识到，家族财富传承不仅仅是物质的传承，更是一种精神的传递。如果说“财富”是一种看得见的显性传承，那么在心里长期累积起来的美德、文化、文明等看不见的传承，则是一种“隐性”传承。

1. 家族成员参与慈善的晕轮效应

家族成员对基金会业务的参与度越高，其对公益慈善的兴趣越大，也会影响更多的家族成员参与其中，具有晕轮效应。老牛基金会是中国具有代表性的家族基金会，蒙牛集团创始人牛根生于2004年底携家人发起成立老牛基金会，捐赠家族资产（蒙牛全部股份及部分红利）开展公益慈善事业，致力于探索一条“中国式现代慈善家族基金会”发展之路。牛根生认为“小胜凭智，大胜靠德；财富越多，责任越大；予人帮扶，于己修善；倡导施者感恩受者；人人行善，则事无不善；快乐大小看爱你人数多少。”“从无到有，满足个人，这是一种小快乐；从有到无，回馈社会，这是一种大快乐！”在这种慈善理念的影响下，家族成员全部投身公益慈善事业，其子女牛犇、牛琼于2015年3月发起成立了“老牛兄妹公益基金会”，进一步扩展家族慈善事业，希望在中国倡导和推动现代家族慈善事业发展，为其他“善二代”提供参考和借鉴。

2. 设立慈善信托促进家族永续发展

宁波华茂集团主席徐万茂用全部个人资产设立家族慈善信托，鼓励后代从事慈善事业。徐万茂做此决定有以下考虑。第一，受家族起源和祖训的影响。徐家先祖流传下四个字家训，“诚信、勤俭”，在富裕之后也要坚持先

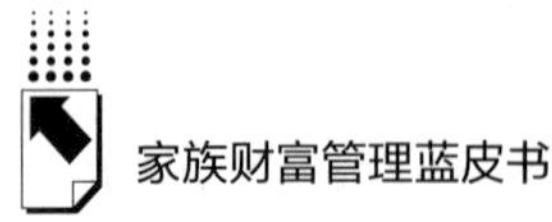

辈的家训，处理好财富的使用和流传的关系。第二，以“不贪”促进后代的绵延发展。徐万茂在拥有财富后在祖训上加了“不贪”二字，教育后代正确看待财富、回报社会。徐万茂认为捐赠没有后续责任，而信托则带给后代无限责任，虽然资产不属于他们了，但是责任是无限的，如此，后代也有激情去做事业、做慈善。同时，信托基金实现了家族的分家不分产，子孙共同努力促进财富增值，家族财富也能永续，对家族的持续发展、家庭的和睦非常重要。

（四）税收制度的优惠

公益慈善税收制度的完善对民营企业（家）的捐赠具有明显的激励作用。研究发现，慈善捐赠税收减免力度对民营企业慈善捐赠行为有显著影响，力度从小变大，民营企业（家）的捐赠行为将会呈现两倍以上的增加。宏观税负较高的地区，企业捐赠倾向和捐赠额都更大，主要是出于避税的考量，更多的捐赠带来了更大的避税空间。相比于国有企业，非国有企业在相同的宏观税负下会出现更多的捐赠行为。

通过国家政策引导，让捐赠者觉得有些实惠，可以有效地促进慈善捐赠行为。通过对用于捐献的收入或财产免征（减征）所得税或财产税，可使捐赠者的净效用增加，从而成为激励慈善行为的有效制度。在调研中，多家民营企业（家）基金会也表示，希望能获得税收优惠。

（五）典型案例：三农赤子徐文荣

1. 慈善事业情怀缘起

任何思想信念背后都有其形成的根源，原始的动力会一步一步演化成坚定的信念。1935 年，徐文荣出生于东阳市北乡新东村，3 岁时，举家搬迁至横店。他出身农民家庭，更在危难中受过农民的恩惠。他感恩时代，感恩农民，一直为改变农民命运、改善农民生活而奋斗。

在幼年时期，徐文荣就对穷困生活深有体会，这是一种刻骨铭心的认知，在他心中根深蒂固。那时的徐文荣就在想，为什么有些人富、有些人穷？也正因如此，他倾其一生去解决让农民富起来的问题，投身慈善事业。

另外，深受传统文化思想的影响，再加上看到当时的城乡差距，徐文荣内心油然而生一种想法，就是为横店的老百姓谋求更多的发展机会，在此基础上推动慈善事业的发展。

2. 慈善事业实现模式

（1）设立慈善基金会

浙江横店文荣慈善基金会经浙民复〔2007〕43 号文同意设立的批复、浙民复〔2007〕72 号文准予设立登记的批复，于 2007 年 12 月 17 日正式成立。该基金会原始资金 500 万元，来源于横店共创共有共富共享工作委员会的自有资金出资。

文荣慈善基金会属于非公募性质的基金会，会长、法定代表人是徐文荣，业务范围包括从事对老弱病残等困难群众的救助；从事各类救灾活动，为建设和谐社会多做好事善事。

（2）个人及员工捐款

2008 年 5 月 12 日，四川省汶川县发生了 8.0 级强烈地震，地震波及范围大，造成巨大人员伤亡和财产损失。为帮助灾区人民早日重建家园，徐文荣向全体员工发出赈灾募捐倡议，号召大家为灾区捐款，奉献爱心。徐文荣及员工向灾区捐款共计 236 万元，徐文荣捐款人民币 150 万元，公司员工自发捐款人民币 86 万元。上述款项汇至绵竹市慈善会，定向用于绵竹市东北镇天齐村灾民的永久性住房建设。

（3）捐赠古玩艺术品

浙江横店集团创始人徐文荣 2013 年向两家慈善机构捐赠了个人收藏的 25 个展馆超过 17000 件古玩艺术品。

徐文荣将其中 21 个馆的藏品捐赠给浙江横店文荣慈善基金会，其余 4 个馆捐赠给横店华夏文化发展基金会。所有捐赠藏品总计 17178 件，估计总价值高达 7228.13 万元。

四　企业家慈善事业的未来发展方向

（一）以丰厚资产和创新模式从事慈善

企业捐款一直在我国慈善捐款中占有重要地位，近70%的捐款来自企业，只有20%来自个人，10%来自慈善组织。在企业捐款中，50%来自民营企业（家），外资企业紧随其后。基金会中心网提供的2016年数据显示，438家民营企业（家）基金会净资产规模突破100万元，占企业基金会净资产总量的63.57%，平均净资产高出全体基金会的平均值，资金优势较为明显。近几年，民营企业家屡有大额捐赠，如广东省和的慈善基金会发起人何享健捐出60亿元成立慈善基金会、宁波华茂教育基金会发起人徐万茂将全部资产投入家庭慈善信托。

民营企业家慈善捐赠的方式包括资金、股票、技术等，组织形态包括基金会和公益信托。玻璃大王曹德旺在成立河仁慈善基金会时，以2000万元现金出资设立，在基金会成立后再捐赠3亿元股票，该以股权为主要资产的基金会过户当日市值35.49亿元人民币，是中国第一家以捐赠股票形式支持社会公益慈善事业的基金会。百度公益基金会在资助项目时，不仅资助现金还提供技术支持，如提供高速度、大容量的云计算平台给协和医学院的一个关于食道癌的慈善项目，依托于技术背景的百度公司带来了区别于其他基金会的特别之处。公益信托日益成为商界大佬从事慈善的模式，如比尔·盖茨、洛克菲勒家族、牛根生等，他们将财富转化为公共利益时，更愿意思考如何让资本保值、专业、可持续地运作下去，这种理念和模式有助于推动公益的可持续发展。2014年4月25日，马云和蔡崇信宣布将成立个人公益信托基金，以二者在阿里巴巴集团拥有的期权为资金来源，规模在20亿~40亿美元，这对中国公益信托基金的发展，起到极大的示范和带动作用。

民营企业（家）基金会的成立，是企业参与公益的一种模式创新。一

方面是企业公益的专业化发展，企业提供资金和行业资源，以专业的人才管理专业的机构，与企业社会责任部门有效区隔，更为专业；另一方面则综合多方面的传统公益模式，如直接设计项目、直接捐助、结合企业自身资源优势运作慈善项目等，更为高效。具体包括：①直接运作项目，指基金会直接运作公益项目，持续投入人力和时间，直接对受助对象进行捐赠或帮助，如定点扶贫或助学，直接帮助困难群众等，这是民营企业（家）基金会从事公益慈善事业的最普遍模式；②资助专业机构，如一些资助型民营企业（家）基金会资助其他基金会或公益组织，以及通过与专业机构开展合作来完成公益项目；③产品公益，指企业将产品或技术向公益组织开放，以实现对公益事业的支持和提升，如腾讯集团以开发互联网产品的方式参与公益，为大量公益组织提供技术支持和公众参与平台，探索了“互联网＋公益”的创新模式。

（二）用管理企业的方法做公益

1. 注重慈善的效果和可持续性

广东省和的慈善基金会的两代企业家何享健和何剑锋都指出，做慈善和成立基金会与做企业有相同之处，是“可持续的，要保值增值，要规范透明”。福建承群慈善基金会的发起人张宗真认为成立企业基金会是一种有效地参与慈善事业的途径，可以有效监控善款的去向和使用效果，注重慈善投入产出比。马云强调马云公益基金会一定要非常务实，项目要能落地，以结果为导向，不太看重一些概念或模式，而强调如何做能产生实际结果，他也从这个角度安排公益项目，形成一个大格局，严格要求项目实施。

2. 以企业的业务特长为基础

京东公益基金会基于“物资＋仓储＋物流”一体化优势探索公益赈灾新模式，依赖京东集团的自营多品类物资和安全高效的物流优势，在灾害面前，开放公益基础设施，第一时间调拨就近仓库的救援物资送到灾区，成为最快响应灾害救援的互联网企业之一。福建新大陆科技集团以自主研发制造的紫外消毒、净水等设备，在多次救灾、扶贫项目中发挥作用，同时，集团正致力于“数字公民”系统的开发和推广，该数字化信息平台将对公益成为人人可为、全民追求的群众性社会活动起到巨大的技术支撑作用。

3. 结合企业培养人才、服务员工的目的

顺丰公益基金会认为，顺丰集团做得最大的慈善事业是把集团的40多万名快递员工照顾好，这涉及40多万个家庭，也就是100多万人。同时，顺丰公益基金会结合顺丰集团的劳动密集型特点，发挥集团员工多的优势，“少捐钱、多参与”，积极参与重大灾害救助。福建国航远洋集团董事长王炎平联系多方资源，几年来持续推进了以贫困地区建档立卡贫困户为生源的船员培养项目，培训合格的学员能满足国际海员劳务市场需求，直接与集团下属的劳服公司签约。其中中国光彩事业促进会发挥其与政府相关职能部门协调的平台作用，定位遴选项目扶持对象。同时，项目还鼓励实现就业后的船员以一定的收入回馈培训基金，孕育人才的同时营造出感恩济众的价值文化。

五　总结

本报告概述了民营企业家在新时代背景下投身于公共慈善事业的四种模式，详细梳理了民营企业家族基金会、慈善信托的发展情况，以及驱动民营企业家慈善行为的影响因素，并对未来民营企业家从事公益慈善进行了切实的展望。本研究发现民营企业家因雄厚的资金优势及不断扩大的慈善资金规模将成为我国未来发展公益慈善的中坚力量。第一，民营企业家族慈善基金会及慈善信托发起的企业分布广泛，各行业均有涉及，以综合行业、制造业、房地产业和金融业为主。第二，企业家通过成立基金会和慈善信托，将企业家精神进一步拓展至公共慈善领域。民营企业家现今更注重家族文化的传承，通过运作管理方式将自己独特的企业家精神及价值观注入公益组织和公益活动，推动财富的有效分配，

保障了财富永续积累、健康发展。第三，民营企业家参与公益慈善的方式较为灵活，捐赠方式涉及资金、股票、技术、先进的商业模式。这些创新的慈善公益方式将推动我国的公益慈善事业发展，同时也将推动慈善政策制度进一步完善。

家族办公室及家族投资篇

Family Offices and Familial Investment Perspectives

B.21 中国家族办公室的监管动态述评

黄 震　闫婉钰*

摘　要：近年源于西方的家族办公室在中国发展迅猛，业务领域既涉及资产管理、信托服务、投资顾问等金融服务，也包括争端解决、税收筹划、教育培训等事务性服务。本报告梳理了家族办公室的概念与类型，对于不同类型参与机构监管情况和中国对于家族办公室监管的探索进行了讨论。通过典型案例分析中国家族办公室监管存在的困境，参照国外家族办公室监管的经验和做法，研究我国推动家族办公室发展的路径和方式，开展家族办公室管理及投资，并提出完善家族办公室监管机制的对策建议。

关键词：家族办公室　监管　牌照准入　行业自律

---

* 黄震，中央财经大学教授，金融法研究所所长；闫婉钰，中央财经大学法学院硕士研究生。

一　家族办公室及其监管概况

（一）家族办公室的概念与类型

家族办公室作为管理财富的家庭服务机构起源于西方，近年在中国发展迅猛。通常认为最早的家族办公室是由美国银行家托马斯·梅隆于 1868 年创办的。根据美国家族办公室协会的定义，其是为超级富有的家庭提供全方位的财富管理和家庭服务，以使其资产的长期发展符合家族的预期和期望，并使其资产能够顺利地进行跨代传承和保值增值的机构。[①]

家族办公室的业务范围既包括种类繁多的金融服务，如资产管理、信托服务、投资顾问，也包括金融之外的专业咨询、争端解决、教育培训、日常事务管理等。根据家族办公室服务对象的范围，可以将其分为单一家族办公室和联合家族办公室。单一家族办公室服务于单个家族，往往由该家族设立；联合家族办公室服务于多个家族，其创办者可以是其中某个家族，也可以是专业人士或大型金融机构。单一家族办公室的隐私性较强，但对于单一家族来说运营成本高，联合家族办公室则相反。[②]

（二）中国家族办公室的发展

中国内地的家族办公室起步相对西方较晚，但是 21 世纪以来随着国民财富的增长，2013 年，中国银行率先推出家族办公室业务，通过中银集团平台，利用银行专业团队、顾问团队和海外团队为超高净值个人及家庭提供个人金融服务、企业金融服务和增值服务等。[③] 这标志着家族办公室类型的

① 《家族办公室：寻找富人资产管理模式》，http：//biz. jrj. com. cn/2012/12/12135614810882. shtml，2012 年 12 月 12 日。

② 《联合家族办公室当下的困境及出路》，https：//www. familyofficeschina. com/news/5375. html。

③ 《中国家族办公室的发展与实践——百年家族李锦记的家族治理实践》，https：//www. sohu. com/a/339724905_ 100014622。

服务通过金融机构在中国正式落地。2015 年，中国才正式迎来第一家以“家族办公室”注册的机构。根据公开数据，截至 2021 年 3 月，中国已出现过 1090 家带有“家族办公室”字样的企业，与欧洲在 2015 年的家族办公室数量相当。[①]

由于家族办公室的业务涉及管理和监督整个家族的财务、风险、健康、教育等众多方面，需要大量专业性人才参与。中国已有部分家族办公室以注册公司的形式出现，[②] 单独聘请专业人才或外包给专业机构，也有专业机构针对高净值客户推出家族办公室相关业务，[③] 实现了家族办公室的部分职能。然而，近年中国“家族办公室”大量涌现，表面一片繁荣的背后是大量“伪家办”在混淆视听，甚至有从事家办行业十余年的专业人士断言：“中国 99% 的家办都是伪家办”。[④] 这样的局面与中国家族办公室的监管尚未成熟不无关联。

（三）家族办公室监管概况

随着家族办公室行业的扩张，相应的监管逐渐介入且呈现趋严的态势。家族办公室初入中国时，青岛出于金融改革，为家族办公室颁发了专属牌照。如果说这属于一次宽松的改革探索，那么中国有家族办公室牌照的机构只有诺亚财富、青岛睿璞、宜信青岛三家，这一现象则折射了政策层面对家族办公室管理的收紧，以及未来出现统一准入牌照的可能。

目前，“家族办公室”作为一个整体性的组织，在中国现有的监管体系中并没有明确的法律概念对其进行规范，而是从业者的约定俗成，因而缺乏

---

① 《揭开“中国第一家家族办公室”神秘面纱》，http：//roll. sohu. com/20151217/n431681100. shtml。

② 《家族办公室怎么注册？牌照怎么办理?》，https：//www. sohu. com/a/258421399_ 100285464?spm = smpc. author. fd – d. 1. 1614048755707yZNJYof。

③ 《联合家族办公室（Multi FO）》，https：//wiki. mbalib. com/wiki/% E5% AE% B6% E6% 97% 8F% E5% 8A% 9E% E5% 85% AC% E5% AE% A4 #. E5. AE. B6. E6. 97. 8F. E5. 8A. 9E. E5. 85. AC. E5. AE. A4. E7. 9A. 84. E5. 8A. 9F. E8. 83. BD. 07UNIQ3990bb75342b39a6 – nowiki – 00000015 – QINU3. 07UNIQ3990bb75342b39a6 – nowiki –00000016 – QINU。

④ 《“行业老兵”武军：中国 99% 的家办都是伪家办》，https：//finance. sina. com. cn/tech/2021 – 02 –09/doc – ikftpnny5979744. shtml。

统一的行业标准与强制性的行政许可，含有“家族办公室”字样的公司已经可以注册且没有禁用标准，入行门槛低。这种上位法依据的缺乏导致了不同地区间的处置差异。部分地区根据当地的鼓励性金融政策，对家族办公室行业持鼓励态度，但依旧以注册公司的形式存在，也有地区迟迟没有动作，至今没有家族办公室注册。各地方对家族办公室的监管也主要依据其涉及的业务范围，并没有专门对家族办公室的监管，而是将其视作不同服务的集合，由不同的机构监管。

针对持牌的专业机构开设的家族办公室业务，各专业机构由来已久，中国的监管已较为成熟，往往已有其固定的监管部门与相关政策、法律法规，因此对专业机构的监管通常会参照已有的法律法规。目前各专业机构的监管机构对其监督更多停留在传统业务上，少有专门针对家族办公室的制度安排。但家族办公室是众多传统专业服务的综合，因此，涉及家族或高净值客户的各专业服务的监管情况能够部分反映家族办公室未来的监督方向。

二　家族办公室相关机构的监管

（一）持牌金融机构的监管

1. 信托

信托是财富传承的重要手段，《2020 家族办公室白皮书》（以下简称《白皮书》）显示，信托是家族办公室最为青睐的金融工具。

2018 年中国银保监会出台《信托部关于加强规范资产管理业务过渡期内信托监管工作的通知》（信托函〔2018〕37 号），明确提出家族信托的业务性质和范围，规定家族信托业务不适用资管信托嵌套的要求，避免了信托法律架构下投资的过多约束。[①] 通过该规定实际上表明了监管层对信托公司

① 贾良屿：《亿万富翁身后的家族办公室：神秘面纱下的强大利器》，https：//mp. weixin. qq. com/s/IJL7R－DWmFUvVz_ 0tS_ StQ。

开展家族信托业务的认可。因此，香港家族办公室协会会长方建奇认为，在资管新规的背景下，监管层对家办业务开了个口子。①

此外，最高人民法院的《九民纪要》第95条强调，除非符合《信托法》第17条，否则不允许强制执行信托财产，实现了信托资产隔离的特殊功能，对家族办公室的发展是一大利好。但由于家族信托具有破产隔离功能，存在委托人滥用家族信托以恶意逃避个人债务的风险，《信托法》及银保监会出台的相关条例有待进一步完善。②

据中国银保监会信托部主任赖秀福透露，下一步将会开展《信托法》修订和《信托公司条例》制定工作并结合信托行业特色和未来转型发展方向，制定出台信托公司资金信托业务和资本管理制度、修订信托公司监管评级制度、优化信托公司分类监管体系。同时，加强文化建设和股东股权管理，完善“三会一层”治理架构。③ 家族信托有望在《信托法》框架内得到完善。

2. 保险

如果家族办公室涉及保险经纪业务，根据2018年5月1日实行的《保险经纪人监管规定》，保险经纪公司在中国境内经营保险经纪业务，应当符合中国保险监督管理委员会规定的条件，取得经营保险经纪业务许可证。同时，保险经纪人可以为委托人提供防灾、防损或者风险评估、风险管理咨询服务。

对于大额保单，部分投保人为了约束后代对保险金的支配、保护后代的权益，往往会选择保险金信托的方式。针对保险金信托，中国并没有明确的法律约束，而与之相关的《保险法》、《信托法》及其他法律文件均未对其市场准入、运作方式、监管方式等作出明确规定，因此，保险金信托处于“监管主体不明确、监管机构态度不明朗、监管规则不存在”的地位，④ 监

---

① 《初露锋芒，中国家族办公室的进击之路》，https：//www.jiemian.com/article/5545389.html。

② 张叶东、王智伟：《家族信托破产隔离功能滥用的法律规制——兼议信托法和个人破产制度的协调》，《南方金融》2020年第8期，第92~99页。

③ 《信托业路在何方？监管人士这样说》，http：//finance.china.com.cn/money/trust/20201222/5459774.shtml。

④ 《保险金信托中的风险管理》，https：//www.sohu.com/a/420448957_270543。

管机制有待进一步完善。

3. 银行

目前已有银行面向超高净值客户推出了家族办公室服务，涵盖了家族财富管理和传承、家族财富治理、家族企业运营、慈善公益项目等，《白皮书》显示，由于银行保护隐私的能力较强，又有综合金融服务，是企业家家族最为青睐的家族办公室形式，也有近八成受访者表示，未来最期望的合作机构是商业银行。

银行是传统的金融机构，有着成熟的监管体系，家族办公室尽管也有一段历史，但在中国仍处于起步阶段。针对银行的这一新兴业务，中国银行保险监督管理委员会网站上暂时没有相关的监管信息。唯一相关的监管动态是2021 年 1 月对高净值客户认定不审慎作出的处罚。值得借鉴的是，作为家族办公室重要组成部分之一，大型金融机构的私人银行部[①]受到了客户标准的约束，在银监会发布的《商业银行理财产品销售办法》中，私人银行客户标准为金融净资产达到600 万元（含）人民币以上。

4. 证券

证券公司也是家族办公室相关的重要机构，一些证券公司已经开始进军家族办公室市场，发布自己的家族办公室品牌。目前，针对证券公司自行设立的家族办公室品牌，中国证券监督管理委员会（以下简称“中国证监会”）没有发布相应的监管动态，但对于单一家族办公室开展的证券投资业务，尤其是涉及证券、期货投资建议或预测等直接或间接的有偿咨询服务，需要按照中国证监会颁布的《证券、期货投资咨询管理暂行办法》，取得中国证监会的业务许可。[②]

---

① 《兴业证券成立财富家族办公室，欲成董监高的家族财富管理专家》，https：//new. qq. com/omn/20201126/20201126A0E4OJ00. html。

② 《中国家族办公室研究报告》，https：//www. pishu. com. cn/skwx_ ps/search？ query =%25E4%25B8%25AD%25E5%259B%25BD%25E5%25AE%25B6%25E6%2597%258F%25E5%258A%259E%25E5%2585%25AC%25E5%25AE%25A4&resourceType = all&field = All&search = 1&SiteID = 14&firstSublibID = 。

5. 基金

《中国企业家家族财富管理白皮书》显示，公募基金是家族资产的重要部分，是除银行理财产品、储蓄及现金、投资性房地产外占比最高的资产。基金公司需要严格按照中国证监会和证券业协会的规定完成行业准入、业务开展、信息披露。家族办公室的投资能力强、投资金额高，往往属于专业投资者，可根据《证券期货投资者适当性管理办法》第八条第四款进行认定。同时根据中国证监会2019年颁布的《基金募集机构投资者适当性管理实施指引（试行）》，需要留存对应的适当性信息以供监察。2020年12月，国内首家基金专户持牌家族办公室在上海成立，反映了家族办公室在证券投资基金行业的准入情况。

（二）中介机构的监管

1. 律师事务所

律师事务所作为律师开展业务的工作机构，既能为家族办公室提供专业的法律咨询服务，也能为家族办公室开展的资产管理业务进行合规和监管方面的支持。在证券法律业务方面，中国证监会目前仍按照2007年出台的《律师事务所从事证券法律业务管理办法》对其进行监管。在组织方面，律师事务所接受司法行政机关和律师协会的监督。

2. 税务师事务所

家族办公室能提供专业的税务咨询服务。税务师事务所作为中介机构，能为家族办公室提供专业服务，也能通过专属团队单独设立联合家族办公室，为家族客户提供创立家族办公室、日常运营、法务税务等相关服务。根据国家税务总局在2017年颁布的《税务师事务所行政登记规程（试行）》，国家税务总局负责制定税务师事务所行政登记管理制度并监督实施，未经行政登记不能享受税务师事务所的合法权益。此外，该条例规定，税务师事务所组织形式创新相关试点工作由国家税务总局研究推进，但国家税务总局还没有针对税务师事务所在这一行业的监管动作。

3. 会计师事务所

《注册会计师法》规定，财政部和省、自治区、直辖市财政部门依法对注册会计师和会计师事务所进行监督、指导，具有行政处罚权。德勤员工举报风波引发了财政部、证监会、中注协的关注，财政部表示将深入开展审计质量提升专项工作，证监会表示下一步将落实“建制度、不干预、零容忍”的要求，坚持“四个敬畏、一个合力”的监管理念，持续加强资本市场会计监管，促进审计与评估机构全面提升执业能力，构建良性执业生态，切实提高资本市场财务信息质量，服务经济高质量发展。①

（三）其他事务性机构的监管

在家族办公室的名义下，不少其他事务性机构也在开展有关业务，如移民中介、家政中介等，也有待于加强相应的监管。这里以移民中介为例略作分析。移民中介是因私出境中介的一个分支，2018 年 11 月 10 日，历时十年的出国移民中介资质审批在中国大陆正式作废，任何公司都可以从事出国移民中介业务，而不再需要通过公安部或者各地公安厅的审批。此前根据《因私出入境中介活动管理办法》第五条规定，设立移民中介机构应向管理部门申请因私出入境中介机构经营许可证，依法取得许可后方可经营相关业务。② 但是，取消牌照不等于取消监管，从事出国移民中介业务的公司依旧要接受国家移民管理局的监管，据国家移民管理局公告，未来将严厉打击边境地区非法入出境，严厉打击粤港澳边界和海上偷渡，严厉打击制贩伪（变）造出入境证件。受新冠肺炎疫情的影响，将积极引导内地居民减少不必要非紧急出境活动。

① 《“放飞机”、造假、潜规则丛生，会计师事务所遭遇强监管》，https：//www. sohu. com/a/451968887_ 120780844。

② 《关于依法监管移民中介行业的思考》，http：//www. cicn. com. cn/zggsb/2017 - 03/28/cms96164article. shtml。

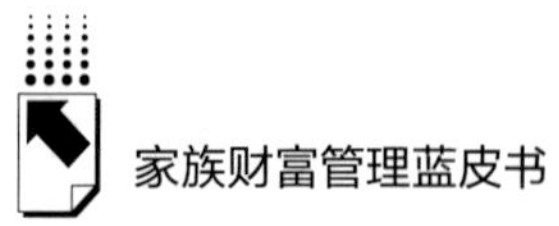

三　家族办公室监管现状

（一）牌照准入

1. 香港特别行政区

香港特别行政区对家族办公室的准入有相对成熟的监管经验，香港证券及期货事务监察委员会（Securities and Futures Commission，以下简称香港SFC）中介机构部发牌科于2020年1月7日发布的《有关家族办公室的申领牌照责任的通函》（以下简称SFC《通函》）指出，“香港并无专为家族办公室而设的发牌制度”。而香港《证券及期货条例》约束下的发牌制度以具体活动为基础。联合家族办公室由于“资产管理活动与持牌资产管理公司的活动大致相若”，直接适用资产管理公司的准入规则即可。①

2. 中国内地城市试点

对于家族办公室的准入，中国尚没有明确的全国性制度安排。但在一些城市如青岛、重庆、三亚等地，已经出现过行政许可的地方试点。2015年，全国首批正式注册的家族办公室正式签约入驻青岛，青岛市财富管理金融综合改革试验区试水家族办公室牌照，此后再未颁发家族办公室牌照，相关公司均以营业执照进行相关业务经营。② 2017年，重庆市金融办官网通知举办家族办公室实操专题国际培训班，③ 承认了家族办公室的存在并鼓励其发展。2020年5月，三亚市首家获金融监督管理局批准注册的家族办公室开业。这些地级市在中央尚未出台相关政策时率先允许家族办公室营业，甚至开展专业培训促进发展，反映了家族办公室在中国部分地级市的监管层面处

① 高皓、罗钧：《全球视野下家族办公室的监管》，《中国金融》2020年第14期，第59～60页。

② 《家族办公室怎么注册？牌照怎么办理?》，https：//www.sohu.com/a/258421399_100285464?spm = smpc.author.fd - d.1.1614048755707yZNJYof。

③ 《揭秘千万资产人群咋理财：靠“家族办公室”》，http：//www.chinanews.com/cj/2017/06 - 09/8246522.shtml。

于相对被欢迎的地位，这些已有的准入方式也能为未来的准入方式提供借鉴。

（二）业务审批

1. 香港特别行政区

香港 SFC《通函》对家族办公室进行了分类发牌和监管。其中包括开展“授予全面的投资酌情权”的资产管理活动、“就证券提供意见”的活动、“期货合约交易”活动和“就期货合约提供意见”的活动等。香港 SFC 会针对资产管理、投资咨询两方面开展家族办公室的业务审批。

2. 中国内地城市

目前，家族办公室还没有明确的法律主体地位，对于家族办公室的设立标准、开展业务及审批流程尚没有明确的规定。虽然青岛等地已经出现了准入的先例，但其他地方依旧保持慎重态度。而即便是中国最早入场的家族办公室，也存在官方信息明确标注“主要经营范围不含国家规定需经审批的项目”的情况。[①] 在这个条件下，该家族办公室经营了财富管理服务、金融信息咨询服务、税务咨询服务、投资咨询服务、投资管理、家庭财富传承咨询、家庭资产保全咨询、家族企业传承咨询、移民及跨境财富传承规划、财务税务筹划、婚姻财富规划服务、慈善规划、企业资产管理、投资信息咨询、商务咨询、金融信息技术咨询和技术服务等，可见相关监管机构暂时没有对上述业务开展业务审批。

（三）信息披露

根据香港《证券及期货条例》（第 571 章），香港 SFC 不建议豁免任何人士向市场履行披露权益的责任。但有针对上市公司和其他人士的例外，根据该条例第 323（1）（i）条，“假如证券权益是由获证监会发牌或注册以进行双重上市的中介人以代理人身份在日常业务过程中代表本身并

---

① 《青岛宜信家族办公室有限公司》，https：//www. tianyancha. com/company/2335871046。

非有联系法团的主事人取得的，且该权益属暂时性质（该中介人曾拥有该股份权益不超过三个营业日）”，该中介人便可免除就联交所上市证券的披露责任。中国香港以外的地区暂时没有关于家族办公室信息披露的监管动态。

（四）行业自律

1. 家族办公室协会

家族办公室协会作为行业性社会团体，2014 年就已在香港出现。2018 年注册登记的中国联合家族办公室协会（China United Family Office Association），面向海峡两岸及香港发展会员，是一家连接境内外家族财富管理及研究机构、家族办公室从业人员、家族办公室、律师事务所、会计师事务所、资深专家学者的行业性社会团体。① 中国联合家族办公室协会章程中明确指出，该组织致力于“发挥政府、市场与客户之间的桥梁和纽带作用，聚集境内外家族办公室、相关研究领域、相关服务机构、相近行业组织的精英，共同构建行业资源整合、交流互动、协同合作、自律规范的平台”，是重要的行业自律组织。

目前的家族办公室行业组织尚没有明确的监管机构和监管法律，作为行业自律组织，香港家族办公室协会、亚洲家族办公室协会联合参加了亚太家族办公室行业峰会并制定了家族办公室行业服务标准，② 但这一标准尚未对外公开。

2. 其他相关组织

深圳市家族办公室促进会于 2017 年成立，是全国首个家族办公室行业组织，设有包括银行专业委员会、保险专业委员会、信托专业委员会、财税专业委员会、法律专业委员会、家族企业治理专业委员会、投资移民专业委员会、财富管理专业委员会、资产管理专业委员会等在内的若干专业委员

---

① 《中国联合家族办公室协会章程》，http：//www. cufoa. cn/？ thread－2－118. html。

② 《2019 亚太家族办公室行业峰会在北京举行　大咖云集热议家族财富传承》，http：//finance. ce. cn/jjpd/jjpdgd/201910/21/t20191021_ 33394239. shtml。

会，实现了行业管理的创新。[①] 但目前该组织并没有公开关于家族办公室的监督信息。

四 典型案例剖析及监管困境

（一）荣氏家族办公室

荣氏家族办公室是中国典型的单一家族办公室。作为中国首户民族资本家，荣氏家族迁移到香港后成立了类似荣氏家族资金管理委员会的机构，后独立出来成为荣家的家族办公室。家族办公室一方面掌管家族资金的出入和分配，另一方面对荣氏家族企业担负起控制和监管的职能，并最终对由荣氏家族成员组成的董事会负责。[②] 荣家后代在年满十八岁后即可成为董事会成员，参与家族企业的经营与管理。但这些后代会终生由荣氏长辈划定的底线约束，并由荣氏家族办公室监督着。

与国外不同，由财富家族设立的单一家族办公室在中国是一个较为少见的形态，这与新中国成立后的历史较短、财富家族代数较少有很大关联：在中国家族办公室兴起以前，家族办公室的目标客户还大多处于创造财富的阶段，需要传承的财富也没有过大的体量。因此，已经将财富传了四代的荣氏家族是中国难得一见的财富家族，此外，他们设立家族办公室的时间早，因此这一家族办公室的地位较为特殊。

根据荣家后代的描述，可以发现荣氏家族办公室具备现代家族办公室的绝大多数职能，包括财富管理、人才培养的主流需求，但对日常事务的管理并没有公开体现。荣家将家族办公室设在香港，因此其主要受到香港 SFC 的监管。该家族办公室的设立、运作已有一定年限，因而监管主要集中在平

① 《全国首个家族办公室行业组织在深成立》，http：//finance. eastmoney. com/news/1350，20170614746766441. html。

② 《荣氏家族隐秘传承，家族办公室功不可没》，https：//xueqiu. com/9469026932/136200129? sharetime =2。

常的运作。对于以荣氏家族办公室为代表的单一家族办公室，监管层尚未进行过公开的管控，这与单一家族办公室从属于某一具体家族，私密性更强有关。从组织架构层面来看，他们对家族成员负责，有着内部的优胜劣汰体系，产生的负外部性小，因此受到的监管较少。

（二）境内其他家族办公室

联合家族办公室是中国主要的家办形式，由于缺乏单一家族办公室，缺乏由单一家族演化成的联合家族办公室。大型金融机构的家族办公室业务因为金融行业的严格监管，也暂时无须担忧。需要关注的是分属于专业人士创办的联合家族办公室，此类家族办公室往往依托商业银行、投行、保险、资产管理、法律、会计、税务、传媒等专业人士的资深经验与从业背景，实现“一站式服务”。

以在业的德裕世家家族办公室为例，根据该机构的公开信息，在“创富”“守富”“传富”“用富”四个阶段，提供不同层次的服务，包括投资管理、税务法务、财富继承、后代成长、品质生活、家族慈善等。但其工商信息显示，经营范围为金融信息服务、接受金融机构委托从事金融信息技术/业务流程/知识流程外包、投资管理、咨询、资产管理、商务咨询、财务咨询等，依旧集中于资产管理，缺少法律咨询、风险管理等业务。

除了正常在业的，也有一部分“家族办公室”已经注销，以融洲家族办公室（广州）有限公司为例，该企业成立于 2018 年 10 月，注册资本为 300 万元人民币，三年后便以简易程序注销。根据钉钉企典的数据，该企业的注册资本在全国范围内高于 95% 的同行，经营实力却位列全国后 5%，但不排除其已经注销的原因。

根据其经营范围，该企业的业务涵盖了营养健康咨询、社会福利事业信息咨询、电子商务信息咨询、企业信用咨询、企业管理、家庭服务、婚姻服务，以及为公民出国定居、探亲、访友、继承财产和其他非公务活动提供信息介绍、法律咨询、沟通联系、境外安排、签证申请及相关服务等。

结合前述关于移民中介机构的管理规定，取消移民中介机构资质的法律尚未废止时，该企业就在服务范围内列明并获得了当地市场监督管理局的批准，可见其为了移民中介业务付出了较高成本，因为当时的移民中介资质仍需当地公安厅审批。结合其余业务多为咨询相关，而国内富豪对咨询的支付意愿较低[①]，因此该企业的主要盈利业务应为移民中介和企业管理。但在企业管理业务中又排除了涉及许可经营项目，仅剩一般经营项目，不能涵盖所有的家族企业。另一大盈利业务受到疫情影响，难以为继，因此草草退出。这应该是许多“家族办公室”的缩影：入场时无须行政许可，退场时可按照简易程序，处于来去自由的地位。

五　境外经验借鉴与中国对策建议

（一）境外监管家族办公室的经验借鉴

1. 资产管理

美国资产管理行业的监管要求取决于产品和所提供服务的性质，涉及监管机构达十余个。[②] 根据《投资公司法》和《投资顾问法》，管理资产超过一亿美元的投资顾问或投资公司必须在联邦证券交易委员会（SEC）注册，并限制投资公司的投资比例。投资顾问需要主动提交信息以备核查，其管理的非基金财产受到托管规则的约束，必须确保与自己的资产分离。

对于投资型保险，美国根据其实质功能，将经由保险公司独立账户经营的投资型保险纳入证券监管范畴，将经营投资型保险的独立账户定性为“投资公司”并沿用上述《投资公司法》中的规定，从而实现对金融资本滥用的严密控制。[③]

---

① 《富豪财富传承隐忧：中国家族企业平均寿命不足 24 年》，https：//money. 163. com/20/0513/16/FCH6T7CN002580S6. html。

② 《美国资产管理行业发展启示录——监管篇》，http：//xw. sinoins. com/2019 - 12/26/content_320383. htm。

③ 李敏：《美国投资型保险资金运用监管及其借鉴》，《华东政法大学学报》2020 年第 6 期，第 165 ~ 177 页。

2. 专业中介

美国建立了对律师事务所、会计师事务所等中介机构的监管体系。对于律师，美国律师协会和 SEC 都对律师有监管作用，较为独特的是 SEC 有权管理律师的行为，对律师起到监督作用，同时要求律师对参与证券市场活动的客户进行监管，甚至能够永久性地禁止某位律师在 SEC 出现和执业。对于会计师，由 SEC、财政部部长、美联储主席共同设立公众公司会计监督委员会（PCAOB）对其监管，同时强制其服务的公司高管进行自我披露，并将审计与咨询服务分离。①

3. 日常事务

对于家族办公室整理日常事务的监督，英国的管家行业有着较为悠久的历史。英式管家需要极高的素质，必须经过严格、全面的培训，且人员上岗前必须经过严格的背景调查。管家从属于家政服务范畴，是较为高端的业务类型。

在美国，家政服务人员上岗前需要接受家政服务公司的培训，如果发生违背法律的行为，一旦客户投诉，其行为就会被纳入个人信用记录，同时利用先进的监管技术监管从业人员的服务时间。《纽约州家政服务员权利法案》则在《劳动法》基础之上对家政人员的权利作了进一步保护，如“加班时必须按小时支付加班费、每周必须有一天休息、必须支付联邦保险捐助条例（FICA）中雇主部分的税款，也需要代扣代缴家政服务员的联邦、州和地方工作税”等涵盖了最低工资、加班费用、工作协议、假期安排、工作时间、税收以及保险等方面的内容。②

（二）加强中国家族办公室监管的对策建议

由于家族办公室的服务周期长，是一个优胜劣汰的行业，而非一锤子买卖。市场调节、客户群体用脚投票固然是一个有效方式，但涉及时间成本。

---

① 吴明晖：《美国证券服务机构监管机制探析》，《证券法苑》2014 年第 2 期，第 307 ~ 322 页。

② 高荣伟：《美国特色的家政服务管理体系》，《检察风云》2020 年第 15 期，第 18 ~ 19 页。

家族办公室不能仅仅在试错中前行，因此完善的监管机制对于家办行业、客户群体乃至金融市场都是必不可少、亟待推行的。

首先，对于家族办公室的准入，应该有一个较为规范的机构准入标准，尽管“在较为成熟的海外资本市场，家族办公室也没有统一的范式和标准”，① 但可以划定家族办公室的业务范围，考虑到家族办公室的开设成本和人力资源，允许新设立的机构业务不完全涉及所有业务能够合理减轻家族办公室的准入成本，但也应考虑下限，否则单一的专业机构就能开展其中一项甚至多项业务，造成家族办公室的井喷式增长，最终既不利于监管，也增加了专业机构的机会成本，不利于整体发展。

其次，在从业人员审查层面，可以根据人员的专业性进行衡量。财富管理尤其是机构财富管理需要的是具备高超的专业水平和严守法律法规、职业道德的人才，对于专业性较强的服务机构，中国均有从业人员的资格要求。家族办公室涉及的业务、组织更复杂，操作难度更大，却没有对从业人员资格的限制，是一个亟待改进的问题。优胜劣汰是行业发展规律，但在“劣汰”的过程中，难免会有人因此而成为被牺牲的对象。对从业人员的筛选，不仅是对财富家族负责，也是对那些可能卷入激烈竞争的人负责。

再次，针对业务的监管，可以参考国外成熟市场的经验，对业务进行详细分类并由不同监管部门监管，特别是涉及的金融业务必须纳入监管。需要注意的是，这样的分治可能会导致不同业务的竞合，因此可以设置一个专门的监管机构，以应对归属不清的业务。此外，随着家族办公室的发展，可能会出现不属于任何一个现有监管机构监管的业务，需要家族办公室专有的监管机构进行规制。

最后，对于一些传统机构的新业态，相关的监管机构可以进一步关注，考虑建立类似监管沙盒的创新监管机制，以防范其中的风险并及时化解，注意资产管理者的自有资产与管理资产的独立性。但家族办公室业务的特殊性

---

① 《“家族财富管理是一场马拉松，不是百米冲刺”——专访凯银家族办公室执行总裁于洁》，http：//paper. people. com. cn/gjjrb/html/2020 -07/20/content_ 1998187. htm。

又决定了其定制化和私密性，家族办公室涉及的多数金融机构都有严格的信息公开制度，与家族办公室的优势有所冲突，家族办公室基本不需要做公开的信息披露，但并不妨碍维护内部人员的知情权。

六　结语

在当前防风险常态化要求下，面对家族办公室业务的快速兴起，中国需要进一步加强对家族办公室的监管，既要考虑家族办公室的商业私密性，也要防范经济犯罪和金融风险；既要划定和保护家办工作人员的权利，也要规范和监管其经营行为。在家族办公室内部注意防范工作人员利用职务侵犯投资人利益；在家族办公室外部注意防范家族利用家族办公室这一新形式进行偷税、洗钱等违法行为。家族办公室作为中国市场正在发展中的新生事物，无论是作为新型机构还是作为新型业务模式，我们既要积极借鉴国外家族办公室的监管经验，也要总结中国近年对家族办公室监管的探索实践，从机构准入、人员资质、业务规范等方面加强对家族办公室的监管，因势利导发挥家族办公室在服务经济发展上的作用。

B.22

从美国独立财富管理业务看中国独立家族办公室的发展趋势和建议

康朝锋　舒适之*

摘　要：过去十年，我国高净值人群数量及其资产规模急剧攀升，国内财富管理市场快速发展，高净值人群“财富传承”需求日益凸显，这为家族办公室业务的发展提供了巨大的发展空间。目前，国内的家族办公室达到2000~3000家，俨然成为国内家族财富传承最重要的平台。我国独立家族办公室发展仍处于初期阶段，存在法律法规尚未完善、国内客户尚难接受支付咨询费或服务费的模式、复合型金融理财专业人才匮乏等制约因素。为抓住中国独立家族办公室发展的历史机遇，政府应借鉴美国独立财富管理业务等先进国际经验，出台针对家族办公室的法律法规，规范鼓励独立家族办公室的发展；独立家族办公室应主动携手综合金融机构探索产品服务的协作双赢模式，构建开放的财富管理生态系统；同时，加强数字化建设，重视科技赋能中国独立家族办公室更是势在必行。

关键词：家族办公室　独立财富管理　金融理财

* 康朝锋，泓湖百世全球家族办公室董事长，中国量化投资俱乐部理事，厦门大学金融工程博士，金融 MBA 特聘导师；舒适之，泓湖百世全球家族办公室法税咨询部总经理，资深财富管理专家，平安信托保险金信托主要创始人之一，曾任平安保险代理有限公司副总经理。

独立资产管理人（External Asset Manager，EAM；或 Independent Asset Management，IAM；或 Independent Financial Adviser，IFA）于1990年代于欧洲起源，由银行家离开私人银行后以个人或团队身份为超高净值客户提供更优质的服务。独立资产管理人凭专业知识和经验，服务已扩展到欧洲、美洲、亚洲，在不同领域的能力已超越了传统私人银行。

随着财富向富裕人群集中，越来越多的独立资产管理人采用家族办公室的形式，为高净值人士提供独立财富管理服务。这些家族办公室独立于商业银行、保险公司、证券公司和信托公司等金融机构之外，能独立为家庭或企业提供综合性的理财规划服务，不只是局限在为客户提供某个特定的金融机构以及特定金融理财产品的服务，而是根据客户的家庭情况、风险偏好、资产状况以及理财目标等，为他们量身定制综合性的理财规划方案，如资产配置规划、消费支出规划、教育规划、养老计划、税收筹划、身份规划、传承规划等。

在我国，富裕人群数量快速增加，他们面对着一个快速发展的风险与收益各异、机构众多、产品种类繁多的理财市场，很难具备金融资产选择的能力；同时，任何一家金融机构都不具有为客户进行全市场不受单个机构限制的配置能力，往往局限于自身开发或代销的产品；另外，随着财富的增加，高净值人士越来越多地考虑家族财富的安全和传承。因此，能够提供独立财富管理服务的家族办公室在国内开始兴起。

一　独立财富管理在美国的发展历程

（一）美国个人理财业的发展历程

美国个人理财业经历了初创期、扩张期、成熟稳定期三个阶段。最早提供该服务的是20世纪30年代的保险营销人员。1929～1933年的银行挤兑危机和股灾使人们普遍丧失了对银行和券商的信赖，加之严重的经济危机给人们的未来生活带来了巨大的不确定性，保险公司提供的可以满足不同需求

甚至为客户量身定制的保险产品逐渐进入人们的视野。这时，部分保险销售代表为了更好地开展业务，对客户进行了一些简单的个人生活规划和综合资产运用咨询，成为今天个人财务策划师的前身。

第二次世界大战后，经济的复苏和社会财富的积累使美国个人理财业进入扩张阶段。社会、经济环境的迅速变化逐渐使富裕阶层和普通消费者无法凭借个人的知识和技能，通过运用各种财务资源来实现自己短期和长期的生活、财务目标。为了解决这些问题，消费者开始主动寻求称职的、客观公允的、以追求客户利益最大化为己任的、讲职业道德的、专业的个人财务策划人员，以获取咨询。这一时期，美国个人理财业加速发展，从业人员不断增加。但是随之而来的一个重要问题就是严重的市场混同：一方面，几乎所有提供金融服务的专业人员都在使用个人财务策划师这个名头或称自己能提供个人理财服务；另一方面，美国与个人财务策划行业相关的资格证书、专业执照名目繁多，消费者很难知道到底什么样的“理财专家”才能真正保证自己的利益。

独立理财行业在美国的兴起大约在20世纪70年代。当时美国经济形势不佳，股票市场连续多年没有明显上涨，市场上除房地产以外缺少优秀的投资机会，同时退休政策遭到更改，新出台的《员工退休收入保障法》（Employee Retirement Income Security Act）使得老百姓退休后的生活得不到足够的金钱保障。这种环境下，理财行业的需求端出现爆发式增长。

以银行为主的很多金融机构早前建立过个人理财部门，但由于银行业整体不景气，必须剔除一定的非核心业务，个人理财部门很不幸就是其中之一。面对新形势，市场有需求，客户有储备，这些部门的专业人士又有知识与经验，何不另起山头？于是，独立理财业务就此发展起来，并用咨询模式渐渐取代佣金模式。

除了银行还有另一条线是券商和保险经纪人。这些经纪人原先是为自己的公司推销产品，赚取销售佣金，之后逐步转型为客户提供顾问服务，向客户收费，也是独立理财业务的源头之一。

这里还需要提到CFP认证，其对理财师的道德和专业技能都有要求，且该制度倡导从业者在提供理财服务时，帮客户制定一个长期的可执行计划，而非推销特定产品。再搭配 1983 年成立的国家理财师协会 NAPFA（National Association of Personal Financial Advisors），不断向投资者进行普及教育，宣传向客户收费模式的好处，再次促进了独立理财行业的发展。随着 CFP 制度的建立，市场混同问题逐渐得以解决，美国个人理财业进入成熟稳定发展期。CFP 制度的最大特点是，倡导 CFP 从业者在提供理财服务时，要帮助客户制定一个长期的可执行计划，而不是推销特定产品；所有 CFP 执业者都必须遵循一个考虑周全的理财程序——个人财务策划执业操作规范流程，以保证把客户的利益和需要放在第一位。在 CFP 制度的推动下，美国的个人理财业逐渐发展成为一个独立的金融服务行业，个人财务策划师的主要业务也不再是销售金融产品及服务，而是为客户实现其生活、财务目标进行专业咨询，并基于规范的个人理财服务流程提供理财建议，防止客户利益受到侵害。

1970 年美国里根时代开始，独立理财师与 CFP 体系共同繁荣起来。随着利益链条的迁移，投顾渐渐崛起。美国金融机构很多资深的具有客户资源的人士，纷纷成立独立理财工作室，不再以赚取代销费用为收入，而是通过向客户收取咨询费用模式，保持自己与客户利益一致。

2008 年金融危机的时候，危机让那些曾经光鲜的金融老字号瞬间坍塌，金融机构的理财顾问不仅不能凭借其品牌优势招揽客户，反而身受其害。大量的保险业及证券业的代理人和经纪人“抛弃”如商业银行、保险公司这样提供底薪、品牌和安全感的优良雇主，转身投靠或者自己成立需要自行开拓并维护客户资源的独立经纪公司，转变成独立代理人。

2009 年初，一份由美国 *Investment News* 杂志发起的调查显示，将有更多的理财顾问走上独立经营之路。上述观点基于 239 名就职于大型综合金融机构的理财顾问。观察家们由此得出结论：与附属于大型金融机构相比，美国的理财顾问们显然更青睐自行创业的独立经纪（Independent Broker/Dealer）模式。

在金融危机背景下，“下海”创业者不降反增，这或许是金融理财区别

于其他行业的独特之处。许多大型综合理财机构的客户甚至要求他们的理财顾问独立出来。大型金融机构所能做出的更为变通的选择是，自己成立、购买或者控股独立经纪公司，让理财顾问在原有品牌下开展独立经营，从而实现“肥水不流外人田”。

2009 年初，摩根士丹利美邦公司组建了 Graystone Consulting，专门为机构投资者和高端私人客户提供投资咨询服务。新公司参考了传统的独立经纪公司服务模式，通过招募和服务具有专业水准的注册经纪人（Registered reps）、注册投资顾问（RIA），向目标客户销售他们所需要的金融产品和投资建议。鉴于摩根士丹利美邦由两大金融巨头——摩根士丹利与花旗集团合资成立，外界普遍将此举视为“综合型金融机构将进军独立经纪公司行业”的风向标。

如今美国财富管理行业中，有超过 1.3 万家在 SEC（美国证券交易委员会）注册的独立财富管理机构。这些独立财富管理机构贡献了美国基金销售额的 60% 左右。大量活跃的独立理财师以及机构，成了美国财富管理行业的代表性特征。

独立理财师们能够打下这样广阔的江山，与美国财富管理的经营架构趋向前台与后台分离、产品经理与客户经理分设息息相关。对于独立理财师来说，他们在财富管理中的业务链条的位置（即前台）已经逐步演变成一种长期性的高级客户关系管理，自身与客户保持密切沟通，中后台获得产品和专业能力支撑即可。

一般而言，处于前台的独立理财师不生产任何金融产品，而是选择与后台供应商合作：选择自身客户群青睐的、有影响力的产品类型和品牌，和产品供应商如银行、保险公司、基金公司等一一签约，以满足客户需要；同时，独立财富管理机构也不隶属于任何大型金融机构，不专门为某个机构做营销，从而避免了与客户利益产生冲突。

美国独立财富管理机构理顺了产品、渠道和投资者之间的利益分配机制。机构的独立性让其成了产品与投资者之间的桥梁。

独立财富管理机构在美国兴起后，在世界范围内快速发展。根据安永发布的《2019 全球财富管理报告》，在未来三年内预计使用独立顾问的全球客户将增加 18%，这得益于亚太地区的高增长。从历史上看，超高净值客户更倾向于使用独立的理财顾问；然而，未来三年大众富裕市场（目前 34%，预期使用率 42%）和一般高净值市场（目前 34%，预期使用率 40%）将迎来快速增长。

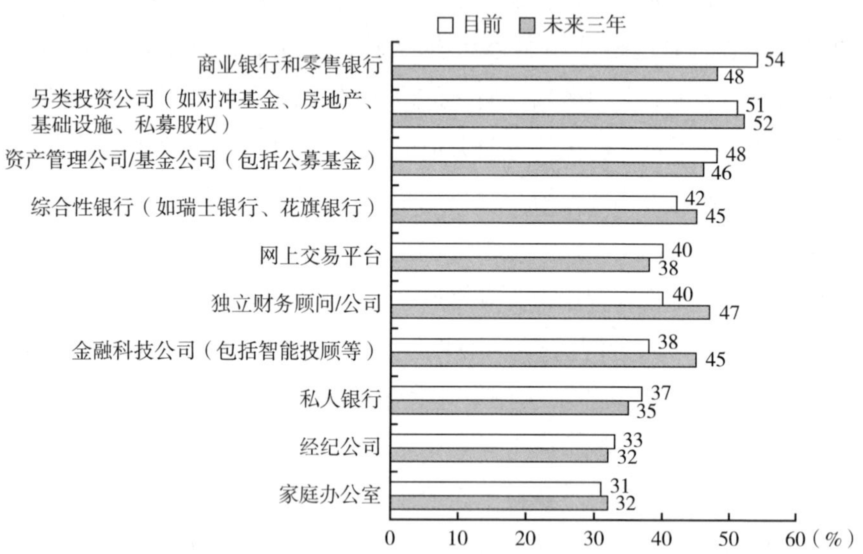

图 1 客户目前和未来三年使用的不同种类的财富管理机构

资料来源：安永《2019 全球财富管理报告》。

（二）美国独立理财师群体现状

根据波士顿咨询发布的《2018 年全球财富报告》，美国私人财富达到 63 万亿美元。据不完全统计，其中美国独立财富管理机构管理美国市场上超过 30 万亿美元的资产，是美国高净值财富管理的主力军，其不属于银行，也不隶属于基金，独立而存在。这些独立财富管理机构，在美国有超过 11000 家，独立理财师超过 11 万人，服务超过 3000 万名美国居民。从业人员要通过严格的申请和考试，从业后受到州和联邦政府的双重监管。

美国独立财富管理机构的收费方式主要有四种：管理费、咨询费、佣金和收益分成，其中95%的独立财富管理公司都会收取管理费，按小时收取咨询费的有28%，收取固定咨询费的有41%，收取收益分成的有38%，按照纯佣金收费的只有4.5%。这说明，美国独立财富管理机构跟客户的利益绑定比较紧密，管理费是要靠长期、持续的服务，而不是佣金式的短期一锤子买卖。另外，美国多数独立财富管理公司小而精，有6~8个人，管理100多名客户，平均资产管理规模在6000万美元以上。

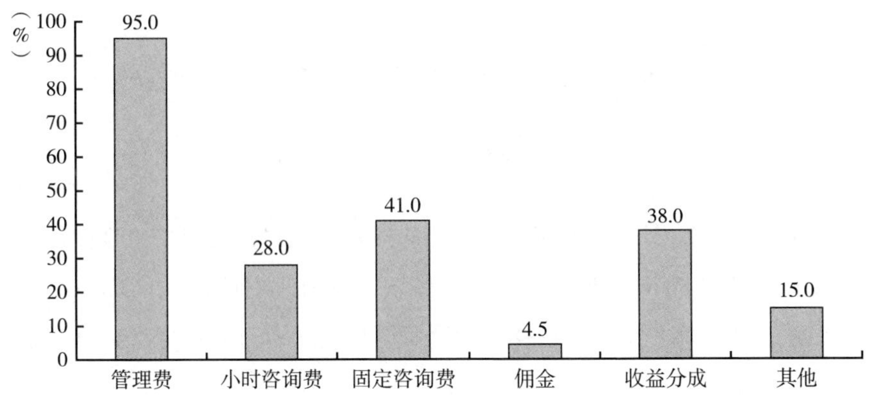

图2　2016年美国独立理财师收入结构

表1　2016年美国独立财富公司经营情况（中位数）

项目	数值	项目	数值
员工数(人)	6.0	收入(万美元)	47.0
客户数(人)	138.0	开销(万美元)	7.7
资产管理规模(万美元)	6300.0	净利润(万美元)	15.9
客户平均规模(万美元)	45.9	毛利(%)	33.90

随着市场的发展，根据理财师的独立性从高到低，理财师在美国大概出现了5种从业方式：纯独立的理财师、与平台合作的独立理财师、与金融机构合作的理财师、成为金融机构一部分的理财师、成为金融机构雇员的理财师。

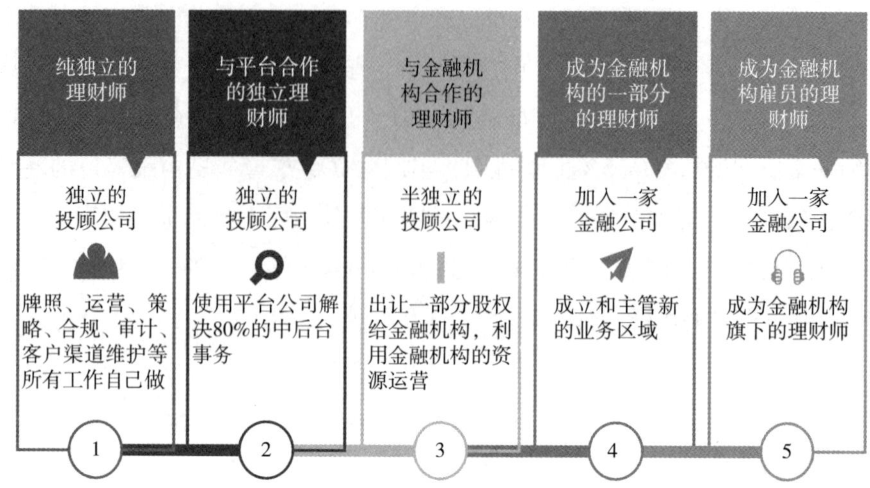

图3　美国理财师的五种从业方式

目前，越来越多的美国独立理财师选择跟独立财富公司平台合作，通过平台资源，满足80%的低附加值业务需求，释放理财师最大的优势：维护客户关系，建立客户信任。这样，理财师既保持了自己的独立性，维持了自己的事业，也加入了一个大团体。

（三）美国独立财富管理机构的优势

在美国，大型金融机构的财富管理业务需要满足机构自身的利益需求，难以保证所提供服务的独立性和客观性。而独立财富管理机构，由于其利润主要来源不是产品的销售佣金，而是向客户收取的咨询费和管理费，可以完全站在客户的角度，根据客户的需求，为客户匹配适合的金融产品。

因此，在美国投资者眼中，独立财富管理机构不仅代表着专业，更代表着独立和客观。独立财富管理机构在金融投资领域的地位越来越不可替代。

美国的独立资产管理人在向客户提供理财规划的同时，还提供金融商品的投资顾问、个人税务及会计咨询等多种服务。所以一般从业人员，除持有理财师资格证书外，大多同时持有证券、保险或其他两个以上的资格，便于给客户提供多种综合型服务。

根据独立调查咨询公司 Cerulli 2010 年的报告，美国有 52% 的财富管理机构采取向客户收费的模式，22% 的机构同时采用了向客户收费与销售佣金的混合模式，仅 11% 的机构采取单一的销售佣金模式。例如，一个典型的独立美国财富管理机构咨询费和管理费收取模式为：客户第一次来公司做完整的理财规划需要 1.5 万美元，第二年以后采用按小时收费的方式。而资产管理费一般是所管理客户资产的 0.8% ~1%，客户的资产越多，所对应的管理费率越低。

（四）美国家族办公室作为独立财富管理机构兴起

家族办公室始于 6 世纪，当时国王的管家负责管理皇家财富。后来贵族要求参与其中，自此管理的概念应运而生并直到今天。现代意义上的家族办公室在 19 世纪得到发展，1838 年，J. P. 摩根家族创立了摩根财团来管理家族资产。1882 年，洛克菲勒设立了世界上第一个家族办公室，该家族办公室至今仍在运营，并为其他家族提供服务。

根据美国家族办公室协会的定义，家族办公室是专为超级富有的家庭提供全方位财富管理和家族服务，以使其资产的长期发展符合家族的预期和期望，并使其资产能够顺利地进行跨代传承和保值增值的机构。一般而言，只服务一个家族的家族办公室被称为单一家族办公室，服务多个家族的家族办公室被称为联合家族办公室。

家族办公室不属于金融机构，不销售金融产品，只是为富豪家族提供咨询、规划服务并管理家族财富，完全代表客户利益，因此，家族办公室也属于独立财富管理机构。

随着财富日益向非常富裕的家族集中，富豪家族管理家族财富的需求越来越强烈，美国家族办公室快速发展，从而推动了独立财富管理在美国的发展。坎普登研究公司（Campden Research）的报告显示，过去两年，北美的家族办公室数量增长了 41% 。该报告称，在全球 7300 家家族办公室中，约有 3100 家家族办公室在北美，占 42% 。

1994 年，为优化财富结构，盖茨在华盛顿州柯克兰（Kirkland）成立瀑布投资（Cascade Investment）家族办公室，企业性质为有限责任公司

(LLC)，盖茨为唯一合伙人。2000 年，盖茨将威廉 · H. 盖茨基金会更名为比尔及梅琳达 · 盖茨基金会，并明确基金会的宗旨是减少全球存在的不平等现象。2006 年，盖茨将基金会一分为二，分别是基金会和信托基金，基金会即信托基金的受益人，二者均为私人基金会，基金会的受托人是盖茨夫妇和巴菲特，信托基金的受托人只有盖茨夫妇。至此，盖茨财富版图的“三驾马车”搭建完成，家族办公室负责个人财富的管理，信托基金负责公益财富的管理，基金会负责公益财富的支配，同时还会将个人财富捐赠给信托基金转成为公益财富，即从实业资本向社会资本的华丽转身。

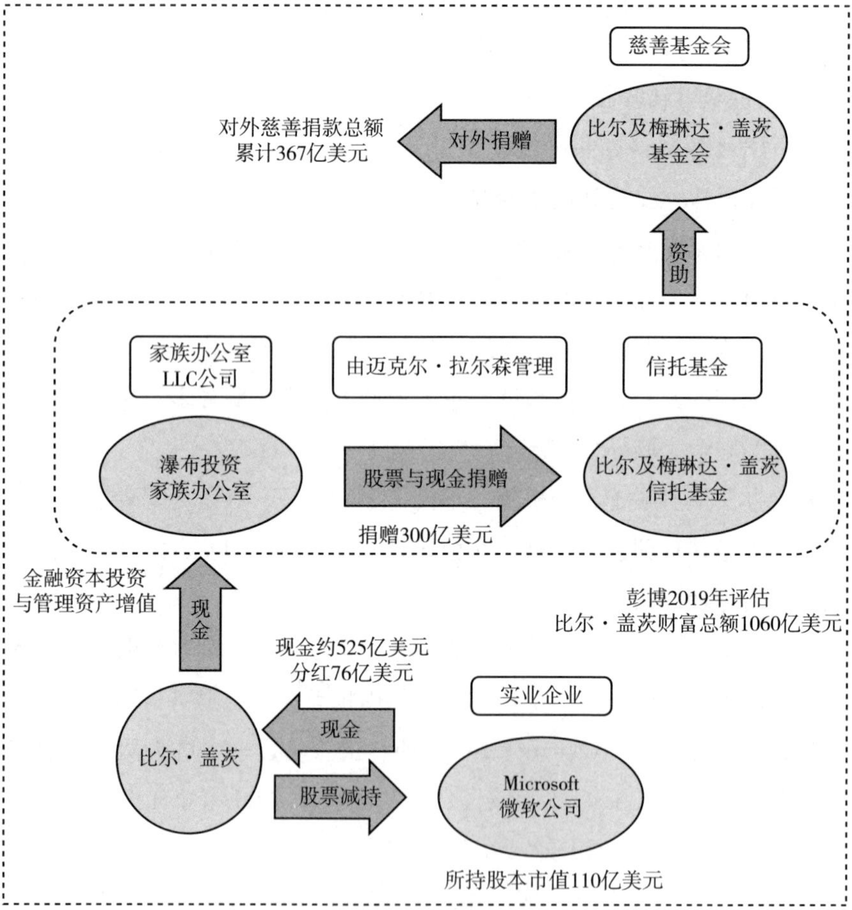

图 4　比尔 · 盖茨财富版图的“三驾马车”

二　国内独立家族财富管理的发展现状和趋势

（一）中国独立家族财富管理的发展历程

2004 年 4 月，国内的独立理财机构开始萌芽，拉开了中国财富管理行业的序幕。随着国内高净值人群的迅速崛起，理财产品不断丰富，2007 年商业银行开始设立私人银行部，之后公募基金、信托公司、券商相继设立财富管理机构，国内的财富管理行业迅速发展，独立理财机构更是在 2009 年诺亚财富上市后带来的财富效应下乘着信托的东风出现第二波高潮。之后经过 10 年的大浪淘沙，很多小的财富公司纷纷消失，行业向头部集中，留下的都是规模较大、经营良好的财富公司。目前，国内最大的独立财富管理公司包括恒天财富、新湖财富、诺亚财富、宜信财富等。

另外，许多家族办公室作为独立第三方开始在国内兴起。根据胡润研究院发布的中国《2020 胡润百富榜》，2020 年的上榜富豪（财富超过 20 亿元）人数大幅提升 32%，增加了 579 人，达到 2398 人，创历史新高。上榜企业家财富总额高达 27.5 万亿元，相当于全球第四大经济体德国全年的 GDP。其中，千亿级富豪人数较上年骤增 1 倍达 41 人，百亿级富豪较上年增加近 200 人达 620 人，十亿美元级富豪为 878 人，是十年前的 5 倍。中国富豪家族的财富快速膨胀，给家族财富管理带来了越来越多的挑战。如何管理几十亿元、几百亿元乃至几千亿元的家族财富，难度远大于管理一只同等规模的私募基金，因为私募基金一般只需要考虑投资收益，但家族财富除了要考虑长期的保值增值外，还需要考虑家族面临的企业经营风险、家事风险、税务风险以及引导和激励后代等，家族财富的管理是百年大计。越来越多的富豪把目光投向家族办公室这个西方“舶来品”，中国本土家族办公室应运而生。

根据福布斯和平安银行联合发布的《2020 中国家族办公室白皮书》，国内的家族办公室达到 2000 ~ 3000 家，家族办公室已成为国内家族财富传承最重要的平台，其中既有商业银行私人银行部门、信托公司、证券公司下设的家族办公室，也有不依附于金融机构的独立家族办公室。从国内家族办公室的数量来看，不依附于金融机构的独立家族办公室成为主流，成为中国独立家族财富管理的重要力量。

（二）国内独立家族办公室的优势

作为非金融机构，独立家族办公室虽然不直接持有金融牌照，但却能在财富管理市场占据一席之地并不断发展壮大，这是因为其拥有以下独特的优势。

1. 独立、客观是独立家族办公室的核心优势

市场上的产品种类繁多，客户需要一个专业的机构，从客户角度出发，考察和评估市场上其他机构提供的产品和服务，并帮助其设计资产配置方案。如果和产品有过多的利益关系，则无法做到。比如信托公司的财富管理中心不愿意代销其他信托的产品，银行代销托管行不在本行的可能性比较小。独立家族办公室不同于传统金融机构，其本身不生产产品，而是站在客户立场上帮客户从市场上挑选产品，完全代表客户利益。

2. 为客户提供全市场、全资产的配置，是独立家族办公室的重要优势

根据客户的需求和经济周期的轮动，唯有以全市场、全资产配置为基础才能实现客户财富持续的保值增值。而金融机构普遍存在偏向“主业”的惯性，如银行在为客户提供产品时往往倾向于将资金留在行内，券商和公募基金往往倾向于二级市场，并不能在各种理财产品之间实现游刃有余的转换。独立家族办公室作为第三方，不仅可以同时进行境内、境外配置，还可以进行信托、银行理财、券商资管、公募基金、私募基金、商品等全方位配置，真正做到有内有外、有股有债、有长有短，帮助客户实现家族财富长期稳健增值、基业长青。

3. 能够为高净值客户提供家族信托、资产管理、法税筹划、慈善规划、国际身份安排、教育留学等全方位综合服务，是国内独立家族办公室快速崛起的重要原因

领先的独立家族办公室往往汇聚了国内外优秀律师、税务师、家族信托

架构师、资产管理专家、移民规划专家等，为高净值客户提供全面系统的家族管理服务：从金融资本的保值增值，到家族资本的悉心守护，从人力资本的传承规划到社会资本的构建维系，为同一个家族的几代人提供高度个性化的持续服务。独立家族办公室的创立，其目的就是守护家族的理念和梦想，帮助家族完成财富管理使命，使得家族治理与精神得以永世传承。

在服务模式方面，领先的独立家族办公室往往拥有以下优势。

（1）咨询顾问型的服务模式。为客户提供的是咨询顾问型的服务模式，并不像一般财富机构以卖产品为主要目的；可以从独立、客观的角度为客户设计自己的家族办公室，客户有充分的决策权，并且客户能真正学习到家族办公室的设计思路和方向。

（2）全方位的综合家办服务。为客户提供一体化的家族信托、资产配置、法税咨询、国际规划等综合家办服务。客户选择独立家族办公室的顾问服务，解决的是所有家族事务管理的问题。

（3）为客户提供境内外一体化的财富传承架构。境内外一体化的财富传承架构充分考量多重因素，包括身份选择、资产类别、税务筹划、法律合规、客户体验等，这样的架构在市场上处于领先地位，将房产、股权等核心资产装入信托也是高净值客户最感兴趣之处。

（三）中国独立家族办公室发展的制约因素

1. 法律法规尚待完善

目前中国金融业实行的是分业经营、分业监管模式，对家族办公室尚无统一的监管。尽管各单一金融行业内都有相应的法律、法规指导理财服务业务开展，但在涉及跨市场的金融产品交易中，并没有明确的针对性法律、法规指引。一方面造成对独立家族办公室缺乏有效的监管和约束，容易产生“道德风险”；另一方面参与财富管理市场各方的利益也不能得到有效的法律保障，不利于调动独立家族办公室参与者的积极性和整个财富管理市场的规范发展。

2. 国内客户尚难接受支付咨询费或服务费的模式

独立的家族办公室之所以独立，是因为其站在客户立场上，为客户提供长远、全面、科学的规划方案，不以推销产品赚取销售佣金为目的，故需要收取咨询费或服务费。但是，中国的客户大多不愿对知识付费，影响了独立家族办公室的积极性。我国的消费者教育工作依然任重道远。

3. 复合型金融理财专业人才的匮乏

家族办公室业务的复杂性及个性化特征，不仅要求理财师具有较强的金融理论专业知识、具有对国内外金融市场以及理财产品投资标的市场进行趋势性判断的能力，而且要求能够根据投资者的风险偏好、资产状况、理财目标等因素，为投资者规划金融资产组合或进行金融资产组合调整。鉴于中国金融专业教育的历史与现状，以及长期金融分业经营环境下从业人员形成的思维惯性与从业经验，国内理财领域的多数所谓理财专家，充其量也仅具备单个领域的所谓投资经验，与复合型金融理财专业人才的要求还相距甚远。

三　国内独立家族办公室的发展建议

2021 年是下一个十年的开局之年，从财富管理的角度看，可能是新的竞争格局形成的开始，因为从供给和需求层面而言，都到了最为关键的时刻。如果说 2005 年《商业银行个人理财业务管理暂行办法》的颁布是国内财富管理市场的起点，且 2005 ~ 2020 年为第一发展阶段的话，那么下一个十年乃至未来更长的一段时间，将是国内财富管理市场发展的第二个阶段。第一个阶段的典型特征是保值增值，第二个阶段的典型特征则是家族财富传承和家族企业传承，家族办公室领域迎来了历史性的机遇。为了抓住这一历史机遇，我们提出以下建议。

（一）规范和鼓励独立家族办公室的发展

目前，中国较多富豪选择在中国香港、新加坡等离岸地设立家族办公室

和家族信托，其重要原因是当地政府鼓励家族办公室的发展，针对家族办公室制定了相关的法律法规，并给予税收优惠，例如，2020 年 2 月，香港证监会就在香港开展业务的私募股本公司和家族办公室的申领牌照责任发出指引。2020 年 7 月，香港金管局建议，要有明确及灵活的税收及监管制度，部分服务单一对象的家族办公室可以不用领牌，而针对非商业性的多家族办公室，只是服务于几个家族，不会为其他投资者服务，监管可更富弹性。在新加坡，成立家族办公室管理家族资产，达到一定条件可以适用新加坡的税收豁免计划，并有利于移居新加坡。建议中国内地监管机构借鉴其他国家或地区的经验，出台专门针对家族办公室的法律法规，规范和鼓励中国内地家族办公室的发展。

（二）独立家族办公室“引进来”，综合金融机构“走出去”，探索产品服务互利共赢的可持续发展之路，构建开放的财富管理生态系统

独立家族办公室“引进来”产品服务，实现产品服务的全方位聚合，建设一站式财富管理平台。综合金融机构“走出去”产品服务，基于产品开放模式，实现产品服务的即连即用；并与独立家族办公室构建互联互通基础上的财富管理生态系统。

在欧美成熟市场，早期的财富管理机构也是从销售产品起步，随后过渡到 2.0 资产组合配置阶段，而今已经开始步入 3.0 全权委托阶段。如今，中国综合金融机构和独立家族办公室的业务发展正处于由 1.0 向 2.0 过渡的核心时期。在这一时期，引入多样化的产品和服务，满足客户全方位的财富管理需求，平稳步入资产组合配置的 2.0 阶段，或将成为中国财富管理服务的演进路径。这一路径要求独立家族办公室“引进来”、综合金融机构“走出去”。

独立家族办公室应基于全方位、多样化的产品诉求，推动平台资产类别更加广泛、产品类型更加多元，实现几乎所有资产类别和主流产品的聚合。在此基础上，客户的多个财富管理账户也能实现聚合和统一管理，最终形成开放产品平台。

（三）为独立家族办公室进行科技赋能

在“互联网+”的背景下，银行、券商、保险等各大金融机构都在进行数字化建设，相对来说，独立家族办公室对于金融科技的投入较少，而随着业务的发展和市场需求的倒逼，其逐渐意识到金融科技方面的短板。为了提高运营效率、提升客户体验，加强业务合规，必须进行IT系统建设。系统支持主要有以下工作。

1. 项目录入

根据内部流程的需要录入所有搜集的材料（KYC），一是通过数据录入保证所有要素齐全，外采系统如不做改造所需录入菜单将会很多，也可能会遇到大部分菜单并不适用的情形，相对来说自主研发的系统会更有针对性，但后期需要随着业务发展而不断更新；二是通过系统留存电子档案，方便后期查阅。

2. 资产配置

通过系统录入完数据后，系统保留所录入项目的期限、规模以及可投资范围等数据，后期投配时通过系统的阈值设定进行特定要素的校验，从而对资产和合同约定进行匹配。

3. 运营维护

项目成立后，应在系统中对该项目的要素进行运营维护，根据不同客户设定的条件，按时间、事件进行提醒，满足客户个性化需求，借助系统提升服务能力。

4. 管理报告

为方便客户掌握项目运营情况，应定期出具管理报告，通过系统导出一方面能节省人工操作的时间，另一方面也能提高报告数据的准确性，但需要将报告所需字段预先设定好，并能实现所有数据的对接。

过去十年，我国高净值人群的数量和资产规模急剧攀升，国内财富管理市场快速发展以及高净值人群“财富传承”的需求凸显，为家族办公室业务的发展提供了巨大的发展空间。可以预测，未来家族办公室业务依旧会一

路前行。而家族办公室所提供的是长期的服务，甚至会跨越客户的生命周期，独立家族办公室只有结合自身的发展战略进行系统化和数字化建设，才能基于客户需求，更好地为客户提供长期、稳定、高效的受托服务。科技赋能并非一句空话，一方面我们要建立与家族办公室业务相容的专属信息技术系统，另一方面则是重塑咨询顾问导向的经纪商业务模式，而其抓手之一则是金融科技赋能。

参考文献

泓湖百世全球家族办公室、王增武：《家族信托市场研究报告（2020 版）》，2020。

安永（EY）：《2019 年全球资产管理行业报告》，2019。

波士顿咨询公司（BCG）：《2019 年全球财富报告》，2019。

福布斯中国、平安银行私人银行：《2020 中国家族办公室白皮书》，2020。

安永（EY）、瑞士信贷集团（Credit Suisse）、圣加仑大学（University of St. Gallen）：《家族办公室白皮书》，2014。

B.23

全球家族办公室的投资

——2019～2020年全球家族办公室投资的趋势与特点

唐兆凡*

摘　要：　新冠肺炎疫情袭击全球，深刻改变了2019～2020年全球家族办公室的投资策略和资产配置。超过一半家族办公室密切参与战略资产配置，成为价值财富保值的基石，超过半数(55%)的家族办公室再平衡了其投资组合，宏观增长策略以保值为主，并积极参与SPAC业务。全球的家族办公室增加了投资管理中主动投资的比例，同时减少了服务外包的比例，资产配置方面增加了另类投资配置比例，同时现金配置占比较高，反映了家族办公室的谨慎态度。

关键词：　家族办公室　投资策略　资产配置　SPAC

2020年突如其来的COVID－19疫情袭击全球，深刻改变了2019～2020年全球家族办公室的投资策略和资产配置。根据瑞士银行发布的《2020年全球家族办公室报告》，超过一半（56%）家族办公室密切参与战略资产配置，使其成为家族办公室的优先事项，成为价值财富保值的基石。从疫情暴发到2020年3月，超过半数（55%）的家族办公室再平衡了其投资组合，2020年4～5月，多数家族办公室维持其长期战略资产配置。疫情肆

* 唐兆凡，美国科罗拉多大学法学博士（Juris Doctor），美国纽约州和中国大陆双执照执业律师，华东政法大学客座教授。

虑，但全球的家族办公室也不失机敏，2/3 的家族办公室战术性资产配置比例至少达 15%。全球的超高净值家族，利用其家族办公室的制度优势、卓越的洞察力和渠道，致力于投资组合最优配置：约 35% 的资产配置于另类投资，同时现金配置占比较高，达 13%，反映了家族办公室高管们的谨慎态度。

COVID－19 疫情暴发后，公开证券市场立即出现波动，对整个金融体系构成了冲击。许多家族办公室因此调整了资产配置，以支持以私募股权为代表的私有市场（private market），将其作为一种更安全、波动性较小的选择，并利用额外的阿尔法值，提高收益率。这样操作的合理性，在于疫情的封锁压低了非上市公司的估值，为家族办公室成为特定资产的直接投资者打开了大门。在过去，极高的估值意味着家族办公室大多无法直接参与私有市场的某些方面，它们被迫将资金投入资本密集度较低的各种基金。但疫情危机造成了短期混乱，降低了家族办公室的准入门槛，为具有吸引力的风险/回报组合提供了机会。在投资另类资产方面，家族办公室的限制或门槛要低得多，尤其是与大型机构有限合伙人（机构投资者）相比，后者往往受到投资另类资产金额的限制。这使全球的家族办公室有能力迅速行动，并在机会出现时进行资产配置。因此，疫情危机给了家族办公室的高管们一个意想不到的平台来证明自己是高明的投资者。

家族办公室还可以灵活地利用较长的投资期限。与机构投资者相比，家族办公室能够选择长期投资策略，使其能够安然度过任何市场或资产波动，直到其投资能够发挥其潜力。在现金为王的时代，这种“耐心资本的力量”尤其重要。通过直接投资，无论是收购一家公司的少量股权，还是直接收购整个企业，拥有强大现金储备的家族办公室如今能够为一些此前缺乏资金的市场带来迅速而急需的流动性。在这些不确定时期，家族办公室需要有足够的预见性，判断一家即使收入在几个月内会枯竭的公司在可预见的未来有足够的流动性来履行其财务义务。

无论是行业投资领域还是内部投资领域，除了现金注入，家族办公室还带来了其投资者人脉和专业知识。投资兴趣往往是“主题性的”，可以反映

疫情的影响：家族办公室投资增加的行业包括医疗服务、技术和教育等。但存在的问题也很多，比如尽职调查往往会被忽视，但事实证明尽职调查是非常关键的。虽然我们仍远未了解 COVID－19 疫情后的投资环境和市场，但可以肯定的是，当疫情大流行结束后，家族办公室灵活的资产配置和投资视野将把它们放在一个更加强势的地位；虽然疫情带来的投资机会终将消失，但提供了重要现金流对未来的企业和市场进行投资。

一　宏观增长策略的变化

根据宏观增长策略的不同，在通常的年份，家族办公室的目标回报率为 3%～6%（外加通货膨胀），同时扣除所有成本和费用。这一回报能够满足家族办公室的基本需求：每年支出所有资产池的 2%～5%，同时随着时间的推移保持并增加资产池的价值。受 COVID－19 疫情的影响，2020～2021 年全球家族办公室的增长策略以保值为主，但不少家族办公室以 SPAC 的模式对冲增长策略。比如以戴尔家族为代表的美国家族办公室在 SPAC 市场中非常活跃，德国和瑞士的一些家族办公室非常积极地投入 SPAC 业务。

在 2020 年初和市场波动之前（2020 年 3 月），家族办公室的投资组合被分成了两部分：增长型资产和保值型资产。瑞银 2020 年报告的调查数据显示，危机前战略资产最高的配置权重是股票，发达市场股票占投资组合的 23%，发展中市场股票的 6%。投资组合广泛分散，资产配置比例 35% 为另类投资。房地产和私募股权分别占 14% 和 16%。固定收益敞口相对较低，为发达市场的 11% 和发展中市场的 6%，这依然是一种反映零利率或负利率的政策下的资产配置模式。

家族办公室回报率的差异，是由其宏观增长策略所决定的。家族办公室最常见的是采取一种平衡、保留与增长并重的投资策略。根据瑞银报告，在 2019 年，56% 的受访者选择了平衡的策略（balanced approaches）。这种策略通常受到青睐，因为尽管家族办公室有高风险投资的意愿，但其更希望财富能世代相传。另外，19%的受访家族办公室采用了增长（growth）的宏观策略，而25%的采用了保值的策略。不同地区的家族办公室宏观增长的投资策略存在显著差异，在北美，家族办公室更倾向于采取以增长为导向的投资策略，占31%；以保值为导向的投资策略占13%。在新兴市场地区，平衡（67%）的增长策略特别受欢迎，保值（19%）的策略比增长（15%）的策略更普遍。亚太地区也显示出平衡（57%）方法的优势，对保值（23%）策略的偏好超过增长（19%）的策略。

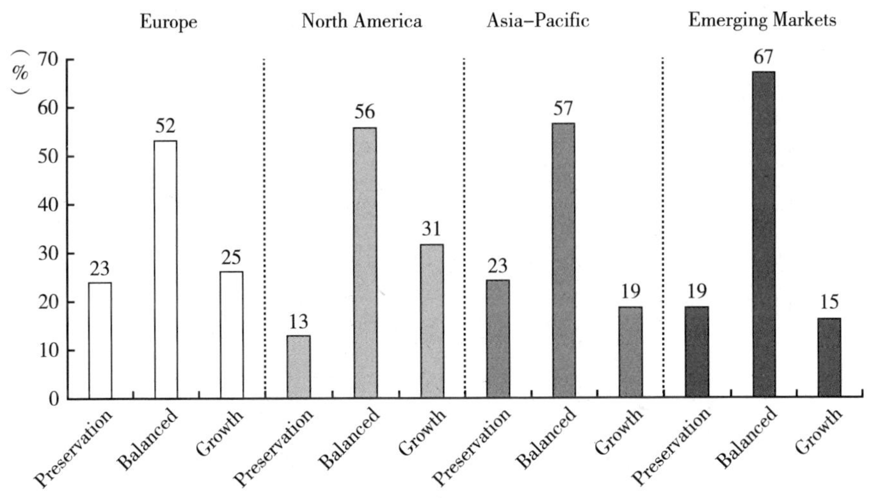

图1　2019年不同地区的家族办公室策略偏好

以家族办公室所管理的资产多寡来比较，差异不大。

按照瑞银报告，2018年家族办公室的增长投资策略与上年类似，全球私人财富的持续增长尤其是亚太地区，使该地区家族办公室对增长策略的偏好增强。

2018年，跨地区的增长投资策略也存在显著差异。亚太和北美地区的投资者声称，最愿意实施以增长为导向的战略，而近80%（79%）的欧洲家族理财室报告称，更愿意采取保守或平衡的方式。

特殊目的收购公司（SPAC）并不是一个新概念。20世纪80年代

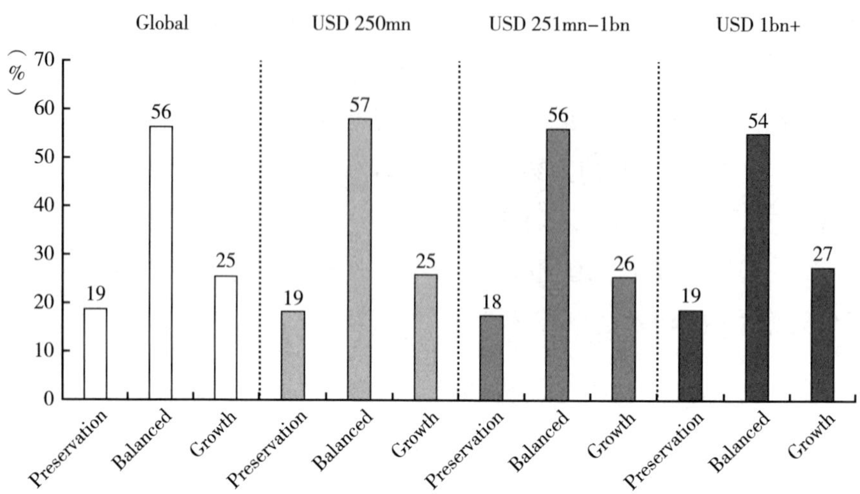

图 2　2019 年全球家族办公室投资偏好

Strategy	Total sample 2018	2017 Multi-year participants	2018 Multi-year participants	MYP Change (pp)
Growth	23%	32%	31%	▼ -0.3 pp
Balanced	45%	47%	46%	▼ -0.8 pp
Preservation	32%	22%	23%	▲ 1.0 pp

图 3　2017～2018 年全球家族办公室投资策略

SPACs 非常受欢迎，经常被称为“空白支票”公司。美国 SEC（证交会）1992 年发布的 Rule 419 标志着 SPAC 的一场革命：短暂的低潮后逐步为主流金融机构所接受。SPACs 是没有商业运营的空壳公司；它们由保荐人组成，严格地通过首次公开募股筹集资金，以促进企业合并，通常是收购一家私人运营公司。通常，SPAC 在传统的 IPO 中发行的“单位”包括一份公开发行股票和一个认股权证等。这些单位在证券交易所上市，并像其他上市股票一样进行交易。一个单位的持有者可选择将单位分割为其股票和权证组成

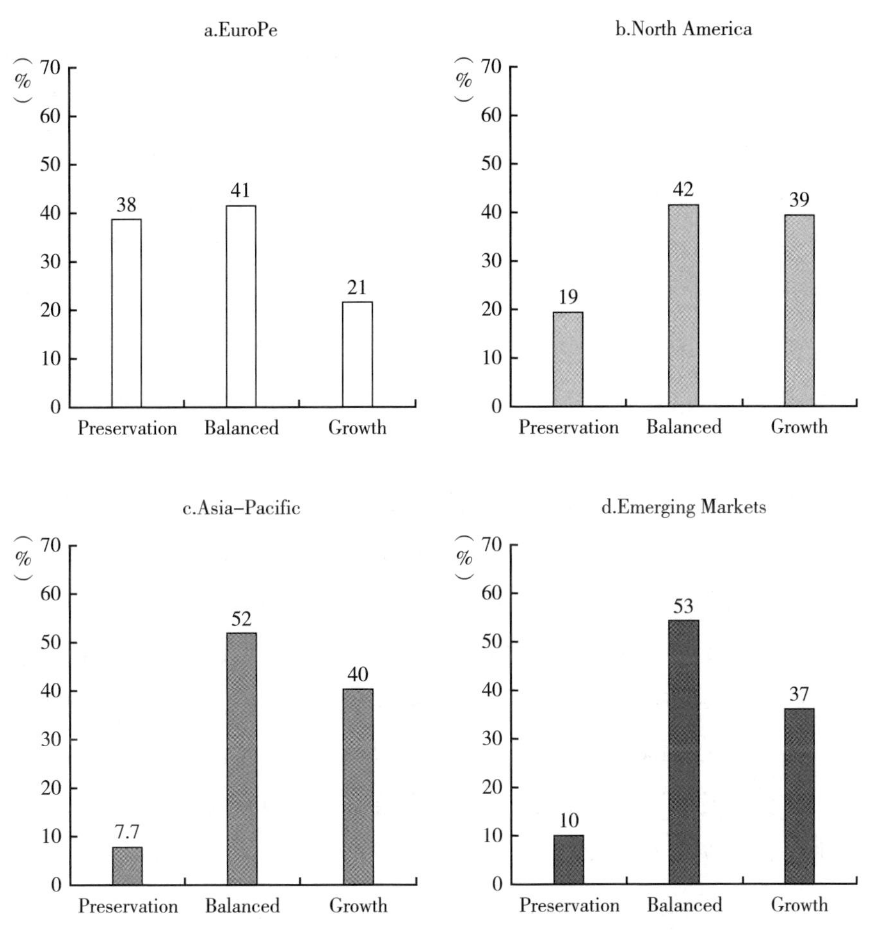

图 4　2018 年各地区的全球家族办公室投资策略

部分，并让这些组成部分单独交易。授予 SPAC 公共单位/股份持有人的权利包括：对初始业务合并进行投票的权利和选择在首次业务合并结束时赎回其公开股份。这提供给了 SPAC 的公众股东重大的选择权，作为股东，他们可以分割其单位，投票赞成或反对最初企业合并，要求股份被赎回或保留股份，但在任何情况下都保留认股权证部分。SPAC 首次公开募股的现金收入主要放在一个信托账户中，只能用于有限的目的，为初始业务合并或与初始业务合并有关的股东赎回提供资金清算。SPAC 通常有 18 ~ 24 个月的时间来

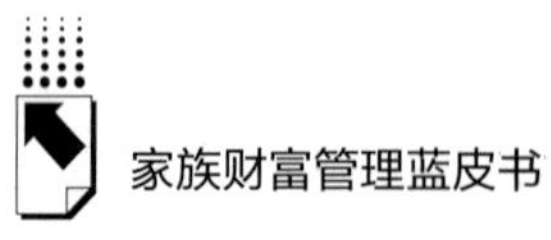

完成业务合并或清算。

最近出现了大量反向 IPO 的 SPAC，许多拟上市的公司都在观望是选择传统 IPO 还是选择 SPAC。这一趋势意味着 SPAC 的数量逐年增长。这也导致 SPAC 瞄准非传统的 SPAC 合并目标，如蓝筹股公司。为了降低融资风险，发起人经常用一个 PIPE（Private Investments in Public Equity，类似于中国的定向增发）来补充 SPAC 的资本金，PIPE 投资者通过私募方式获得 SPAC 的公共证券。SPAC 正迅速成为一种经常涉及家族办公室投资组合的投资工具。无论是一个家族办公室募集一个 SPAC，共同投资一个 SPAC，还是将家族办公室中的一家企业出售给一个 SPAC，这些都使 SPAC 迅速成为家族办公室业务的一部分。

迈克尔·戴尔（Michael Dell）及其家族办公室的高管们成立了 MSD 收购公司（MSD Acquisition Corp.），这是一家 SPAC，于 2021 年 2 月 19 日向美国 SEC 递交了 Form S－1，正在寻求进行估值约 5.75 亿美元的首次公开募股（IPO），并寻找潜在的并购目标。迈克尔·戴尔（Michael Dell）将担任 SPAC 的战略顾问。管理团队包括其家族办公室的三位高管——约翰·卡多佐、格雷格·莱姆考和约翰·费兰。有报道指出，这三人为戴尔家族管理着约 190 亿美元的资产。美国一些家族办公室与德国和瑞士的一些家族办公室都非常积极地投入 SPAC 业务。

二　投资管理模式的类型：主动 vs 被动 & 内部 vs 外包

如前所述，随着对 ETF 等被动投资工具的使用变得越来越流行，在投资政策陈述中说明投资委员会是偏向于主动型投资经理或是被动型投资经理，或是倾向于两者兼而有之，是很有必要的。在实践中，有两个方面的内容，即内部管理（in House）还是外包（Outsource）、主动管理还是被动管理。受 COVID－19 疫情的影响，2020～2021 年全球家族办公室的投资管理中主动管理的比例呈增加趋势，而内部管理也呈增加趋势。

基于不同资产类别的性质及家族办公室所具备的技能组合，对冲基金的外包比例最高，固定收益和公开市场股权次之。同时，它们倾向于在内部管理私募股权投资。

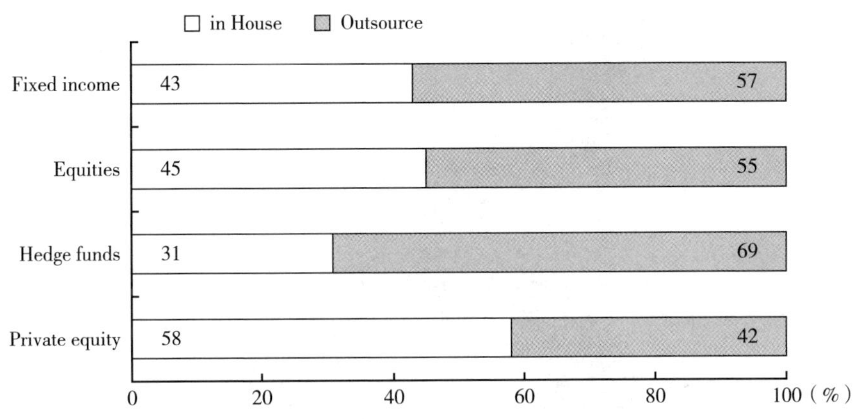

图 5　2018 年投资管理模式

在管理模式方面，在公开市场股权领域，74% 的家族办公室采用主动的管理模式，在固定收益领域，63% 的家族办公室选择积极的管理模式，37% 的家族办公室选择被动的管理模式。

根据瑞银 2017 年报告，私募股权基金在私募股权投资组合中占比最高，如果仅看私募股权投资组合，很显然通过基金账户进行的投资占比最大（37.9%），其次是主动管理模式（22.3%）和被动股东模式（18.9%）。跨区域分析显示，欧洲（44.8%）和北美（43.0%）地区的家族办公室比亚太地区（22.9%）和新兴市场（16.5%）的家族办公室的私募股权基金投资比例更高。这种差距可能是由区域之间资本市场发展程度差异导致的。早期阶段的风险资本、联合投资和投资银行联合进行的交易，在私募股权投资组合中的配置比例相对较低，分别为 9.1%、9.0% 和 2.7%。

2017 年募股权投资配置在投资组合中仅私募股权持仓。

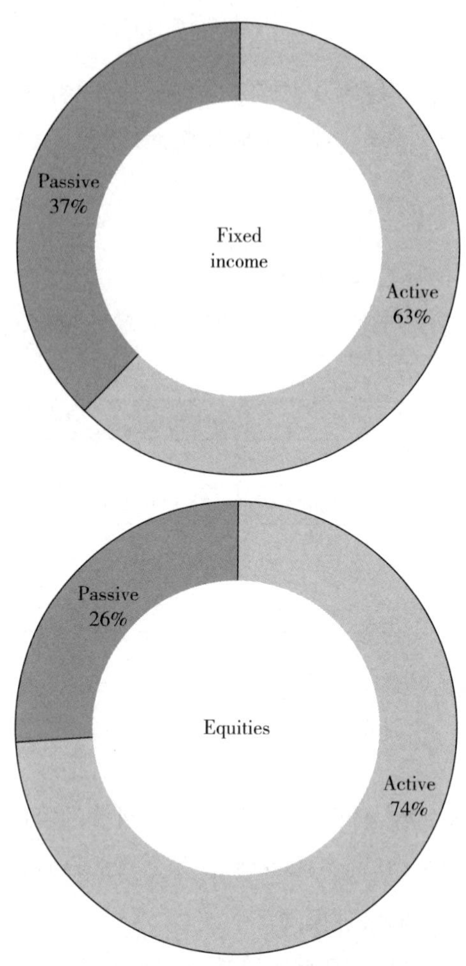

图6 2018 年家族办公室管理模式

表1 私募股权投资组合

单位：%

项目	配置比例
私募股权基金	37.9
主动管理模式	22.3
被动股东模式	18.9
早期阶段的风险资本	9.1
联合投资	9.0
投资银行联合进行的交易	2.7

鉴于发展中市场投资机会较多，新兴市场（69.2%）和亚太地区（63.9%）的家族办公室更多的是采用直接投资方式，其比例明显高于北美（48.1%）和欧洲（44.3%）。

表 2　分区域私募股权投资组合

单位：%

	欧洲	北美	亚太	新兴市场
私募股权基金	44.8	43.0	22.9	16.5
主动管理模式	20.6	17.3	26.4	42.9
被动股东模式	14.9	22.7	26.2	16.1
早期阶段的风险资本	8.8	8.1	11.3	10.3
联合投资	8.6	8.4	4.7	12.9
投资银行联合进行的交易	2.3	0.6	8.5	1.3

2018 年和 2019 年，家族办公室降低了私募股权基金在私募股权投资领域的资产配置比例，而逐步增加了直接投资的比例。

三　投资管理中杠杆的使用及约束

家族办公室的投资政策陈述应包括任何潜在的投资约束，其中包括杠杆的使用及约束等，在制定整体投资策略时需要考虑这些投资约束和需求。投资政策陈述，既包括对家族办公室总体的杠杆水平的约束，也包括对家族办公室投资的资产或项目的杠杆约束。受 COVID－19 疫情的影响，2020～2021 年全球家族办公室的杠杆率呈减小的趋势。

本部分只讨论投资政策陈述对家族办公室总体的杠杆水平的约束。

根据瑞银报告，2019 年约 1/5 的家族办公室出于对经济衰退的担忧，减少了杠杆率，而只有 12% 的提高了杠杆率。

2019 年全球家族办公室的平均投资组合杠杆率为 14%，而上年为 17%，2020 年的预期目标是 13%。

这 3/4 的家族办公室拥有 1～3 家银行作为贷款行，其中最常见的是 1

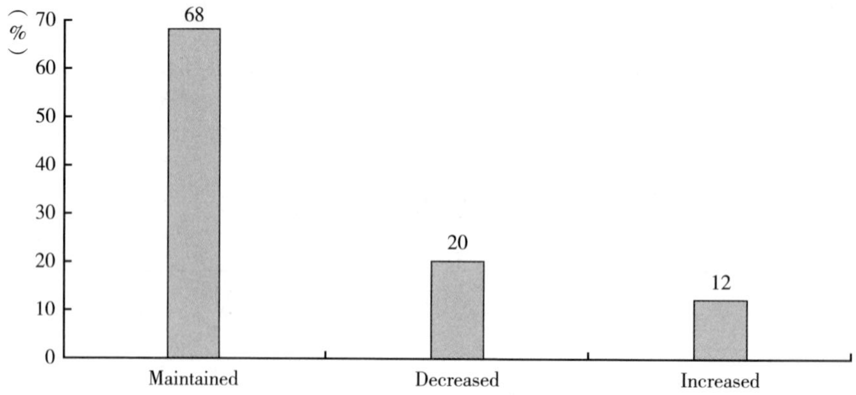

图 7　2019 年家族办公室杠杆率情况

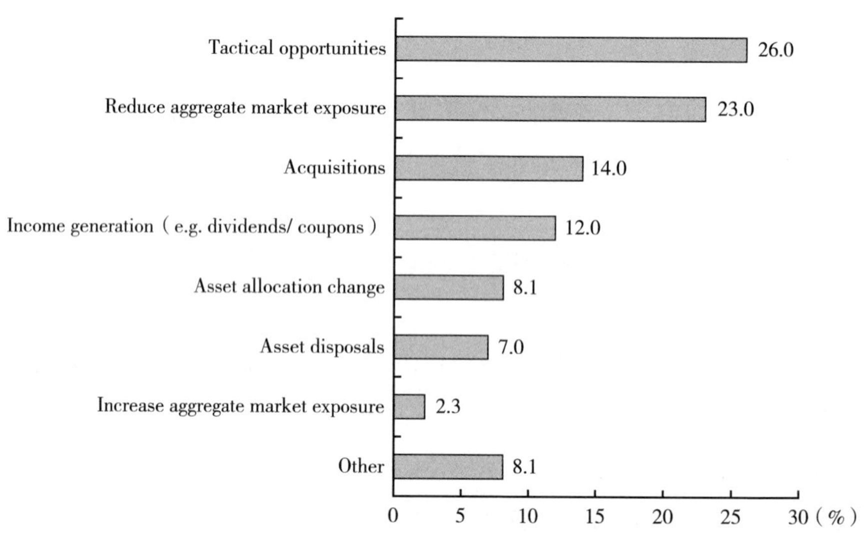

图 8　2019 年影响家族办公室投资组合杠杆率的因素

家（24%）、2 家（30%）或 3 家（22%）银行作为家族办公室的贷款行。

这些贷款银行中有 41% 的对贷款业务做了承诺。

家族办公室在选择贷款银行时考虑的最重要因素是：49% 的受访者认为成本是最重要的因素；其次是贷款与价值之比（20%）及贷款的灵活性（11%）等因素。

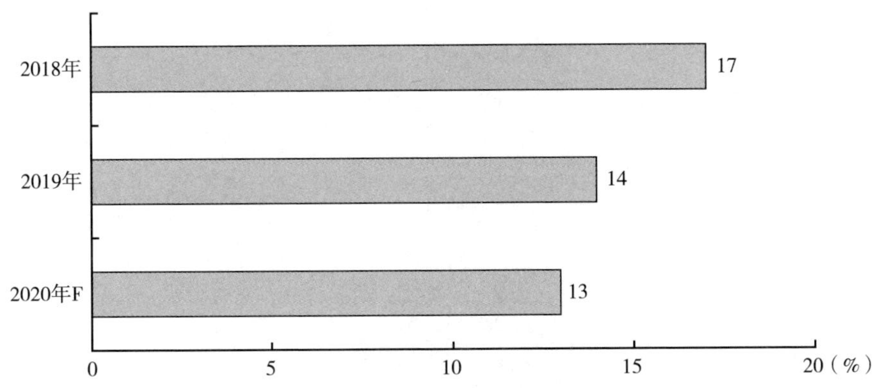

图9　家族办公室平均投资组合杠杆率

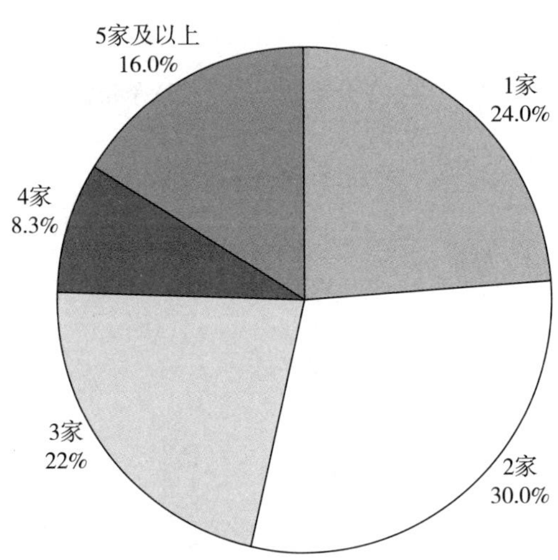

图10　家族办公室拥有的贷款行数量占比

2018 年全球家族办公室的平均投资组合的杠杆比率为 17%，在投资组合中，房地产组合的杠杆率最高，其整个投资组合中的平均杠杆资产类别占 41%，其次是私募股权，占 35%。

2020 年初，全球家族办公室对该年的展望是谨慎乐观。超过 2/3（69%）的家族办公室没有计划改变2019 年的资产配置。剩下的1/3 考虑用现金投资发达和发展中市场的股票，同时计划削减房地产和私人房地产股权

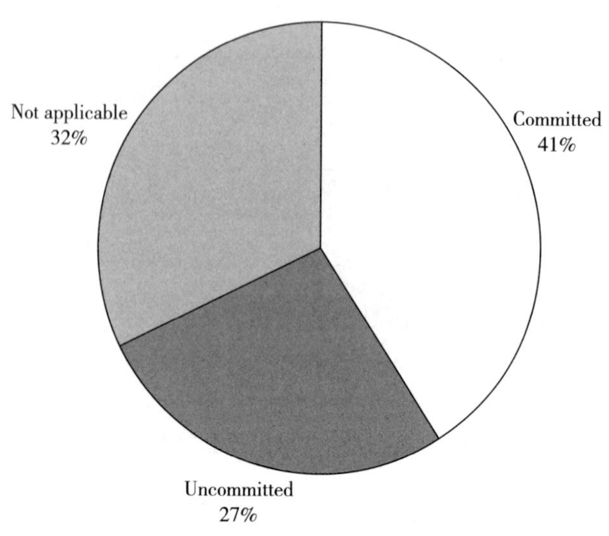

图 11　家族办公室的贷款行贷款承诺情况

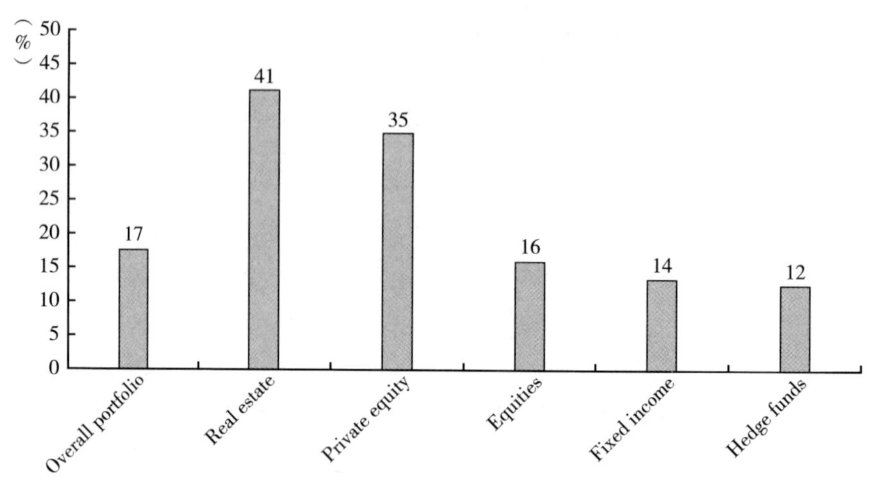

图 12　2018 年全球家族办公室资产配置

分配，但突如其来的疫情改变了其计划。

根据瑞银 2019 年报告，2018～2019 年，全球家族办公室的投资模式及资产配置比例保持相对一致。2019 年，股票仍是全球家族办公室投资的最大资产类别，平均占家族办公室投资组合的 32%，较 2018 年小幅下降了 1.2

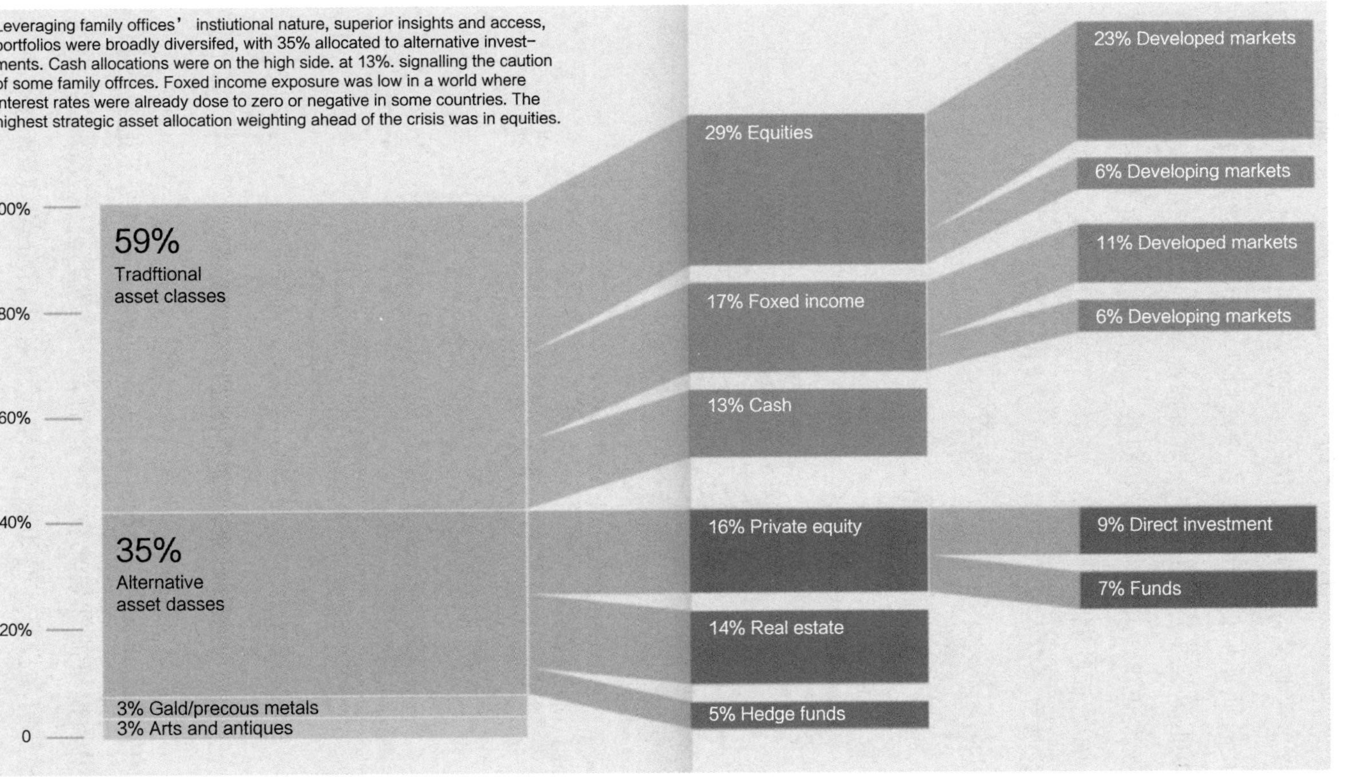

图 13 2019 年全球家族办公室的资产配置

个百分点。对发达国家的市场股票的平均配置比例为 25%，对发展中国家的市场股票的平均配置比例为 7.4%。综观各个地区，北美的家族办公室倾向于追求增长而非保值，因此其在全球股票方面的配置比例最大达 38%，而新兴市场的家族办公室在全球股票方面的配置比例最小，只有 19%。与此同时，亚太和新兴市场倾向于相对较多地配置发展中市场股票，分别为 14% 和 6.9%，而欧洲仅为 5.2%。就资产管理规模而言，管理超过 10 亿美元资产的家族办公室在整体投资组合中所占比例最大，为 38%，而管理 2.5 亿美元以下的家族办公室所占比例为 29%。

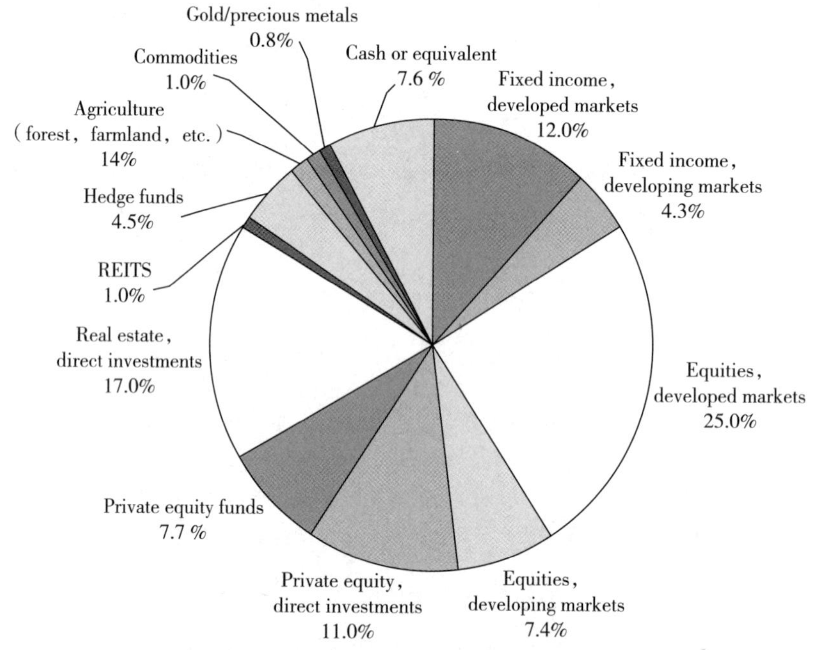

图 14　全球家族办公室资产配置比例

长期的低利率和波动性上升引发了投资者对收益率的强烈追求，并促使其增加对另类投资的配置比重。平均而言，家族办公室投资组合中超过 40% 的投资于另类投资，较 2018 年增加了 1.4 个百分点。家族办公室继续大规模投资于私募股权，私募股权是全球家族办公室占比第二大的资产类别。长期来看，私募股权表现相对较好，往往比其他资产类别的波动性小，这一点是超高净值家族及其下一代所关心的。因此，私募股权在家族办公室的投资组合中平均占比 19%，较 2018 年上升了 0.3 个百分点。其中，对私募股权基金的投资略有增加（0.7 个百分点），而对私募股权的直接投资小幅下降（0.4 个百分点）。

	Year-on-year change (PP)
Fixed income	
Fixed income – developed markets	▼ –0.7 pp
Fixed income – developing markets	▲ 0.1 pp
Equities	
Equities – developed markets	▼ –1.2 pp
Equities – developing markets	0.0 pp
Alternative investments	
Private equity – direct investment	▼ –0.4 pp
Private equity funds	▲ 0.7 pp
Real estate – direct investments	▲ 2.1 pp
REITS	▼ –0.3 pp
Hedge funds	▼ –0.7 pp
Commodities	
Agriculture (forest, farmland etc.)	▼ –0.1 pp
Gold/precious metals	0.0 pp
Other Commodities	▼ –0.1 pp
Cash or cash equivalent	▲ 0.7 pp

图 15　2018～2019 年家族办公室投资组合中私募股权情况

房地产领域的直接投资使家族办公室能够分散风险，也继续代表着普通家族办公室投资组合的关键部分。根据瑞银 2019 年的报告，继 2018 年报告的积极表现之后，2019 年房地产的吸引力最大，在平均投资组合中的配置比例上升了 2.1 个百分点，达到 17%。这个比例再次巩固了房地产作为家族办公室第三大资产类别的地位。从资产管理规模的视角，管理资产在 2.5 亿美元以下的家族办公室在房地产投资组合中所占比例最大，为 20%，而

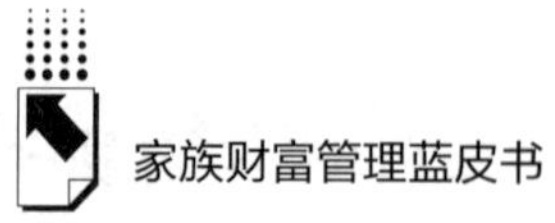

管理资产超过10亿美元的家族办公室对房地产的配置比例为12%。

家族办公室连续第五年从对冲基金中撤资，2019年对对冲基金的配置比例下降，比上年下降了0.7个百分点，在家族办公室投资组合中占4.5%。家族办公室对对冲基金在经济低迷时期保护财富的能力持怀疑态度，而且不喜欢对冲基金相对较高的收费。北美的家族办公室对对冲基金最为热衷，平均占其投资组合的6.0%，而亚太地区的家族办公室对对冲基金的配置比例仅为2.9%。

四　疫情对家族办公室的经验和教训小结

过去一年，新冠肺炎疫情暴发，全球经济几乎陷入停滞。世界还需要一段时间才能从大流行造成的经济冲击中恢复过来。未来的几个月很可能会非常动荡或充满活力。虽然现在预测此次冲击的经济影响还为时过早，但发展中国家的经济在变得比发达经济体更好之前将面临更大的挑战。事实上，过去一年持续的全球衰退引发了消费和制造业的增速放缓。封锁给餐饮、物流和初创企业等服务行业带来了短期痛苦。由于物流问题和社交距离问题，制造企业已经关闭。各种投资者的投资组合都出现了一笔又一笔的亏损，甚至连最富有的商业家族也出现了投资者流失的现象。

对任何企业来说，最重要的是照顾好员工，确保他们的安全。对于一个家族办公室来说，在封锁期间运作起来是很有挑战性的。要想让家族办公室在封锁期间尽可能顺畅地运作，就需要在外面设置系统，让员工可以在家工作，而不会遇到太多挑战。确保员工具备良好的设备以执行新的/正在进行的交易、股票市场交易、创建必要的报告和其他后台办公室工作。

家族办公室的工作重点是保护投资，以及资产的保值和增值。在疫情期间不恐慌抛售却不是一件容易的事。创业公司的运营受到了重创，因此，对初创企业的投资需要予以密切监控。作为家族办公室必须保持冷静，不要草率做出任何决定。在新冠病毒大流行得到控制之前，制定投资战略还为时过早。然而，在任何情况下都要避免使用杠杆，坚持不需要负债的投资组合，

Asset class	Total	Region				Strategy			AUM USD		
		Europe	N. America	APAC	Emerging Markets	Preser-vation	Balanced	Growth	<250m	250m~1bn	>1bn
Fixed income	16%	15%	14%	20%	23%	22%	17%	9.6%	15%	18%	14%
Fixed income – developed markets	12%	12%	13%	9.6%	13%	18%	13%	6.4%	10%	14%	11%
Fixed income – developing markets	4.3%	2.4%	1.0%	11%	10%	4.4%	4.8%	3.2%	5.3%	3.6%	3.3%
Equities	32%	32%	38%	28%	19%	30%	34%	30%	29%	32%	38%
Equities – developed markets	25%	27%	32%	14%	12%	26%	25%	24%	23%	25%	29%
Equities – developing markets	7.4%	5.2%	5.8%	14%	6.9%	4.7%	8.4%	6.5%	5.7%	7.0%	10%
Private Equity	19%	20%	19%	16%	17%	12%	16%	28%	20%	18%	20%
Private equity – direct investment	11%	13%	9.5%	10%	11%	6.9%	7.7%	21%	13%	11%	11%
Private equity funds	7.7%	7.5%	9.7%	5.2%	6.6%	5.5%	8.7%	7.0%	7.1%	7.5%	10%
Other alternatives	22%	23%	21%	22%	25%	21%	22%	23%	25%	21%	18%
Real estate – direct investments	17%	19%	14%	17%	19%	17%	16%	18%	20%	14%	12%
REITS	1.0%	0.4%	1.3%	1.5%	1.3%	0.6%	1.3%	0.6%	0.9%	0.8%	1.7%
Hedge funds	4.5%	3.7%	6.0%	2.9%	48%	3.6%	4.9%	4.2%	3.6%	5.4%	4.6%
Commodities	3.2%	2.6%	2.3%	5.2%	4.7%	5.2%	2.9%	2.7%	3.1%	3.0%	3.1%
Agriculture（forest，farmland etc.）	1.4%	1.1%	1.2%	1.5%	3.0%	1.1%	1.6%	1.2%	1.4%	1.4%	1.3%
Gold/precious metals	0.8%	0.9%	0.1%	1.4%	1.1%	1.5%	0.7%	0.4%	0.5%	1.0%	1.0%
Other Commodities	1.0%	0.5%	0.9%	2.3%	0.6%	2.6%	0.6%	1.1%	1.3%	0.7%	0.9%
Cash or cash equivalent	7.6%	7.7%	5.9%	8.9%	12%	8.5%	7.8%	6.7%	7.9%	8.2%	6.0%

图 16　家族办公室投资组合情况

经受住波动，转向资产负债表投资，远离损益表投资。随着疫情造成的人员伤亡和经济损失不断增加，没有哪个经济部门能免受经济低迷的影响，包括家族办公室。与任何行业部门一样，家族办公室在应对危机方面也面临挑战。例如，由于技术改进的成本，员工在家工作在过去并不常见。但这已不再是一个选择：疫情的暴发迫使企业升级允许远程工作系统。

2020 年 3 月中旬，当美国 40 多个州因 COVID－19 大流行而发布居家令时，家族办公室发现其危机管理计划经受住了临时压力测试。嵌入大型运营公司的家族办公室似乎表现最好，其能够依赖更成熟的业务基础设施，并且通常已经准备好支持员工的远程工作安排，使用专用的技术资源和访问存储在云基础设施中的数据。然而，独立的单一家族办公室（SFO）的情况则不太好，因为其不太可能有支持虚拟工作环境的灾难恢复或应急计划。那些做得最好的公司已经准备好支持关键业务，以便继续监控家族企业的利益变化。主动的风险评估计划是识别这些操作点的关键。

家族办公室将从这场大流行中学到的一个教训是，无论规模有多大或多小，所有家族办公室都需要有一套明确界定的运作规则和程序。这意味着要评估哪些方法有效、哪些方法无效。家族办公室应该考虑取消或简化一直存在的程序，而不是因为“这是一直以来的做法”。为了取得成功，家族办公室需要像企业实体一样运作，像企业一样管理，拥有一套明确的程序，以确保即使在困难时期也能继续运营。与此同时，家族办公室有机会利用市场上罕见的机会。这是因为这场公共卫生紧急事件，尽管严重且代价高昂，但最终将会过去。即使经济中的其他行业需要更长的时间才能复苏，但家族办公室的反弹很可能会来得更快。过去 10 年，家族办公室的规模和范围都有所扩大。正因为如此，家族办公室才需要应对这场危机，准备迎接难得的机会，以多年未见的价值进行投资。

家族办公室基于规模和范围，在这一不确定时期有许多因素需要考虑。

人力资本管理：就像投资行业的一句老话说的那样，“公司最宝贵的资产每晚都被扫地出门”。在家族办公室里，这意味着要优先照顾在办公室里负责行政、投资或风险职能的员工和主要高管。这些人对于确保办公室平稳运转以及在危机时期能够处理好家族的工作至关重要。如有必要，将关键的后台功能外包给第三方供应商，可以在办公室准备远程操作时提供临时过渡。回顾和反馈传承计划将是必要的，以便为计划实施做好准备。

流动性和信贷管理：根据投资组合的配置，另类投资可能会有一些限制，这些限制将阻止家族办公室撤出资本。此外，艺术品、房地产、游艇、私人飞机或其他非流动性资产的投资可能需要一段时间才能变现。管理资产负债表的双方、审查预算和现金流等都是应该被监管的。与私人银行家合作，以确保获得信贷额度或其他融资来源，这对帮助这个家族度过困难时期是很重要的。

信息共享和数据管理：过去几个月的金融市场导致许多投资者基于未经验证的数据做出非理性决策。结构复杂的家族办公室可能无法及时核实其投资或业务的数据。可以考虑投资商业智能工具或聘请外部顾问，以获得办公室通常忽视的视角。

网络安全和技术管理：为减少病毒的传播，信息技术基础设施的实力得到证实，记录管理将有助于减少办公人员在家工作因任何办公中断而受到的影响。网络罪犯可能会试图在这段脆弱时期寻找机会渗透至关键 IT 系统。此外，社交媒体平台可能会受到网络钓鱼或犯罪分子的影响。数字转型正在发生，可能会鼓励一些家族从传统的办公室转移到虚拟办公室。

业务连续性计划、保险和监管管理：在像病毒传播这样的危机时期，家族需要审查其灾难恢复计划，了解办公室在长时间关闭后将如何运作。计划可能包括家族成员安全居住地点、旅行限制、将办公室所有职能外包给第三方供应商、使用私人安保，或由机构受托人监管财富等。此外，审查与一般责任、灾难、生命、绑架、房地产、投资、个人资产和数据泄露等有关的保险承保范围。

B.24
中国基金会的投资与风险控制

朱朝阳*

摘　要：　中国的基金会是慈善组织的重要组成部分。基金会投资是一个承担风险、分享收益的过程。可资借鉴的经验表明，基金会投资需要做好大类资产配置，在满足基金会资金拨付的前提下，通过大类资产配置分散风险。专业的中介机构在未来中国基金会的投资中大有可为。

关键词：　基金会　慈善组织　资产配置　风险控制

一　中国基金会的发展与投资概况

基金会作为慈善组织的一个重要组成部分，其发展与社会经济的发展密切相关。经过三十多年的发展，中国基金会在数量、资产规模等方面都取得了巨大的成就。据基金会中心网数据，截至2021年1月4日，中国基金会总数已达8459家，其中，公募基金会1591家，非公募基金会6868家。

（一）基金会发展阶段分析

回顾中国基金会发展的历史，可以分为三个重要阶段。

---

* 朱朝阳，育泉资产管理有限责任公司总经理助理、投资总监，长期从事大学基金会的资产保值增值工作。

1. 从1988年《基金会管理办法》出台至2004年《基金会管理条例》颁布

2004 年之前，中国基金会的发展处于探索期，其间成立的基金会以“官办”（党政机构、高校等发起设立）为主，如宋庆龄基金会、中国青少年发展基金会、清华大学教育基金会等。

1988 年 9 月 9 日，国务院第 21 次常务会议通过《基金会管理办法》（以下简称《办法》），这是改革开放后国务院制定的第一部规范中国民间组织登记管理的行政法规。《办法》主要规定了基金会的定义、设立条件、审批体制、资金筹集规则、资金使用保值规则、资助协议和行政费用的规范以及监管规范等，对促进中国基金会设立、发展，尤其是促进中国“官办”基金会的发展，发挥了重要作用。

2. 从2004年《基金会管理条例》颁布至2016年《中华人民共和国慈善法》出台

2004 ~ 2016 年是中国基金会发展的黄金时期。以 2004 年 3 月 8 日国务院颁布的《基金会管理条例》（以下简称《条例》）为标志，中国基金会发展进入快车道。特别是《条例》将基金会明确分为公募基金会与非公募基金会两类，实行分类管理。允许设立非公募基金会，一方面，严格管理面向公众开展的募捐活动，维护募捐秩序，控制募捐市场上的竞争，减轻公众负担，维护社会稳定；另一方面，放开政策，允许富裕的个人、企业等设立非公募基金会，使其能更自主地实现捐赠意愿，在为社会公益做贡献的同时，也可以为其带来良好的社会效益。得益于政策支持、国家经济发展、民营经济力量壮大、全社会慈善意识提升等一系列因素，中国基金会特别是私募基金会无论在数量还是资产规模上都有极大的提升。

3. 2016年《中华人民共和国慈善法》实施以来

2016 年 3 月 16 日，《中华人民共和国慈善法》（以下简称《慈善法》）由第十二届全国人民代表大会第四次会议通过，自 2016 年 9 月 1 日起施行。《慈善法》的实施促进了基金会的进一步规范运作与发展，同时提升了以基金会为重要组成部分的慈善组织社会影响力。2016 年以来，以民间私募基金会为主，不仅在数量上进一步增长，资产规模方面更是增长迅速。

（二）基金会投资现状

与基金会的发起设立、资金筹募、项目管理等方面的快速发展相比，基金会的投资工作相对滞后，仍处于艰难的探索阶段。

1. 有关基金会投资的法律法规

为规范慈善组织因资产保值增值需要开展投资的行为，全国人大、国务院及相关部委发布的一系列法律法规，对慈善组织的投资提出了要求。这些法律法规具体包括全国人大公布的《中华人民共和国公益事业捐赠法》（1999 年）、《基金会管理条例》（2004 年）、《民政部关于规范基金会行为的若干规定（试行）》（2012 年）、《教育部、财政部、民政部关于加强中央部门所属高校教育基金会财务管理的若干意见》（2014 年）、《中华人民共和国慈善法》（2016 年）、《慈善组织保值增值投资活动管理暂行办法》（2018 年）等。

在上述一系列法律法规文件中，对于捐赠资产保值增值活动提出了“合法、安全、有效”的原则，一方面，肯定了资产保值增值的需要，另一方面，给基金会的投资设定一个宏观的要求，在“合法”的基础上，投资成功了是“安全、有效”的，但如果出现了损失，则是“安全”出了问题。因此，各类基金会在遵循“合法、安全、有效”这个原则的前提下只能是小心翼翼地摸索资产的保值增值之路。

2. 基金会可用于投资的资产范围

在上述规范慈善组织投资行为的法律法规文件中，对于慈善组织（包括基金会）可用于投资的资产范围作了明确规定：“慈善组织中具有公开募捐资格的基金会开展慈善活动的年度支出，不得低于上一年总收入的百分之七十或者前三年收入平均数额的百分之七十”（《慈善法》第六十条）、“慈善组织应当以面向社会开展慈善活动为宗旨，充分、高效运用慈善财产，在确保年度慈善活动支出符合法定要求和捐赠财产及时足额拨付的前提下，可以开展投资活动”（《慈善组织保值增值投资活动管理暂行办法》第三条）、“慈善组织可以用于投资的财产限于非限定性资产和在投资期间暂不需要拨付的限定性资产”、“慈善组织接受的政府资助的财产和捐赠协议约定不得投资的财产，不得用于投资”（《慈善组织保值增值投资活动管理暂行办法》第五条）。

3. 基金会投资的实践探索

在基金会的投资实践中，中国的高校基金会一直是最为积极主动的一类，特别是资产规模较大、开展投资活动较早的几家头部大学基金会，通过最近十多年来在基金会资产投资运作中不断探索，取得了巨大的成绩，除此之外，其他类基金会如公募的中国青少年发展基金会等也在投资方面做过大量有益的尝试，为中国基金会开展投资提供了可资借鉴的宝贵经验。

根据部分基金会2019年年报披露的信息，其投资活动情况如表1所示。

表1　2019年部分基金会投资信息

单位：万元，%

基金会名称	资产规模	投资收益	捐赠收入	短期投资	长期股权
清华大学基金会	939102.4	55870.3	174472.5	34.98	65.00
北京大学基金会	647979.5	38692.2	93835.2	48.01	52.00
浙江大学基金会	317839.5	3671.1	61144.2	52.82	8.80
上海交大基金会	156114.8	2518.5	18114.9	19.29	78.84
南京大学基金会	130688.9	7192.1	11763.0	0.37	5.87

资料来源：各基金会网站、育泉资产管理有限责任公司。

这里短期投资主要包括各种银行理财、信托产品、券商资产管理计划、股票基金、债券基金等；长期投资包括长期债券和长期股权投资，但由于会计口径原因，部分采用有限合伙形式投资非股权资产的产品被纳入长期股权投资范围，长期股权投资占比可能会失真。

从表1中几家高校基金会投资情况可以看出，清华大学基金会、北京大学基金会当年实现的投资收益接近或超过当年捐赠收入的1/3，南京大学基金会当年投资收益甚至超过了其捐赠收入的一半，表明“安全、有效”的投资对于基金会资产的增长有着非常重要的作用。

二　基金会资产的特点与投资的难点

（一）基金会资产的特点

不同资金、资产的属性，决定了不同的投资目标、投资期限和具体投资组合的构建。中国基金会的资金、资产既有一般的共性，又有自身的特点，具体来说，主要体现如下。

（1）基金会资金、资产的透明度要求高。基金会资产属于公益资产，其来源为社会捐赠，用途为各类慈善项目。因此，基金会资产的支出与投资都必须向社会公开，接受社会的监督。

（2）基金会资产的流动性要求较高，特别是2004年的《条例》第二十九条明确规定“公募基金会每年用于从事章程规定的公益事业支出，不得低于上一年总收入的70%”，2016年《慈善法》第六十条规定“慈善组织中具有公开募捐资格的基金会开展慈善活动的年度支出，不得低于上一年总收入的百分之七十或者前三年收入平均数额的百分之七十”；对私募基金会虽然要求较低，但对于基金会可用于投资资产的范围也有明确约束，即“慈善组织可以用于投资的财产限于非限定性资产和在投资期间暂不需要拨付的限定性资产”。

（3）基金会资产的安全性要求较高。从1999年全国人大公布的《中华人民共和国公益事业捐赠法》开始，对于捐赠资产保值增值一直强调“合法、安全、有效”。自2019年开始实行的《慈善组织保值增值投资活动管理暂行办法》再次明确要求：“慈善组织在开展投资活动时，其负责人、理事和工作人员应当遵守法律法规和本组织章程的规定，严格履行忠实、谨慎、勤勉义务”以及“慈善组织在开展投资活动时有违法违规行为，致使慈善组织财产损失的，相关人员应当承担相应责任”。

（二）基金会投资的难点

基金会资金、资产的特点，决定了现阶段基金会的投资活动中普遍存在

“偏好短期投资、偏好低风险低收益产品”的特征。

长期以来，一直困扰中国基金会投资的主要问题如下。

（1）体制因素

任何投资活动，只要其预期收益超过无风险收益，必然伴有风险。在中国基金会现阶段管理体制和监管环境下，是否开展、如何开展投资以及如何承担投资风险、出现风险后的处置与问责，是基金会在投资开始前就面临的巨大难题。以目前绝大多数基金会的管理体系和现阶段监管环境，基金会在建立起相对完善的问责机制和免责机制前，很难顺利开展投资工作。

（2）专业因素

投资是一项长期、持续和专业要求极高的工作，需要建立起完整的投资体系和一支稳定的专业投资队伍。目前几乎所有有投资活动的基金会采取的都是外包式投资模式，将基金会资产委托各类专业机构管理，看似能解决自身专业能力不足的问题，其实只是作了问题的转化，因为如何选取管理人、如何将资产在不同类别的管理人之间分配、如何评价管理人等本身就是专业性强、难度大的工作。

（3）资产规模因素

目前中国基金会数量虽然不少，总资产规模也已接近 2000 亿元，且还在快速增长中，但单个基金会资产规模普遍较小。截至目前，全国 8459 家基金会平均资产规模仅 2000 万元左右，资产规模超过 3000 万元的占比不足 15%，资产规模超过 1 亿元的不足 50 家。对于资产规模偏小的基金会而言，投资成功固然可喜，但毕竟收益有限，可一旦出现不测，轻则影响领导个人前途，重则危及基金会的生存和发展，因此不能不慎之又慎。

（4）市场因素

中国的资本市场仍处于发展的初级阶段，总体表现为波动大，“牛”“熊”转化迅速，投资品种少、避险投资工具不足等，这些都在一定程度上限制了风险偏好相对较低的基金会的投资。

（5）中介机构因素

在中国的各类专业投资机构中，缺乏对基金会作为长期潜在服务对象的认识和耐心，在提供专业服务、开发有针对性产品等方面尚待提高。

三　基金会投资的风险分析和资产配置

（一）基金会投资的主要风险分析

投资的本质是以分担风险为代价分享收益。任何以取得超过无风险收益为目标的投资都不可避免地需要承担风险。中国人民银行党委书记、中国银行保险监督管理委员会主席郭树清在第十届陆家嘴论坛（2018）的发言中提示，“高收益意味着高风险，收益率超过6%就要打问号，超过8%就很危险，10%以上就要准备损失全部本金”。

对于基金会而言，其投资面临的主要风险与一般投资者既有共性又有个性，综合目前中国基金会的基本情况和投资市场特征，基金会投资的主要风险如下。

（1）市场风险

投资的市场风险是由市场的波动引发的。正是市场的波动，在给投资者带来可能收益的同时也隐藏着风险，任何一个投资者，如果期待在市场获取能超过无风险收益的高收益，都需要面对潜在的风险。特别是中国的投资市场仍是一个新兴市场，不仅波动频繁，波动幅度也远大于发达国家市场。以股票市场为例，近十年来（2011～2020年）A股市场表现情况如表2所示。

（2）产品风险

2018年4月27日由中国人民银行、中国银行保险监督管理委员会、中国证券监督管理委员会、国家外汇管理局发布了《关于规范金融机构资产管理业务的指导意见》（以下简称《资管新规》），明确规定了“金融机构

表 2　2011～2020 年股指表现

单位：%

指数代码	指数名称	其间平均收益率	其间平均波动率
000300	沪深 300	8.060	25.981
399005	中小板指	8.346	33.009
399006	创业板指	18.367	47.013
399001	深证成指	5.072	28.388
000001	上证指数	4.286	22.887

资料来源：同花顺、育泉资产管理有限责任公司。

应当加强投资者教育，不断提高投资者的金融知识水平和风险意识，向投资者传递‘卖者尽责、买者自负’的理念，打破刚性兑付”。尽管 2020 年 7 月 31 日，经国务院同意，中国人民银行会同发展改革委、财政部、银保监会、证监会、外汇局等部门，充分考虑疫情影响实际，在《资管新规》框架下，审慎研究决定，延长《资管新规》过渡期至 2021 年底，但打破“刚兑”正成为共识。仅 2020 年，国内公开市场的债券违约达 170 起，虽数量不及 2019 年的 207 起，但违约债券余额 1925 亿元，比 2019 年高出 22%。信托产品方面，2020 年集合信托产品共发生 310 多起违约事件，涉及违约项目金额超过 1600 亿元。

（3）体制和管理风险

现阶段资产规模较大、投资需求比较迫切的基金会仍以体制内的“官办”基金会为主，包括高校基金会。这类基金会不仅受民政部、财政部、国家税务总局等法定监管部门的管理，还受主办部门、业务归口管理部门的多重管理，因此在投资过程中，将不可避免地会受到各种政策的约束，随时可能被迫做预期外的调整，造成超预期的损失。同时，“官办”基金会的主要领导任期长则 8～10 年，短则 2～3 年，正常、非正常的管理层更迭、不同的管理层对基金会的投资有不同的风险偏好，可能导致基金会的投资无法延续一贯的投资思路与逻辑，造成超预期的损失。

（4）流动性风险

与国外众多大型成熟的基金会不同，中国基金会成立时间比较短，资产规模小，沉淀资金少，在投资过程中，抵御投资市场中超预期的波动能力不足，存在受流动性要求被迫实现亏损的风险。

（5）操作风险

在基金会的投资过程中，择时和具体投资目标的选取与大类资产配置同样重要。同一类资产，在不同时期投资和选择不同的具体投资标的，其效果有时有巨大的差异。以股票市场为例，如表3、表4所示，如果是指数投资，同样是三年的投资，2010～2012年是亏损的而2018～2020年是盈利的。

表3　2010～2012年股指表现

单位：%

证券代码	证券名称	年化收益率	年化波动率
000300. SH	沪深300	-9. 9735	16. 4263
399005. SZ	中小板指	-5. 7382	29. 4192
399006. SZ	创业板指	-19. 0105	23. 8527
399001. SZ	深证成指	-11. 7524	15. 4905
000001. SH	上证指数	-10. 9397	12. 7614

资料来源：同花顺、育泉资产管理有限责任公司。

表4　2018～2020年股指表现

单位：%

证券代码	证券名称	年化收益率	年化波动率
000300. SH	沪深300	12. 6568	33. 1770
399005. SZ	中小板指	15. 7310	46. 3369
399006. SZ	创业板指	26. 7013	49. 0906
399001. SZ	深证成指	16. 1272	43. 8608
000001. SH	上证指数	3. 8596	24. 9977

资料来源：同花顺、育泉资产管理有限责任公司。

而在同一时期、投资同一类资产，由于选择的具体投资标的不同，其结果也可能差距巨大。以2020年投资偏股混合型基金为例，表5是同期表现最差和最好的基金业绩情况。

表 5　2020 年偏股混合型基金表现

单位：%

证券代码	证券名称	区间累计单位净值增长率
001792. OF	大成绝对收益策略混合型发起式	-3. 6209
519185. OF	万家精选混合	-0. 6966
960010. OF	工银核心价值混合 H	0. 0000
006615. OF	工银战略新兴产业混合 A	120. 7822
481015. OF	工银主题策略混合	129. 5735
481010. OF	工银中小盘混合	134. 7348

资料来源：同花顺、育泉资产管理有限责任公司。

（6）管理人风险

基金会的投资受各种条件限制，包括法律法规要求，不可能完全自己投资，更多的是（甚至全部是）采用委托外部专业机构投资，在选择管理人时，既存在管理人专业能力不足的风险，包括投资能力和风险控制能力，也存在管理人职业道德的风险，以及委托合同中投资范围、收益分配、风险控制等相关事项约定不明确产生的法律风险等。

投资固然有风险，但如果不投资，如表 6 所示，随着时间的推移，资产贬值的风险相比投资可能的损失一点都不小。

表 6　2000～2020 年宏观经济数据

单位：亿元

年份	GDP	M2	储蓄存款
2020	1015986. 2000	2186795. 8900	925985. 8200
2015	688858. 2000	1392278. 1092	546077. 8520
2010	412119. 3000	725851. 7900	303302. 4900
2005	183867. 9000	298755. 6700	141050. 9900
2000	99215. 0000	138356. 4700	64332. 3800

资料来源：同花顺、育泉资产管理有限责任公司。

基金会的资产，如果不能通过投资实现合适的增值，看似资产并没有减少，但随着全社会经济快速增长和社会财富的增加，必然导致财富占比的急剧下降，资产购买力大幅下降，实际上是在不断贬值中蒙受巨大损失。

（二）基金会投资的资产配置

资产配置的概念起源于20世纪50年代马科维茨（Harry Markowitz）的资产组合理论研究，包括多个诺贝尔经济学奖得主如夏普（William F. Sharpe）、托宾（James Tobin）等众多著名经济学家在该领域都有突出的理论贡献，实践方面最为知名的是史文森（David F. Swensen），他基于深厚的理论功底和管理耶鲁基金会捐赠基金十多年的实践总结，出版了《机构投资的创新之路》一书，为包括基金会在内的几乎所有机构投资者开展以资产配置为中心的投资提供了指引。

资产配置理论的核心思想是，不同类别的资产其预期收益和风险是不同的，不同类别资产间价格的波动并不同步甚至可能是反向的，投资者可以通过将资产配置在不同类别的资产中，以取得相同的预期收益下波动（风险）更小或是相同波动（风险）条件下预期收益更高的结果。

（1）各类不同资产的特征

不同类别的资产有不同的预期收益、风险和流动性特征，对投资者的专业性要求也不同，资产配置的目的在于通过组合不同类别资产来匹配自身对于收益和风险控制的要求。各类资产的特征如表7所示。

表7　各类资产特征

资产类别	预期收益	风险度	流动性	专业性要求
股票	高	高	好	高
债券	较低	较低	较好	较高
未上市股权	高	较低	差	高
绝对收益	较低	较低	较好	较高
实物资产	较高	较高	较差	较高
商品期货	高	高	好	高

注：“绝对收益”与史文森（David F. Swensen）在《机构投资的创新之路》一书中的定义不同，特指包括银行理财、夹层基金、市场中性策略基金等资产。

表 8　各类资产相关性

各类资产相关性	股票	债券	未上市股权	绝对收益	实物资产	商品期货
股票	一致	较高	较低	低	低	低
债券	较高	一致	低	较高	较低	低
未上市股权	较低	低	一致	较低	较低	低
绝对收益	低	较高	较低	一致	较高	低
实物资产	低	较低	较低	较高	一致	低
商品期货	低	低	低	低	低	一致

（2）基金会进行资产配置的重要性和局限性

由于基金会资产的特殊性，在投资过程中采用资产配置策略具有十分重要的意义。

①通过资产配置，可以合理有效地满足基金会的流动性需求。

②通过资产配置，可以在满足投资收益目标的前提下，降低投资组合的波动，减小投资风险的暴露。

③通过资产配置，可以在满足基金会既定的风险承受条件下，创造更好的投资收益。

尽管有以上显而易见的优点，但现阶段对绝大多数基金会而言，资产配置策略又有同样明显的局限性，主要体现如下。

①资产规模过小导致实际上资产配置方案无法实现。

②缺乏必要的对各类资产熟悉的专业投资人才，无法完成资产配置的方案和进行必要的配置调整。

与所有的机构投资者一样，基金会投资的起点和重点均在于根据自身的条件与要求，合理制定相应的资产配置策略，以达到在满足流动性要求的前提下，有效控制风险，获取预期收益的目标。

四　中国基金会投资模式的探讨

如前所述，既然投资是基金会实现资产保值增值的不二选择，如何选择合适的投资模式则是基金会无法回避的课题。

近年来，以高校基金会为主，在研究国外基金会投资经验的基础上，对于基金会的投资开展了大量有益的探索。

（一）国外经典的基金会投资模式

国外经典的基金会投资模式主要有两类，一类是以哈佛大学为代表的管理公司模式，另一类是以耶鲁大学为代表的投资办公室模式。

1. 哈佛大学

哈佛大学 1974 年成立全资公司哈佛管理公司（Harvard Management Company，HMC），不仅管理学校捐赠基金的资产，也管理学校养老金、运营资金等。公司既与一大批世界级专业投资机构合作，同时在组织架构、部门设置、专业人员配备等方面按照一个大型资产管理机构设置，本身具有强大的资产管理能力，任何一类资产的投资能力都可以与专业投资机构媲美。

HMC 董事会由大学校长和校董会选出，学校校长、司库、首席财务官和 HMC 的首席执行官是职务席位，属于董事会的当然成员，其余董事会成员都是在投资、学术等领域具有专长的杰出人士。目前公司董事会成员 12 人，主席是哈佛大学司库 Paul J. Finnegan。

2020 年 8 月 HMC 公布了 2019～2020 财年的年报，年末资产增长至 419 亿美元，年度总投资回报率 7.3%。年末的资产配置比例和年度回报率如表 9 所示。

表 9　2019～2020 财年 HMC 投资情况

单位：%

资产类别	投资比例	投资回报
股票	18.9	12.2
私募股权	23.0	11.6
对冲基金	36.4	7.9
不动产	7.1	-0.5

续表

资产类别	投资比例	投资回报
资源资产	2.6	-6.2
债券/通胀保值国债	5.1	8.2
其他实物资产	1.3	-17.5
现金及等价物	5.6	
合计	100	7.3

资料来源：https：//www.hmc.harvard.edu/ 、育泉资产管理有限责任公司。

2. 耶鲁大学

耶鲁大学的投资由耶鲁大学投资办公室（Yale Investments Office，YIO）负责。YIO 是耶鲁大学投资协调委员会（Yale Corporation Investment Committee，YCIC）下设的专业投资机构。自 1975 年以来，YCIC 一直负责监督捐赠基金，将高层投资经验融入投资组合政策的制定中。YCIC 至少由三名大学成员和其他具有特定投资专长的人士组成，负责批准捐赠基金投资组合的指导方针，制定投资目标、支出政策和每个资产类别的投资方法。YCIC 每季度开会一次，届时成员们审查资产配置政策、捐赠基金业绩和投资办公室工作人员提出的投资战略。目前的成员包括摩根大通前主席 Douglas A. Warner、耶鲁大学校长 Peter Salovey 等 10 人，主席为 Douglas A. Warner。

投资办公室（YIO）由首席投资官领导，1985 年以来的首席投资官即大名鼎鼎的史文森。YIO 负责制定投资计划报 YCIC 批准并具体执行，除管理捐赠基金外也管理大学其他金融资产，只有 31 名专业人员，主要工作是制订和调整资产配置方案、遴选和管理资产管理人。

耶鲁捐赠基金尚未公布其 2020 财年的报告，2020 年 9 月公布的新闻公报显示，基金截至 2020 财年（2020 年 6 月 30 日），资产为 312 亿美元，年度投资回报率 6.8%。表 10 为耶鲁捐赠基金 2021 财年的资产配置目标。

表 10　耶鲁捐赠基金 2021 财年资产配置目标

单位：%

资产类别	目标比例	资产类别	目标比例
绝对回报	23.5	不动产	9.5
风险投资	23.5	自然资源	4.5
并购基金	17.5	美国股票	2.25
美国以外股票	11.75	现金及固定收益	7.5

资料来源：http：//investments. yale. edu/、育泉资产管理有限责任公司。

3. 哈佛、耶鲁两种模式的比较

相同点：①采取专业化运作模式。②注重资产类别的分散。③注重长期股权（私募股权）的投资。

不同点：①HMC 更加注重流动性。特别是在年度报告中昭告将进一步调整压缩其不动产和实物资产的比例（这两类资产在 2020 财年的回报都是负的），YIO 继续保持较高的长期资产比例和较低的股票比例。②HMC 有较强的投资团队，有较大比例的资产是通过自身团队进行直接投资，增加了组合调整的灵活性；YIO 则是偏重以资产配置为中心，各类资产的投资采取委托方式，交给专业机构。

（二）国内高校基金会的实践

国内高校基金会是中国基金会在投资领域实践较早且目前最为活跃的，这既与近年来高校基金会的资产规模增长最快有关，也与高校基金会投资意识较强且有许多独特优势有关。包括大量头部基金会的校友在投资领域成就斐然、对母校基金会的投资也比较热心，可提供大量的帮助。事实上，许多高校基金会正是在校友的助推下逐步启动投资的。

在众多高校基金会的投资实践中，北京大学基金会等采取的是对外委托模式，清华大学基金会采取的是成立全资子公司模式。

清华大学基金会从 2006 年引进专业人员开始较大规模的证券投资，经过三年的摸索，2008 年底理事会正式决定成立全资的资产管理公司，并授权成立基金会投资决策委员会，代表理事会行使投资决策权。2009年初全资的育泉资产管理有限责任公司成立后，清华大学基金会依托公司平台，采用市场化的业绩考核和薪酬机制，组建了专业化的投资和风险控制团队。

育泉团队成立以来，不断完善各种投资管理制度和风险控制制度，不断优化各类资产投资决策流程，坚持以研究驱动投资的基本思路，按照基金会确定的支付目标，围绕“流动性—收益—风险控制”三者的平衡，不断扩展其组合中的资产范围，投资资产类别从早期的股票、债券逐步扩展到包含股票类、债券类、不动产、绝对收益类（夹层类、量化对冲类、不良资产处置类等）、私募股权类等众多类别，投资地域从国内到国内和海外市场兼备，投资组合不断优化。

表 11　2018 年底育泉组合的资产配置

单位：%

投资区域	资产类别	占比
境内资产	A 股	15.1
	股权投资	21.1
	绝对收益	4.4
	固定收益	29.02
	房产	0.5
海外资产	海外股票及 QDII 基金	4.5
	海外股权投资	3.3
	海外固定收益	4.4
现金管理	现金管理	17.6

资料来源：育泉资产管理有限责任公司。

在育泉团队努力下，清华大学基金会在近十多年来的投资中保持行业领先地位，无论是实现收益的绝对数还是相对的投资收益率都长期居首位。

表 12　育泉投资业绩

单位：万元，%

年度	管理资产额	实现收益	实现收益率
2006	29000	2812	9.7
2007	46000	9425	20.5
2008	65000	6865	10.6
2009	78000	9287	11.9
2010	118000	9677	8.2
2011	166000	9694	5.8
2012	198000	10004	5.1
2013	205000	18054	8.8
2014	264000	25261	9.6
2015	282000	30443	10.8
2016	290000	23126	8.0
2017	309000	23657	7.7
2018	311000	33081	10.6
2019	292000	36320	12.4

资料来源：育泉资产管理有限责任公司。

除每年实现比较稳定的收益外，育泉团队在组合估值方面十分谨慎，长期保持组合有20%或更高的浮盈，以应对各种预期外风险。

五　有关中国基金会投资的几点建议

“千里之行，始于足下”，中国基金会发展方兴未艾、前景广阔，参照国外基金会发展的经验，我们认为，基金会必然会成为未来投资市场中一支重要的力量。

对于现阶段中国基金会的投资，主要有以下建议。

（一）基金会应更加重视投资工作

长期以来，无论是政策环境还是基金会管理机构，相对于基金会的资金募集和项目管理，对基金会的投资重视程度是比较低的。为基金会长远发展计划，重视基金会资产保值增值的需要、正视基金会保值增值过程中可能的困难与问题并在发展中予以解决，是基金会事业健康发展的重要条件。

国内外蓬勃发展的投资市场和越来越丰富的投资产品以及日益壮大、成熟的、规范的投资服务机构，为基金会“合法、安全、有效”开展投资工作也创造了有利的条件。

（二）严格执行相关法律法规

出于审慎监管的原则，基金会的管理部门对于基金会的投资始终严格要求，限制较多，一家机构的越线行为会影响整个行业的发展，这在中国并不鲜见。为了自身安全、稳定发展，也为了整个行业在资产保值增值方面有更加美好的前景，基金会在开展投资工作时应当把“合法”放在首位。

（三）建立投资管理与风险控制机制

投资工作是基金会的一项长期事业，基金会在开展投资工作时，应本着“制度先行”的原则，建立和完善各项投资管理与风险控制制度，依靠制度保证投资工作的行稳致远。

（四）建立长效机制，避免行政干预

投资工作需要连贯的投资思路和稳定的投资框架，基金会在投资工作中，应保持投资决策的相对独立和专业，保持投资队伍的长期稳定，避免行政干预，特别是避免基于个别领导的偏好做决策。

（五）建立纠偏机制，避免权力集中

基金会在开展投资工作时，应建立起行之有效的纠偏机制，避免决策权力的过度集中。

（六）培育专业队伍

投资工作是一项专业要求较高的工作，基金会在开展投资工作时，既要

关注短期的投资收益与风险控制，也要注意提高投资队伍的专业素质，培养长期稳定、专业的投资队伍。

（七）稳健开头、谨慎运作

“万事开头难”，很多事都是起步特别关键，头开好了，信心就会增强，后续工作的展开才有良好的环境，基金会投资也是如此，起步时应特别重视时机的把握和产品的选择，避免“毕其功于一役”的急躁冒进心态。

（八）中介机构工作

基金会的投资需要社会的呵护与专业中介机构的支持。现阶段的基金会，属于“钱少事多”的机构，资金体量小、专业人员缺乏、风险容忍度低，特别是与一般认识不同，目前绝大多数基金会的投资对流动性的要求都比较高，需要中介机构更深入地了解基金会的需求，发挥专业化优势，为基金会投资提供更有针对性的服务和开发出个性化更强的产品。

Abstract

China's economy has surged forward in billowy waves for 40 years since reform and opening-up, achieved in enormous advancements in aggregate national power and people's living standard. The flourishing development of private economy, which mainly based on family enterprises, was the most prominent during the process and has become the most important component of national economy. China's family enterprises were irreplaceable in the role of occupying market vacancies, solving the employment problems of surplus labor in rural and urban areas, enhancing economic developments and guiding the perception of market economy; and thus, they are acknowledged as "the invisible engine behind China's economic miracle" by scholars. In current situations, however, family enterprises are facing numerous challenges, such as the internal risks in corporate inheritance and transformation, as well as the external compound predicaments when COVID-19 and the economic slowdown has become the new normalcies. Intertwining internal and external problems tougher the prospect of development. Under such circumstances, in order to achieve wealth succession and sustainable development, familial wealth management has become the essential option for family enterprises.

This book gives a general report followed by seven separate sections including market perspectives, organizational perspectives, macroscopic designs, special features, family office and familial investment perspectives, as well as case studies. Further elaborations and discussions are made on the development of family enterprises, familial inheritance and stewardship, familial wealth management, analysis on financial regulations, problems in legislation and actual practice of family trust laws. Among all practices of wealth inheritance tools, family trusts in China nowadays are drawing increasing attention from HNWIs as an effective form of wealth management; traditional financial institutions like private banks, corporations of trusts, insurances and securities, as well as non-licensed financial institutions with HNWL resources, are also actively demonstrating and arranging family trust services. meanwhile, as demands of clients change time to time, qualitative changes of specific service content of family trust services are observed, by which value preservation and increment of family legacy develop to protection, management and inheritance of familial wealth; from private property management services to familial legacy management services in integration.

In spite of the diversification of clients' needs, value preservation and increment of family legacy is still an important part in familial wealth management. In the conventional socio-economic environment, circumventions are commonly adopted as a way of wealth protection, in case of prevention of property encroachments by internal and external factors, and to reduce the risk of assets impairment as possible. Due to the outbreak of 2020 COVID-19, the occurrence of risks of assets impairment and health impairment came together more probably, HNWIs were forced to encounter with multiple spontaneous challenges and risks. Many of them started to reconsider the arrangements of wealth protection, in terms of predictability, integrate performance, multiplicity and permanence, as well as the target as a whole. Changes in family clients' needs lean to more professionalized wealth growth models, driving China's wealth management market towards a more mature direction. Therefore, in 2020, quality, product form and investment strategy of underlying assets were aligned as important factors in clients' consideration of assets increment. There were increasing number of customers, not only paying attention to the brand of wealth management institutions or the performance of fund managers, but also emphasizing on differentiated configurations of wealth management tools, which are more suitable for the development of family better, as well as family members' needs for long-term planning in different life cycles.

Guided by market environment and clients' demands, and the encouragement of certain regulatory policies, familial wealth management institutions further enhanced the sense of professionalism in services and started putting new industrial distribution in practices via wealth inheritance tools, as well as exploring professional managements of wealth inheritance in the cross-border and cross-life cycle nature. According to the figure of 2020 wealth inheritance practices and researches, young entrepreneurs who are acknowledged as the pioneering second-generations also put wealth creation and inheritance in comprehensive consideration. With the promotion by the new generation, new forms of familial wealth management structure made debuts. More family clients combined family cultures with family trusts substantially via collective decision-making and rewards and punishment system, and thus to optimize the reform of family stewardship by legal tools of trusts.

As the development of private economy flourishes, in pursuit of profit maximation principle, corporations and entrepreneurs of private sector also actively dedicate to the society and participate in philanthropy in the name of family charity. Foundations, charitable funds, direct donations and charitable investments are the four main forms of practice of family charity, which is frequently carried out as individual or corporate foundations. Charitable trusts are another representative development mode of family charity showing significant growth. It is managed with complete respect of the principals' wills, with lower admittance threshold, higher transparency of operation and is more professional in property management, in comparison to the other charity forms.

The transformation of familial wealth management needs from private property management services to integrated services of familial legacy management, can be attributed to the lenient regulatory environment of China. In the future, digitalization of management, professionalization of investment management, differentiation in trust properties and normalization of cooperative systems will be the main trends for family development. Compared with international experiences, trust registration and taxation system, unification of codes of practice and investment consulting services still need further construction and standardization, along with technological empowerment in advancement. Independent asset managers arise in response to the demands and provide independent wealth management services to HNWIs through the mode of family offices. Family offices are independent platform which is excluded from financial institutions like commercial banks, insurance, securities and trust companies; and relying on domestic private banking and wealth management industry to develop. Family offices in China are welcomed by HNWIs and have become an important form of service of domestic familial legacy inheritance. Clients in mainland China have turned their attention to integrative management formed by material wealth, spiritual culture, human resources and operational mechanisms, from scattered and independent management of individual content in family assets.

Looking to the future based on the present, the macroscopic design of wealth protection system comes first in familial wealth management and there is a need to constantly improve the comprehensiveness and integrity of laws and regulations as well. Secondly, the introduction of independent family offices and the "spread-out" of integrated financial institutions are both important in exploring win-win cooperation mode of services and constructing open-minded wealth management ecosystem. Thirdly, trust system should be coordinated with other legal systems, diversified in family trust categories and complete in informative system construction. Last but not least, in order to keep family enterprises evergreen, entrepreneurs and family members need to be more risk-aware in familial legacy inheritance, more balanced between wealth management and social responsibilities.

Keywords: Family Enterprises; Family Trust and Assets Protection; Family Offices

Contents

I General Report

Abstract: 2020 was an extraordinary year. During this year, people recognized the functions and contexts of familial wealth across the greatest span, by facing abundant uncertainties and historical events in persons. Family wealth management thus developed in an even more mature manner, such as keeping consistency in creating wealth, while experiencing multiple challenges and risks in wealth insurance. Diversification and complexity in demands of familial wealth development grew obviously, as manifested as growing needs for more supplementary combinations of wealth growth, participation of the second generations of entrepreneurs in family wealth legacy planning, and trials of blending family wealth management with family governance. Leading by market environment and customer needs, as well as the encouragements brought by existing regulatory guides, FWM organizations specialized professional services to a greater extent. For example, renewing property allocation via wealth inheritance instruments, and explorations in professional management services of cross-border wealth inheritance. To fulfill the expectations of high-net-worth individuals (HNWIs) or the management targets, macroscopic designs in legislation and enforcement of the related laws and regulations has become the most imperative in the sustainable development of national property. On the other hand, renewal of wealth inheritance and corresponding management ideas of familial clients, construction of professional standards and admittance criteria of FWM industry, and building long-lived asset allocation strategies according to wealth inheritance philosophy, are important in FWM supervisions. This article draws conclusions by providing expectations and suggestions to FWM future development, such as further enhancements of the legislation and enforcement of laws of family wealth legacy planning, concrete measures for setting up pilot project of offshore trust in Hainan Free Trade Port, composition of Chinese-charactered family wealth management and trustee management cultures, as well as construction of long-term risk management mechanisms of family wealth, etc.

Keywords: Family Wealth; Macroscopic Designs; Family Wealth

Ⅱ Market Perspectives

B.2 Development Stages of Chinese Families and Family Enterprise Ecology: Chinese Family Enterprises over the Past 40 Years

Zhao Zi / 028

Abstract: Starting from scratch, then expanding from small to big, private economy which mainly based on family enterprises has played an important role in national economy since the economic reform and open-up until today. As the "key majority" in the private economy, family enterprises are irreplaceable in occupying market vacancies, solving the employment problems of surplus labor in rural and urban areas, and bringing enlightenment to the concept of market economy; they are acknowledged as "the invisible engine behind China's economic miracle" by scholars. However, compared with foreign family enterprises, those in China are still young in age and lack in succession mechanisms in emergency, ambiguities between "family" and "enterprise", descending willingness of younger generations to take over and the risk of selecting professional managers, as well as corporate transformation, etc.; in case when COVID-pandemic and economic slowdown become normal phenomena, the situation is even more unpromising. There are still a number of China's family enterprises, such as LEE KUM KEE, Peak Sport Group, Fotile Group and JuneYao Group, have managed their way in corporate succession and transformation under the influences of the economic tides and changes of times, and become centennial enterprises with national reputation. On a new starting point in history, family enterprises should make good use of the opportunities of succession to younger generation, in order to manage the transition to a modern enterprise management system, to enhance both technology content and added value of products, to actively commit to voluntary social responsibilities, as well as to seek for sustainable development, so as to be always adaptive to new economic trends and carry on from generation to generation.

Keywords: Private Economy; Family Enterprises; Enterprise Inheritance

Abstract: Gen-Z entrepreneurs mainly include three kinds of identity status-entrepreneurs in succession to family enterprises, youthful entrepreneurs in pioneering own enterprises and management team members of Gen-Z entrepreneur. Gen-Z entrepreneurs hold on to familial responsibilities and show commitment to corresponding duties in familial enterprises; and coinciding to stay consistent to their own desired business and seek for the opportunities in starting own enterprises. This is an approach by which Gen-Z entrepreneurs cope with successions of enterprises. As market environment changes, succession of family corporations comes along with enterprise transformations in most circumstances. Gen-Z entrepreneurs prefer to manage the transformations beyond familial enterprises, in order to build up their own teams and establish powers on one hand, and to diminish controls and monitors from familial enterprise system and personnel on the other hand. Despite that the most senior/ first-generation entrepreneurs feel the difficulties faced by their offspring in business start-ups, they hope success for the new generations, so as to counter the impacts of accelerating innovations on family enterprises.

Keywords: Family Enterprises; Entrepreneurs; Gen-Z Second Generations

B.4 The Age 2.0 of Family Trust: Ripe Conditions followed by Success

CCB Trust Wealth Managemenx Division / 079

Abstract: A good sword takes the blacksmith ten years to grind. Since the first case of domestic family trust established in China in 2012, family trust in China has entered its age 2.0 after 10 years of efforts and explorations. In the age 1.0 of family trust, development and services of financial institutions of trust business were still in explorations. The upgraded 2.0 version of family trust stems from the standardization of trust services and products in the age 1.0. In addition to the fundamental functions such as property conservation, wealth inheritance and privacy protection, the upgraded 2.0 version shows higher flexibility in application of family trust and versatility in services, mainly aiming at wealth inheritance of domestic properties of Chinese HNWIs tax residents or individuals, not to mention their needs in asset diversification, globalization of investments and trustee identifications. The all-round services cover variant measures of property inheritance and allocation, distribution of global assets and solutions for multilateral tax planning. In the age 2.0, family trust solutions are growing towards integration and customization.

Keywords: Wealth-planning; Family Trust Shares; Family Investment Banks; Family Foundation

B.5 Chinese Family Charitable Foundation: Gradual Revelation of Demands, with Diversity in Development

Zeng Xiangxia / 100

Abstract: Government's roles in public service administration need to be redefined in the revolution of social governance system, implying a change from government-led role to the active participant role in the market. As an important non-profit organization (NPO), the development of charitable foundations plays an unneglectable role in redistributing social resources, adjusting poverty gap, as well as urging structural and functional reforms of government, so as to perfect the national governance system. However, due to the shortage in charity development history and experience, a certain number of problems may derive from the management and operation of most Chinese charitable foundations. These problems affect the sustainable development of Chinese charitable industry and plays as a hindrance when charitable foundations coordinate with the government as a "third sector". The internal problems of Chinese charitable foundation include ambiguous orientations of organization and motivation, unqualified levels in profession, specialization, publicity and transparency, and poor construction in public credibility. The external problems caused by restrictions of environment, include the unimproved policies and regulations, absence of self-disciplinary rules, immature supervision by public opinion, lack of philanthropic education to general public and unclear financially-favored policies for charitable organizations. These realistic difficulties restrict the development and function of charitable organizations. This article provides countermeasures to the aforementioned problems, and also suggestions to a fuller utilization of charitable foundations in public welfares, consisting of internal construction and development, and external systematic construction and supports for NPOs.

Keywords: Charitable Foundations; Public Affairs; Family Inheritance

B.6 Latest Development Trend of ESG of Private Enterprises

Linda – Eling Lee, *Meggin Thwing Eastman*, *Arne Klug* / 129

Abstract: Systematic discussions on the most important issues in the field of ESG. Deep analyses of the top five crucial ESG trends to enterprises and investors in 2021. Cruelty in Climate Reality: When the Paris Agreement Slipped Away. Passing the Rise and Fall: The Foothold of ESG InvestmentsTo Protect or To Destroy: Investors' Replies to Biodiversity Crisis. Data Deluge of ESG: Ups or Downs, Depending on Corporations' and Investors' Responses. To Set the Balance Right: Creativity is the Key to Stand the Test of Social Unfairness. According to certain estimations, investors will be prone to more creative and systematic measures, pioneering teams will be willing to undertake more risks in the course of exploration of solutions.

Keywords: Climate; ESG; Biodiversity; Information Disclosure

Ⅲ Organization Perspectives

B.7 FWM Business of Chinese Private Banking: Expanding Market Demands with Proactive Explorations in Development Models

Liu Xuemei / 153

Abstract: Familial enterprises contribute significantly to economy of China. Private banking sectors in China should provide help to Chinese entrepreneurs in family wealth management (FWM) and inheritance. Based on the clarifications of the content and nature of FWM, this article further elaborates on the differences in domestic and international FWM models, and provides suggestions to the FWM exploration and development of Chinese private banking sectors, regarding both comprehensive and delicate FWM development models. While stressing on the deep analyses and understanding of the need of FWM clients, this article also points out the importance of synthesizing internal and external resources to provide one-stop and integrated service plans.

Keywords: Family Wealth; Wealth Management; Private Banking; Integrated Service Plans

Abstract: Nowadays, HNWIs in China start focusing on family trusts as wealth management tools. Traditional financial institutions like private banks, corporations of trusts, insurances and securities, as well as non-licensed financial institutions with HNWI resources, are actively demonstrating and arranging family trust services. Since the first family trust product established in September 2012 in China, the whole commission scale started to get enlarged steadily and exceeded 2000 billion Yuan at the end of 2020. Meanwhile, family trust services has undergone qualitative changes, which allowed value preservation and increment of family legacy worked up to protection, management and inheritance; and also triggered the development of family legacy/property management services from merely private section. Promotion environment is generally favorable for family trusts, related industrial regulations and legal system are on the way of improvements while supporting systems like trust registration and taxation still need further construction and standardization. Digitalization of management, professionalization of investment management, differentiation in trust properties and normalization of cooperative systems will be the main trends in the future.

Keywords: Familial trusts; family wealth management services; industrial regulation

Abstract: Fund advisory services refer to fund advisory organizations providing strategies and advice of fund investments on investors' requests according to corresponding laws, regulations and protocols, as well as making decisions on varieties, quantities and trading timings of fund investments. After 21 years of development of mutual funds, fund advisory service industry in China was then officially licensed by China's Securities Regulatory Commission and got smooth in growth. Mutual fund is an ideal way that allows individual investors to participate in capital market and share economic growths. At the end of 2020, the number of mutual fund management organizations in China reached to approximately 150 and the scale of property management exceeded 18 trillion yuan. It is a remarkable fact that the actual returns of investors were much lower than fund performances whereas fund performances were extraordinary in general. It can be attributed to the volatility of capital market of China, and also affected by the mentality and behaviors of investors. Therefore, to further complete investment advisory system might be helpful to improve the investment experience, actual returns and fulfilment of wealth management needs of general investors. In the current situation, fund investment advisory services in China are gradually adopting the buyer-agent mode, which is equipped with more professional investment advisory teams and better services. Regards to the current development of China's mutual fund investment advisory services, it is important to enhance investment advisory regulations in order to perfect the fundamental structure and boost reforms of capital market, and to assist the formation and development of neo-economy as a whole.

Keywords: Funds Investment Advisor; Fund Management; Investment Consulting; Buyer's Agent

Abstract: Wealth management requirements of HNWIs in China show an increasing trend in customization and differentiation. Drastic changes of global political and economic status are observed since 2018, drawing HNWIs becoming more demanding in familial legacy inheritance, value preservation and increment, as well as risk isolation. Family trust, as an important tool in wealth management, is gaining more attention of HNWIs and be put to use more frequently. Securities companies keep exploring HNWI-related services in the transformation of wealth management, and start to develop family trust services with combined features of capital market. This report mainly investigates the development, characteristics and advantages of family trust services by securities companies, followed by questions and advice. The whole article is composed of five major sections, covering family trusts' development, introduction to family trusts in China, the reason and the process of securities companies founded family trust services, and the existing problems and suggestions. The first section introduces the definition, history, operating modes, advantages and evolution of family trusts respectively; the second section briefly explains development and market environment of family trusts in China; the third section discusses the essential requirements of wealth management of securities companies and its advantages in implementing family trust services; the fourth section shows the current situation, major operating modes, targeting customers and development plots of family trust services by securities companies; and the last section concludes with problems and advice of family trusts as a whole, such as enhancing non-transaction transfer of trust property, completing of family trusts, building corresponding taxation system of trust ownership and bringing the differentiation advantages of securities companies in providing family trust services.

Keywords: Family Trusts; Securities Companies; Familial Legacy Inheritance; Private Banks

Ⅳ Macroscopic Designs

B.11 Status Quo, International Comparison and Development Paths of Legal System of Family Trust in China

Abstract: In recent years, as relevant regulations and guidelines that conduct great influences on family trusts established, such as new regulations on asset management, the family trust legal system based on the "Trust Law" has been continuously supplemented and perfected in mainland China. In comparison to the international trust legal environment, however, there is still a lack of detailed requirements in specific, for example the corresponding registration system and taxation system; the enactments and improvements are still in need. Based on the fact that the trust legal system is an "imported product", its "transplantation" and "localization" might require certain process; learning from the advanced international experiences may greatly influence China's development of trust laws and regulations. Japan has provided valued experiences to China in this aspect, which does not completely adopt the civil trust-oriented model of Britain, but actively absorb the commercial trust-based model of the United States, so as to continually revise the existing legal system of trusts and manifest their own features in the process of localization. China should tackle the irregularities in trust development, further modify and introduce innovations, in order to establish Chinese-charactered trust legal system which can merge with existing laws and be an organic part in the composition of the system.

Keywords: Family Trust; Legal System; Trust Law

B. 12 Analyses on Regulatory Environment of FWM and Shortcomings of Family Trust System

Li Xianming, Liang Guangyong / 223

Abstract: Healthy development of familial wealth management industry needs presence of good regulatory environment; it needs to conquer the shortcomings in the corresponding system as well. This article addresses FWM-related regulatory mechanisms and movements from three perspectives at first: wealth investment accumulation, inheritance and familial charity; secondly, it analyses the major systematic shortcomings in starting up family trust services in nowadays China.

Keywords: Family Wealth Management; Family Trust; Asset Management

B. 13 Analyses and Suggestions to Family Trust Taxation Policies

Gao Huiyun, Wang Shuaifeng / 238

Abstract: Family trust industry of China started later than others but bloomed in a rapid manner. However, the absence of corresponding taxation system led to ambiguity in subjects of taxation, unclear taxation timings, repetitive taxation problems and lack of taxation standards of trust receipt. Taxation problems affect the activeness in start-up of equity family trusts and real-estate family trusts, thus hinder the development of family trusts as a whole. Therefore, this article suggests China to adopt Catheterism in assistance of substantialism in constructing family trust taxation system; if Catheterism is persisted, government should apply tax during the appropriation of trust profits, along with accumulative punishments.

Keywords: Family Trust; Taxation System; Catheterism; Substantialism

B.14 Development Trend of Charitable Trusts in China and Prospects of Sustainable Innovation *Shen Miaomiao* / 252

Abstract: Charitable trust plays an important part in the composition of charity industry of China. It is an innovative tool in solving poverty and diminish gaps between different income classes, in order to facilitate common wealth. It serves as a third distribution, and as a significant arrangement to enhance national governance system and its modernization. Charitable trusts in China take domestic and international charitable trusts' development experiences as reference, to weaken administrative controls, activate advantages of trust and thus establish fundamental structure for rapid growth. By approximately 4 years, records of charitable trust broke through 500 and reached 33 billion in trust scale. Development characteristics of acceleration, imbalance, intensification and grass-rooted being are observed. In the future, charitable trust will continue to make use of its advantages to facilitate innovative development of charity industry in China, by providing financial resources, projects-to-run and operative mechanisms.

Keywords: Charitable Trust; Trust System; Third Distribution

V Featured Perspectives

B.15 Difficulties and Solutions of Wealth Inheritance of Familial Enterprises in China *Yun Dahui* / 266

Abstract: When the assets of Chinese familial enterprises developed to a certain extent, the existing states of wealth may bring a series of confusions to the families or familial enterprises; for example, they need to joint up against the problems in corporative sustainable development and operational difficulties. Wealth succession of Chinese familial enterprises share commonalities in needs, like the arrangements of ownership and stock right of enterprises, the smoothness of succession process, risk management and isolation among familial enterprises and families, as well as property risk isolation between family members. Setup and application of wills and testamentary trusts, family trusts, large insurance policies or insurance trusts, and charitable funds and trusts are the common ways in nowadays Chinese familial wealth succession, which is usually done overseas. Circumstances of asset-orientation, operations-on-borrowings of corporations, differentiation of wealth status and wealth managements cause difficulties to inheritance. In order to achieve cash assets in abundance, development strategy planning, restructure of industry and its layout, risk controls and loss-stop in corporative liability are utilized as tools to tackle the problems, as well as the drawings of dividend and stock-rights. Improvements in wealth succession are foreseeable and promising.

Keywords: Cash Assets in Abundance; Corporative Structur; Corporative Liability Risk

Abstract: "Being rich for over three generations and lasting forever" has been the target of every family business founder in all ages. After listed companies complete the historical mission of starting business, the family leaders still need to face the challenge of how to successfully achieve the goal of keeping and passing on business. This paper analyzes the current situation of wealth planning of the actual controllers of listed companies and the three family wealth problems they are facing, in order to help family customers to work out wealth inheritance plans according to the family needs of listed companies.

Keywords: Actual Controller of Listed Companies; Equity Planning; Inheritance Planning

B.17 Development of Family Trusts of Domestic and International Listed Companies

Wang Hao / 289

Abstract: This article analyzes the property composition of the rich and the powerful in China and introduces the conditions of ownership structure of the family trusts of IPO companies overseas, followed by its advantages. There is also a study on the attitude of regulatory departments of mainland China on the matter of introducing equity into family trusts by pro-listed companies, corresponding suggestions are given, so as to boost the development of family trust industry in China.

Keywords: Family Trusts; IPOs; Regulations

B.18 Study on the Status Quo and Trend of Equity Family Trusts in China

Liu Pengkun / 308

Abstract: Due to the distinctive functions and values, equity family trusts become an inevitable route for HNWIs to achieve multiple goals with inclusion of wealth preservation and inheritance, separate management of family and enterprise and family philanthropy. Due to the lack of trust registration and taxation systems in China, the practice of equity family trusts in mainland China is still uncommon; equity family trusts can only be established through indirect methods, package of well-rounded professional services is also missing. In recent years, as the establishment of the "Civil Code" and pragmatists' efforts in exploring trials and errors, representative and enlightening cases have emerged, and the "general direction" for the improvement of the equity trust system has also reached a consensus. "Internally and externally correlated" equity family trusts are becoming the major carrier of capital and asset operations of private enterprises in China, and also the major tool for family wealth preservation and inheritance, providing taxation planning and charitable function to HNWIs.

Keywords: Family Enterprises; Equity Trusts; Family Trusts; Wealth Inheritance

Abstract: Since CITIC Trust introduced the first insurance trust product in China in 2014, insurance trust products started to gain reputations and recognition among HNW clients, and the industry then flourished with development and improvements. While obtaining good results, we may also want to focus the challenges co-existing in the development of Chinese insurance trust industry. This article identifies the related concepts of insurance trusts, and followed by analyses on the typical cases via introduction of development background and social demands of domestic insurance trusts, and differences in comparison to developed countries. It features on the study of development status and existing problems of domestic insurance trusts, so as to investigate the challenges in structure build-up, cultivation of market participants and construction of standard of services.

Keywords: Insurance Trusts; Insurance; Inheritance of Wealth

Abstract: Along with the rapid development of non-state economic sector, private enterprises and entrepreneurs begin to develop across commercial field to charity field increasingly. In pursuit of profit maximation principle, they actively dedicate to the society and put corporal social responsibilities in practice, which has become the main force in public welfare practice in China. Entrepreneurs participate in charity mainly through individual or corporative foundations, charitable trusts, direct donations and public welfare investments. As economic society develops, both radiation scope of foundation and scale of charitable trusts are expanding. Motivations of private entrepreneurs include the demand of sense of gain and inheritance of family values, etc. In long term, in order to continuously convert wealth to public interests, entrepreneurs should not only focus on providing asset-backed supports of advanced stocks and technologies, but also prioritize the innovation of management mode of charitable funds and ensure the sustainable development of public charity.

Keywords: Foundation; Charitable Funds; Charitable Trusts; Charity

Ⅵ Family Offices and Familial Investment Perspectives

Abstract: Family offices, which derived from the West, has gained tangible development and practices in China in recent years. Its business domain covers financial services like asset management, trust services and investment consulting. It also covers affairs like conflict settlement, tax planning, education and trainings. This article sorts out the concept and categorization of family offices, brings discussions on the regulation of different organizations involved and the regulatory system of family offices in China. Through analyzing typical cases of regulatory difficulties of Chinese family offices and referencing international experiences, recommendations to monitoring family offices are made as conclusions.

Keywords: Family Offices; Regulations; License Admittance; Industrial Discipline

Abstract: In the past 10 years, the amount of HNWIs in China as well as their property scale soared rapidly, bringing obviously increasing demand in wealth inheritance of HNWIs and stimulating the development of China's wealth management market, giving promising prospect to the development of family offices as well. Up to now, there are 2000 – 3000 family offices in China approximately, they are growing to be the most important platform for domestic familial wealth inheritance. Development of China's independent family offices is still at initial phase, prohibited by incomplete laws and regulations, clients' unacceptance of paying consulting or service fees, lack of well-rounded financing talents, etc. To seize the opportunity of the development of independent family offices in China, the government should take references from advanced international cases such as independent wealth management businesses in the United States, introduce laws and regulations specifically for family offices, standardize and encourage the development of independent family offices. Independent family offices should adopt a proactive approach in seeking cooperation of integrative financial institutions in exploring win-win cooperation mode of services. At the same time, enhancing digital construction and focusing on technological empowerment are imperative for China's independent family offices.

Keywords: Family Offices; Independent Wealth Management; Financing

Abstract: COVID –19 strikes huge impacts from 2019 to 2020, especially on the investment strategy and asset allocation of global family offices. More than half of the family offices participated in strategic asset allocation as a fundamental method of wealth against risks; over 55% family offices re-modified their investment plans, adjusting to be defense-oriented in macroscopic strategy of wealth growth, and actively taking part in SPAC affairs. Family offices worldwide show a trend of increasing the ratio of active investments in investment management, and diminishing the ratio of out-sourcing services; lifting the allocation ratio of alternative investment in asset allocation and maintaining a certain proportion of cash assets. All of these manifest the cautious attitude of management team of family offices.

Keywords: Family Offices; Investment Strategy; Asset Allocation; SPAC

B.24 Investment and Risk Control of Funds in China

Zhu Chaoyang / 424

Abstract: Funds play an important role in the charity composition in China. Fund investment makes achievement of common interest and share of risks possible. Refer to experiences of certain cases, fund investments should be well-prepared in allocation of major assets, it serves as a tool of risk diversification when the conditions of fund allocation are satisfied. Professional agencies may have bright prospects in future fund investments in China.

Keywords: Funds; Charitable Organizations; Asset Allocation; Risk Controls

皮书

智库报告的主要形式
同一主题智库报告的聚合

皮书定义

皮书是对中国与世界发展状况和热点问题进行年度监测，以专业的角度、专家的视野和实证研究方法，针对某一领域或区域现状与发展态势展开分析和预测，具备前沿性、原创性、实证性、连续性、时效性等特点的公开出版物，由一系列权威研究报告组成。

皮书作者

皮书系列报告作者以国内外一流研究机构、知名高校等重点智库的研究人员为主，多为相关领域一流专家学者，他们的观点代表了当下学界对中国与世界的现实和未来最高水平的解读与分析。截至 2021 年，皮书研创机构有近千家，报告作者累计超过 7 万人。

皮书荣誉

皮书系列已成为社会科学文献出版社的著名图书品牌和中国社会科学院的知名学术品牌。2016 年皮书系列正式列入“十三五”国家重点出版规划项目；2013~2021 年，重点皮书列入中国社会科学院承担的国家哲学社会科学创新工程项目。

中国社会发展数据库（下设 12 个子库）

整合国内外中国社会发展研究成果，汇聚独家统计数据、深度分析报告，涉及社会、人口、政治、教育、法律等 12 个领域，为了解中国社会发展动态、跟踪社会核心热点、分析社会发展趋势提供一站式资源搜索和数据服务。

中国经济发展数据库（下设 12 个子库）

围绕国内外中国经济发展主题研究报告、学术资讯、基础数据等资料构建，内容涵盖宏观经济、农业经济、工业经济、产业经济等 12 个重点经济领域，为实时掌控经济运行态势、把握经济发展规律、洞察经济形势、进行经济决策提供参考和依据。

中国行业发展数据库（下设 17 个子库）

以中国国民经济行业分类为依据，覆盖金融业、旅游、医疗卫生、交通运输、能源矿产等 100 多个行业，跟踪分析国民经济相关行业市场运行状况和政策导向，汇集行业发展前沿资讯，为投资、从业及各种经济决策提供理论基础和实践指导。

中国区域发展数据库（下设 6 个子库）

对中国特定区域内的经济、社会、文化等领域现状与发展情况进行深度分析和预测，研究层级至县及县以下行政区，涉及省份、区域经济体、城市、农村等不同维度，为地方经济社会宏观态势研究、发展经验研究、案例分析提供数据服务。

中国文化传媒数据库（下设 18 个子库）

汇聚文化传媒领域专家观点、热点资讯，梳理国内外中国文化发展相关学术研究成果、一手统计数据，涵盖文化产业、新闻传播、电影娱乐、文学艺术、群众文化等 18 个重点研究领域。为文化传媒研究提供相关数据、研究报告和综合分析服务。

世界经济与国际关系数据库（下设 6 个子库）

立足“皮书系列”世界经济、国际关系相关学术资源，整合世界经济、国际政治、世界文化与科技、全球性问题、国际组织与国际法、区域研究 6 大领域研究成果，为世界经济与国际关系研究提供全方位数据分析，为决策和形势研判提供参考。

法律声明

“皮书系列”（含蓝皮书、绿皮书、黄皮书）之品牌由社会科学文献出版社最早使用并持续至今，现已被中国图书市场所熟知。“皮书系列”的相关商标已在中华人民共和国国家工商行政管理总局商标局注册，如LOGO（ ）、皮书、Pishu、经济蓝皮书、社会蓝皮书等。“皮书系列”图书的注册商标专用权及封面设计、版式设计的著作权均为社会科学文献出版社所有。未经社会科学文献出版社书面授权许可，任何使用与“皮书系列”图书注册商标、封面设计、版式设计相同或者近似的文字、图形或其组合的行为均系侵权行为。

经作者授权，本书的专有出版权及信息网络传播权等为社会科学文献出版社享有。未经社会科学文献出版社书面授权许可，任何就本书内容的复制、发行或以数字形式进行网络传播的行为均系侵权行为。

社会科学文献出版社将通过法律途径追究上述侵权行为的法律责任，维护自身合法权益。

欢迎社会各界人士对侵犯社会科学文献出版社上述权利的侵权行为进行举报。电话：010-59367121，电子邮箱：fawubu@ssap.cn。

社会科学文献出版社